数字经济时代职业本科全渠道食品市场营销创新型教材
校企合作工学结合实践项目"理实赛一体"团队化培养
"五场景课堂"创新型教材

食品营销

（第2版）

张晓丽　李雁函　苏会侠　主编
聂艳芳　王贺霞　谷晓冰　杨华伟　副主编
刘厚钧　审校

电子工业出版社
Publishing House of Electronics Industry
北京·BEIJING

未经许可，不得以任何方式复制或抄袭本书之部分或全部内容。
版权所有，侵权必究。

图书在版编目（CIP）数据

食品营销 / 张晓丽，李雁函，苏会侠主编. -- 2 版.
北京 : 电子工业出版社, 2025. 6. -- ISBN 978-7-121-39620-5

Ⅰ. F768.2

中国国家版本馆 CIP 数据核字第 2025UG4827 号

责任编辑：杨洪军
印　　刷：三河市龙林印务有限公司
装　　订：三河市龙林印务有限公司
出版发行：电子工业出版社
　　　　　北京市海淀区万寿路 173 信箱　邮编 100036
开　　本：787×1092　1/16　印张：19.5　字数：624 千字
版　　次：2017 年 8 月第 1 版
　　　　　2025 年 6 月第 2 版
印　　次：2025 年 6 月第 1 次印刷
定　　价：59.00 元

凡所购买电子工业出版社图书有缺损问题，请向购买书店调换。若书店售缺，请与本社发行部联系，联系及邮购电话：(010) 88254888，88258888。
质量投诉请发邮件至 zlts@phei.com.cn，盗版侵权举报请发邮件至 dbqq@phei.com.cn。
本书咨询联系方式：(010) 88254199，sjb@phei.com.cn。

党的二十大报告指出："教育是国之大计、党之大计。培养什么人、怎样培养人、为谁培养人是教育的根本问题。育人的根本在于立德。全面贯彻党的教育方针，落实立德树人根本任务，培养德智体美劳全面发展的社会主义建设者和接班人。"这为新时代职业教育改革发展和人才培养明确了方向。

数字经济时代，随着数字技术以及新质生产力的发展，食品市场营销理论和模式不断创新，形成了线下、线上、线下线上一体化的全渠道市场营销模式。因此，按照"职业教育的教材不仅要体现专业理论知识的完整性、系统性和先进性，还应与职业岗位、工作过程的技术应用紧密相结合"的原则，以及"职业本科教材建设彰显'专'的特色、突出动态技术知识逻辑"的要求，培养"懂理论、精操作、会管理、善协作、能创新"的职业高素质人才，落实立德树人的根本任务，服务于数字经济时代的食品市场营销人才的需求，《食品市场营销》第2版从课程整体设计进行全面改革创新，对职业本科教育课程建设和教材建设进行了积极有益的探讨，形成了具有鲜明校企合作工学结合职业教育特色的"理实赛一体""五场景课堂"的数字经济时代中国特色全渠道食品市场营销创新型教材。创新的特色如下。

1. 确立"立德树人、为党育人、为国育才"的指导思想，深化课程思政建设，构建价值观引领与市场营销知识传授、市场营销技能提升融为一体的培育体系

落实立德树人的根本任务，全面推进课程思政建设，将习近平新时代中国特色社会主义思想、党的二十大精神、社会主义核心价值观、中华优秀传统文化、优秀企业家精神、营销职业素养等价值观融入市场营销知识传授和市场营销能力培养之中。传承中华优秀传统文化，讲述中国食品品牌故事，传播中国食品品牌声音，展现可信、可爱、可敬的中国食品品牌形象。帮助学生塑造正确的世界观、人生观、价值观，引导学生将个人发展与社会发展、国家发展相结合，增强"四个自信"，即中国特色社会主义道路自信、理论自信、制度自信、文化自信。将"为党育人、为国育才、德技并修"的理念与培育内容贯穿在整个具有中国特色的食品市场营销教材中，从而达到教书育人、思政引导、传播主流价值观的教育目标。

2. 将中华优秀传统文化与数字经济时代相结合，创新完善中国特色全渠道食品市场营销的新理论、新方法、新模式

以中华优秀传统文化为根基，立足中国食品市场营销实践，总结中国食品市场营销经验，创新中国食品市场营销理论，彰显中国食品市场营销特色。

食品企业的市场营销活动紧紧围绕食品消费需求展开。因此，食品市场营销是食品企业发现、创造、满足和管理食品消费需求的活动过程。按照这一思路，将中华优秀传统文化中的生意经与现代市场营销理论科学相结合，将食品市场营销理论体系科学地划分为4个模块：第1模块 找生意（寻找食品生意）——发现食品消费需求；第2模块 创生意（创造食品生意）——创造食品消费需求；

第3模块 做生意（经营食品生意）——满足食品消费需求；第4模块 管生意（管理食品生意）——管理食品消费需求。这形成了食品市场营销理论的完整性、系统性和逻辑性。在食品市场营销理论的先进性方面，吸纳了数字经济时代食品市场营销的新理论、新方法、新模式和实践成果，同时，增加了食品消费需求分析、创造食品消费需求、食品供应链、食品消费需求诊断、全渠道市场营销、中华优秀传统文化营销等内容，强化了线上分销策略和促销策略，增加了线上线下一体化分销策略和促销策略，完善了管理食品消费需求的内容，从而形成了具有鲜明数字经济时代职业本科中国特色的全渠道食品市场营销发现、创造、满足和管理食品消费需求的创新性教材。

3. 强化与营销职业岗位、工作过程的应用紧密结合的职业性、技能性、实践性，完善"制订××食品企业全渠道市场营销方案"校企合作工学结合实践项目"理实赛一体"团队化培养模式

为了突出职业本科教育校企合作工学紧密结合的特点，在2002年实施"制订××食品企业市场营销方案"校企合作工学结合实践项目"理实赛一体"团队化教学改革的基础上，按照"动脚、动脑、动手和动嘴四动联练"的原则，强化职业本科紧密校企合作工学结合的特点。"动脚"让学生走出校门，走进食品企业、市场和食品消费者，体验食品市场营销、感悟食品市场营销和实践食品市场营销；"动脑"让学生在工学结合中，通过思考、消化、理解和掌握食品市场营销理论，培养分析市场营销问题、解决市场营销问题和创新思维的能力；"动手"让学生通过企业营销活动的分析、诊断和策划，撰写食品企业调研和营销方案，并制作PPT，提高学生的应用写作能力和技能竞赛能力；"动嘴"让学生在企业和市场中锤炼与企业家、经销商和消费者的沟通能力，以及营销方案的宣讲和答辩能力。同时，进一步强化了校企合作工学结合，完善了"制订××食品企业全渠道市场营销方案"校企合作工学结合实践项目"理实赛一体"团队化培养模式，构建了"课前、课中、课后"联动的协同育人途径。课前准备"组建校企合作工学结合实践项目团队及食品企业市场营销调研"；课中实施、控制、完成校企合作工学结合"理实赛一体"13个单项营销方案；课后完成、展示、考核（竞赛）校企合作工学结合"理实赛一体"团队实践项目"××食品企业全渠道市场营销方案"，将"教书育人、思政引导、传播主流价值观、营销职业素养、中华优秀传统文化"融入培养过程。其模式的特色是：

克服了传统市场营销课程过分倚重案例分析等"纸上谈兵"、实训不"实"的弊端，改变了传统的由教师依据每章内容主观设计实训内容和方式的做法，突出了工学结合的实战性；改变了课后主观设计实训内容和方式，采取课前按照管理岗位工作内容和工作任务整体设计实训内容和方式，与学习内容同步进行；改变了传统实训方式"空对空"（虚）缺乏针对性和实践性的做法。学生针对食品企业客观存在的、活生生的市场营销问题进行分析、诊断和解决，变"虚"为"实"；采用团队化运作和项目管理的方式，培养学生的团队意识。设立了理论学习场景化课堂、企业实践场景化课堂、市场实践场景化课堂、线上拓展场景化课堂和成果展示（竞赛）场景化课堂。因此，该培养模式突出了实战性，体现了职业性、实践性和技能性，使学生在真实的食品市场营销环境中认知、体验和实践食品市场营销活动，有利于学生学习力、分析力、解决力、控制力、总结力和创新力的培养，以及营销者职业素养的培育。

4. 编写方法的创新

（1）科学地、系统地、创新性地将具有中国职业本科教育特色、适应数字经济时代的全渠道食品市场营销理论体系设计为4个模块，具体内容见目录。每个模块设计了"学习情境导入"，引导学生掌握学习本模块食品市场营销理论的思路和方法，以及思想政治、中华优秀传统文化和营销职业素养的培育。坚持"目标引领，问题导向"，注重目标、理论与实践的创新。在系统地讲述"为什么学、学什么"的基础上，突出市场营销理论的实务、应用和可操作性，即"如何应用"，市场营销策略在什么条件下应用、应用的操作程序、应用的方法以及应用中应该注意的问题。

（2）以"岗课赛证"综合育人为目标，将食品企业市场营销活动和个人职业发展需要的综合能力融入教材，拓展学生就业创业的技术技能。"岗"：对应"食品市场营销岗位需要的营销知识、能力、素养"；"课"：立足食品市场营销课程教学内容进行育训理实赛一体化的设计；"赛"：对接校级、省级、国家级职业技能大赛；"证"：对接"数字营销技术应用""互联网营销"等1+X职业技能等级证书的相关理论知识。

（3）教学资源的多元化。设计了"思政教育""营销者素养""中国式营销""守正创新"等栏目。同时，完善了微课、二维码链接、课件、课程整体设计、校企合作工学结合"理实赛一体"团队实践项目方案等在线开放教学资源。特别增设了"营销视角""营销思考"栏目，在每个任务中，结合学习任务内容的重点、难点，选择当前食品市场营销中的热点、焦点，如政策法规、事件、人物、典型案例等，通过思考、讨论等方式，激发学生的学习兴趣，积极进行思考，探讨解决重点、难点的方式。

（4）本教材由中国食品工业名城、全国食品领域唯一的职业大学——漯河食品工程职业大学食品市场营销专家教学团队编写。该团队在校企深度合作中，通过"专业共建、课程共担、教材共编、师资共享、基地共用"产教融合的模式，取得了显著成果。双汇集团综合事业部营销副总经理杨华伟参与了课程开发和教材的编写。

本教材主编为张晓丽、李雁函、苏会侠，副主编为聂艳芳、王贺霞、谷晓冰、杨华伟。刘厚钧担任审校者，负责对课程思政建设、食品市场营销与中华优秀传统文化相结合的中国特色市场营销理论进行创新性探讨，深化课程思政建设，将价值观引领与营销知识传授、营销技能提升融为一体。他负责课程整体设计、教材的定位与创新，编写了大纲，并创立了"制订××食品企业全渠道市场营销方案"校企合作工学结合实践项目"理实赛一体"团队化培养特色，并负责对教材进行修改和审核。张晓丽、李雁函参与了教材内容的设计以及微课的开发，双汇集团综合事业部营销副总经理杨华伟参与教材开发和编写，并对教材提出了修改意见。聂艳芳编写了项目1、11；张晓丽编写了项目2、9；苏会侠编写了项目3、4；王贺霞编写了项目5、6；李雁函编写了项目7、8；谷晓冰编写了项目10、13；杨华伟编写了项目12。

本教材在编写过程中参考了大量的国内外文献，并通过网络检索获取了大量文献资料，借鉴和吸收了众多专家学者的研究成果。由于篇幅所限，未能一一注明，在此表示诚挚的感谢。

本教材可作为职业本科、应用型本科、高职高专院校和中等职业学校等相关专业的教学用书，也可作为食品行业就业人员的培训和自学使用。

职业本科教材的开发建设是一个新问题，而且食品企业的市场营销环境也在不断地发展变化。由于编写人员的水平有限，书中难免存在不足之处，敬请广大专家学者、食品企业营销经理、教师、学生和读者提出改进意见，在此表示感谢。

编者

2025年1月8日

目 录

课前准备 1

第1模块 找生意（寻找食品生意）——发现食品消费需求

项目1 认知食品市场营销 8

任务1 食品 9
 1.1.1 食品的概念 9
 1.1.2 食品的类型 10
 1.1.3 食品的功能 10
 1.1.4 食品营养金字塔 11

任务2 食品市场营销 12
 1.2.1 食品市场 12
 1.2.2 食品市场营销的含义 12
 1.2.3 食品市场营销观念 15

任务3 食品市场营销道德 19
 1.3.1 食品市场营销道德的概念 19
 1.3.2 食品市场营销道德建设 19

项目2 食品市场营销环境分析 23

任务1 认知食品市场营销环境 24
 2.1.1 食品市场营销环境的概念与分类 24
 2.1.2 食品市场营销环境的特点 25
 2.1.3 食品企业对食品市场营销环境的反应和适应 26

任务2 食品市场营销环境分析的内容 26
 2.2.1 食品市场营销的宏观环境因素 26
 2.2.2 食品市场营销的微观环境因素 34

任务3 食品市场营销环境分析的方法与对策 36
 2.3.1 环境机会分析的方法与对策 36
 2.3.2 环境威胁分析的方法与对策 38
 2.3.3 机会与威胁综合分析的方法与对策 39
 2.3.4 调节食品市场需求的策略 40

目 录

  2.3.5 SWOT 分析法 42

项目 3 食品消费需求分析 **45**

 任务 1 认知食品消费需求 46
  3.1.1 食品消费需求的概念 46
  3.1.2 食品消费需求的层次、结构与特点 47
  3.1.3 影响食品消费需求的因素 49
  3.1.4 食品消费需求的新趋势 50
  3.1.5 食品消费需求洞察 51
 任务 2 食品消费者购买行为分析 53
  3.2.1 食品消费者购买行为与购买决策 53
  3.2.2 食品消费者购买行为类型 53
  3.2.3 食品消费者购买行为模式 55

项目 4 食品市场细分、目标市场选择与市场定位 **61**

 任务 1 食品市场细分 62
  4.1.1 食品市场细分的概念与作用 62
  4.1.2 食品市场细分的标准 63
  4.1.3 食品市场细分的方法 64
  4.1.4 食品市场细分的操作程序 65
  4.1.5 食品市场细分的未来发展方向 65
 任务 2 食品目标市场选择 66
  4.2.1 食品目标市场的概念与选择条件 66
  4.2.2 食品目标市场选择的模式 66
  4.2.3 食品目标市场消费者画像 68
  4.2.4 食品目标市场选择策略 69
 任务 3 食品市场定位 71
  4.3.1 食品市场定位的概念与层次 71
  4.3.2 食品市场定位的操作程序 72
  4.3.3 食品市场定位的方式与方法 73
  4.3.4 食品市场定位的策略 76
  4.3.5 食品市场定位应注意的问题 77
  4.3.6 圈层营销 77

第 2 模块 创生意（创造食品生意）——创造食品消费需求

项目 5 创造食品消费需求 **83**

 任务 1 认知创造食品消费需求 84
  5.1.1 创造食品消费需求的概念与构成要素 84
  5.1.2 创造食品消费需求的重要性 85
  5.1.3 创造食品消费需求的思路 86

任务 2　创造食品消费需求的内容与方法 88
　　5.2.1　科学技术创造食品消费需求 88
　　5.2.2　老字号品牌创造食品消费需求 91
　　5.2.3　食品新消费品牌创造食品消费需求 94
　　5.2.4　用户思维之道"体验为王，口碑至上"创造食品消费需求 96

第 3 模块　做生意（经营食品生意）——满足食品消费需求

项目 6　食品市场营销产品策略 104

任务 1　认知食品市场营销产品组合 105
　　6.1.1　食品市场营销产品整体概念 105
　　6.1.2　食品市场营销产品组合策略 107

任务 2　食品市场营销的产品生命周期 110
　　6.2.1　产品生命周期的概念 110
　　6.2.2　产品生命周期各阶段的市场营销策略 111
　　6.2.3　划分产品生命周期各阶段的方法 114
　　6.2.4　运用产品生命周期应注意的问题 116

任务 3　食品市场营销新产品策略 117
　　6.3.1　食品市场营销新产品的概念 117
　　6.3.2　新产品开发策略 117
　　6.3.3　新产品开发的操作流程 118

任务 4　食品品牌策略与包装策略 119
　　6.4.1　食品品牌 119
　　6.4.2　食品品牌策略 121
　　6.4.3　食品包装 124
　　6.4.4　食品包装策略 125

项目 7　食品市场营销定价策略 129

任务 1　认知食品定价目标、方法与技巧 130
　　7.1.1　食品定价目标 130
　　7.1.2　影响食品定价的因素 132
　　7.1.3　食品定价的方法 135
　　7.1.4　食品定价的操作程序 138
　　7.1.5　食品定价的技巧 139

任务 2　食品定价调整策略 142
　　7.2.1　食品降价策略 142
　　7.2.2　食品提价策略 144
　　7.2.3　食品消费者对食品企业调价的反应 146
　　7.2.4　竞争者对食品企业调价的反应 146
　　7.2.5　食品企业对竞争者调价的反应 146

项目 8　食品市场营销分销策略 149

任务 1　认知食品市场营销分销渠道 150
  8.1.1　食品市场营销分销渠道的含义 150
  8.1.2　食品市场营销分销渠道的类型 152

任务 2　食品市场营销线下分销渠道 154
  8.2.1　食品市场营销线下分销渠道的类型 155
  8.2.2　食品市场营销线下分销的操作程序 156

任务 3　食品市场营销线上分销渠道 158
  8.3.1　食品市场营销线上分销渠道的类型 158
  8.3.2　食品市场营销线上分销的操作程序 159

任务 4　食品市场营销线上线下一体化分销渠道 160
  8.4.1　全渠道分销的概念 161
  8.4.2　全渠道与多渠道的区别 161
  8.4.3　全渠道分销的优势 162
  8.4.4　全渠道分销的操作程序 163
  8.4.5　全渠道整合分销面临的挑战 166
  8.4.6　全渠道整合分销的应对策略 166

任务 5　食品供应链和物流 168
  8.5.1　食品供应链 168
  8.5.2　食品物流 171

项目 9　食品市场营销促销策略 175

任务 1　认知食品市场营销促销策略 176
  9.1.1　食品市场营销促销组合 176
  9.1.2　食品市场营销促销组合策略的模式 179
  9.1.3　影响食品市场营销促销组合策略的因素 179
  9.1.4　食品市场营销促销管理的操作程序 180

任务 2　人员推销 181
  9.2.1　人员推销概述 181
  9.2.2　产品利益推销 183
  9.2.3　人员推销的操作程序 186

任务 3　广告 187
  9.3.1　食品广告 187
  9.3.2　食品广告的规范要求 188
  9.3.3　食品广告促销策略的内容 188
  9.3.4　食品广告促销的操作程序 190

任务 4　营业推广 192
  9.4.1　营业推广概述 192
  9.4.2　线下营业推广 192
  9.4.3　线上营业推广 193
  9.4.4　线上线下一体化营业推广 194
  9.4.5　营业推广促销的操作程序 196

任务 5 公共关系	200
9.5.1 公共关系概述	200
9.5.2 公共关系促销的方式	201
9.5.3 公共关系促销的操作程序	203

第 4 模块 管生意（管理食品生意）——管理食品消费需求

项目 10 食品市场营销管理	210
任务 1 认知食品市场营销管理	211
10.1.1 食品市场营销管理的实质	211
10.1.2 食品市场营销管理的类型	211
10.1.3 食品市场营销管理的操作程序	215
任务 2 食品市场营销战略	216
10.2.1 食品市场营销战略的概念	216
10.2.2 食品市场营销战略的特征	216
10.2.3 食品市场营销战略的类型	217
10.2.4 食品市场营销战略的操作程序	221

项目 11 食品市场竞争者分析	230
任务 1 认知食品市场竞争者分析	231
11.1.1 食品市场竞争者分析的概念	231
11.1.2 食品市场竞争者的类型	232
11.1.3 食品市场竞争者的优势与劣势	235
11.1.4 食品市场竞争者的市场反应行为	236
任务 2 食品市场竞争战略	237
11.2.1 基本的食品市场竞争战略	237
11.2.2 食品市场竞争战略地位	240
11.2.3 市场竞争中的竞合关系	245

项目 12 食品市场营销诊断	249
任务 1 认知食品市场营销诊断	251
12.1.1 食品市场营销诊断的概念	251
12.1.2 食品市场营销诊断的意义	251
12.1.3 食品市场营销诊断的内容	251
任务 2 食品市场营销诊断的操作程序和方法	253
12.2.1 食品市场营销诊断的操作程序	253
12.2.2 食品市场营销诊断的方法	255

项目 13 食品市场营销计划、组织、执行、控制与总结	261
13.1 认知食品市场营销计划	262
13.1.1 食品市场营销计划	262
13.1.2 食品市场营销计划的操作程序	264

13.2 认知食品市场营销组织 267
13.2.1 食品市场营销组织 267
13.2.2 影响食品市场营销组织设计的因素 271
13.2.3 食品市场营销组织设计的操作程序 272
13.3 认知食品市场营销执行 274
13.3.1 食品市场营销执行 274
13.3.2 食品市场营销执行的操作程序 275
13.3.3 食品市场营销执行中应注意的问题 276
13.4 认知食品市场营销控制 277
13.4.1 食品市场营销控制 277
13.4.2 食品市场营销控制的操作程序 278
13.4.3 食品市场营销控制的方法 279
13.4.4 食品市场营销控制中应注意的问题 284
13.5 认知食品市场营销总结 285
13.5.1 食品市场营销总结 285
13.5.2 食品市场营销总结的操作程序 286
13.5.3 食品市场营销总结的方法 287
13.5.4 食品市场营销总结中应注意的问题 288

附录 "制订××食品企业全渠道市场营销方案"校企合作工学结合实践项目"理实赛一体"团队化培养模式 292

参考文献 297

课前准备

入学情境导入

食品企业的生产经营是围绕食品消费需求，不断地发现、创造、满足和管理这些需求而进行的。食品市场营销正是解决食品企业生存和发展问题的经营之道、生财之道。因此，作为一名职业大学（高职高专）食品学科类的大学生，要具有运用经营之道、生财之道为食品企业创造效益的能力。

为了实现"食品市场营销"课程的培养目标，学习前需要做好以下准备事项。

1. 学习"食品市场营销"课程整体设计

为了提高学生对食品市场营销的认识，实现食品市场营销的培养目标，首先要解决"为什么学""学什么""如何学"的问题。这有助于使学生处于一个明确、清晰的学习状态，便于他们积极、主动地配合教师完成学习任务和实践项目，同时也有利于学生的自我培养，实现课程的培养目标。

（1）课程定位（解决"为什么学"的问题）。食品市场营销是对食品企业市场营销活动进行整体管理的学科。通过运用食品市场营销，不断地发现、创造、满足和管理食品消费需求，可以使食品企业实现从无到有、从小到大、由弱到强的发展。食品市场营销是解决食品企业生存和发展问题的经营之道、生财之道。因此，食品类专业的学生应具备运用市场营销策略为食品企业提高生产效率和创造经济效益的能力。食品市场营销是一门建立在经济科学、行为科学、管理科学和现代科学技术基础之上的应用科学，是职业本科（高职高专）食品相关专业的必修课程。

（2）课程培养目标（解决"为什么学"的问题）。将需要职业发展的学生培养成中国数字经济新一代能够胜任食品企业市场营销岗位工作需要的高素质创新型营销管理者，具备"政治立场坚定、营销素养高、营销实践能力强（懂理论、精操作、会管理、善协作、能创新）"的特质。

（3）课程培养规格（解决"为什么学"的问题）。为了实现课程培养目标，贯彻落实"立德树人、为党育人、为国育才"的方针，深化课程的思政建设，将价值观引领与市场营销知识传授、市场营销技能提升融为一体，科学构建教材内容体系；将习近平新时代中国特色社会主义思想、党的二十大精神、社会主义核心价值观、中华优秀传统文化、优秀企业家精神、市场营销职业素养等价值观引导融入市场营销知识传授和市场营销能力培养之中；立足中国食品市场营销实践，总结中国食品市场营销经验，创新中国食品市场营销理论，彰显中国食品市场营销特色，进而传承好中华优秀传统文化，讲好中国食品品牌故事，传播好中国食品品牌声音，展现可信、可爱、可敬的中国食品品牌形象；帮助学生塑造正确的世界观、人生观、价值观，引导学生将个人发展与社会发展、国家发展相结合，增强"四个自信"；突出德技并修，既包括营销者应掌握的市场营销理论、方法和应具备的市场营销管理能力，又包括营销者应具备的政治思想和职业素养（职业素养是指职业内在的规范和要求，是从业者在职业过程中表现出来的综合品质，包含职业道德、职业精神、职业价值、职业风采、职业形象、职业技能等），从而达到教书育人、思政引导、传播主流价值观的教育目标。

1）营销素养培育规格。

① 培育社会主义核心价值观以及正确的世界观、人生观、价值观，将个人发展与社会发展、国家发展相结合，增强"四个自信"；传承中华优秀传统文化，讲述中国食品品牌故事，传播中国食品品牌声音，展现可信、可爱、可敬的中国食品品牌形象。

② 培育职业素养，包括职业道德、职业精神、职业技能、职业作风、职业心态等；培养正确的营销价值信仰、社会责任感、使命感、奉献精神。

③ 培育优秀企业家精神，树立"中国制造向中国创造转变、中国速度向中国质量转变、中国产品向中国品牌转变"的创新理念。

④ 培育遵守《数据安全法》《互联网信息服务算法推荐管理规定》《食品安全法》《消费者权益保护法实施条例》《个人信息保护法》的法规意识。

⑤ 培育团队合作精神、奉献精神。

⑥ 培育自信心、心理承受能力。

2）营销知识培养规格。

① 掌握中国式全渠道食品市场营销的基本理论和基本方法，包括发现、创造、满足和管理食品消费需求。

② 掌握中国式全渠道食品市场营销的线上线下一体化分销和促销的理论与方法。

3）营销能力培养规格。

① 培养发现和创造食品消费需求的能力。

② 培养满足和管理食品消费需求的能力。

③ 培养运用数字化思维原理和方法分析、研究、解决市场营销问题的能力。

④ 培养诊断力、计划力、组织力、执行力、控制力和总结力。

⑤ 培养撰写、宣讲、答辩食品企业市场营销方案的能力。

（4）课程培养内容（解决"学什么"的问题）。根据食品市场营销课程的培养目标和培养规格，课程内容分为 4 个模块、13 个项目（见目录）。

（5）五场景课堂形式（解决"如何学"的问题）。根据课程培养目标、培养内容和培养模式，设立 5 个场景课堂：理论学习场景课堂、企业实践场景课堂、市场实践场景课堂、线上拓展场景课堂和成果展示（竞赛）场景课堂。这种多样化的课堂场景形式旨在确保课程培养质量的实现。

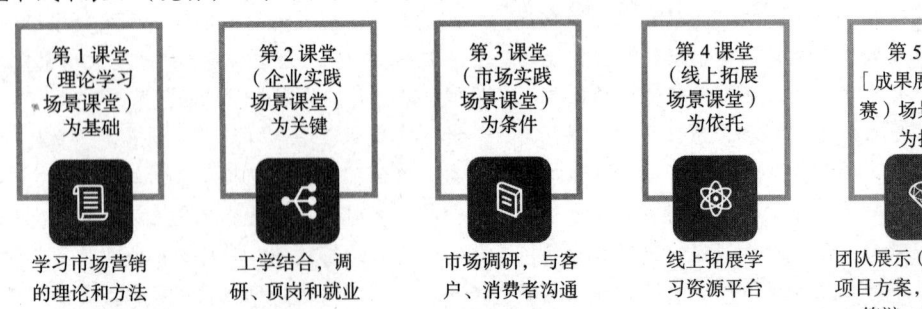

（6）完善"制订××食品企业全渠道市场营销方案"校企合作工学结合实践项目"理实赛一体"团队任务化培养模式（解决"如何学"的问题）。

选择 1~2 个食品企业进行市场营销实践，根据"食品市场营销"课程的项目任务，设计 14 个"制订××食品企业全渠道市场营销方案"校企合作工学结合实践项目"理实赛一体"团队任务，让学生针对××食品企业的市场营销现状，运用食品市场营销理论同步进行诊断分析、解决、策划，形成实践培养模式的特色。

（7）学习角色定位（解决"如何学"的问题）。

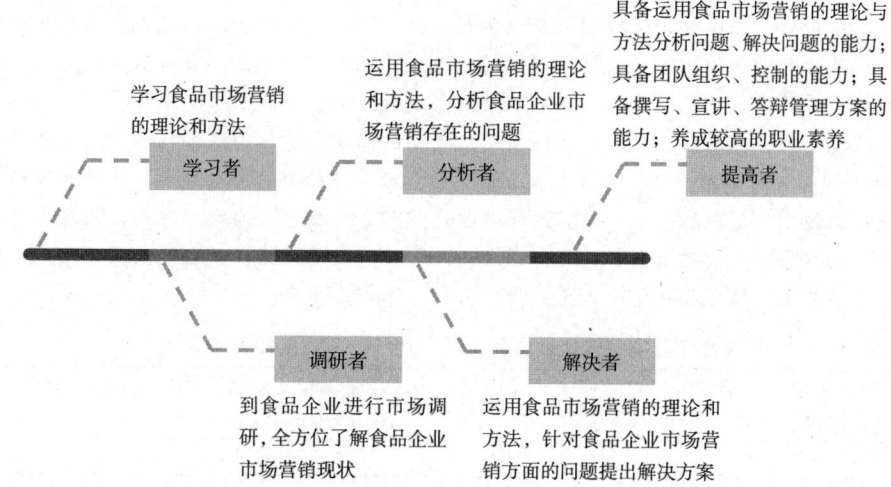

（8）课程考核（解决"如何学"的问题）。

食品市场营销理论试卷考核：分值 50 分。

食品市场营销方案考核（竞赛）：分值 30 分。

项目检测考核：分值 20 分。

（9）课程课时安排（解决"如何学"的问题）。总课时 72 学时（按 18 周计），具体分配如下：

项　　目	教学内容	教学时数
课前准备	课前准备事项	2
第 1 模块	找生意（寻找食品生意）——发现食品消费需求	
项目 1	认知食品市场营销	4
项目 2	食品市场营销环境分析	6
项目 3	食品消费需求分析	4
项目 4	食品市场细分、目标市场选择与市场定位	4
第 2 模块	创生意（创造食品生意）——创造食品消费需求	
项目 5	创造食品消费需求	6
第 3 模块	做生意（经营食品生意）——满足食品消费需求	
项目 6	食品市场营销产品策略	4
项目 7	食品市场营销定价策略	4
项目 8	食品市场营销分销策略	6
项目 9	食品市场营销促销策略	4
第 4 模块	管生意（管理食品生意）——管理食品消费需求	
项目 10	食品市场营销管理	4
项目 11	食品市场竞争者分析	4
项目 12	食品市场营销诊断	4
项目 13	食品市场营销计划、组织、执行、控制与总结	6
考核	食品企业市场营销方案宣讲、（竞赛）答辩、评价	10
合计		72

2. 组建"制订××食品企业全渠道市场营销方案"校企合作工学结合实践项目"理实赛一体"团队

在教师指导和学生自愿选择的基础上，学生按4~6人分组，组成"制订××食品企业全渠道市场营销方案"校企合作工学结合实践项目"理实赛一体"团队。每个团队通过民主选举产生队长，由队长组织队员进行企业识别系统设计，确立团队理念。根据团队理念，设计队名、队旗、队歌及团队管理制度，并将设计的队旗张贴在教室墙上。每次上课时，由队长带领队员展示团队形象，朗诵队名和团队理念，合唱队歌，以激励团队成员增强团队意识，培养团队合作能力。每个团队根据14个实践项目任务进行目标管理，设计校企合作工学结合实践项目任务分配表，明确责任到人。责任人负责项目的组织、实施、总结、方案设计、制作PPT、宣讲，全员参与答辩。团队内部既有分工又有合作，确保每个成员都有任务，防止出现有人无事可做的现象。（自我激励口号：点燃营销梦想，铸就营销灵魂，锤炼营销技能，踏上营销征程，加油！加油！加油！）

校企合作工学结合实践项目"理实赛一体"团队任务分配表

实践项目任务	项目1	项目2	项目3	项目4	项目5	项目6	项目7	项目8	项目9	项目10	项目11	项目12	项目13	项目14
负责人														

3. 食品企业调查研究

选择一家中小型食品企业作为"食品市场营销"校企合作工学结合实践项目"理实赛一体"的教学实践对象。通过与食品企业领导的沟通，获取企业的相关资料，并确定到企业调研的时间。在学习了食品企业的相关资料后，结合食品市场营销的培养目标，每个团队制订针对该食品企业的全渠道市场营销调研计划。团队带着问题到食品企业进行参观、访问、座谈，了解企业的概况，并到市场与分销商、消费者进行调研。重点是了解食品企业的市场营销现状，为运用食品市场营销理论和方法解决企业的市场营销管理问题打下基础。

调研计划内容：

1）了解食品企业的基本概况。

2）了解食品企业的市场消费需求现状，分析市场消费需求的结构及目标市场的现状，了解企业的供应链现状。

3）了解食品企业的市场营销模式及其特点。

4）了解食品企业的分销渠道现状。

5）分析食品企业在市场营销方面存在的问题。

第1模块

找生意（寻找食品生意）
——发现食品消费需求

思维导图

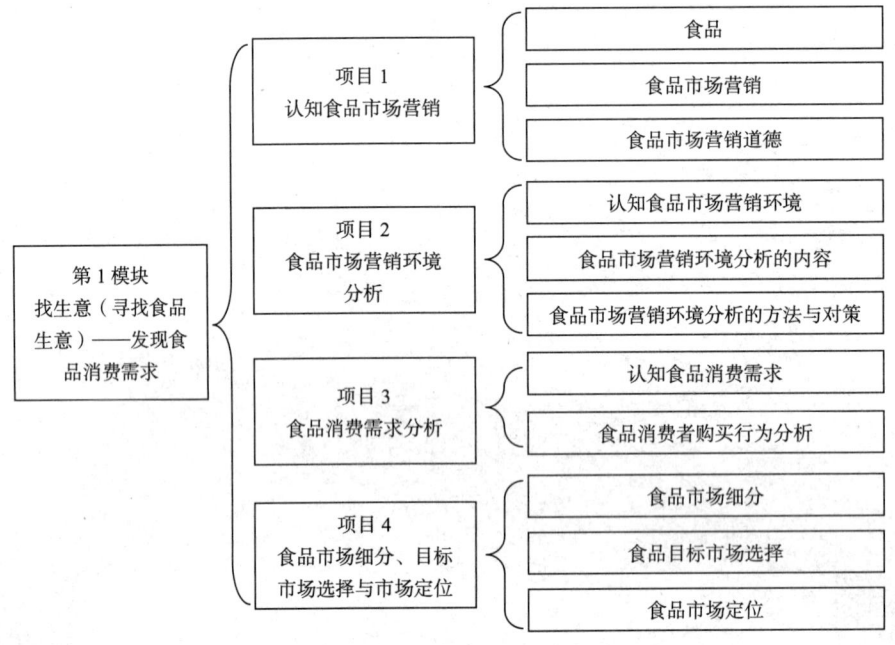

学习情境导入

食品企业的市场营销活动是紧紧围绕食品消费需求进行的。因此，食品企业市场营销首先要解决为哪些消费者服务、满足食品消费者哪些需求。否则，食品企业就如同无舵的航船，只能在茫茫的大海中随风飘荡，没有抗击任何市场波澜的能力，难以生存。所以，找生意（寻找食品生意）——发现食品消费需求是食品企业市场营销活动的起点。

那么，如何找生意（寻找食品生意）——发现食品消费需求呢？

教师指导

首先，要进行市场营销环境分析。一方面，分析市场营销环境给食品企业创造的市场机会和可能带来的威胁；另一方面，分析食品企业内部环境对市场营销的影响，包括优势和劣势，以便制定相应的市场营销战略。其次，运用食品消费需求分析，掌握食品消费需求的层次、结构和特点，以及食品消费者购买行为的特点和规律。再次，运用市场细分、目标市场选择和市场定位，解决两个问题：一是找对象，即确定食品企业市场营销的服务对象、满足哪些目标消费群的哪些需求；二是定位，在目标市场上为产品、品牌、企业形象确定一个富有竞争优势的地位。解决了这些问题，食品企业市场营销才有了方向和目标。

"民以食为天，食以安为先。"一个从事食品市场营销的职业者要弘扬中华优秀传统文化中蕴含的思想道德资源，倡导有中国特色的市场营销道德，确立正确的营销道德观，提高营销道德水平和社会责任感。要强化培育社会主义核心价值观，践行和坚守社会主义核心价值观，构筑日益强劲的中国精神、中国价值、中国力量，强化"四个自信"和社会责任感，突出德技并修，并把培养"政

第1模块 找生意（寻找食品生意）——发现食品消费需求

治立场坚定、营销素养高"的人才作为首要培养目标。

同时，要积极完成学前准备任务，包括：学习"食品市场营销课程整体设计"，明确学习角色定位，组建"制订××食品企业全渠道市场营销方案"校企合作工学结合实践项目团队，到食品企业进行市场营销调查研究。只有完成这些任务，才能处于明确、清晰的学习状态，便于积极、主动地配合教师完成学习任务，同时有利于学生的自我培养，实现课程的培养目标。

在发现食品消费需求理论的学习过程中，要积极、主动地完成"制订××食品企业全渠道市场营销方案"校企合作工学结合实践项目1、2、3、4。通过"理论学习场景课堂、企业实践场景课堂、市场实践场景课堂、线上拓展场景课堂和成果展示（竞赛）场景课堂"，加强自己学习力、分析力、解决力、执行力、控制力、创新力和总结力的培养，以及营销者职业素养的培育。

完成第1模块的学习与实践项目后，每个团队的队长应组织团队成员对照第1模块的学习目标进行总结。要求团队成员交流学习与项目实践的收获，查找学习与项目实践中德技并修的不足。通过沟通交流、相互学习，增强学习的信心和团队的凝聚力，为学习第2模块奠定基础。

认知食品市场营销

思维导图

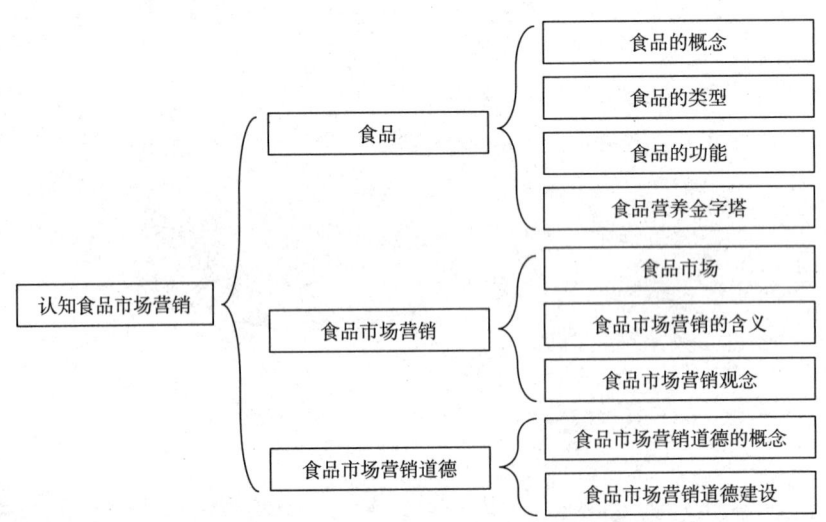

项目培养规格

营销素养培育规格

强化培育社会主义核心价值观，践行和坚守社会主义核心价值观，构筑日益强劲的中国精神、中国价值、中国力量；弘扬中华优秀传统文化中蕴含的思想道德资源，倡导有中国特色的市场营销道德，确立正确的营销道德观，提高营销道德水平和社会责任感。

营销知识培养规格

掌握食品的概念和类型；掌握食品市场、食品市场营销的含义及食品市场营销观念；掌握食品市场营销的发展趋势；掌握食品市场营销道德的建设。

项目 1　认知食品市场营销

营销能力培养规格

培养对食品企业市场营销现状的调查研究、分析和总结食品企业市场营销特色的能力；制订食品企业市场营销现状分析方案；确立正确的市场营销道德观，提高市场营销道德水平和社会责任感；树立"营销是'人'事，要把人做好"的理念。

> **项目导入案例**
>
> **食品的发展趋势**
>
> 　　说起食物，大家脑海中会闪现各种各样的美食。最初，人们对食物的要求比较简单，能吃饱就行。渐渐地，人们要求吃好、色香味俱全。再后来，人们在前面的要求基础上，还要求吃得健康。
>
> 　　随着社会的发展，人们对食品的要求也在悄然发生着变化。如果将马斯洛的需求层次理论应用于食品，对食品的需求也可以大致分为五个层次：一是生理需求，即要满足饥饱，这是生存的基本要求；二是安全需求，不仅要活着，还要健康地活着，食品中不能含有有毒有害的成分；三是营养需求，各类食品中所含的营养成分的多少、性能和特点，以及是否有利于人体吸收和消化，从而使消费者得到必要的营养；四是感官需求，消费者对食品产生的总的感觉印象，包括味觉、嗅觉和质地等的综合感觉效应；五是饮食文化需求，如《舌尖上的中国》、李子柒的视频等，通过中华美食的多个侧面，展现食物给中国人的生活带来的仪式和伦理文化，食物不只是简单的食物，也可以是人们生活和情感的一种寄托。
>
> 　　从目前市场主打的健康类食品也可以看出人们对健康食品的需求。近几年，健康的定位主要是骨关节健康、尿路健康、体重管理、大脑健康与记忆力、口腔和呼吸健康、心血管健康、消化健康、视力健康、增强免疫力、能量供给等十个方面。根据全球疫情现状以及越来越被重视的免疫健康问题，这被认为是一个关键趋势，这也是未来食品的主要定位和走向。
>
> 　　　　　　　　　　　　　　　　　　　　　　　　　资料来源：云南坚果行业协会，2021-07-16。
>
> ➲ **辩证性思考：**
> 根据消费者对食品的五个需求层次，食品企业未来该如何做？

任务 1　食品

1.1.1　食品的概念

　　食品是指各种供人们食用或者饮用的成品和原料，以及按照传统既是食品又是中药材的物品，但不包括以治疗为目的的物品。

　　《食品工业基本术语》对食品的定义是：可供人类食用或饮用的物质，包括加工食品、半成品和未加工食品，不包括烟草或只作药品用的物质。

　　广义的食品概念还涉及：所生产食品的原料，食品原料种植、养殖过程中接触的物质和环境，食品的添加物质，所有直接或间接接触食品的包装材料、设施，以及影响食品原有品质的环境。

营销者素养

> **职业素养的重要性**
>
> 　　职业素养是指职业内在的规范和要求，是在职业过程中表现出来的综合品质，包括职业道

德、职业精神、职业观念、职业风采、职业形象、职业技能等。每个营销者都是一棵树,大树的根系就是一个人的职业素养。枝、干、叶、形就是其显现出来的职业素养的表象。要想枝繁叶茂,首先必须根系发达。

企业生存发展的根本在于人,而人的因素关键是素养。培养和造就一支能适应市场竞争的良好的员工队伍是企业的当务之急。员工的素养决定着企业的生存和发展。员工的素养高,这个企业的工作标准就高,工作的基础台阶就高,工作的效率就高,分解任务的能力就强,完成任务的概率就高,企业发展的速度就快,企业的效益就高,员工的福利待遇就会随之升高,企业这个品牌的知名度就高,企业的生存希望就高,发展的空间就大。反之,就会束缚企业的发展。

因此,立德树人教育尤为重要。学会做一个具有良好职业素养的营销职业人,是企业盼望的、需要的,是个人事业成功的基础,更是大学生进入企业成长的"金钥匙"。

资料来源:微信公众号"启睿智博",2023-04-21。

1.1.2 食品的类型

中国食品工业将食品分为以下十六类:一是乳与乳制品;二是脂肪、油和乳化脂肪制品;三是冷冻饮品;四是水果、蔬菜(包括块根类)、豆类、食用菌、藻类、坚果以及籽类等;五是可可制品、巧克力和巧克力制品(包括类巧克力和代巧克力)以及糖果;六是粮食和粮食制品;七是焙烤食品;八是肉及肉制品;九是水产品及其制品;十是蛋及蛋制品;十一是甜味料;十二是调味品;十三是特殊营养食品;十四是饮料类;十五是酒类;十六是其他类。

营销视角

未来食品

中国食品科学技术学会指出,未来食品的核心内容可分为六部分,分别是食品生物技术、食品感知技术、食品智能制造、植物基食品、精准营养与食品安全。高技术、全营养、智能化、可持续将会是"未来食品"的显著特点。

从市场层面来看,消费者对"未来食品"的需求与日俱增。巨量算数发布的食品饮料行业报告显示,57.4%的消费者表示在选购食品饮料产品时会选择低脂、低糖、低钠、低卡产品;35.5%的消费者会根据自身健康相关的特质选购产品;选择滋补膳食类等功能性食品饮料的消费者占比达到了34.4%。低糖、低卡、强功效等健康的消费需求都与"未来食品"理念不谋而合。

资料来源:食研汇FTA,2024-03-27。

1.1.3 食品的功能

食品对人体的作用主要有两大方面,即营养功能和感官功能,有些食品还具有调节作用。

(1)食品的营养功能是指食品能提供人体所需的营养素和能量,满足人体的营养需求。

(2)食品的感官功能是指食品能满足人们对食物色、香、味、形和质地的不同嗜好要求。

(3)食品的调节功能是指食品对人体产生良好的调节作用,如调节人体生理功能,提高机体免疫力,降低血压、血脂、血糖等功效。

> **中国式营销**
>
> **汤臣倍健——科学营养带动稳中求进**
>
> 汤臣倍健聚焦于"新原料、新功能、新技术",持续深耕科研创新。前三季度,公司相继推出了以 GAGs(糖胺聚糖)胶原蛋白肽创新原料为核心的汤臣倍健 Yep 磁感小粉瓶,主打 Nuhour™四重蛋白配方的 10 秒速溶小金罐蛋白粉,以及以专利技术结合工艺创新满足更多消费者需求的 Life-Space 冷泡茶益生菌等新品,均获得了较好的用户口碑,有望持续提升市场份额。今年 9 月,汤臣倍健微生态研发中心实验室落成并投入使用,该实验室下设益生菌研发平台及合成生物技术平台,依托现代微生物学和生物制造技术,致力于人体微生态系统健康研究。同时,汤臣倍健联合科研机构在国际权威期刊相继发表了两篇益生菌领域临床研究成果,为口服相关益生菌配方对肠道菌群、改善便秘、增强免疫力的调节作用提供了科学依据;联合中国科学院上海营养与健康研究所完成的 PCC1 抗衰老研究项目,荣获 2023 年度国家级发明创业奖。
>
> 汤臣倍健将坚持实施"科学营养"战略,以强科技、强品牌持续布局 VDS(膳食营养补充剂)新周期,为 VDS 行业带来增量价值。
>
> 资料来源:微信公众号"汤臣倍健",2023-10-24。

1.1.4 食品营养金字塔

为了指导人们合理营养,中国营养学会提出了食物指南,并形象地称为"4+1 营养金字塔"(即"营养金字塔")。"4+1"指每日膳食中应当包括"粮、豆类""蔬菜、水果""奶和奶制品""禽、肉、鱼、蛋"四类食物,以这四类食物作为基础,适当增加"盐、油、糖"。

"金字塔"的第一层是最重要的粮、豆类食物,它构成塔基,应占饮食中的很大比重。每日粮、豆类食物摄取量为 250~400 克,粮食与豆类之比为 10∶1。

"金字塔"的第二层是蔬菜、水果,因此在金字塔中占据了相当的地位。每日蔬菜、水果摄入量为 25~450 克,蔬菜、水果之比为 8∶1。

"金字塔"的第三层是奶和奶制品,以补充优质蛋白和钙。每日摄取量为 300 克。

"金字塔"的第四层为动物性食品,主要提供蛋白质、脂肪、B 族维生素和无机盐。禽、肉、鱼、蛋等动物性食品每日摄入量为 10~200 克。

"金字塔"塔尖为适量的油、盐、糖。

以上四种基本成分加上塔尖叠合在一起,恰似"金字塔",如图 1-1 所示。

图 1-1 营养金字塔

任务 2　食品市场营销

1.2.1　食品市场

1. 食品市场的概念

食品市场营销主要研究食品企业的营销管理活动,即研究食品企业如何通过整体市场营销活动适应并满足消费者的食品需求,实现经营目标,创造美好生活。从食品市场营销角度看,卖方构成行业,同行业的卖方构成竞争者;买方构成市场,是食品需求的总和,是人口、购买力和购买欲望三个因素的统一。用公式来表示就是:

$$市场=人口+购买力+购买欲望$$

市场的这三个因素相互制约、缺一不可,三者结合起来构成现实的市场并决定其规模和容量。我国具有超大规模的市场优势,这是我国实现高质量发展的重要依托。

2. 中国食品市场现状分析

(1) 食品质量和安全意识提高。近年来,食品安全问题屡屡发生,引起了社会的广泛关注与讨论。公众对食品质量和安全的要求日益提高,对食品企业的监管也越来越严格。

(2) 科技创新推动行业发展。科技的不断进步和创新,为食品行业带来了许多新的机会。例如,食品科技的发展使得食品的加工和保存更加方便和安全,同时也提高了食品的营养价值和口感。

(3) 个性化和多样化需求增加。消费者对于食品的需求越来越个性化和多样化。他们希望能够选择适合自己口味和健康需求的食品,这也推动了食品行业向个性化和多样化发展。

1.2.2　食品市场营销的含义

1. 食品市场营销的概念

食品市场营销是食品企业发现食品消费需求、创造食品消费需求、满足食品消费需求和管理食品消费需求的活动过程。

中华优秀传统文化中的四部曲《生意经》为找生意—创生意—做生意—管生意。找生意即寻找生意,创生意即创造生意,做生意即经营生意,管生意即管理生意。将其与食品市场营销的四个环节"发现食品消费需求—创造食品消费需求—满足食品消费需求—管理食品消费需求"进行比较,不难发现中华优秀传统文化中的四部曲《生意经》与食品市场营销四个环节在内在规律上具有一致性。因此,也可以这样理解食品市场营销的概念:食品市场营销是食品企业找生意(寻找食品生意)——发现食品消费需求、创生意(创造食品生意)——创造食品消费需求、做生意(经营食品生意)——满足食品消费需求、管生意(管理食品生意)——管理食品消费需求的活动过程。

食品市场营销的主体是食品企业,包括食品生产者和食品经营者。食品市场营销的供给物是食品和服务。食品市场营销的客体是购买食品的消费者,他们是营销活动的服务对象。食品市场营销的核心是交换。

食品市场营销的目标是通过消费者价值的创造、传播、传递和交换,使食品企业、消费者及社会整体受益,实现双赢或多赢的目标。

> **营销视角**
>
> **营销的本质是服务**
>
> 营销的本质是服务。什么是服务? 就是为社会和他人的利益而采取的行动。营销就是在市场交易中为客户和社会利益所做的一系列事情。具体做什么事情? 从市场营销的职能来看,包

括洞悉客户需求，进行满足客户需求的产品研发、创新、制造，以及进行方便客户购买的交易，解决产品使用中的各类问题（提供售后服务）等。这一切都是服务的体现。

资料来源：容纳商业评论，2024-09-20。

思政教育

培育和践行社会主义核心价值观

社会主义核心价值观是社会主义核心价值体系的内核，体现了社会主义核心价值体系的根本性质和基本特征，反映了社会主义核心价值体系的丰富内涵和实践要求，是社会主义核心价值体系的高度凝练和集中表达。党的十八大提出，倡导富强、民主、文明、和谐，倡导自由、平等、公正、法治，倡导爱国、敬业、诚信、友善，积极培育和践行社会主义核心价值观。富强、民主、文明、和谐是国家层面的价值目标；自由、平等、公正、法治是社会层面的价值取向；爱国、敬业、诚信、友善是公民个人层面的价值准则。这24个字构成了社会主义核心价值观的基本内容。

资料来源：河南检察，2023-06-09。

2. 食品市场营销的特点

（1）食品产业链较长，涉及多个行业（农业、工业、商业），从种植、养殖到加工、制造、流通，最终到达消费者餐桌，因此食品安全和质量控制的难度较大。

（2）食品行业直接关系到人民的生命安全和身体健康，但由于行业门槛较低，市场上出现了良莠不齐的现象。

（3）食品种类繁多，品种和规格多样，保质期短，对贮存条件要求高，保管难度大，容易变质。

（4）食品作为日常快速消费品，具有周转期短、流通量大、分布面广、市场机会多的特点。

（5）食品市场供大于求，消费者注意力分散，选择范围广泛。

（6）食品行业同质化现象普遍，市场竞争异常激烈和残酷。

（7）消费者对食品的需求层次多样、变化迅速，对食品选购非常挑剔，特别强调新鲜度。

（8）食品消费不稳定，受经济大环境以及消费者的经济收入、年龄、性别、文化、习俗等多种因素的影响。

（9）不同区域和不同民族的食品消费习惯和购买力存在显著差异。

（10）消费者的品牌意识和消费行为尚未完全成熟，购买行为常因食品价格的变动而受到影响。

营销思考

一日之计在于晨，你的早餐吃了什么？

吃早餐可能是一件让人既幸福又痛苦的事情。一顿美味的早餐能让人能量满满一整天，但早起准备早餐又是一件令人痛苦的事情。在天猫平台披露的 TOP 产品中，随着食品口味技术的不断升级，针对更细分人群早餐需求的产品开始涌现。除了以王饱饱为代表的冻干酸奶水果麦片，更延展出了零蔗糖、燕麦麸皮、五黑麦片以及儿童麦片等细分品类。

儿童早餐，包装食品创新的重点场景。在 2020 年中粮营养健康研究院针对儿童妈妈的调研中显示，家长对于儿童早餐关注度很高。给孩子一顿健康的早餐受到了许多妈妈的重视。而针对这一需求，许多传统速冻大牌开始布局儿童早餐冻品市场，三全、思念纷纷推出儿童水饺、儿童包点等产品，主打造型与口味特色，抢占市场。

资料来源：微信公众号"士研零售与大消费"，2022-03-30。

3. 全渠道食品市场营销

全渠道食品市场营销（在本书中也称全渠道市场营销）是食品企业将线下和线上的各种渠道，如社交媒体、电商平台、实体店、移动应用等，按照"同产品、同款式、同价位、同活动、同权益、同服务"的模式进行有机整合，形成一个统一的营销体系。这种模式使企业能够在不同平台上与消费者互动，发现食品消费需求、创造食品消费需求、满足食品消费需求和管理食品消费需求。其目的是通过多种渠道和媒体与消费者建立联系、互动和交流，以提供一致、个性化且无缝的购物体验。简单来说，就是可以"随时购、随地购，线下产品可以线上购，线上产品可以线下购"。渠道之间不是相互独立，而是相互依存、相互协作的。全渠道市场营销是市场营销发展的方向。三全公司的全渠道市场营销如图1-2所示。

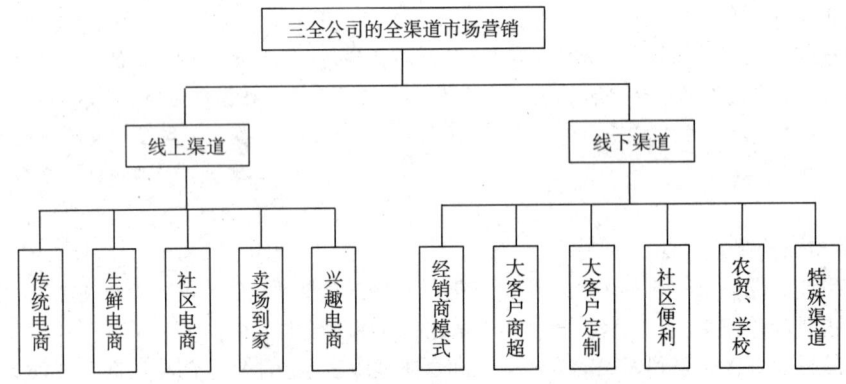

图1-2 三全公司的全渠道市场营销

4. 食品市场营销理论的创新发展

随着数字技术以及新质生产力的发展，要坚持创新、协调、绿色、开放、共享的新发展理念，依据我国独特的历史、独特的文化、独特的国情，建设具有中国特色、独树一帜的市场营销体系。

> **中国式营销**
>
> **中国式营销必须打造新质营销力**
>
> 打造新质营销力的使命，就是在中国式营销不能再继续单纯依靠传统的增量模式、极致性价比模式高速增长之后，通过创新继续让传统产业焕发新的创造社会财富的潜力；通过革命性技术和产品创新，大力发展战略性新兴产业，为市场和经济的高质量发展，提供新的战略空间。
>
> 资料来源：销售与市场，2024-08-02。

（1）坚持人民至上。坚持以人民为中心，为实现人民对美好生活的向往贡献智慧和力量。贯彻创新、协调、绿色、开放、共享的新发展理念，推动市场营销研究在企业社会责任、营销道德、绿色营销、新质生产力营销取得新进展，充分彰显市场学的社会价值。

（2）坚持自信自立。中国市场营销的理论和实践问题必须从中国基本国情出发，由中国市场营销学者自己来解答。我国有独特的历史、独特的文化、独特的国情，要坚定道路自信、理论自信、制度自信、文化自信，以更加积极的历史担当和创造精神为建构中国自主市场营销学知识体系做出新的贡献。既不能刻舟求剑、封闭僵化，也不能照抄照搬、食洋不化。

（3）坚持守正创新。要以中国为观照、以时代为观照，立足中国实际，解决中国问题，不断推动中华优秀传统文化创造性转化、创新性发展，不断推进知识创新、理论创新、方法创新，使中国特色哲学社会科学真正屹立于世界学术之林。实现由"跟跑者"向"并行者""领跑者"的角色转变。

（4）坚持问题导向。要自觉以回答中国之问、世界之问、人民之问、时代之问为学术己任，以彰显中国之路、中国之治、中国之理为思想追求，以科学的态度对待科学、以真理的精神追求真理，紧跟时代步伐，顺应实践发展，以满腔热忱对待大数据营销、人工智能、数字经济等一切新生事物，不断拓展认识的广度和深度，敢于说前人没有说过的新话，以新的理论指导新的实践。

（5）坚持系统观念。不断提高战略思维、历史思维、辩证思维、系统思维、创新思维能力，为前瞻性思考、全局性谋划、整体性推进中国市场营销发展提供科学思想方法。

（6）坚持胸怀天下。拓宽理论视野，以海纳百川的开放胸襟学习和借鉴人类社会一切优秀文明成果，在"人类知识的总和"中汲取优秀思想文化资源来创新和发展市场营销理论，形成兼容并蓄、博采众长的理论大格局大气象，推动建设更加美好的世界。

（7）将中华优秀传统文化融入营销创新理论与实践。习近平总书记强调："中华文化既是历史的、也是当代的，既是民族的、也是世界的。"中华优秀传统文化是中国市场营销的文化根基。将中华优秀传统文化融入营销创新理论与实践，有助于增强国人文化自信与历史自信，传递世界营销学创新的中国声音。

> **守正创新**
>
> **中华传统之美的有效对话与情感共鸣**
>
> 2024年春节，今麦郎凉白开携手新世相，邀请到年龄最高的影后奶奶——吴彦姝，发布了一支名为《只要心打开 健康自然来》的新春祝福视频。该视频借由吴彦姝奶奶86年来"平淡日子敞开过"的豁达生活智慧，传递出温润、健康的品牌价值观。在大年初五这个传统迎财神的日子里，今麦郎顺势发布了一支充满中国风韵和吉祥喜庆氛围的《健康开年 金运全开》祝福视频。视频围绕着"开"主题，巧借谐音关联，祝愿大家"今天旗开得胜""今天开薪至上""今天开花结果""今天亿享天开"，开启新一年的好运势。借由一连串充满新年美好寓意的开年祝福，今麦郎凉白开再次与大众完成了一次关于中华传统之美的有效对话与情感共鸣。这种结合传统与现代的品牌传播策略，与品牌长期以来秉持的中华美学价值输出理念保持着高度统一和延续性，也无疑使今麦郎凉白开的品牌形象更加立体鲜明。
>
> 资料来源：FBIF食品饮料创新，2024-02-18。

1.2.3 食品市场营销观念

食品市场营销观念是食品企业从事市场营销管理的指导思想。它不仅是市场营销实践活动的一种导向、观念、态度和企业思维方式，而且其正确与否往往对食品企业市场营销的成败具有决定性意义。市场营销观念在一定的社会经济环境下形成，并随着环境的变迁而发展演变。

1. 以企业为中心的市场营销观念

（1）生产观念。

时间：生产观念盛行于19世纪末至20世纪初。

背景：卖方市场。

特点：以生产为中心，以产定销，"我们生产什么，就卖什么"。

内容：一切从生产出发，强调生产的产品数量和成本，产量越大、成本越低，盈利就越多。企业的主要任务是努力提高效率、降低成本、扩大生产。

实质：重生产、传统、古老的经营思想。

（2）产品观念。

时间：产品观念存在于1920年至1929年。

背景：卖方市场。消费者对产品的要求由"量"转变为"质"，并在心理上总是喜欢高质量、多功能又有特色的产品。

特点：以产品为中心，以产定销，"皇帝的女儿不愁嫁""酒香不怕巷子深"。

内容：企业致力于生产高质量产品，并不断加以改进，做到物美价廉。

实质：产品观念会导致"营销近视症"，它过于重视产品本身，而忽视市场的真正需求。

生产观念和产品观念都属于以生产为中心的经营思想，其区别只在于前者注重以量取胜，后者注重以质取胜，二者都没有把市场需要放在首位。产品观念在本质上仍然是以生产为中心。

（3）推销观念。

时间：推销观念存在于1929年至第二次世界大战后。

背景：1929年开始的经济大萧条，使大批产品供过于求、销售困难，使竞争加剧，企业担心的已不是生产问题而是销路问题。

特点：产品是卖出去的，而不是被买出去的。

内容：企业以销售为中心，强调千方百计地采取各种措施销售产品，各种广告术、推销术应运而生，以刺激消费者大量购买本企业产品。

实质：既定产品的推销，"我卖什么，客户就买什么"。

推销观念与生产观念相比较，不同的是后者是以抓生产为重点，通过增加产量、降低成本来获利；前者则是以抓推销为重点，通过开拓市场、扩大销售来获利。从生产导向发展为推销导向是经营思想的一大进步，但基本上仍然没有脱离以生产为中心、"以产定销"的范畴。

2. 以消费者为中心的市场营销观念

时间：市场营销观念形成于20世纪50年代。

背景：买方市场。

特点："客户至上""客户是上帝""客户永远是正确的""客户才是企业的真正主人"。

内容：市场营销观念是"发现需要并设法满足它们"，而不是"制造产品并设法推销出去"；是"制造能够销售出去的产品"，而不是"推销已经生产出来的产品"。

意义：市场营销观念取代传统观念是企业经营思想上一次深刻的变革，是一次根本性的转变。

3. 社会市场营销观念

时间：社会市场营销观念形成于20世纪70年代。

背景：市场环境发生了许多变化，如能源短缺、通货膨胀、失业增加、消费者保护运动盛行等。这种背景下，人们纷纷对单纯的市场营销观念提出了怀疑和指责，某些企业忽视了满足消费者个人需要同社会长远利益之间的矛盾，从而造成了资源大量浪费和环境污染等社会弊端。

特点：保护社会环境，以消费者整体的和长远的利益为中心。

内容：不仅要满足消费者的需求和欲望并由此获得企业的利润，而且要符合消费者自身和整个社会的长远利益，要正确处理消费者欲望、企业利润和社会整体利益之间的矛盾，统筹兼顾，求得三者之间的平衡与协调。

意义：社会市场营销是对市场营销观念的补充、完善和发展。

4. 大市场营销观念

时间：大市场营销观念形成于20世纪80年代。

背景：许多国家的政府加强了对经济的干预，贸易保护主义抬头。

特点：企业可以影响其周围的经营环境，而不是仅仅顺从它和适应它；改造、改变目标客户的需求；用 6P 来打开和进入某一市场。

内容：在市场营销组合 4P（产品策略、定价策略、分销策略、促销策略）的基础上，增加"政治力量"和"公共关系"，形成 6P。

5. 关系营销观念

时间：关系营销观念形成于 20 世纪 70 年代。

背景：市场竞争日益激烈，企业营销是一个与各种组织和个人发生互动作用的过程，正确处理与这些关系是企业营销的核心，也是企业成败的关键。

特点：同消费者结成长期的相互依赖的关系，发展消费者与企业及其产品之间的连续性的交往，以提高品牌忠诚度，巩固市场，促进销售。

内容：把市场营销活动看作一个企业与消费者、供应商、分销商、竞争者、政府机构及其他公众建立良好稳定的伙伴关系的过程。其核心是建立一个由这些牢固、可靠的业务关系所组成的营销网络，以追求各方面关系利益的最大化。

6. 网络营销观念

背景：互联网技术的发展，消费者个性化需求的发展，企业低成本营销的需要。

特点：消费者与企业之间可以进行交互式的交流；企业面临的市场是全球的市场，企业竞争环境更加复杂多变。

内容：运用网络营销产品策略、网络定价策略、网络促销策略、网络渠道策略，实现市场、订货、购物、支付和运送等环节在互联网上运行。

7. 市场营销观念的新发展

（1）服务营销观念。

背景：20 世纪 80 年代后期，由于科学技术的进步和社会生产力的显著提高，产业升级和生产的专业化发展日益加速。一方面是产品的服务含量，即产品的服务密集度日益增大；另一方面，随着劳动生产率的提高，市场转向买方市场，消费者随着收入水平提高，他们的消费需求也逐渐发生变化，需求层次也相应提高，并向多样化方向拓展。

服务营销是指企业通过提供优质的服务来吸引客户，增加销售额和市场份额的一种营销策略。它强调了客户体验和满意度的重要性，通过提供个性化的服务、及时的响应和解决问题的能力来建立客户忠诚度和口碑。

二维码链接 1-1
海底捞火锅的服务式营销

服务营销的核心是维护商家和客户之间短期或长期的良好商业关系，通过优越的服务来提升客户的体验和好感，达到吸引新客户、留住老客户的目的，并通过人性化的服务和沟通，在商家与客户之间建立起信赖与情感联系。

服务营销的 7 个要素，如表 1-1 所示。

表 1-1 服务营销的 7 个要素

要　　素	具体内容
产品	质量、水准、品牌、服务项目、保证、售后服务
价格	折扣、付款条件、客户认知价值、质量价格比、差异化
分销	所在地、可及性、分销渠道、分销范围
促销	广告、人员推销、宣传、公关、形象促销、营业推广
人	态度与行为、可靠性、负责、沟通、客户参与
有形展示	环境设计、设备设施
过程	员工决断权、活动流程、客户参与度

（2）绿色营销观念。绿色营销（Green Marketing）是指以市场营销为基础，为谋求全社会的长

远利益，将环保理念融入营销理论和实践中，倡导企业实施健康有序的、可持续甚至永续的营销，同时履行社会责任，实现经济（自身利益）、社会（消费者利益）、生态（环境保护利益）多方效益的有机统一。绿色、生态、环保、低碳是21世纪经济发展的一种趋势。

　　时间：绿色营销观念形成于20世纪80年代。

　　背景：各国经济都进入高速增长时期，带来了人口爆炸、环境恶化、资源耗竭等问题，要求走可持续发展之路，对环境保护日益关注。

　　内容：企业以环境保护观念作为经营指导，充分利用资源研制开发产品，保护自然、变废为宝，以此满足消费者绿色消费需求，努力消除和减少生产经营对生产环境的破坏和影响。

　　意义：绿色营销观念是社会营销观念的新的、更高的体现。

二维码链接1-2 和粮好客：有机绿色食品会员店运营方案

中国式营销

康师傅：国内首推无标签 PET 瓶包装

　　后疫情时代，消费者越来越追求绿色健康环保，尤其是在环保教育下成长的"90后""00后"一代，对可持续发展更为关注。这两年国家也一直强调双碳政策，大势之下，绿色环保成了各大品牌发力的方向。

　　2022年2月，康师傅推出了国内首款主打低碳概念的无标签饮品，目前主要是康师傅冰红茶和康师傅无糖冰红茶这两种产品的瓶身采用的是无标签瓶身。其售价与传统款产品一致，但仅按箱销售。为了让消费者方便单瓶饮用，其瓶身采用了激光打印技术标识了产品名称以及保质期等信息。无标签包装可以减少PVC垃圾的产生，在饮品公司看来这是相对环保的方式。这几年像可口可乐、百事可乐、三得利也曾尝试推出无标签包装，这些品牌倡导的低碳环保生活理念也都获得了消费者的认同。

　　然而，无标签包装如何满足追求个性化的消费者需求是个问题。尽管无标签包装在环保方面具有优势，但消费者对个性化的需求和品牌辨识度的担忧仍然存在。

　　资料来源：微信公众号"吴间道"，2022-04-29。

（3）以人为本的营销观念。在食品饮料行业，仅有美味已不足以满足市场，它只是进入门槛。消费者追求的更多是趣味、内涵以及能持续融入生活的好体验。食品企业需要提供的是消费者在与企业接触的整个过程中，无论是在线上、线下销售，还是会员服务等，都能获得愉悦体验。

守正创新

数字化浪潮下的年夜饭营销

　　随着春节的脚步渐近，邻居张阿姨开始为家里的年夜饭发愁。往年，她总是为了一道道复杂的传统佳肴忙得团团转，今年她决定尝试点新花样——数字化预订年夜饭。

　　张阿姨打开了手机上的App，找了一个专门为年夜饭提供数字化预订服务的平台。界面上，各种精美的菜品图片和详细的制作介绍让人眼花缭乱。张阿姨选择了几个她心仪的菜品，如寓意年年有余的红烧鱼、象征团团圆圆的四喜丸子等。在选择了菜品后，张阿姨又根据自己的口味偏好和家人的健康状况，对菜品进行了个性化定制。例如，她要求将红烧鱼的辣度降低，同时增加了一道适合老人食用的清蒸鸡。

　　下单后，张阿姨安心地坐在沙发上等待。没过多久，送货小哥就将预订好的半成品食材送到了张阿姨的家门口。食材都是按照严格的标准进行选择和搭配的，新鲜又健康。张阿姨和家人一起动手，按照 App 上的制作教程，轻松地完成了年夜饭的制作。虽然没有了往年忙碌的身影，但家的温馨和团圆的氛围丝毫未减。

资料来源：微信公众号"营销兵法"，2024-02-11。

任务3 食品市场营销道德

1.3.1 食品市场营销道德的概念

食品行业关乎人们的生命健康，关乎社会的和谐稳定，更关乎国家的长治久安。每一个从业者都承担着一份沉甸甸的责任，那就是保障食品安全，让每一个人都能够吃得放心、吃得安心。因此，食品行业是一个道德行业。

食品市场营销道德，是指人们在从事食品行业的职业生活中应遵循的基本道德。它包括职业品德、职业纪律、专业胜任能力及职业责任等。食品市场营销道德既是本行业人员在职业活动中的行为规范，又是行业对社会所负的道德责任和义务。

二维码链接 1-3
徐福记：做食品就是做良心事业

> **营销视角**
>
> **倡导有中国特色的市场营销道德**
>
> 儒家文化博大精深、源远流长，自汉代以来就成为中国传统文化的核心，也代表着整个东方的文化。儒家的传统文化承载着儒家传统道德的根基，讲究的是仁、义、礼、智、信。在现代营销管理过程中，传统文化对于现代营销道德的建设具有重要的意义。
>
> 在市场营销理念中，应该树立以仁为本的理念核心。儒家文化把"仁"作为道德最高的境界，倡导仁者爱人，注重人的地位。企业在市场营销过程中就是要用心去对待客户，当用心去对待客户，自然可以营造良好的口碑。其次，在市场营销过程中，讲究以"义"为准则，讲究义利关系。儒家文化倡导"先义而后利"。在营销管理中，也讲究义利合一，无论是任何一个企业要想成功地进行市场营销，就需要做到义利合一。
>
> 在市场营销中要讲究用仁者之心去对待客户，同时也不能搞欺诈行为，不能搜刮不义之财。在求得利益和物质追求的同时，也要全心全意为客户服务，要注重以人为本的精神，以此来提高企业的经济效益。这就要求在整个市场营销过程中，营销者既要学会赚钱，又要学会讲友谊，要和客户以及合作商做朋友，要注重经济的交流，注重社会的效益以及口碑的传承。
>
> 最后，在市场营销建立过程中，儒家伦理认为，要注重以礼为追求。孔子曾经说道："不学礼，无以立。"这就告诉我们市场营销过程中要学会注重礼仪、宽己待人，就如同企业在营销过程中要用宽容的态度去待人，自然而然就可以获得商机，同时也赢取别人的信任。尤其是在商战中，更应该遵守礼仪，遵守社会相应的法律和道德规范，这样才可以在市场激烈竞争的过程中，形成互惠互利的局面。
>
> 资料来源：道客阅读，2018-12-10。

1.3.2 食品市场营销道德建设

在食品行业，每一个从业者都应该有一颗敬业、诚信、担当的心。要以严谨的科学态度、高度的责任感和使命感，投入到食品安全工作中。要以良心和责任为底线，坚决抵制任何违法违规行为，坚决不做任何损害消费者利益的事情。食品市场营销道德建设可以从以下几个方面进行。

1. 食品从业人员应树立"三心",用"三心"来不断完善自己

"三心"即良心、爱心和责任心。要凭良心做事,讲点良知。要有点责任心,既然做食品,对企业承担着责任,对消费者承担着责任,对社会承担着责任。时刻用这"三心"检验自己的行为,指导自己的行为,坚持做安全放心的食品。

营销者素养

营销是"人"事,更要把人做好

营销的本质是连接消费者,解决人与人之间的问题,而人与人之间除了工作信息的传递,还会附带个人的情感。像环境、家庭、成长经历等内在因素,都会影响每一个人的思想和行为。所以,中国有句古话:做事先做人,营销是"人"事,更要把人做好。而做人之道应当体悟中国的制器文化,例如很具中国特色的茶壶、筷子、屏风,这三件器物,蕴含着中国人三种修身哲学。

一、做人要放大格局——茶壶哲学

壶,圆腹。古人以圆寓天,认为壶中可纳万物。《尚书》有言,必有容,德乃大。不纠缠于小节,不汲汲于小事,就是在善待自己。《格局》一书中有这样一段话很好地诠释了什么是"大格局"——不管是侮辱、批评、攻击,或得失、成败,对一个心胸"开阔"、有"大器量"的人来说,他的内心就像一个大湖。你丢进去一根火把,它很快就会熄灭;你丢进去一包盐,它很快就会被稀释。

在营销中,营销人员要放大自己的格局,才能过滤那些细枝末节式的小事,才能把握营销工作中的关键点,才能不为小事牵肠挂肚,不为人言而耿耿于怀。

二、立世要内方外圆——筷子哲学

筷子,方圆。一头是方的,一头是圆的,有圆头,筷子才有用;有方头,筷子才能立得住。其中包含的是中国人无方不立的立身原则,与无圆不成的处事智慧。

在营销中,一个成熟的营销人员的性格应该是外圆内方的,外圆是指在面对各种类型的客户,与各种性格的人交流之时所表现出的圆滑和机敏。既然难以改变他人,就让自己去适应对方。内方是指营销人员不管遭遇什么样的境地,遇到什么样的质疑,都不能乱了方寸,失去信念。

三、体悟含蓄隽永之韵——屏风哲学

屏风,言可以屏障风也。古人常将屏风放置在床榻之后或客厅里,以起到挡风、遮私的作用。这隐含了中国人的处世哲学:含蓄内敛,不事张扬。

在营销中,营销人员要自信谦虚,不卑不亢,面对客户要坚信自己的产品和服务具有独特的优点,能给客户带来收益和价值,客户用钱购买产品是等价交换。有的营销人员在潜意识里觉得比客户低一等,客户购买他的产品是看得起他。这样的态度反而会引起客户的怀疑。当然也不能仗着自己有一些专业资本就飘飘然,恃才傲物,对客户观点指指点点,不把客户放在眼里。

做事先做人。营销的本质就是帮助别人去解决他需要解决的问题。如果把人做好,事做好,不坑人,不诋毁人,帮助他解决问题,相信他会主动找你成交的。

资料来源:动保瞭望者,2022-08-18。

2. 要善于换位思考

食品生产者往往难以体会受害者的感受，难以理解消费者食用问题食品后的愤怒。他们更多考虑的是"我投入了成本，我需要收回成本"。若能换位思考，就会产生不同的感想与行为。

3. 在短期经济效益与食品企业长期发展的矛盾中寻求有机结合，不断提升自身素养

实践证明，企业不能仅仅追求眼前利益，而应考虑长远发展。只有真正将企业做大做强，既对消费者负责，又对社会有益，同时也能为自己带来丰厚利润。食品企业必须妥善处理短期经济效益与企业长期发展的关系。

4. 突出企业第一责任人的主体地位，在食品行业诚信体系建设中不断自我提升

食品生产经营企业应将诚信经营、道德建设作为重要议题，高度重视企业信用体系建设，积极开展诚信经营活动，树立"诚实立身，信誉立业"的良好形象。

5. 严格执法，加强食品行业专项整治，持续锤炼从业人员道德情操

将强化执法作为构筑食品行业道德底线的关键手段，启动食品安全、食品卫生专项整治行动，全面开展食品安全联合大检查以及食品生产经营各环节的专项整治，确保食品安全工作提质增效，迈向更高水平。

中国式营销

德耀巴陵 劲仔食品董事长周劲松荣获"道德模范"

德耀巴陵，誉满三湘。1月4日晚，第九届岳阳市道德模范颁奖典礼在岳阳文化艺术会展中心举行。省委常委、市委书记谢卫江等领导出席颁奖典礼并颁奖。劲仔食品董事长周劲松等10名（组）被授予"道德模范"荣誉称号。通过颁奖典礼，大力弘扬道德模范的传统美德、崇高精神，向全社会传递崇德向善、见贤思齐的鲜明价值追求。

自1990年创业至今，周劲松已在休闲食品行业坚守33年。三十多年来，他诚信经营，开拓创新，奋斗出一片天地；三十多年来，他爱国敬业，信守承诺，返故乡，建家乡；三十多年来，他敢于担当，以产业报国，助力乡村振兴；三十多年来，他坚持品质为先，将产品做成口碑，让家乡美食誉满世界；三十多年来，他初心未改，守正创新，引领行业高质量发展。"平江有座回头山，出去创业的人都愿意回到家乡发展。"2015年，在外奋斗的周劲松毅然回到家乡——当时仍是国家级贫困县平江，投资数亿元，打造休闲食品智能制造标杆项目。2020年，劲仔食品登录深交所主板，成为"鱼类零食第一股"。

资料来源：劲仔食品官微，2024-01-05。

项目案例分析

年夜饭营销的数字化变革

过去，年夜饭的筹备和安排主要依赖于家庭和亲友间的口口相传。如今，随着数字平台的崛起，人们越来越多地通过在线平台来了解和选择年夜饭的餐厅、菜品和服务。美团、大众点评、饿了么等平台的年夜饭专区，成为人们筹备年夜饭的重要参考。2023年春节前夕，美团推出"年夜饭预订"专区，提供超过10万家餐厅的年夜饭预订服务。消费者可以通过平台浏览不同餐厅的菜单、价格、用户评价等信息，轻松选择心仪的餐厅和菜品。同时，平台还提供多种优惠活动和红包奖励，吸引了大量消费者参与。

数字化不仅改变了人们的信息获取方式，也改变了人们的消费习惯。现在，消费者可以通

过手机或电脑轻松在线预订年夜饭,并通过电子支付方式完成付款。这种便捷的消费模式不仅提高了效率,也降低了因排队等待而产生的时间成本。

数字化菜单和智能点餐也随之而来,许多餐厅开始引入数字化菜单和智能点餐系统,消费者可以通过扫描二维码或使用餐厅的 App 来查看菜单和点餐。这种数字化菜单不仅提供了更丰富的菜品选择,还通过数据分析为消费者推荐符合口味的菜品,提升了消费者的用餐体验。例如,某知名连锁餐厅在 2023 年春节期间推出了数字化菜单和智能点餐系统。消费者可以通过扫描桌上的二维码或下载餐厅 App 来查看菜单和点餐。系统还会根据消费者的历史点餐记录和口味偏好推荐菜品。这种智能点餐方式不仅提高了点餐效率,也为消费者带来了更加个性化的用餐体验。

在网络化的推动下,年夜饭的跨界合作和 IP 营销成为新趋势。一些知名餐饮品牌与电影、动漫、游戏等跨界合作,推出限量版年夜饭套餐或主题活动,吸引了大量粉丝和消费者的关注。这种跨界合作不仅丰富了年夜饭的形式和内容,也通过 IP 的影响力扩大了品牌的知名度和市场份额。2023 年春节期间,某知名快餐品牌与热门动画电影合作,推出了限量版年夜饭套餐。套餐内包含了电影主题的餐具、玩具和纪念品等,吸引了大量粉丝和消费者的关注和购买。这种跨界合作不仅增加了产品的附加值和吸引力,也为品牌带来了更多的曝光和合作机会。

资料来源:微信公众号"营销兵法",2024-02-11。

◎ 辩证性思考:

你认为年夜饭如何变革才能更适合年轻人的消费方式。

项目检测

营销知识培养规格检测
1. 简述什么是食品和食品的类型。
2. 食品的功能有哪些?
3. 简述食品营养金字塔的四种基本成分。
4. 什么是食品市场营销?
5. 试述食品市场营销观念的几个阶段。
6. 什么是食品市场营销道德建设?
7. 试述食品市场营销道德建设的途径。

营销能力培养规格检测和营销素养培育规格检测
实践项目 1　制订××食品企业市场营销现状分析方案
项目实践目的:

通过对××食品企业市场营销现状的调查研究,每个团队组织全员进行分析,总结食品企业市场营销的特色,查找食品企业市场营销存在的问题,明确食品企业目前急需解决的问题。制订××食品企业市场营销现状分析方案,为以后边学习、边分析、边解决食品企业营销问题打好基础。同时,强化对食品市场营销道德重要性的认识。

项目检测考核:

由班级学习委员组织分团队对××食品企业市场营销现状分析方案进行宣讲、讨论、答辩,指导教师进行评价。由各团队队长和指导教师对方案及团队学习营销者素养、市场营销道德以及团队合作状态进行综合评判打分,考核成绩分为优秀、良好、及格。

食品市场营销环境分析

思维导图

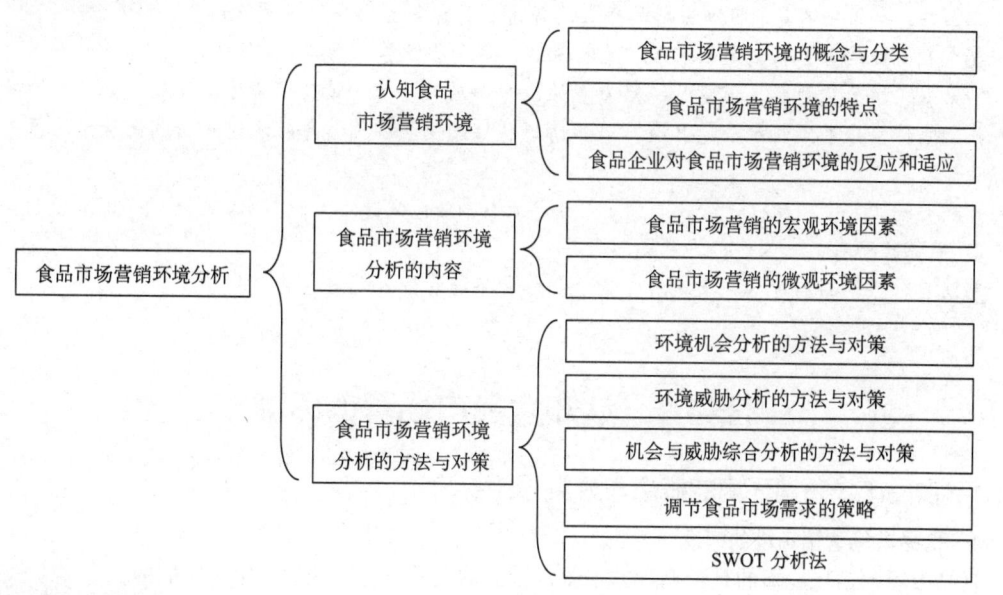

项目培养规格

营销素养培育规格

强化遵守《数据安全法》《互联网信息服务算法推荐管理规定》《食品安全法》《消费者权益保护法实施条例》《个人信息保护法》等法规意识，提高营销道德水平；树立全国统一大市场观念；培育营销者的精神风采，塑造营销者良好的职业形象。

营销知识培养规格

掌握食品市场营销环境的概念和特点；明确食品市场营销环境分析的内容；掌握食品市场营销环境分析的方法与对策。

营销能力培养规格

培养能够运用食品市场营销环境分析的理论和方法，正确分析和评价食品企业市场营销环境；能够运用 SWOT 分析法，发现市场营销机会和威胁，采取合理的应对策略；能够制订食品企业市场营销环境分析方案。

项目导入案例

新消费时代的新消费人群及新消费理念

根据国家统计局的数据，目前我国"80 后"人口有 2.19 亿人，"90 后"人口有 1.88 亿人，"00 后"人口有 1.47 亿人，他们已成为我国新消费时代的消费主力军，并拥有新的消费理念，主要体现在以下几个方面。

第一，新国货崛起。年轻一族撑起了"新国潮"，如具有独特民族文化特征的消费品、国货化妆品、国货服装、自主品牌汽车、国潮与 IP 化结合的产品等。

第二，健康化消费。追求健康是人类社会发展的永恒主题，如健康食品、健康饮料、健康家电、休闲娱乐、健康睡眠产品等。

第三，便捷化消费。社会分工精细化背景下懒人经济成为新潮流，如在线教育、便捷食品、便捷家电、生鲜电商、快餐与外卖等。

第四，个性化消费。日渐崛起的年轻消费者更青睐彰显自我的品牌及商品，如创意小家电、彰显个人地位的奢侈品、定制家居、定制旅游、定制餐饮等。

第五，情感化消费。消费升级沿着量的消费→质的消费→情感消费方向发展，如满足情感寄托和陪伴需求的宠物经济、具有社交和情感属性的高端白酒、年轻人追求新潮体验感的医美行业等。

资料来源：微信公众号"知海运营"，2023-09-11。

➦ 辩证性思考：
新消费时代的新消费人群及新消费理念会给食品消费带来哪些影响？

任务 1　认知食品市场营销环境

2.1.1　食品市场营销环境的概念与分类

1. 食品市场营销环境的概念

食品市场营销环境指的是影响食品企业营销活动及其目标实现的特定的影响因素和条件。食品市场营销环境是食品企业的生存空间，是食品企业谋求生存和发展的前提条件，是食品市场营销活动的重要基础。

市场营销环境是食品企业市场营销活动的约束力量，其影响主要表现在两个方面：一是为食品企业市场营销提供机会；二是对食品企业市场营销造成障碍和威胁。因此，食品企业应通过对市场营销环境深入持续的研究，自觉地识别和利用市场机会，规避环境威胁，充分发挥自身的优势，克服劣势，制定正确的市场营销决策，以实现市场营销目标。

2. 食品市场营销环境的分类

（1）按影响范围分类。按影响范围，食品市场营销环境可分为宏观环境和微观环境，如图 2-1 所示。

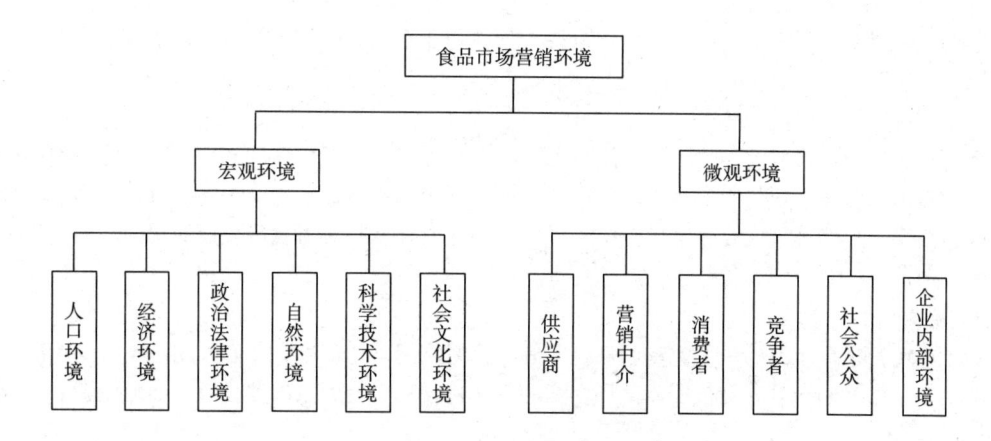

```
                    食品市场营销环境
                   ┌──────┴──────┐
                宏观环境         微观环境
           ┌──┬──┬──┬──┐    ┌──┬──┬──┬──┬──┐
          人 经 政 自 科 社   供 营 消 竞 社 企
          口 济 治 然 学 会   应 销 费 争 会 业
          环 环 法 环 技 文   商 中 者 者 公 内
          境 境 律 境 术 化        介         众 部
                环    环 环                      环
                境    境 境                      境
```

图 2-1　按影响范围划分的食品市场营销环境

（2）按控制性难易分类。可控制因素，指由食品企业及营销人员支配的因素，即微观环境中的企业内部条件。它既包括最高管理部门可支配的因素，如产业方向、总目标、营销部门的作用、其他职能部门的作用，又包括市场营销部门可控制的因素，如目标市场的选择、营销目标、营销机构类型、营销计划、营销控制等。

不可控制因素，指影响食品企业的工作和完成情况，而食品企业及营销人员不能控制的因素，即宏观环境和微观环境中的企业外部环境。

营销者素养

> **营销者的精神风貌：专业、敬业、担当、创新、协同、进取**
>
> 专业是立业之本。"君子履正道，秉志宜专攻。"专业是为用户创造价值的基础。专业不仅体现在产品上，更体现在与用户的沟通和服务过程中。
>
> 敬业是立业之基。"敬业者，专心致志，以事其业也。"敬业是对本职工作的尊重和敬仰，是对岗位的感恩与投入。以一流的精神状态、一流的工作标准、一流的工作作风，创造营销岗位高质量、高效率、高水平的工作成果。
>
> 担当是立业之要。敢于接最难的任务，敢于做最难的事，以担当的作为，成为用户问题解决的先行者。
>
> 创新是立业之源。唯变革者进，唯创新者强。时代的变化要求主动变革，锐意创新，以变革驱动进步，实现高效率的运营，用更少的资源做更多的事，为企业高质量发展提供不竭动能。
>
> 协同是立业之途。建立整体利益最优的大格局，通过内外部合作和协作来整合资源，优化流程，提高效率，实现创新。
>
> 进取是立业之驱。时刻保持对个人和组织目标的强烈内在渴望及昂扬斗志，不甘于现状，不满足于当下。时刻保持对用户需求的思考，思考能为自己的用户再做些什么，怎么做更好，以进取的姿态，成为用户体验优化的践行者。
>
> 资料来源：微信公众号"西部E家"，2024-01-22。

2.1.2　食品市场营销环境的特点

1. 客观性

食品市场营销环境作为一种客观存在，是不以食品企业的意志为转移的，其对食品企业营销活动的影响具有强制性和不可控制性。一般来说，食品企业不能摆脱和控制市场营销环境，尤其是宏观环境。

2. 差异性

食品市场营销环境的差异性不仅表现在不同的食品企业受不同环境的影响，而且同一种环境因素的变化对不同食品企业的影响也不尽相同。例如，不同国家或地区之间，在人口、经济、社会文化、政治法律、自然等方面存在着广泛的差异性，这些差异性势必对食品企业的营销活动产生不同的影响。

3. 相关性

食品市场营销环境作为一个完整的系统，其各个影响因素之间发生相互作用是不可避免的，它们相互影响、相互制约且相互依存。某一因素的变化将带动其他因素的变化，从而形成新的市场营销环境。

4.动态多变性

食品市场营销环境是一个动态的概念，始终处于动态变化的过程之中。食品市场营销环境的变化在速度和程度上是有差异的。其中，科学技术、经济等因素的变化相对较快且幅度较大，因而对食品企业营销活动的影响相对短暂且波动较大。而人口、社会文化、自然等因素相对变化较慢、较小，对食品企业营销活动的影响则相对持久而稳定。

2.1.3 食品企业对食品市场营销环境的反应和适应

食品企业对市场营销环境的反应和适应，并不意味着食品企业对市场营销环境是无能为力或束手无策的，只能消极地、被动地改变自己以适应环境，而是应从积极主动的角度出发，能动地去适应市场营销环境。

任务2　食品市场营销环境分析的内容

2.2.1 食品市场营销的宏观环境因素

1. 人口环境因素

人口是构成一个市场的首要因素，人口动力可以创造新机会、新市场。人口环境是食品企业制定营销决策的重要参照，是食品市场营销宏观环境的首要因素。

（1）人口数量与增长速度对食品企业市场营销的影响。在消费者收入水平相当的前提下，人口数量的多少直接决定了市场的发展空间，人口数量与市场规模成正比。我国14亿人口就是一个巨大的市场。但是，自2022年起，我国人口首次出现负增长，如图2-2所示。从全球的视角看，世界人口的增长率逐渐减缓，世界人口的增长速度对食品市场营销活动具有较大的影响，人口规模的减少势必导致人类食品消费需求的减少。

（2）人口结构对食品企业市场营销的影响。人口结构包括人口的年龄结构、性别结构、教育结构、家庭结构、社会与民族结构等多种因素。

① 年龄结构。这是最关键的因素，它直接关系到市场的实际需求量及食品企业的目标市场选择。在一个市场上，不同年龄段的消费者对食品的需求自然存在差异性。营销人员应首先明确年龄段中最可能成为目标市场的具体群体。我国人口老龄化规模将进一步扩大并越来越突出，对食品消费和生活方式更加追求"天然"和健康，老龄化社会对食品企业将产生巨大影响。

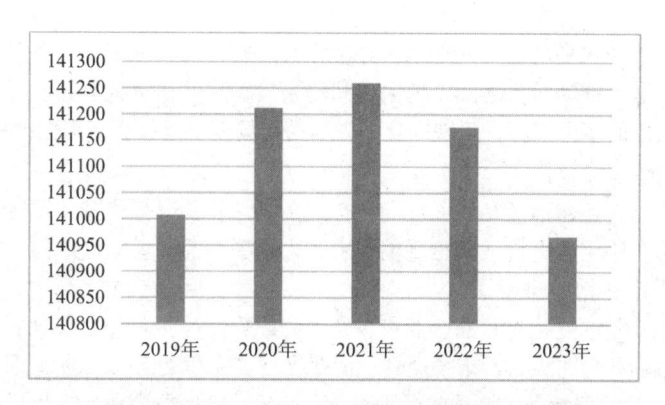

图 2-2　2019—2023 年中国人口数量变化趋势

资料来源：国家统计局，2024-01-18。

营销思考

我国已经进入老龄化社会

根据联合国的标准，人口老龄化的标志是 65 岁及以上人口占总人口比例超过 7%，或 60 岁及以上人口占总人口比例超过 10%。据国家统计局公布的数据，截至 2022 年底，我国 65 岁及以上人口 20 978 万人，占总人口 141 175 万人的比例达 14.9%，这说明中国已经进入老龄化社会。

资料来源：国家统计局，2021-11-26。

② 性别结构。人口的性别不同，其市场需求也有明显的差异，反映到市场上就会出现男性用品市场和女性用品市场。根据国务院第七次全国人口普查领导小组办公室 2021 年 5 月 11 日发布的数据，截止到 2020 年 11 月 1 日零时我国大陆 31 个省、自治区、直辖市和现役军人的人口性别构成是：男性人口为 723 339 956 人，占 51.24%；女性人口为 688 438 768 人，占 48.76%。总人口性别比（以女性为 100，男性对女性的比例）为 105.07，与 2010 年第六次全国人口普查基本持平。

③ 教育结构。教育结构对市场需求同样会产生较大的影响。例如，受教育程度较低的群体的消费行为一般趋于感性，广告应突出企业的形象而不是产品本身；受教育程度较高的群体，接触到的广告媒体则更多的是一些专业报纸、期刊或互联网。随着高等教育的大众化，人们将更加看重教育、旅游和休闲的价值。

④ 家庭结构。现代家庭是社会的细胞，食品大多数是以家庭为单位购买和消费的。一个国家或地区的家庭单位和家庭平均成员的多少，以及家庭组成状况等，直接影响着食品的需求量。

依据第七次全国人口普查数据，我国平均每个家庭户的人口为 2.62 人，比第六次全国人口普查平均每个家庭户人口 3.10 人显著减少。"离婚"和非传统家庭逐渐增多，呈现独身生活、同居生活、单亲家庭、丁克家庭以及空巢家庭等现代多元化家庭模式。总的来说，家庭结构呈现小型化、特殊化趋势。

二维码链接 2-1 中国人口形势报告 2023 年：鼓励生育刻不容缓

⑤ 社会与民族结构。第七次全国人口普查结果显示，我国农村人口约占总人口的 34.78%，比第六次全国人口普查农村人口约占总人口的 50.32% 显著下降。因此，我国农村的食品市场规模进一步萎缩。我国是一个多民族的国家，民族不同，其生活习性、文化传统也不相同，反映到市场上就是各民族的市场需求存在着很大的差异。因此，食品企业要注意民族市场的食品市场营销。

（3）人口地理分布。人口分布即人口的地理分布。从人口区域分布看，我国东部沿海地区经济发达，人口密度大，消费水平高；中西部地区经济相对落后，人口密度小，消费水平低。随着我国城镇化战略的实施，必然推动城乡之间、地区之间的人口在数量和质量上都呈现强势流动的态势。不同城市之间流动人口的多少不等，反映在食品方面的市场需求量就会有很大差别。

2. 经济环境因素

经济环境是指食品企业营销活动所面临的社会经济条件及其运行状况和发展趋势，其中最主要的指标是社会购买力。购买力直接或间接受消费者收入水平、消费者支出结构、消费者储蓄与信贷水平、经济发展水平等因素的影响。

（1）消费者收入水平的变化对食品企业市场营销的影响。社会购买力来自消费者的收入水平，所以消费者收入是影响社会购买力、市场规模、消费支出多少和支出模式的重要因素。

① 可支配收入。除消费者个人缴纳的各种税款和交给政府的非商业性支出后可用于个人消费和储蓄的收入，它是影响购买力和消费者支出的决定性因素。

思政教育

居民人均可支配收入十年增长超80%，人民生活水平持续改善

国家统计局数据显示，2023年前三季度全国居民人均可支配收入实际增长5.9%，全国居民收入保持稳定增长态势，农村居民收入增速继续快于城镇居民。

党的十八大以来，我国持续推进普惠性、基础性的民生建设，人民生活水平全方位提升，群众获得感显著提高。居民人均可支配收入从2012年的16 510元增加到2022年的36 883元，扣除价格因素，2022年比2012年增长83%，增速快于经济增长。十年间，我国如期打赢脱贫攻坚战、如期全面建成小康社会，形成了超4亿人的世界上规模最大、最具成长性的中等收入群体。人民生活水平持续改善，按联合国的标准，我国人民生活已经进入相对殷实富足阶段。2023年是三年新冠疫情防控转段后经济恢复发展的一年。聚焦民生关切，兜住兜牢民生底线，民生保障有力有效。2023年前三季度，工资性收入和经营净收入增长较快，为居民增收提供主要支撑。全国居民人均工资性收入16 747元，快于全国居民收入增速0.5个百分点；全国居民人均经营净收入4 643元，快于全国居民收入增速0.4个百分点。

资料来源：新华网，2023-12-19。

---

② 可随意支配收入。可支配收入减去维持基本生活消费所必需的支出，如减去必要的食物、房租、水电费等必需费用和固定费用后所剩下的收入。可随意支配收入是影响消费者需求变化的最活跃的因素，也是消费者市场重点研究的收入。

③ 货币收入和实际收入。因为实际收入会影响实际购买力，假设消费者的货币收入不变，物价下跌，消费者的实际收入便增加；相反，物价上涨，消费者的实际收入便减少。即使消费者的货币收入随着物价上涨而增长，但如果通货膨胀率超过了货币收入增长率，消费者的实际收入也会减少。

（2）消费者支出结构的变化对食品企业市场营销的影响。消费者支出主要是指消费结构，即消费者在各种支出中的比例关系。随着居民收入水平的变化，消费支出结构也会发生相应的变化，从而使一个国家或地区的消费结构发生变化。西方一些经济学家常用恩格尔系数来表示这种变化。恩格尔系数表明，在一定的条件下，随着家庭收入的增加，用于购买食物的支出占家庭收入的比重会下降，用于住宅建筑和家务经营的支出占家庭收入的比重大体不变，用于其他方面的支出和储蓄占家庭收入的比重会上升。根据联合国粮农组织提出的标准，恩格尔系数在59%以上为贫困，50%~59%为温饱，40%~50%为小康，30%~40%为富裕，低于30%为最富裕。据统计，我国关键年份的恩格尔系数数据如下：1978年平均值为60%（农村68%，城镇59%），属于贫困级别；2003年平均值为40%（农村46%，城镇37%），属于小康级别；2015年平均值为30.6%，属于相对富裕级别；2016年平均值为30.1%，属于相对富裕级别。国家统计局的数据显示，我国2022年恩格尔系数平均值为30.5%，其中城镇为29.5%，农村为33.0%。

（3）消费者储蓄与信贷水平的变化对食品企业市场营销的影响。居民个人收入不可能全部用于消费，总有一部分会以各种形式储蓄起来，这是一种潜在的社会购买力。消费信贷是指先消费后还款，消费者利用信用先取得商品的使用权，然后按期归还贷款，是一种预支未来收入的购买力。信贷消费在汽车、房地产行业的发展大大促进了这两个行业的发展。

（4）经济发展水平对食品企业市场营销的影响。居民的收入水平，会在一定程度上影响食品企业市场营销。当消费者收入水平提高时，人们对食物的要求也会随之提高，如营养价值、新鲜度、是否为绿色食品等。

① 国内生产总值。简称GDP，是一个国家或地区所有常住单位在一定时期内生产活动的最终成果。国内生产总值是国民经济核算的核心指标，既是衡量一个国家或地区经济状况和发展水平的重要指标，也是衡量一个国家或地区经济实力与购买力的重要指标。从国内生产总值的增长幅度，可以了解一个国家或地区经济发展的状况和速度。

2020年1月17日，国家统计局对外公布，2019年全年我国国内生产总值为99.0865万亿元，稳居世界第二位，人均国内生产总值首次站上1万美元的新台阶。近五年，我国国内生产总值如图2-3所示。

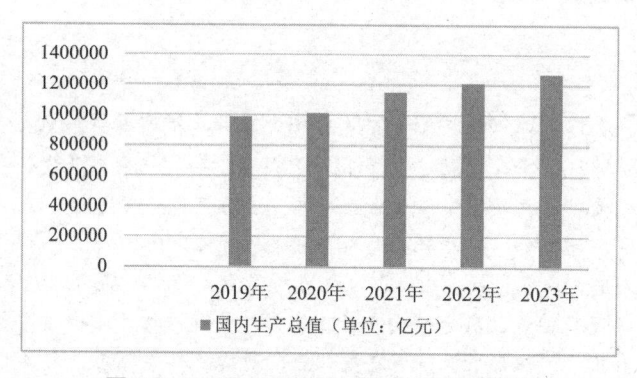

图2-3　2019—2023年我国国内生产总值

资料来源：国家统计局，2024-12-30。

② 人均国民收入。这是用国民收入总量除以总人口的比值。这个指标大体反映了一个国家人民生活水平的高低，也在一定程度上决定了商品需求的构成。一般来说，人均收入增长，对消费品的需求和购买力就大，反之就小。

（5）数字经济对食品企业市场营销的影响。近些年，数字经济已在人们生活中无处不在，如网购、快递、外卖、手机支付、刷视频、网络游戏、线上会议等。我国作为世界上唯一实现"一部手机，全部搞定"的国家，数字经济为消费者的生活和工作带来了巨大的便利与效率。

① 新时代消费群特点：全天候、多渠道、个性化。与传统的消费群相比，具有社交化、本地化、移动化属性的新型消费群，在消费过程中又呈现出三大特点，即全天候、多渠道、个性化。

全天候的消费者：从时间上来看，如今消费者希望无时无刻不能买到需要的商品。2022年我国夜间经济行业市场规模超过了424227.4亿元，（艾媒咨询）调研数据显示，65.7%的被访者夜间消费时会通过线上渠道进行，购物品类主要为餐饮美食（60.8%）、日用百货（57.7%）和服饰箱包（46.5%）。此外，移动购物还加剧了购物时间的碎片化，购物时间从定期变成了随时选择，而定期每个月到百货店、每周到超市、每天坐在电脑前购物的人群数量，正在呈现出衰减的趋势。

多渠道的消费者：从空间上来看，今天的消费者无处不在，他们希望不管在哪里都能买到自己需要的商品。他们可能在北京，也可能在巴黎，但是希望能够将商品送货上门。他们可能随时在微博、微信等社交媒体上，评价自己所购买的商品。他们不再满足于一个或两个渠道，渴望进行多渠道购物。

个性化的消费者：从需求上来看，消费者的需求发生了重大的改变，他们越来越追求个性化，越来越追求自己的消费由自己做主，不再购买大众化产品，而追求能展现自我个性的消费体验。

② 消费群变化倒逼企业改革：基于"信息+时空"的经营模式设计。基于消费者的变化，企业需要改变自身的体验设计，以契合新型消费者的产品认知流程。体验设计的核心变化是充分利用互联网的信息优势，将传统的基于时空体系设计的实体商务提升为基于信息和时空的O2O（线上到线下）模式，从而符合消费者全天候、多渠道、个性化的购物特点。线下零售店通过优质的线下体验、扩展品类和打通支付环节，增加了消费者的选择空间和方便度。从线上到线下的过程中，通过定制化的信息推送、精准营销、优惠的会员服务和物流打通，能形成消费者的良好购物闭环体验，提高消费者的黏性和忠诚度。

③ 超级IP个体时代，一人可抵一家上市公司。当下，对于未来每个人来说，信用变得格外重要。董宇辉及其新号"与辉同行"成为全网瞩目的焦点，截至2024年2月初，粉丝已突破1 000万人大关，总粉丝量高达1 005.4万人。短短三天时间，其粉丝量就暴涨近600万人，而自1月9日账号首播以来，三天的销售额就已经超过了2亿元。这无疑预示着超级个体的崛起。

> **营销视角**
>
> **什么是MCN机构？MCN机构主要负责哪些事？**
>
> 专业的MCN（多频道网络）机构，包括网红的筛选、孵化、内容开发、自我内容平台技术性支持、持续性的创意、用户管理、平台资源对接、活动运营、商业化变现和合作、子IP的开发等一系列链条和繁杂的工作，而非专业的人士很难系统性地协调到位。
>
> 第一，帮助达人进行内容持续输出。个人很容易因为某一个作品达到火爆，例如抖音平台，很多人一个作品火爆了，但是没有后续内容产出能力，导致粉丝无法持续增长。因为个人的精力有限，即使经常有想法，但如果保证周更或日更，创意很容易枯竭。而MCN机构的责任之一就是帮助达人进行内容持续输出，所以MCN机构需要拥有编剧和策划团队。MCN机构的编剧和策划团队要针对签约的达人进行包装定位，根据定位的内容风格进行撰写拍摄的脚本，再交由达人进行拍摄或者协助达人进行拍摄。
>
> 第二，为达人提供平台资源。每个平台针对MCN机构都有不同的扶持资源。例如，微博针对MCN机构提供粉丝头条、视频流、官博转发、热门微博位置、推送推荐、涨粉包等。微博平台根据每个机构上个月的指标，分配下个月的扶持资源。抖音针对MCN机构每个月提供任务包，只要完成任务包的要求，即可获得相应的扶持资源。而这些扶持资源一般都是针对机构的扶持政策，个人轻易无法得到的。机构需要督促签约达人进行内容的创作，继而提升整个机构在平台的影响力，获得更多的资源回馈达人。
>
> 第三，多平台分发。大部分达人的主要精力都放在某一个平台，但是只有多平台分发才会带来全网的影响力和曝光量。而目前国内的短视频平台众多，多达数十个，各平台的补贴也各不相同。达人一一上传需要耗费大量的时间，此时MCN机构应该担负起多平台上传的任务，帮助达人对内容进行多平台的分发。
>
> 第四，帮助达人进行变现。个人即使作品、账号火了，也很难进行变现，因为都是商家主

动找上来。而良好的商业运作模式应该是主动出击，并且拥有固定的客户。所以 MCN 机构的第二个主要责任，就是帮助达人进行商业变现。例如，抖音的"星图"是一个广告投放平台，广告主可以根据达人在星图上的报价进行投放。

资料来源：微信公众号"众愈联疗愈师"，2023-12-26。

④ MCN 的崛起、超级个体、新兴网红经济营销渠道的推手。MCN 机构被称为持续发展的流量工厂，已有完全替代当年如火如荼的传统广告公司之势，不但担负内容创造，也兼品牌商的流量变现。MCN，即 Multi-Channel Network，中文译为多频道网络，源于美国，是内容生产者与 YouTube 视频网站之间的中介，通过专业化的团队为内容生产者推波助澜，最后再以一定比例进行收益分成。目前，涉及 MCN 机构的平台主要包含短视频平台（抖音、B 站、快手、视频号等）、社交平台（微信、微博等）、资讯平台（头条、百家等）、垂直平台（汽车之家、易车等）、电商平台（拼多多、京东、淘宝等）、直播平台（斗鱼、虎牙等）等。

MCN 机构与平台之间属于相互依存的关系。平台是 MCN 机构赖以生存的环境，平台提供流量和功能支持，帮助 MCN 机构开展业务；而 MCN 机构则依托平台运营达人，输出内容，吸引粉丝，然后通过服务品牌变现流量。

拥有优质内容生产和运营力的 MCN 机构是平台争抢的资源。基于这种共生状态，MCN 机构通常会选择适合自身业务需求的平台，同时，许多 MCN 机构也开始尝试在多个平台上进行布局，以实现对不同垂类和不同平台用户的覆盖，从而拓展更多的商业机会，在激烈的市场竞争中建立更为稳固的商业优势地位。

（6）其他影响食品企业市场营销的经济环境因素。一个国家或地区的经济体制、行业发展状况、城市化程度等因素都对食品市场营销产生或多或少的影响。所以，食品企业制定市场营销战略要综合考虑各方面的因素。

3. 政治法律环境因素

政治因素像一只有形的手，调节着食品企业市场营销的方向；法律是食品企业市场营销及其行为的准则。政治和法律相互联系，共同对食品企业的市场营销发挥影响。

（1）政治环境对食品企业市场营销的影响。

① 政治局势与全球经济。政治局势是指食品企业所处的国家或地区的政治稳定状况。社会是否安定对食品企业的市场营销影响极大。

当前影响全球经济复苏和全球化发展的重要因素是贸易保护主义，它使贸易自由化受到严峻挑战。在此背景下，我国提出构建新型国际关系，有助于维护自由贸易秩序，推动全球化的发展和人类命运共同体的打造。从我国视角构建新型国际关系、维护贸易自由化原则，需要积极发展新型大国关系，促进新型南南合作，扎实推进"一带一路"建设，体现中国的国际担当的责任。

② 政府的宏观经济政策。政府的宏观经济政策对食品企业的市场营销能够产生深刻的影响，主要包括人口政策、产业政策、能源政策和财政金融货币政策及其调整变化对食品企业营销活动的影响。这些政策不仅规定了国民经济的发展方向和速度，也直接关系到社会购买力的提高和市场消费需求的增长，甚至会使食品消费需求结构发生变化。

营销思考

建设全国统一大市场

2022 年 3 月 25 日，《中共中央 国务院关于加快建设全国统一大市场的意见》正式出台，该意见提出，坚持以供给侧结构性改革为主线，以满足人民日益增长的美好生活需要为根本目的，统筹发展和安全，充分发挥法治的引领、规范、保障作用，加快建立全国统一的市场制度规则，打破地方保护和市场分割，打通制约经济循环的关键堵点，促进商品要素资源在更大范围内畅通流动，加快建设高效规范、公平竞争、充分开放的全国统一大市场。

人大十四届二次会议政府工作报告指出，加快全国统一大市场建设，制定全国统一大市场建设标准指引。通过统一的基础制度规则、统一联通的市场设施、统一的要素资源市场、统一的商品服务市场、统一的市场监管以及破除地方保护，来建设高效规范、公平竞争、充分开放的超大规模市场。

资料来源：微信公众号"上财会院研究生"，2024-03-21。

（2）法律环境对食品企业市场营销的影响。法律是体现统治阶级意志、由国家制定或认可并以国家强制力保证实施的行为规范的总和。法律环境是指国家或地方政府颁布的各项法规、法令和条例等。对食品企业来说，法律是评判食品企业市场营销活动的准则，只有依法进行的各种市场营销活动，才能受到国家法律的有效保护。

随着"互联网+"模式带来的新兴业态和传统行业升级，为了规范市场发展环境，近年来，我国又颁布了《中华人民共和国电子商务法》《中华人民共和国数据安全法》《互联网信息服务算法推荐管理规定》《中华人民共和国食品安全法》《中华人民共和国消费者权益保护法实施条例》等新法规。大数据时代，食品企业在数据收集和使用过程中需要严格遵守法律法规。自2021年11月1日起，《中华人民共和国个人信息保护法》（简称《个人信息保护法》）正式实施，"告知—同意"是该法律确立的个人信息保护的核心规则。《个人信息保护法》对信息推送、商业营销等环节广泛存在的"自动化决策"等做出了具体要求，禁止大数据杀熟，规范个性化推荐。

4. 自然环境因素

自然环境由自然资源、气候和土地面积三个基本要素组成。当前，自然资源日益短缺，能源成本不断涨高，环境污染日益严重，政府对自然资源的管理和干预不断加强。企业市场营销活动的开展必须考虑自然环境的承受能力，突出节能环保，重视新能源的开发，以实现可持续发展。对我国而言，生态文明建设是关系中华民族永续发展的根本大计。习近平总书记指出："绿水青山既是自然财富、生态财富，又是社会财富、经济财富。"企业在追求经济效益的同时要兼顾社会效益，尽量减少对环境造成的不良影响。

5. 科学技术环境因素

数字经济时代，食品企业的外部环境和竞争格局发生了重大变化，食品产业也正经历着深刻的变革。数字化转型的加速、个性化需求的增长以及食品安全和可持续发展的要求，都在推动着食品产业向更加高效、智能和可持续的方向发展。数字技术的发展为食品企业从生产、加工到流通、销售环节的转型升级提供了契机，也为食品企业更好履行守护食品安全责任提供了重要手段。通过利用物联网、云计算、人工智能、区块链技术等数字化技术对食品原料物性、营养特性、人群营养特征等信息进行数据化和整合分析，继而与食品生物合成、食品重组、增材制造、智能化加工、智慧化物流、智慧化包装等高新技术深度融合后，可以得到具有精准化创制典型特征的数字化食品。尤其是食品生产的智能化、"无人工厂"以及包装智能化，使食品企业能够降本增效。以数字化赋能食品安全治理，建立产品信息化管理机制，从业务流程、产品生产、质量管控等多方面进行数据采集，以系统、全面的数据链服务政府监管和自身追溯体系建设。主动对接政府数字化监管平台，完善食品供应链中原料、加工、流通、仓储等信息的追溯，确保人民群众"舌尖上的安全"。

思政教育

以数字化赋能食品安全治理

习近平总书记强调:"食品企业要生产出高质量的放心食品,确保人民群众'舌尖上的安全'。"党的二十大报告提出"强化食品药品安全监管"。在数字技术深度融入经济社会发展、深刻影响社会治理方式的今天,以数字化赋能食品安全治理,是落实食品安全战略、提高公共安全治理水平的重要途径。我们要充分发挥数字技术的支撑和保障作用,创新食品安全治理,织密织牢食品安全全链条全覆盖的防护网络,确保人民群众"舌尖上的安全"。

资料来源:微信公众号"食安江苏",2024-03-01。

守正创新

大数据、互联网助力稻香村领跑月饼市场

稻香村作为商务部首批认定的"中华老字号",是糕点行业较早涉足互联网营销的老字号品牌之一。一方面,稻香村通过大数据掌握用户群体的年龄分布、需求偏好,并据此提供定制化产品和服务,从进驻天猫、京东、拼多多等平台,到尝试网红电商、直播带货等方式,紧跟时代步伐。目前,稻香村在各大电商平台占据较高的市场份额,其明星产品月饼更是连续多年销量领先。另一方面,稻香村充分运用互联网新技术、新思维,在产品创新、品牌推广、营销多元化等方面进行发展与突破,持续推动老字号品牌数字化、年轻化转型,积极探索线上直播、社群媒体广告投放、IP跨界合作等多种方式,推出多款跨界、年轻化、定制化月饼礼盒,将传统糕点文化以趣味化、潮流化的方式重新演绎,赢得了一大批年轻消费者的青睐,进而推动了月饼消费的新增长。

资料来源:微信公众号"艾媒咨询",2022-11-08。

6. 社会文化环境因素

社会文化环境是指在一种社会形态下形成的价值观念、宗教信仰、风俗习惯、道德规范等的总和。任何企业都处于一定的社会文化环境中,企业营销活动必然受到所在社会文化环境的影响和制约。通常,文化教育水平高的国家或地区的消费者要求商品包装典雅华贵,对附加功能也有一定的要求。地大物博的华夏大地,多种多样的地理风貌孕育出了多姿多彩的人文历史,也孕育出了多种地域风格浓郁的食品。2022年5月,习近平总书记在中共中央政治局第三十九次集体学习时的讲话中强调,"中华优秀传统文化是中华文明的智慧结晶和精华所在,是中华民族的根和魂"。

近年来,我国人民的文化自信、民族自豪感得到了增强。中国传统文化与先进科技、审美需求、融合创新,正在成为中国品牌发展的重要精神价值来源,成为品牌引领创新的重要方向。在社交媒体时代,传统节日商品的火爆也得益于信息传播的便捷。人们通过讲述商品背后的故事、分享制作或购买的过程形成了一种社交互动,进一步促进了传统节日商品在社交圈内的传播与新兴营销手段的出现。网络平台为传统节日商品提供了一个更开放、多元的渠道,与之相关的社会连接也愈加显著。而承载着这种社会连接的传统节日商品,已不局限于个体的消费行为,更成为社会认同的象征,成为一种连接情感、共享文化的纽带。越来越多的消费者愿意为中国文化消费,渴望在国潮消费中找到文化上的存在感、归属感和成就感。

> **中国式营销**
>
> **龙年春节食品的国潮风**
>
> 甲辰龙年春节期间，各类国货凭借"国潮"元素强势崛起。国潮带动消费新热潮，传递出中国经济的强劲脉动。
>
> 卫龙推出龙年礼系列新春礼盒。该礼盒由中国著名包装设计师潘虎亲自执笔设计，创意灵感源自华人传统文化舞龙，用"中国年，卫龙辣"的概念重新定义吃好玩好过大年，充分满足中国人对置办年货过春节的情感需求。而创意可拉伸式的礼盒设计也让卫龙春节礼盒在一众传统礼盒包装设计中脱颖而出，为消费者增添了一份开盒乐趣。
>
> 好丽友"带个好"系列春节档新品及年味礼盒便以"好"字为核心，其创意灵感便源于节日期间"讨个好彩头"的传统习俗。在产品视觉呈现上，好丽友独具匠心地将历代书法名家墨宝中的"好"字与龙年生肖元素结合，应用于经典零食的包装设计，外观雅致、大气，浓浓国风、韵味尽显。
>
> 资料来源：微信公众号"FDL"，2024-02-04。

2.2.2 食品市场营销的微观环境因素

微观环境因素是指与食品企业市场营销活动直接相关的各种环境因素的总和，由供应商、营销中介、消费者、竞争者、社会公众和企业内部环境等因素组成。经过食品企业的努力，微观环境的一些因素可以不同程度地加以控制。

1. 供应商对食品企业市场营销的影响

供应商是指向食品企业及其竞争者提供生产经营所需的各种资源的企业和个人。食品企业要在生产经营中获得优势，就必须从供应环节取得资源优势，这样才能为销售环节提供可靠的物质和精神保证。

（1）供应商对食品企业市场营销的影响因素。这些因素包括供应商提供资源的价格、供应商提供资源的数量、供应商提供资源的质量及供应商提供资源的时间。

（2）供应商对食品企业市场营销的影响后果。

① 短期影响。食品企业将难以按时完成生产计划和销售计划，直接导致销售额的减少，影响企业的资金周转。

② 长期影响。食品企业如果不能按时生产、按期交货，将损害食品企业在消费者中的信誉，减少销售量，导致市场占有率降低。

（3）分析供应商主要应该了解的信息。

① 食品企业所购物品在供应商销售收入中所占的比重，这是食品企业对供应商是否重要的一个尺度。

② 有关备选供应品的来源、适用性及接受备选品供应商的可能性。

③ 供应商与食品企业竞争者协议的条件内容。

（4）正确处理与供应商的关系。对于不同关系的供应商，可采取不同的措施进行关系处理，如表2-1所示。

表2-1　正确处理与供应商关系的措施

供应商	措　　施
作为竞争者的供应商	使供应商多样化，以免因过分依赖某些供应商造成被动局面
	向供应商表明企业有能力实现后向一体化，即企业有实力成为供应商的竞争者而不仅仅是一般的客户。并且，应该主动了解供应商的制造过程和原材料成本方面的信息，从而使企业处于有利的讨价还价地位
	选择一些相对较小的供应商，使企业的购买成为其收入的一个重要部分，即增加供应商对企业的依赖性
作为合作伙伴的供应商	可以考虑与供应商签署长期合同而不是采用间断式的购买方式从供应商那里获取资源
	说服供应商接近客户，让供应商尽量地了解客户的需求，有助于企业更好地为客户提供所需服务
	分担供应商的风险

2. 营销中介对食品企业市场营销的影响

营销中介是指协助食品企业促销、销售和配送其产品给最终购买者的企业或个人，包括中间商、物流商、营销服务机构（调研公司、广告公司、互联网公司、数字供应公司、营销策划公司等）、金融中介（银行、信托公司、保险公司等）。

3. 消费者对食品企业市场营销的影响

对食品企业来说，最重要的环境因素是消费者。消费者是食品企业服务的对象，也是食品企业的目标市场。一切食品企业，无论是生产企业，还是商业、服务企业，也无论是否直接为消费者服务，都必须研究消费者市场及其购买行为，必须深入研究消费者市场需求的特点和消费者行为模式，以消费者的需要为依据来制订营销方案，满足消费者需求，方能在竞争中取胜。

营销思考

食品饮料市场呈现新态势

当前，我国食品饮料行业进入高质量发展新时期，行业呈现出稳定增长的特征。国家统计局数据显示，2024年第一季度，我国粮油食品类、饮料类商品零售额分别增长9.6%、6.5%，均高于4.7%的社会消费品零售总额增长率，且消费占比持续提升。不过值得注意的是，食品饮料市场在保持强大韧性的同时，也呈现出新的、更为复杂的态势。例如，整体的消费大环境已经发生了改变，消费者需求变得更为分散，消费场景愈发碎片化，新一代年轻消费者在消费策略及行为上更为复杂和分化。在新的市场环境里，如何开展精准有效的营销，品牌及产品如何找到消费者且快速破圈，值得行业深思。

资料来源：微信公众号"食品饮料行业观察"，2024-05-15。

4. 竞争者对食品企业市场营销的影响

竞争者的食品市场营销战略和食品市场营销策略直接影响食品企业的营销活动。竞争者分为以下几种形式：

（1）愿望竞争者。提供不同产品以满足消费者不同需求的竞争者。消费者的愿望是多方面的，包括吃、穿、住、行以及社交、旅游、运动、娱乐等。当消费者的购买能力有限，无法同时满足所有愿望时，这些不同产品之间就存在竞争关系。假设某消费者目前需要一辆小汽车、一套公寓、出国度假等，但其购买能力只能满足其中之一，这时汽车、公寓、度假之间就存在着竞争关系，成为愿望竞争者。

（2）一般竞争者。也称属类竞争者或平行竞争者，指以不同的产品或服务满足消费者同一需求的竞争者。这些产品或服务虽然类别不同，但都能满足消费者某一具体需求。例如，可口可乐、冰红茶、特仑苏牛奶，它们都可以满足消费者购买饮品的同一需求，这些不同的产品之间会相互成为一般竞争者。

（3）产品形式竞争者。也称行业竞争者，是指生产同种产品，但提供不同规格、型号、款式的竞争者。这些产品在满足同一需求的具体方式上存在差异，消费者会根据自己的偏好和需求进行选择。例如，奶糖、甘草糖和水果糖都属于糖果，由于这些同种但形式不同的产品在满足同一种需求的具体方式上存在差异，购买者有所偏好和选择，因此这些产品的生产经营者之间便形成了竞争关系，互为产品形式竞争者。

（4）品牌竞争者。生产相同规格、型号、款式的产品，但品牌不同的竞争者。品牌竞争者之间的产品相互替代性较高，因此竞争非常激烈，各企业均以培养客户品牌忠诚度作为争夺客户的重要手段。以方便面为例，康师傅、统一、白象等众多品牌的产品之间就互为品牌竞争者。

思政教育

坚持和发展马克思主义，必须同中华优秀传统文化相结合

只有植根本国、本民族历史文化沃土，马克思主义真理之树才能根深叶茂。中华优秀传统文化源远流长、博大精深，是中华文明的智慧结晶，其中蕴含的天下为公、民为邦本、为政以德、革故鼎新、任人唯贤、天人合一、自强不息、厚德载物、讲信修睦、亲仁善邻等，是中国人民在长期生产生活中积累的宇宙观、天下观、社会观、道德观的重要体现，同科学社会主义价值观主张具有高度契合性。

资料来源：新华网，2022-10-25。

---

5. 社会公众对食品企业市场营销的影响

社会公众是指对食品企业实现其市场营销目标构成实际或潜在影响的任何团体。社会公众具体包括如下几个方面：

（1）金融公众。影响企业取得资金能力的任何集团，如银行、投资公司等。

（2）媒体公众。报纸、杂志、无线电广播、电视、网络、新媒体等具有广泛影响的大众媒体。

（3）政府公众。负责管理食品企业业务经营活动的有关政府机构。

（4）群众团体。为维持某些部分的社会成员利益而组织起来的，会对立法、政策和社会舆论产生重大影响的各种社会团体，如消费者协会、环境保护组织等。

（5）地方公众。食品企业附近的居民群众、地方官员等。

6. 企业内部环境对食品企业市场营销的影响

食品企业在制订市场营销计划时，首先，要考虑最高管理层的意图，以最高管理层制定的企业使命、目标、战略和政策等为依据。其次，要考虑企业资源的占有状况，与其他职能部门（如生产部门、采购部门、研发部门、财务部门等）的资源配置及合作等状况。最后，企业文化、企业组织结构也是需要考虑的因素。

任务 3 食品市场营销环境分析的方法与对策

2.3.1 环境机会分析的方法与对策

环境机会是指由环境变化造成的对食品企业市场营销活动富有吸引力和利益空间的领域。这些领域存在着尚未满足的需求,并且食品企业拥有竞争优势。

1. 寻找新的市场机会

食品企业可以通过四种途径寻找新的市场机会。

(1)识别市场渗透机会。市场渗透的目标是取得市场份额(准备进入市场)或扩大市场份额(已进入市场)。

① 识别取得市场份额机会。企业以现有产品进入既定的目标市场,取得一定的市场份额往往不是一件轻而易举的事情,要遇到许多障碍或壁垒。进入市场的障碍,往往以有待解决的问题存在,有待解决的问题也是一种机会。

② 识别扩大市场份额机会。对于已经进入目标市场的产品,市场渗透的主要目标是扩大市场份额。而食品企业产品市场份额的主要来源是市场潜量剩余(市场潜量剩余=市场饱和点-市场销售量总和)和抢占竞争者的市场份额。

中国式营销

蒙牛的盛大事件营销+数智化码上营销

2022年卡塔尔世界杯掀起品牌营销盛宴。足球赛事主要观赛群体,正是各类饮品的核心消费受众。"要强"的蒙牛不仅是FIFA世界杯全球官方赞助商,更一举签下梅西、姆巴佩两大代言人。小程序是蒙牛承接热点营销的重要载体,"无论谁进球,都来找蒙牛",蒙牛世界杯小程序展开官方营销活动。世界杯期间每进一球,蒙牛就送出1 000箱牛奶,同时发起全民瓜分千万红包、冠军竞猜赢好礼等活动,推动消费者购买产品、扫码、获取积分、参与竞猜等一系列环节操作,以此实现消费者引流、沉淀消费者数据。将品牌特点与世界杯元素结合,以产品为媒介,以一物一码为入口,赋予流量挖掘新的创意,吸引并触达更广泛的用户群体,沉淀用户数据资产。通过用户数据资产的积累,对画像维度进行分析,品牌可以为用户打上标签,再做精准二次营销。通过盛大的事件营销+数智化的码上营销,蒙牛实现了从吸粉到用户沉淀与触达全链路。

资料来源:微信公众号"利多码",2023-03-06。

(2)识别市场开发机会。食品企业以现有产品去满足现有目标市场以外的市场需求,称为市场开发。食品企业可以从三个方面进行识别:

① 以人口变量为线索,寻找现有产品的新目标市场的需求。

② 以地理变量为线索,寻找现有产品的新销售区域。

③ 开发现有产品的新用途,发现现有产品的新目标市场。

(3)识别产品开发机会。产品开发机会的方法有以下四种:

① 分析现有产品的问题与缺陷。现有产品包括食品企业本身的产品和竞争者的产品。新产品的构思往往源于对现有产品的问题与不足的分析。而现有产品的问题与不足又多源于食品消费者的需求和欲望未被现有产品所满足。因此,应着重调查和分析消费者对现有产品的不满和意见,以形成符合食品消费者需求的新产品构思。

② 对目标市场的再细分。目标市场的消费者需求虽基本一致,但并非完全相同,任何两个消费者的需求都存在差异,哪怕这种差异微乎其微。更为关键的是,同一目标市场的消费者需求会随着时间推移而发生变化,原本微小的需求差异可能会逐渐演变为较大的差异。因此,有必要对目标市场进行再细分。通过再细分目标市场,能够发现现有产品的不足之处,激发新产品的创新灵感,从而提升产品的差异化程度,使差异化所带来的利益更为显著。

③ 关注市场法律法规。市场法律法规是市场结构的重要因素之一,时刻都在对食品市场营销活

动进行控制和影响，同时也为产品开发提供了机会。

④ 宏观环境分析。定期分析外部宏观环境，了解其如何为食品消费者带来新的需求，这有助于食品企业发掘产品创新的机会。

（4）识别差异化机会。差异化经营是食品企业通过推出新产品以满足新目标市场的需求，从而获取利润的一种活动。因此，差异化机会既涵盖产品开发机会，也包括市场开发机会。

2. 评价市场机会

食品企业应从市场机会的潜在吸引力（盈利性）和成功可能性（企业优势）的高低两个方面来确定食品企业的最佳营销机会。市场机会能否成为企业的营销机会，还要看它是否与食品企业的目标和资源相符。评价市场机会，可以用环境机会分析矩阵，如图2-4所示。

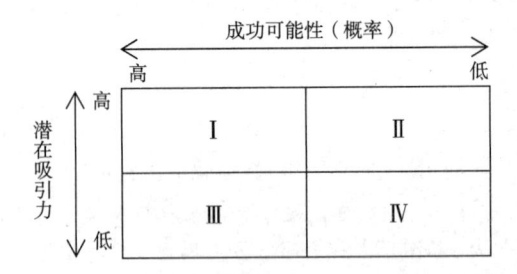

	成功可能性（概率）	
	高	低
潜在吸引力 高	Ⅰ	Ⅱ
潜在吸引力 低	Ⅲ	Ⅳ

图2-4 环境机会分析矩阵图

环境机会分析矩阵图中，横轴表示成功可能性的高低，纵轴表示潜在吸引力的高低。在四个区域中，区域Ⅰ成功可能性和潜在吸引力均比较高，所以企业最佳的机会出现在区域Ⅰ中；区域Ⅳ成功可能性和潜在吸引力均比较低；区域Ⅱ和区域Ⅲ的情况介于二者之间，企业应具体分析。

3. 实施有效的对策

食品企业把握环境机会应采取的对策如表2-2所示。

表2-2 食品企业把握环境机会的对策

对　策	对策分析
发展策略	又称抢先策略，一旦食品企业认为机会较好，即可抓住机会开发新产品和新服务，抢先进入市场，在竞争中处于领先地位。一般来说，这种策略投资较大，并且有一定的风险
利用策略	又称紧跟策略，企业分析后认为经营风险大，但对企业的吸引力也大，此时在市场上已有企业进入的情况下，采取紧跟方式，既可避免风险，又可较早进入市场
维持策略	又称观望策略，是一种较为保守的做法。食品企业对机会采取观望态度，一旦时机成熟再加以利用。这一策略使食品企业往往有较大的回旋余地，比较适合中小食品企业

2.3.2 环境威胁分析的方法与对策

1. 环境威胁分析的方法

环境威胁是指营销环境变化中所出现的对食品企业不利的发展趋势及由此形成的挑战。环境威胁分析可以运用环境威胁分析矩阵图表示，如图2-5所示。

环境威胁分析矩阵图中，横轴表示威胁可能性的高低，一般用概率表示；纵轴表示影响程度的高低。在四个区域中，区域Ⅰ威胁可能性和影响程度都比较高，所以企业要特别重视该区域；区域Ⅳ威胁可能性和影响程度都比较低，所以可以不考虑该区域；区域Ⅱ威胁可能性较低而影响程度却较高，区域Ⅲ威胁可能性较高而影响程度却较低，所以应该密切监控这两个区域。

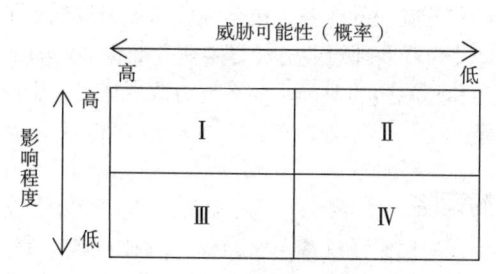

图 2-5 环境威胁分析矩阵图

2. 分析环境威胁的对策

食品企业面对环境威胁可采取的对策如表 2-3 所示。

表 2-3 食品企业面对环境威胁的对策

对　策	对策分析
反抗策略	又称抗争策略，即试图通过自己的努力限制或扭转环境中不利因素的发展。例如，通过各种方式促使（或阻止）政府通过某种法令或与有关权威组织达成某种协议，努力促使某项政策或协议的形成，以用来抵消不利因素的影响。这是一种积极的、主动的策略
减轻策略	又称削弱策略，即食品企业力图通过改变自己的某些策略，达到降低环境变化威胁对食品企业的负面影响程度。一般可以通过调整食品市场营销组合等来改善环境，以减轻环境威胁的严重性
转移策略	又称转变或回避策略，即食品企业通过改变自己受到威胁的主要产品的现有市场或将投资方向转移来避免环境变化对它的威胁。一般有如下几种转移策略： ① 食品企业原有销售市场的转移。 ② 食品企业往往不仅仅限于目标市场的改变，而常常是做自身行业方面的调整。 ③ 食品企业依据营销环境的变化，放弃自己原有的主营产品或服务，将主要力量转移到另一个新的盈利更多的行业或市场中

2.3.3 机会与威胁综合分析的方法与对策

食品市场营销活动过程中，当某一环境发生了变化时，往往既是威胁，又是机会。食品企业需要将两者结合起来进行分析。运用机会与威胁矩阵法分析、评价食品市场营销环境，可得出四种不同的结果，即理想业务、冒险业务、成熟业务和困难业务，如图 2-6 所示。

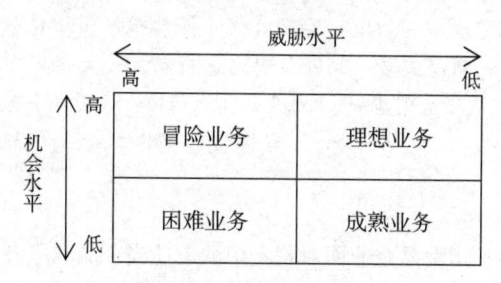

图 2-6 机会与威胁矩阵法

（1）对理想业务，即高机会和低威胁的业务，应看到机会难得，甚至转瞬即逝，必须抓住机遇，迅速行动；否则，将会丧失战机。

（2）对冒险业务，即高机会和高威胁的业务，面对高利润与高风险，既不宜盲目冒进，也不应迟疑不决、坐失良机，应全面分析自身的优势与劣势，扬长避短，创造条件，争取突破性的发展。

（3）对成熟业务，即低机会和低威胁的业务，机会与威胁处于较低水平，可作为企业的常规业务，用以维持企业的正常运转，并为开展理想业务和冒险业务准备必要的条件。

（4）对困难业务，即低机会和高威胁的业务，要么努力改变环境，走出困境或减轻威胁，要么立即转移，摆脱无法扭转的困境。

2.3.4　调节食品市场需求的策略

受市场环境因素变化的影响，市场需求呈现出多样性。面对不同的市场需求，食品企业不仅要迎合，更要主动出击，引导消费者的需求，使其与食品企业的产品与服务相匹配。

1. 扭转性食品市场营销策略

扭转性食品市场营销策略是指食品企业面对"否定需求"或"负需求"时采取的食品市场营销对策。面对这种情形，食品企业应通过自身食品市场营销策略的调整，改变这部分消费者对产品或服务的信念和态度，为自己创造市场条件。

2. 刺激性食品市场营销策略

刺激性食品市场营销策略是指食品企业面对"无需求"时采取的食品市场营销对策。食品企业应通过促销宣传的各项活动，设法让目标消费者理解产品或服务能够带来的利益，借助食品市场营销刺激来激发消费者的购买兴趣。

守正创新

盼盼食品2024年巴黎奥运会的四个关键战术动作

盼盼食品在奥运营销中的四个战术动作如下：

第一，抢占高地，成为官方赛事合作伙伴。作为本届奥运会中国体育代表团的官方赞助商，盼盼食品荣幸入驻"中国之家"。

第二，精准押注，签约运动员。代表团中张雨霏、葛曼棋、王思雨等多位体育冠军，成为盼盼食品的代言人。

第三，线下快闪店。巴黎发起盼盼之家巴黎体验店，引发冠军运动员、中外游客排队打卡，快速破圈。

第四，线上社交媒体。抖音、视频号、小红书矩阵式输出盼盼奥运内容。

盼盼食品的四个战术动作实现了各工具与渠道间的协作与配合，其中包括成为官方赞助商、强化品牌信任背书、建立消费者心智高地。运动员代言提前布控和锁定资源，把握合作时机，并通过快速的决策和执行，在明星流量达到峰值时迅速行动，最大化代言人的流量爆破效果，实现战略导弹般的精准爆破；线下快闪店+线上社交媒体自传播打卡实现快速破圈，形成营销事件。

资料来源：微信公众号"新经销"，2024-08-07。

---

3. 开发性食品市场营销策略

开发性食品市场营销策略是指食品企业面对现实中缺乏适当产品和服务以满足消费者需求时所采取的营销对策。在准确把握消费者需求及其规模的基础上，食品企业可通过开发新产品和新服务项目，将潜在的消费者需求转化为现实需求，从而创造新的市场机会。

4. 恢复性食品市场营销策略

恢复性食品市场营销策略是指食品企业面对产品或服务需求下降时所采取的营销对策。食品企业应通过调整自身营销策略，为产品重新定位，挖掘其内在价值，再创市场销售新高潮，以延长产品或服务的市场生命周期。

5. 协调性食品市场营销策略

协调性食品市场营销策略是指食品企业面对因季节、时点等变化导致的产品或服务需求波动时所采取的营销对策。食品企业的营销管理任务是运用灵活的定价策略、推销方法和各种刺激手段，引导和改变消费者的需求习惯和方式，以减少需求的大幅度波动。

6. 保持性食品市场营销策略

保持性食品市场营销策略是指食品企业面对产品或服务的需求水平、时间和时点与期望一致时所采取的营销对策。在此情况下，食品企业的任务是及时发现消费者偏好，保持产品质量稳定，严格控制成本，在维持自身竞争优势的同时，努力保持现有需求水平。

7. 降低性食品市场营销策略

降低性食品市场营销策略是指食品企业面对超过自身供应能力的产品或服务需求时所采取的营销对策。食品企业通常通过提高价格、减少促销活动等方式进行"低调"营销，目的是通过企业行为协调市场需求。

8. 抵制性食品市场营销策略

抵制性食品市场营销策略是指食品企业面对不健康产品或服务需求时应采取的营销策略。为维护消费者长远利益，食品企业应采取抵制措施，通过劝说、宣传等方式促使消费者放弃这类产品或服务的需求。

营销视角

人工智能重塑食品饮料行业

随着人工智能在食品饮料行业的发展，从供应链管理到个性化推荐，人工智能正在彻底改变企业运营和与客户互动的方式。以下是一些具体的应用和影响。

第一，高度个性化推动消费者购买。人工智能在分析大量消费者数据方面，实现了前所未有的个性化水平。这包括饮食偏好，以及过去的购买行为。这种能力对需求预测、库存管理和产品开发都有影响。投资人工智能的食品饮料公司将能够为消费者创造高度定制的产品和体验。

第二，促进可持续发展。人工智能在促进食品饮料行业的可持续发展方面也发挥着至关重要的作用。通过优化资源利用、减少浪费和改善物流，人工智能可以帮助食品饮料企业最大限度地减少对环境的影响，并为更可持续的食品系统做出贡献。

第三，提高生产率和降低成本。通过自动化和技术降低劳动力成本，人工智能能提高生产率，从而帮助食品饮料企业降低成本，提高盈利能力。

第四，自主操作。从完全自主的制造到库存管理和清洁，人工智能能够处理以前需要大量劳动力的日常任务。由于重复性任务需要最少的人工干预，预计我们将看到更多以"协同机器人"为中心的工作岗位，即人类和机器人在指定的角色中共同工作。

第五，创新和数据责任。食品饮料行业正处于人工智能创新和数据责任必须共存的关键时刻。成功实现这种微妙平衡的领导者将获得巨大回报：效率提高、商业智能和竞争优势。通过拥抱人工智能并优先考虑数据安全，来自整个食品饮料价值链的团队可以释放巨大的潜力，为员工和消费者创造更好的体验。

这些应用和影响表明，人工智能不仅能够提升食品饮料行业的运营效率，还能通过个性化和可持续发展等方面为消费者和企业带来更大的价值。

资料来源：微信公众号"食品饮料行业观察"，2024-08-05。

2.3.5 SWOT 分析法

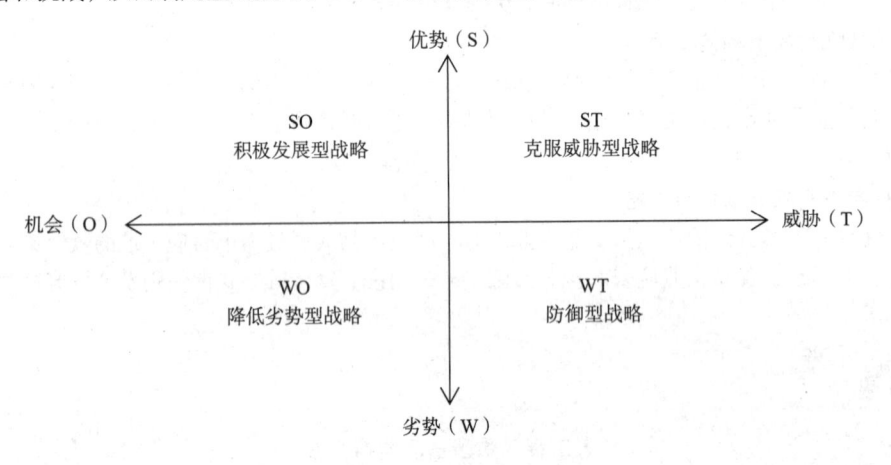

1. SWOT 分析法的概念

SWOT 分析法，也称 TOWS 分析法，即态势分析法，用来分析企业优势（strengths）、劣势（weaknesses）、机会（opportunities）和威胁（threats）。因此，SWOT 分析法实际上是对食品企业内外部条件各方面内容进行综合和概括，进而分析企业的优劣势、面临的机会和威胁的一种方法。通过分析食品企业的优势和劣势，食品企业可以了解自身所面临的机会和挑战，从而制定企业战略。SWOT 分析法模型如图 2-7 所示。

图 2-7　SWOT 分析法模型

2. SWOT 分析法的操作程序

（1）收集信息。SWOT 分析法实质上是机会、威胁分析与优势、劣势分析的综合，信息的收集也就是对外部环境和内部环境资料的收集。信息收集主要包括宏观环境信息的收集、行业（中观）环境的收集、微观环境信息的收集。

（2）整理与分析信息。把收集到的信息分别归类到宏观环境、行业环境和微观环境后，再分析信息的含义，看其是否表明食品企业所面临着机会或者遭遇着威胁，是否反映了食品企业的优势与劣势。

（3）确定食品企业具体业务所处的市场位置。信息收集整理完毕后，再看食品企业某一项具体业务面临的环境是机会多于威胁还是威胁多于机会，食品企业在这项业务上是处于优势还是劣势，并在 SWOT 分析法模型中标出其市场地位。

（4）拟定食品市场营销战略对策。将 SWOT 分析法的各因素相互组合，制定战略对策。

3. SWOT 分析法应注意的问题

（1）明确在 SWOT 分析法中，优势、劣势与机会、威胁的地位是不同的，外部环境因素是通过改变竞争双方的优劣势对比来为研究对象产生一定机会或威胁的，这是 SWOT 分析法的基本结构。

（2）从内容上，SWOT 分析法既应该包含静态分析，也应该包含动态分析，即既要分析研究对象与其竞争者现实的优势、劣势或现实的优势、劣势对比，还要探讨研究对象与其竞争者各自的优势、劣势及其面临的机会、威胁发展变化的规律性，由此预测现实优势、劣势在未来可能发生的变化，据此分析战略目标的合理性，并设想战略措施。

（3）在战略管理中，SWOT 分析法不应孤立运用，而应与对现状产生原因的分析，尤其是对实现未来战略目标或阶段战略目标所需满足条件的分析紧密结合。若缺乏对现状原因的客观、全面认识，或对达成战略目标所应具备条件的判断出现偏差，都可能引发对优势、劣势以及机会、威胁认知的失误。

（4）确立对优势、劣势正确的态度。"扬长避短"这句话并不永远正确，如果某一劣势阻碍了实现达到战略目标的一个必要条件，就应该弥补这一劣势，而不是一味回避它。只有当劣势在战略所覆盖的未来一段时间内难以改变时，才采取避开该劣势的态度。

SWOT 分析法就是一把双刃剑，只有真正地理解了它，才能真正地发挥它的最大功用，尽可能避免它的不利方面。

二维码链接 2-3 十分钟教你如何使用 SWOT 分析法

项目案例分析

达利集团的 SWOT 分析法

作为中国知名的食品生产与销售集团，达利集团自成立以来就在国内外市场上取得了显著的成就。

1. 优势

在食品行业中排名靠前的达利集团，拥有稳固的市场份额和广泛的品牌影响力。除了产品实力，达利集团在供应链管理方面同样具有非凡的优势。技术创新同样是达利集团的另一个重要优势。为适应消费市场的不断变化和提升产品竞争力，达利集团不断加大研发投入，推出了一系列符合市场需求和消费者口味的新产品。

2. 劣势

尽管拥有多方面的优势，达利集团在发展过程中依然存在一些劣势。产品同质化问题是其中之一。管理上的挑战也是避免不了的。企业规模迅速扩张带来的内部管理复杂化，特别是各地区生产基地的标准化和监督问题，对企业的高效运营构成了挑战。此外，达利集团在国际化战略上相对薄弱。与一些国际食品集团相比，达利集团在全球的品牌影响力、市场占有率以及国际市场的运作经验尚有一段距离。

3. 机会

中国食品行业迎来了健康、绿色、创新的发展趋势，这为达利集团带来了新的增长点。消费升级背景下，消费者对品质和健康的要求日益提高，为高品质食品开拓了更广阔的市场空间。互联网技术的发展也带来了新机会。利用电商平台和社交媒体，达利集团可以更加直观和有效地与消费者沟通，并基于大数据分析了解消费者需求，实现精准营销。此外，"一带一路"倡议的实施为达利集团的国际化发展提供了有力支持。通过该倡议，达利集团可以拓展国际市场，宣传品牌，形成新的利润增长点。

4. 威胁

作为食品行业的重要参与者，达利集团同样面临诸多挑战，需要严肃对待。日益严格的食品安全法规是对食品行业的严峻考验。此外，行业内外的竞争者不断增加，尤其是一些来自国外的品牌凭借其国际化经验和资本的优势，对达利集团构成了巨大威胁。

连锁超市、便利店以及线上平台上新品牌和新产品层出不穷，这些新进入者的激进营销策略和创新产品可能会分流达利集团的潜在客户。

环境变化也可能带来不确定性，如原材料成本波动、全球经济环境变化等，均可能影响达利集团的销售和利润。

5. 战略建议

基于以上的分析，为了不断强化优势、克服劣势、抓住机会并应对威胁，对达利集团提出以下战略建议：

（1）在产品研发方面要进一步加强创新能力，开发具有独特特色和高附加值的新产品，以区别于竞争者，并满足消费者多元化的需求。

（2）在市场营销方面，应充分利用数字化和互联网技术，实施精准营销策略，提高品牌在年轻消费群体中的认知度。

（3）针对劣势，在管理机制上应持续优化，通过建立更为高效的监督和反馈机制，确保企业管理的科学化、标准化与透明化。

（4）对于国际化扩张，达利集团应积极对接国际商业环境，搜索合适的国际合作伙伴，逐步建立起国际市场竞争力。

（5）在威胁面前，达利集团需要加强与监管机构的沟通和合作，提升食品安全标准，通过高品质的产品构建长远的品牌信任。

（6）面对市场和原料成本的不确定性，达利集团应建立灵活的成本控制和风险管理机制，实现成本的动态管理和优化。

综上所述，达利集团作为中国食品行业的代表之一，通过深入的分析，可以明确自身的位置与改进方向，实现可持续发展。未来，达利集团将继续面临各种挑战与机遇，但只要坚持与时俱进，积极应对市场变化，精心制定战略规划，达利集团定能在激烈的市场竞争中保持领先地位，开启新的发展篇章。

资料来源：微信公众号"SWOT分析师"，2024-02-01。

➲ 辩证性思考：
你认为生活或工作中哪些方面的问题也可以使用SWOT分析法。

项目检测

营销知识培养规格检测
1. 食品市场营销宏观环境的构成因素主要有哪些？
2. 食品市场营销微观环境的构成因素主要有哪些？
3. 如何进行环境机会分析？面对环境机会应采取哪些对策？
4. 如何进行环境威胁分析？面对环境威胁应采取哪些对策？
5. 简述SWOT分析法的操作程序。运用SWOT分析法时应注意什么？

营销能力培养规格检测和营销素养培育规格检测
实践项目2　制订××食品企业市场营销环境分析方案
项目实践目的：运用食品市场营销环境分析的内容，对××食品企业市场营销环境进行分析，寻找环境机会和避免环境威胁的途径与方法。培养学生运用食品市场营销环境分析的理论分析问题的能力，撰写食品企业市场营销环境分析方案。同时强化学生职业道德的培育。

项目检测考核：由班级学习委员组织分团队对××食品企业市场营销环境分析方案进行宣讲、讨论、答辩，指导教师进行评价。由各团队队长和指导教师对方案及团队学习职业道德和团队合作状态进行综合评判打分，考核成绩分为优秀、良好、及格。

项目 3

食品消费需求分析

思维导图

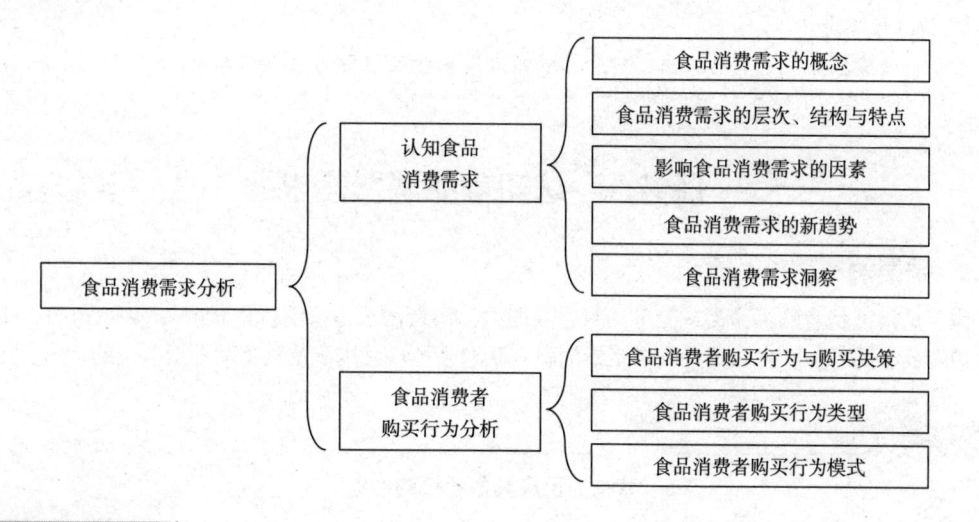

食品消费需求分析
- 认知食品消费需求
  - 食品消费需求的概念
  - 食品消费需求的层次、结构与特点
  - 影响食品消费需求的因素
  - 食品消费需求的新趋势
  - 食品消费需求洞察
- 食品消费者购买行为分析
  - 食品消费者购买行为与购买决策
  - 食品消费者购买行为类型
  - 食品消费者购买行为模式

项目培养规格

营销素养培育规格

强化新时代中国特色社会主义思想铸魂育人，增强中国特色社会主义道路自信、理论自信、制度自信、文化自信；强化培养积极的职业心态和敏锐的食品消费需求洞察力。

营销知识培养规格

明确食品消费需求的概念、层次、结构、特点和影响食品消费需求的因素；掌握食品消费需求洞察的方法；掌握食品消费者购买行为类型和模式。

营销能力培养规格

培养创新思维观念和能力，能够洞察分析食品企业食品消费需求现状，探讨食品消费者购买行为的规律和营销策略，能够撰写食品企业食品消费需求分析方案。

> **项目导入案例**
>
> **卫龙霸道熊猫辣条：以敏锐市场洞察力，满足消费者需求**
>
> 　　在竞争激烈的辣味休闲食品市场中，卫龙推出的新品霸道熊猫辣条备受瞩目。卫龙凭借对市场需求敏锐的洞察力以及灵活的产品策略，成功满足了消费者不断变化的口味需求。
>
> 　　卫龙霸道熊猫辣条精准捕捉了消费趋势。卫龙霸道熊猫辣条以"霸道"的麻辣风味、充满趣味的火热熊猫形象以及独特的中国美食文化内涵，精准定位年轻消费群体，从而拓展了产品的受众范围。
>
> 　　卫龙对市场需求的洞察还体现在霸道熊猫辣条多样化的口味选择上。霸道熊猫辣条依据不同的辣味程度，分为小麻小辣和很麻很辣两种口味，满足了消费者对于不同口感的需求。这一多元化的产品策略彰显了卫龙对消费者偏好的深入理解以及充分满足各类口味需求的能力。
>
> 　　卫龙凭借对市场需求的准确洞察，在产品定位、口感升级、口味多样等方面展现出独特优势。霸道熊猫辣条的成功推出，不仅满足了年轻消费者对辣味食品的需求，也进一步巩固了卫龙在辣条市场的领先地位。展望未来，卫龙有望持续通过洞察市场需求，推出更多创新产品，实现更大的发展。
>
> 资料来源：微信公众号"独为伊人醉红尘"，2023-10-09。
>
> ▶ **辩证性思考：**
>
> 　　卫龙霸道熊猫辣条的成功推出，对食品营销者满足食品消费需求有何启示？

任务 1　认知食品消费需求

3.1.1　食品消费需求的概念

　　需求是指消费者购买商品或劳务的意愿与能力。消费需求是指消费者获取某种物品或劳务以满足其消费欲望的行为。食品消费需求是指消费者获取某种食品以满足其食品消费欲望的行为。

> **营销者素养**
>
> **营销人员应具备积极的心态**
>
> 　　营销人员每日都要应对诸多问题与困难，其对待工作的心态，直接关乎工作质量。拿破仑·希尔将积极心态视为成功之首要原则。故而，营销人员应具备积极心态。
>
> 　　积极心态即关注事态积极面，并在行动上向积极方向推进，即便面对消极面，亦能以平和心态接纳，此乃积极心态之特征。积极心态不仅能令自身充满奋斗之热情，亦能为身边人带来积极影响。欲拥有积极心态，首要之务是将目光聚焦于积极方面。唯有销售人员具备积极心态，方为良好业务之开端，即便遭遇重大困难，亦不会被轻易击垮，而是积极面对，愿意投入时间与精力，而投入必有回报。
>
> 资料来源：微信公众号"金锄头文库"，2020-05-30。

> **思政教育**
>
> 　　要坚持不懈用新时代中国特色社会主义思想铸魂育人，着力加强社会主义核心价值观教育，

引导学生树立坚定的理想信念，永远听党话、跟党走，矢志奉献国家和人民。

资料来源：2023年5月29日，习近平在二十届中央政治局第五次集体学习时的讲话。

3.1.2 食品消费需求的层次、结构与特点

1. 食品消费需求的层次

亚伯拉罕·马斯洛，美国知名社会心理学家，认为人类潜藏着五种不同层次的需求：生理需求、安全需求、社交需求、尊重需求、自我实现需求。

将需求层次理论应用于食品领域，人们对食品的需求大致可划分为五个层次，如图3-1所示。

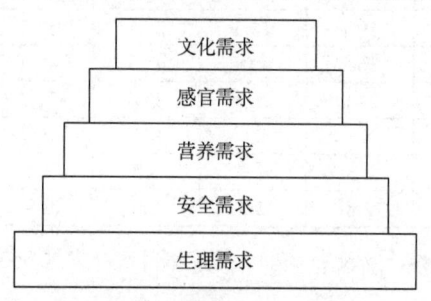

图3-1 食品消费需求的层次

第一层次是食品的生理需求，即满足饥饱，这是生存的基本要求，只要能够维持生命即可。正常人体需要七大营养素，包括蛋白质、脂肪、碳水化合物、维生素、矿物质、微量元素和水，因此我们需要根据日常的生活、工作或学习等情况来合理安排每天的餐次和食用量。

第二层次是安全需求，不仅要活着，还要健康地活着，食品中不应含有有毒有害成分。从镉大米、转基因大米、福喜过期肉到好利来月饼不合格，食品安全事件时有发生，食品安全问题作为人类最基本的需求层次，受到普遍关注。若连这一基本需求都无法满足，又何谈更高层次的需求呢？

第三层次是营养需求，关注各类食品中所含营养成分的多少、性能和特点，以及是否有利于人体吸收和消化，从而使消费者能够获取必要的营养，以增进健康。

第四层次是感官需求，它是刺激消费者挑选食物的重要因素之一。消费者对食品产生的总的感觉印象，包括味觉、嗅觉和质地等方面的综合感觉效应。

第五层次是饮食的文化需求，例如《舌尖上的中国》，通过展现中华美食的多个侧面，呈现食物给中国人生活带来的仪式、伦理等方面的文化内涵。食物有时并非只是简单的食物，也可以成为人们生活和情感的寄托。

中国式营销

好巴食豆制品和"大口吃肉"系列产品引领行业创新发展

作为休闲豆制品行业的头部品牌，好巴食专注休闲豆制品零食19年。好巴食首次入局肉制品赛道，推出重磅新品"大口吃肉"系列，大口吃肉鸭肉系列产品，从清晨鲜肉屠宰到当日完成成品加工时长控制在24小时内，肉质紧实有弹性，经8种香辛料卤制，为消费者带来地道川卤的新体验，获得"中国休闲肉制品零食'24小时鲜'开创者"市场地位确认证书。

资料来源：微信公众号"弗若斯特沙利文"，2023-08-07。

2. 食品消费需求的结构

随着经济发展、收入增长，食物消费呈结构升级趋势，即人们对米面等淀粉类主食消费将逐步减少，而对营养丰富的肉类、蔬菜和水果消费将大幅增加。1991—2022年中国人均食物消费结构如表3-1所示。

表3-1　1991—2022年中国人均食物消费　　　　　　　单位：千克/人

	1991	1995	2000	2005	2010	2015	2022	1991—2022年均增长率（%）
小麦	79.6	75.8	71.3	66.9	64.3	64.6	65.1	-0.65
大米	86.8	86.5	81.5	76.8	76.2	76.1	75.6	-0.45
植物油	5.2	7.0	10.7	16.3	20.1	23.7	26.2	5.33
肉类	20.4	29.1	36.9	40.4	45.8	48.6	55.8	3.31
其中：猪肉	15.9	19.9	24.0	26.4	29.4	31.7	31.4	2.23
禽肉	2.9	5.9	8.3	8.8	10.7	10.7	15.2	5.48
牛肉	0.8	2.0	2.8	2.9	3.2	3.4	5.6	6.72
羊肉	0.9	1.2	1.8	2.3	2.6	2.9	3.6	4.72

资料来源：国家粮食和物资储备局宣教中心（个别数据因四舍五入原因存在轻微差异）。

营销视角

一年能吃掉大约7亿头猪，我国肉食消费结构正在悄然变化

我国肉食消费趋于多元化发展，肉类食品工业发展迎新机遇。

我国是全球最大的肉类食品生产消费大国，人均肉类食品消费量从1978年的每年9千克快速上升到2022年的每年70千克。14亿国人一年能吃掉大约7亿头猪、5 000万头牛、4亿只羊、165亿只家禽。这是国家市场监管总局于近日主办的大型肉制品生产企业"落实主体责任 企业公开承诺"活动上披露的数据。

资料来源：微信公众号"人民名品"，2023-07-03。

3. 食品消费需求的特点

（1）广泛性与分散性。生活中的每个人都不可避免地会发生食品消费行为或食品购买行为，从而成为食品消费者，因此食品消费需求具有人数众多、范围广泛的特点。

（2）多样性与复杂性。由于受到年龄、性别、身体状况、性格、习惯、文化、收入、职业、教育程度和市场环境等诸多因素的影响，食品消费者的消费需求和消费行为呈现出明显的多样性和差异性。

（3）易变性与发展性。食品消费需求具有求新求异的特点，其需求的内容、形式、层次在不断提升。随着新产品的不断涌现以及消费者收入水平的不断提高，消费需求呈现出由少到多、由粗到精、由低级到高级的发展趋势。

（4）关联性与替代性。食品消费需求是多种多样的，各种需求之间通常存在一定的关联性。食品企业往往利用这种关联性来设计产品系列，而食品销售商则据此来安排商品货架陈列。食品消费需求还具有相互替代性的特点。这种替代性使得消费品市场常常出现某种（某类）商品销售量增长，而另一种（一类）商品销售量减少的现象。

（5）非专业性与可诱导性。食品消费市场的购买者大多缺乏相应的食品知识和市场知识，其购买行为属于非专业性购买。食品消费者的购买行为具有可诱导性，他们对食品的选择受广告宣传的影响较大。

3.1.3 影响食品消费需求的因素

影响食品消费需求的因素有食品的安全性、风味和口感、天然性、健康性、食物和包装的色泽、企业和品牌的认同感等方面。

1. 安全性

食品是人类赖以生存和发展的最基本的物质条件，食品安全涉及人类最基本权利的保障。根据《中华人民共和国食品安全法》第一百五十条的规定，食品安全是指食品无毒、无害，符合应当有的营养要求，对人体健康不造成任何急性、亚急性或者慢性危害。而世界卫生组织对食品安全的定义是，在食品的培育、生产、制造直至被人摄食为止的各个阶段中，为保证其安全性、有益性和完好性而采取的全部措施。

> **思政教育**
>
> **食品安全是营养健康的重要前提**
>
> "食品安全是最大的民生问题、经济问题和政治问题，直接关系人民群众身体健康和生命安全。"国家卫生健康委食品安全标准与监测评估司标准管理处调研员逄炯倩表示，目前我国全面打造了最严谨的标准体系，累计发布1 455项标准，覆盖了从农田、种植养殖到餐桌产品的全链条。未来国家卫生健康委会继续坚持以人民健康为中心，加强与科研院所和高校的合作，落实最严谨的标准要求，积极融入新发展格局，推动食品健康产业迈向新的时代。
>
> 资料来源：中国食品报，2022-09-08。

2. 风味和口感

食品的风味是指食物在入口前、咀嚼到吞咽前这段时间内，人的味觉器官、嗅觉器官、触觉神经和听觉器官对其产生的综合感觉，即通常所说的口味，其基本表达为好吃或不好吃。食品的口感则是口味之外的一种独立体验，不同于口味所对应的味觉，口感是食品饮料在口腔中与舌头、牙齿之间，通过咀嚼、吞咽等动作产生的一种直观感受，因此，口感也能够为消费者带来更丰富的体验，这也意味着多样的创新可能。

> **中国式营销**
>
> Golden Tiger 推出一款姜黄木槿柠檬气泡水，旨在为消费者带来口感与多重健康功效的独特体验。据报道，该产品采用独特的木槿花配方，具有显著的抗炎特性，有助于降低血压，促进肝脏健康，并有助于减肥。为确保消费者对产品成分的透明了解，该饮料特别提供了一份详细的成分清单。这款饮品不仅含有丰富的抗氧化剂，味道鲜美，而且每罐仅含20卡路里的热量，适合随时享用。
>
> 资料来源：微信公众号"数食主张"，2024-01-08。

3. 天然性

随着消费者对食品的质量和安全性提出更高要求，他们开始寻求天然、无农药残留且不含防腐剂、色素及人工调味品的食品。这一趋势反映出消费者对健康和食品质量的高度关注。

4. 健康性

健康食品，通常是指那些能够提供营养物质、维护健康、促进新陈代谢的食品，富含各种维生素、矿物质、膳食纤维等有益于健康的成分，有助于提高身体免疫力、预防疾病，同时也有助于控制体重和保持身体形态。

5. 食物和包装的色泽

食品的消费是一种多感官体验，颜色通常是一种特性，可以增强味觉和心理生理反应。大多数消费者在品尝食物之前，首先感知的是眼前食物的颜色，它会影响人们对食物的兴趣，还会在某种程度上改变食物原有的味道。调查研究发现，93%的食物选择是基于视觉方面的，而且 75%的这种判断与评估仅仅基于颜色。

6. 企业和品牌的认同感

消费者对企业的认同包含着消费者对企业文化、产品与服务等企业核心特性的综合性认知，且产品的认同感是购买意愿形成的前置因素。通过消费者对产品的各种感知，在此基础上产生对产品的认同感；并且消费者对产品的认同感越强，则对该产品的购买欲望也更强。

守正创新

中华优秀传统文化对消费者心理和行为的引导效应

消费者的行为受到社会、文化、经济等多种因素影响，中华优秀传统文化也影响着消费者行为。中华优秀传统文化倡导节俭，提倡理性消费，这种理念深深影响了消费者的购物习惯。许多消费者在购买商品时更加注重商品的经济实用性，而不是一味追求奢侈品或追逐潮流。受传统中医与健康文化熏陶，当代年轻人注重健康与养生，一种"新中式养生"风潮渐渐兴起，如养生饮品、健身气功"八段锦"等在互联网掀起热潮。"新中式养生"受到年轻人青睐离不开中华优秀中医药文化的几千年背书，同样是年轻人文化自信的体现，彰显其对传统文化的认同与信赖。

资料来源：企业管理杂志，2024-05-08。

3.1.4 食品消费需求的新趋势

随着我国人口发展呈现少子化、老龄化以及消费者生活方式与消费观念的转变，消费者对食品的消费需求也表现得更加差异化、多元化。

1. 老年人群的食品相关消费能力和消费意愿偏低

在 2023 年的食品消费市场中，人口规模下降和老龄化、少子化的趋势对食品消费市场提出了重大挑战。参照发达国家的经验，老年人群由于健康和食欲问题，其食品相关消费能力和消费意愿相对偏低，这对整体食品市场形成了冲击。

2. 食品需求转化升级，为食品市场注入新的活力

随着消费者消费观念和生活方式的转变，驱动食品需求转化升级，为食品市场注入新的活力。从数据来看，2023 年我国社零总额同比增长 7.2%，食品类、饮料类、烟酒类社零总额分别增长了 5.2%、3.2%、10.6%，表现可圈可点；居民人均可支配收入名义增长 6.3%，食品烟酒支出增长 6.7%，扣减食品烟酒 CPI 上涨 0.3%，还有 6.4%的净增支出。食品的基本盘仍然稳固，并且在消费升级当中看到了机会。

3. 消费者健康意识越来越强

在追求性价比的基础上，消费者健康意识越来越强，对食品的健康属性有了更高的要求。食品需求的另一个变数在于"健康"。受疫情的影响，消费者的健康意识逐渐增强，并在疫情后渗透至食品消费的方方面面。在被问及对于健康与美味的权衡时，超过六成的消费者明确表示，会将健康置于美味之上。在更深入的访谈中，还发现，30~39 岁这一年龄段消费者接触的健康媒体信息相对较多，作为家庭中的关键角色，他们既扮演着健康信息真伪的判断者，也扮演着家庭食品消费的决策者，健康的概念深入他们的内心。

3.1.5 食品消费需求洞察

1. 食品消费需求洞察的含义

食品消费需求洞察，是指发现消费者真实的需求和偏好，并将其应用于食品企业的营销实践，它是发现新的市场机会、找到新的战略战术，从而提高营销成效、摆脱市场肉搏的有效途径。

从产品阶段来看，起步阶段可能是为了发现消费者需求，成长阶段是为了提升消费者体验，衰退阶段可能是为了积累开发新产品的经验。从需求角度而言，洞察消费者的目的可能是从已有的消费者需求中寻找出尚未被满足的细分领域需求，也可能是从已被满足的需求中找到可以进一步提升的需求，又或许是为了创造出未被消费者意识到的需求。

营销思考

消费者洞察是什么

要了解消费者是否购买，购买了什么，更要了解他们购买的原因。

沃尔玛曾发现，顾客在购买尿不湿的同时往往会购买啤酒。经过对数据的分析和对消费者的洞察，沃尔玛发现，爸爸们在给孩子购买尿不湿的同时，会为自己购买一些啤酒。沃尔玛根据这一研究结果，制定了相应的市场策略。

这个案例就是从消费数据这个小"洞"，"察"到了爸爸们捆绑购买尿不湿和啤酒的心理活动。

资料来源：调研吧，2023-04-28。

---

2. 消费者洞察的要素

（1）消费者画像。消费者画像，是指找出品牌的消费者群体。通常，先依据人口统计学特征进行初步细分，勾勒出一个较为宽泛的消费者画像，再结合心理和消费行为进行深入细分。

（2）消费者场景。在品牌策划中，需要寻找与产品相关联的场景，以解决"产品如何宣传与销售"的问题，触动消费者心智，激发其购买意愿。消费者在何时、何地因何种痛点或需求使用产品或服务，是消费者洞察必须考虑的因素。

（3）消费者数据。在消费者洞察中，不可或缺的一步是，在细分消费者和消费场景后，获取实际的消费者数据。

营销思考

消费心理与行为洞察：看李佳琦直播的你在看什么

从心理学的角度分析，观看李佳琦直播的观众在看些什么？李佳琦是如何促使观众购买的呢？

第一，人类的本性：恐惧、贪婪和懒惰。直播购物的形式直击人类的本性：恐惧、贪婪和懒惰。其本质是在一种紧张刺激的气氛下，用巨大的优惠抢占消费者的心智，从而引发冲动性消费。例如，李佳琦会强调产品的限量性，如"这个产品我只能拿到1万份""只有5 000个美眉可以抢到它"，营造出"资源稀缺性"，引发消费者的恐惧心理。

第二，从众心理。在观看直播时，产品界面上会不断跳出"某某某正在购买"的弹幕，主播也会一直强调"还剩3万份！""还剩1万份！"，凸显出购买氛围的火爆，从而引发从众心理。李佳琦的小助理在直播初期的主要工作就是在直播间里刷评论（也许也会刷订单），希望通过这种行为引导更多人的参与，激发从众效应。

第三，断言、重复和传染。李佳琦在直播间会一直强调自己这里是全网最低价，但谁也没有办法去对比和证明他是不是真的就是最低价——这就是断言。对断言的信念需要不断地重复，不断地重复陈述，最终会牢牢地嵌入我们无意识自我的深层区域，而我们的行为动机正是在那里形成的。

资料来源：山商职教研究，2024-07-17。

3. 消费者需求洞察的方法

（1）单透镜小组座谈会。单透镜小组座谈会是市场调查中常用的一种定性调查方法，通常由6~8人组成一组，在一名专业主持人的引导下，对某个主题或概念进行深入讨论。

（2）一对一深度访谈。一对一深度访谈是市场调查中最常使用的一种定性调查方法，其原意是访问者与被访问者相对无限制的一对一会谈。

（3）随机拦截问卷。随机拦截问卷的主要目的是验证调研结果。这主要收集消费者的消费需求、行为、习惯、口味、视觉等信息，以及在定性访谈中尚未明确、模糊的消费行为习惯，和品牌发展方向性问题的调研。这种调研通常是针对特定人群、特定范围，以验证结果为目的。被调查人员的选择要求更为精准，因此问卷涉及的问题数量通常不会太多，可操作性更强。

（4）数据分析法。数据分析是对用户行为的量化分析。很多时候，用户通过问卷调查和用户访谈表达的都是自己想要的，而不是真正需要的，但用户行为所遗留下来的数据却是最真实的。从痕迹倒推出行为，然后就能揭示用户的秘密。

中国式营销

洞察年轻消费者需求，三养食品以创新俘获Z世代味蕾

在当今这个快速发展的时代，Z世代正逐渐成为食品市场的主导消费力量。他们独具个性和品位，对于美食有着自己独特的追求。在此背景下，三养食品凭借其敏锐的市场洞察力和创新精神，推出了一系列深受年轻消费者喜爱的火鸡面产品，刷爆社交圈，甚至在全球掀起了"吃辣狂潮"。

自2012年问世以来，三养火鸡面便以其独特的甜辣口味在年轻消费市场上崭露头角，并迅速成为爆款。此后，三养食品继续在产品研发上不断创新，将消费者需求放在首位，并基于不同国家和地区的食物文化开发出针对性的口味产品。例如，符合中国消费者口味的韩式甜辣炸鸡火鸡面，针对日本市场的荞麦面味火鸡面，针对美国市场的青柠味火鸡面等。在保证火鸡面味道的基础上，三养食品不断满足年轻消费者对于新鲜感和个性化的追求，获得了消费者的一致好评。

此外，三养食品还通过社交媒体等渠道，与年轻消费者进行深度互动，了解他们的需求和喜好，从而更好地调整产品策略。

除了在产品研发上不断创新，三养食品还通过线上渠道举办各种活动和赛事，吸引年轻消费者的目光，提升品牌在年轻消费者心中的形象和地位。各种辣度火鸡面的挑战赛总会在新品

上市后重回大众的目光，与面包、春卷皮搭配或拌饭等各种另类的新吃法也不断刷新着大众对三养火鸡面会玩、好玩的印象，使得三养食品逐渐成为年轻、活力、挑战的代名词。

凤凰网，2024-01-12。

任务 2　食品消费者购买行为分析

3.2.1　食品消费者购买行为与购买决策

1. 消费者认知

消费者对产品的认知过程通常需要经历感觉、知觉、记忆和学习四个阶段。消费者对产品的认知是其产生购买意愿的前提。

2. 食品消费者购买行为

食品消费者购买行为是指消费者为满足自身食品需求而进行的决策过程。在此过程中，消费者会主动寻找相关产品或服务的信息，并在挑选适合自身需求的产品或服务时形成一套评价标准。当产品或服务符合其标准后，消费者便会产生购买意愿并做出消费行为。

3. 食品消费者购买决策

食品消费者购买决策是指消费者在一定的购买动机支配下，为了满足某种需求，在多个可供选择的购买方案中，经过分析、评价、选择并实施最佳方案，以及进行购后评价的活动过程。

3.2.2　食品消费者购买行为类型

食品消费者在购买产品时，由于产品价格和购买频率的不同，其投入购买的程度也会有所差异。根据食品消费者在购买过程中的介入程度以及品牌之间的差异程度，可以将食品消费者的购买行为划分为四种类型，如表 3-2 所示。

表 3-2　食品消费者购买行为类型

品牌差异	高度介入	低度介入
品牌差异大	复杂的购买行为	广泛选择的购买行为
品牌差异小	减少不协调的购买行为	习惯性的购买行为

1. 复杂的购买行为

复杂的购买行为是指消费者在购买过程中面临多个选择和决策因素，需要进行详细的信息搜索和评估。在这种购买行为下，消费者会对不同品牌、产品功能、价格等因素进行比较，并做出经过严谨思考和比较的决策。这种购买行为通常发生在高价位、高风险或涉及消费者核心需求的产品上。

针对食品消费者的复杂的购买行为，可采取以下市场营销策略：首先，突出品牌在重要属性方面的声望；其次，利用新媒体进行宣传，并通过较长的广告详细描述产品的优点；最后，借助中间商销售人员以及购买者亲人的影响力来促进购买决策。

中国式营销

思念营销策略：前期小炒作、中期砸广告、后期讲情怀

制造噱头、广告轰炸、牵手奥运、高举高打的策略让思念一度成为速冻食品的第一品牌。

一是前期小炒作。1997 年，思念在《大河报》发布了一则"50 万元聘请汤圆师傅"的广告。

在当时人均月工资不足1 000元的郑州,这一广告引起了轰动。这种出奇制胜的手法,让思念当年实现600多万元的销售额,广告费仅花费几千元,成为轰动一时的"四两拨千斤"的营销典型。

二是中期砸广告。毛阿敏以一曲《思念》唱响大江南北,思念食品则斥资100多万元邀请毛阿敏代言,并随后投入300多万元的广告费投放于央视。之后,思念投入重金成为2008年北京奥运会速冻包馅食品独家供应商,并启用了功夫明星成龙全面代言思念水饺。

三是后期讲情怀。2006年前后,思念开始主打"文化牌",利用各种媒体手段开展"传统文化征文""庆祝元宵节""包装征集活动""幸福一家人"等促销活动。通过综合运用各种媒体手段,活动此起彼伏,品牌知名度与美誉度大幅提升。

资料来源:微信公众号"品牌泰斗小青青",2024-01-29。

2. 减少不协调的购买行为

当食品消费者高度介入某项产品的购买,但又看不出各个品牌有何差异时,往往会对所购产品产生失调感。因为食品消费者在购买品牌差异不大的产品时,虽然其购买行为较为谨慎,但注意力更多地集中在品牌价格是否优惠以及购买的时间、地点是否便利上,而不是花费大量精力去收集不同品牌间的信息并进行比较。而且从产生购买动机到决定购买之间的时间较短。这种购买行为容易导致购买后的不协调感,即食品消费者购买某一产品后,可能因产品自身某些方面不称心,或者获得其他产品更好的信息,从而产生不该购买该产品的后悔心理或心理不平衡。为了改变这种心理,追求心理平衡,食品消费者会广泛收集各种对已购产品的有利信息,以证明自己购买决定的正确性。

针对减少不协调的购买行为,可采取以下市场营销策略:食品企业应提供完善的售后服务,并通过各种途径经常提供有利于本企业和产品的信息,增强食品消费者的信念,使其产生满意感。

中国式营销

三全水饺汤圆高端布局成效显著

三全水饺、汤圆从基础品类不断向中高端延伸,推出儿童系列水饺、私厨系列水饺、炫彩小汤圆、醇香黑芝麻汤圆等,实现全价格带的覆盖。在高端产品线方面,2012年三全推出私厨系列,与湾仔码头在高端品类中形成抗衡,市场反应良好,公司水饺、汤圆的营业收入持续增长。同时,新品往往具有更高的毛利,持续的推陈出新叠加产品结构高端化的逐步深入,公司的盈利能力也逐渐改善。

资料来源:微信公众号"品牌泰斗小青青",2024-01-30。

3. 广泛选择的购买行为

广泛选择的购买行为又称寻求多样化购买行为。当食品消费者面临品牌间差异较大但可供选择的品牌众多时,他们通常不会花费太多时间进行品牌选择,也不会专注于某一特定产品,而是倾向于频繁更换品种。例如,消费者购买饼干时,上次可能购买了巧克力夹心的,而这次则会选择奶油夹心的。这种更换并非对上次购买的产品不满意,而是出于对新口味的尝试欲望。

针对食品消费者广泛选择的购买行为,可采取以下市场营销策略:当食品企业处于市场优势地位时,应注重以丰富多样但相关的产品款式占据货架空间,避免产品脱销,并通过高频率的提醒类广告来鼓励消费者形成习惯性购买行为;当食品企业处于非市场优势地位时,则应通过较低的价格、折扣、赠券、免费赠送样品以及强调试用新品牌的广告等方式,鼓励消费者改变原有的习惯性购买行为。

> **中国式营销**
>
> **思念产品新领域布局**
>
> 一、思念进军火锅市场，瞄准时机抢攻有质增长
>
> 2023年8月，思念食品将火锅料产品系列命名为"火锅大师"，意在表达其精益求精的研发能力，更强调在新鲜口感和用料上不断突破，仿佛大师现场制作一般的高品质。此次发布会现场，思念食品共推出五大品类火锅产品。
>
> 二、思念抢滩预制菜，多款预制菜新品重磅上市
>
> 2023年5月，思念食品多款预制菜产品上市，包括"思小灶"酸菜鱼和"思小灶"青花椒鱼等产品。此次"思小灶"系列一口气推出酸菜鱼、青花椒鱼两大单品，在思念京东自营、天猫旗舰店售卖。
>
> 三、思念研发空气炸锅系列产品，坚持多元布局
>
> 当下空气炸锅食品大热，简单操作、无油烹饪的空气炸锅美食深受消费者青睐。思念趁势推出"恶魔食堂"系列鸡肉小食，包括炸鸡、鸡米花、烤翅等产品。全系列均匹配空气炸锅烹饪方式，无须解冻，开袋即烹。
>
> 资料来源：微信公众号"品牌泰斗小青青"，2024-01-29。

4. 习惯性的购买行为

食品消费者有时购买某一产品，并不是因为特别偏爱某一品牌，而是出于习惯。例如，食盐、糖、醋等这些价格低廉、品牌间差异不大的产品，凭借习惯选定某一品牌。

针对消费者习惯性的购买行为，可采取以下市场营销策略：第一，利用定价策略与促销策略作为品牌产品的试用诱因，是一种非常有效的方法；第二，运用广告策略时，低介入度的新媒体广告比印刷品广告更为有效；第三，通过增加产品特色，将低介入度产品转化为高介入度产品，也是一个有效的策略。

3.2.3 食品消费者购买行为模式

食品消费者购买行为模式直接反映了食品消费者的购买行为。食品消费者购买行为模式如表3-3所示。

表3-3 食品消费者购买行为模式

（1）谁是食品购买者？	购买者
（2）购买什么食品？	购买对象
（3）为何购买食品？	购买目的
（4）何时购买食品？	购买时间
（5）何地购买食品？	购买地点
（6）如何购买食品？	购买行为

1. 分析谁是食品购买者

分析谁是食品购买者以及谁参与购买，旨在解决食品购买相关主体的问题。这里主要分析以下问题：该市场由谁构成？谁是购买者？谁参与购买？谁决定购买？谁使用所购产品？谁是购买的发起者？谁影响购买？

通过对食品购买者及参与购买者的分析，明确了某种产品的购买者，解决了两个方面的问题：

一是食品生产者如何选择中间商以及如何针对食品消费者的问题；二是食品生产者和中间商如何有针对性地制定接待食品消费者、说服食品消费者、激发食品消费者购买欲望的策略问题。

> **营销视角**
>
> **休闲零食消费群体以年轻人为主，消费者的健康需求增多**
>
> 在我国休闲零食消费者群体中，占比最多的是 28 岁至 38 岁消费者群体，占比达 46.94%，接近我国休闲零食消费者群体的一半。这部分群体收入水平较高，消费能力较强，且大部分已婚已育，家庭零食需求较多，因此购买休闲零食的频率和需求量也较高。其次为 18 岁至 28 岁消费者群体，占比为 28.17%。该群体大多已实现经济独立，具有一定的购买力，日常休闲零食需求较为旺盛。
>
> 资料来源：微信公众号"智研咨询"，2023-05-05。

2. 分析购买什么食品

分析购买什么食品能够解决食品消费者购买对象的问题。这里主要分析以下问题：消费者需要什么食品？食品消费者的需求和欲望是什么？对食品消费者最有价值的产品是什么？满足食品消费者购买愿望的效用是什么？消费者购买产品想从中获得的核心利益是什么？

通过购买什么食品的分析，明确了食品消费者的需求，解决了两个方面的问题：一是食品生产者开发生产什么产品、销售什么产品的问题；二是中间商购进什么产品、销售什么产品的问题。

> **营销思考**
>
> **辣条安全、口味与口感成为主要关注点**
>
> 对健康美味的休闲食品的追求，使得中国辣条消费者在购买辣条时更加注重挑选。调研数据显示，食品安全保障是消费者最关心的问题，63.2%的辣条消费者关注辣条的安全。其次是口味与口感，关注口味和口感的辣条消费者占比均超五成。在辣条类型偏好方面，超过六成的消费者偏好素牛筋类型的辣条，喜欢面筋、豆皮和大刀肉的占比均在四成以上，有超过三成的消费者喜欢大辣片和辣棒。以素牛筋为主的辣条呈长条且有嚼劲，是消费者购买辣条的经典选择；以豆皮为代表的辣条口感较为酥软，味道浓郁。
>
> 资料来源：微信公众号"艾媒咨询"，2023-11-08。

3. 分析为何购买食品

分析为何购买食品，可以解决食品消费者购买目的的问题，即购买动机。动机有实有虚。这里分析以下问题：购买食品的目的是什么？为何喜欢？为何讨厌？为何不购买或不愿意购买？为何买这个而不买那个？为何买本企业产品而不买竞争者的产品？为何买竞争者的产品而不买本企业产品？

通过为何购买食品的分析，明确了食品消费者的购买目的，即食品消费者的买点，解决了两个方面的问题：一是食品生产者和中间商如何确定产品的利益点和卖点的问题。只有产品的利益点、卖点适应了食品消费者的利益点和买点，交易才能实现。二是食品生产者和中间商如何确定推销产品的利益点和卖点的问题。

中国式营销

消费者在哪里，思念食品就在哪里

为了满足消费者的需求，思念食品提出了"消费者在哪里，思念食品就在哪里"的创新研发策略。

产品创新一：小小汤圆。正是在"消费者在哪里，思念食品就在哪里"理念指引下，思念研发出了震惊业界的"小小汤圆"。一经推出凭借口口相传的力量迅速风靡全国。

产品创新二：针对"80后""90后"，中西结合。2015年初，思念食品针对"80后""90后"目标消费人群，推出了中西结合的"牛魔王"系列水饺，将牛排包进了饺子，以创新的理念打破常规。

产品创新三：针对新一代，热衷海鲜。2015年，思念食品牢牢抓住新一代热衷海鲜、营养升级的消费诉求，行业首创金牌虾饺上市，将方便与美味营养完美结合，快速成为家庭餐桌上的新贵。

产品创新四：针对宝宝健康，激发食欲。2016年，为了给小朋友提供更加营养健康的食品选择，让妈妈选得放心，宝宝吃得开心，思念儿童营养系列成长水饺正式上市。

产品创新五：针对成人的健康杂粮。2017年，刚刚上市的新品"杂粮馒头"以及"速冻蒸饺"，更是捕捉到对"健康饮食"的消费需求，为巩固早餐市场注入新力量。

资料来源：微信公众号"品牌泰斗小青青"，2024-01-29。

营销视角

中国速冻食品购买意愿分析

iiMedia Research（艾媒咨询）数据显示，22~50岁的消费者对速冻食品较为喜爱，有强烈意愿购买速冻食品的人群占比均超过30%，其中31~40岁的消费者有强烈购买意愿人群占比最大，达39.4%。各年龄段有意愿消费速冻食品的人群占比较大，均超过了50%。消费者购买速冻小吃时更关注口味、保质期，分别占比52.9%、51.9%；方便快捷是消费者购买速冻小吃的主要原因。速冻小吃在生产过程中已经经过了加工和处理，无须烦琐的烹饪步骤，这种方便快捷的特性使得速冻小吃成为消费者的首选。艾媒咨询分析师认为，有意愿消费速冻食品的人群广阔，各速冻品牌可以考虑采取一定优惠政策或进行产品创新，激发消费者的购买欲，扩充速冻食品的忠实群体。

资料来源：艾媒咨询，2023-11-07。

4. 分析何时购买食品

分析何时购买食品，可以解决食品消费者购买时间的问题，即掌握食品消费者购买的时间规律，包括关键月、关键日、关键时，以及食品消费者购买产品的时令性和季节性。这里分析以下问题：何时购买？什么季节购买？何时需要？何时消费？曾经何时购买过？何时重复购买？何时换代购买？何时产生需求？何时需求发生变化？

通过何时购买食品的分析，明确了食品消费者购买产品的时间规律，解决了两个方面的问题：一是食品生产者何时生产产品、何时销售产品的问题；二是中间商何时购进产品、何时销售产品以及如何确定营业时间的问题。

> **营销思考**
>
> **不同消费群体购物时间段的差异**
>
> "70后"购物时间更集中在日间中午稍早时段。
>
> "80后"购物行为集中于早晨与午间稍晚时段。
>
> "90后"购物行为集中于午后与晚间,晚上8时至10时之间成交笔数占总笔数的13%,无愧于夜猫子称号。
>
> 资料来源:微信公众号"知海运营",2023-09-11。

5. 分析何地购买食品

分析何地购买食品,可以解决食品消费者购买地点的问题,即"只适宜"或"最适宜"在某个地方购买。食品消费者对购买地点的选择具有规律性:日常必需品习惯于就近购买;选择性较强或贵重的产品通常到商业街、购物中心购买;某些特殊产品则倾向于到有信誉的专业店购买;某些地方特色产品或专用产品,消费者还喜欢到产地或生产企业购买。此外,当食品消费者对某一商家形成良好的印象时,便会乐意经常光顾,从而形成对购买地点的习惯性。这里分析以下问题:是在城市购买还是在农村购买?是在超市购买还是在农贸市场购买?是在大商场购买还是在小商店购买?是通过电视购买还是通过网络购买?

通过何地购买食品的分析,明确了食品消费者的购买地点,解决了两个方面的问题:一是食品生产者如何确定分销形式,包括直销、电子商务分销、中间商分销,以及分销商数量的问题;二是中间商如何确定网点设立的地点、网点数量,以及如何利用食品消费者对购买地点的习惯性,提高服务质量、培养满意消费者和忠诚消费者的问题。

> **营销视角**
>
> **休闲零食购买渠道**
>
> 我国休闲零食的购买渠道较多,其中频率较高的是综合电商渠道、超市商场以及传统杂货店,占比均超过50%。超市商场和传统杂货店是我国最传统的休闲零食购买渠道。随着互联网的普及,网络购物快速发展,淘宝、京东等综合电商平台迅速崛起,商品选择更加丰富,购物体验更加便捷,吸引了大量的消费者。2021年我国有约72.4%的消费者都通过综合电商平台购买休闲零食,甚至超过了超市商场和杂货店这类传统消费渠道。接下来是便利店和休闲食品专卖店,其占比分别为53%和43.6%。近年来,三只松鼠、良品铺子等综合零食消费品牌快速发展,在全国各地广泛开店,市场发展火热。另外,随着兴盛优选、美团优选等社区团购平台的兴起,以及直播行业的火爆都为我国休闲零食的消费带来了新的购买渠道,占比分别为32.3%、19.8%。
>
> 资料来源:微信公众号"智研咨询",2023-05-05。

6. 分析如何购买食品

分析如何购买食品,可以解决食品消费者购买行为方式的问题,即食品消费者的购买类型与支付方式。这里分析以下问题:食品消费者如何决定购买行为?以何种方式购买?按照何种程序购买?

通过如何购买食品的分析,明确了食品消费者的购买方式,解决了两个方面的问题:一是食品企业和中间商根据不同的购买类型,为食品消费者提供针对性服务,以提高服务质量;二是为食品消费者提供多种购买方式,开展多种促销活动,以激发食品消费者的购买欲望。

营销思考

电商平台是消费者购买速冻小吃的主要渠道

iiMedia Research（艾媒咨询）数据显示，超五成消费者购买速冻小吃的分量适中，能满足"少量囤货"需求即可；单次消费金额多为 51~100 元。消费者对于速冻小吃的需求量有限，更倾向于保持适当的库存，将其作为日常消费的一部分，不会花费过多的金额。商家可从高性价比入手，打造不同品类产品，切实迎合目标群体消费喜好。电商平台是消费者购买速冻小吃的主要渠道，线下渠道也占有一定比例，商家可进一步打通销售渠道，以提高销量。

资料来源：微信公众号"艾媒咨询"，2023-11-07。

项目案例分析

烹烹袋，创新满足消费者未被满足的需求

消费者未被满足的需求，往往是解决消费者痛点的潜在机会。而消费者的痛点通常是在特定消费场景中发生的，他们在日常生活中所碰到的问题、纠结和抱怨，企业需要找到一种解决方案来化解这些问题。

随着"懒宅经济""一人食""食物自由"等新消费需求的崛起，除了传统的肥宅标配"方便面"，近两年方便米饭、粉丝、即食火锅、意面、拉面、煲仔饭、螺蛳粉、鲜粥、预制菜等一系列新兴方便食品应运而生，催生出了千亿级别的方便速食市场。

预制菜在 B 端和 C 端的迅速发展，给预制菜包装提出了更高的要求，也带动了预制菜包装行业的多样化发展。预制菜包装的创新方向未来可围绕开发透明高阻隔包装、重视体验、增加互动、提升包装自动化、拓展消费场景以及可持续包装等方面展开。

目前预制菜的产品包装面临许多加工方面的问题，例如真空包装漏气、蒸煮过程破包、包装产线速度慢等。针对这些问题，烹烹袋找到了解决方案。

一、"烹烹袋"，寻找两大突围点，打造竞争力

1. 瞄准又"懒"又"挑"的 Z 世代

2020 年 9 月上线的初创速食品牌"烹烹袋"，在迎合 Z 世代对"便捷"的需求方面，烹烹袋面向的不仅仅是"速食"和"急食"，还能让消费者享用美味。烹烹袋以"微波加热"的"精致懒"模式切入市场。

2. 用黑科技改变吃饭方式

烹烹袋的专利外包装分为三层：内层采用 LLDPE 食品级保鲜，中层采用 PET 阻隔异味，外层采用 OPP 强密封性，可以让食物直接"在袋里烹饪"。消费者只需将产品从冷冻层取出，微波加热 3 分钟左右即可食用。烹烹袋的袋子还可以直接"立起来"当作碗使用，食用完后可直接丢弃，省去了洗碗过程。

二、立足用户需求，缔造品牌优势

Z 世代的消费人群在速食消费中表现出追求极致便利和热衷体验型消费的代际特征。他们对足不出户即获得商品与服务早已习以为常，对餐饮外卖、买菜到家、跑腿闪送等即时配送业务驾轻就熟。在消费过程中，通过追求新奇和体验，获取更大的满足感。

烹烹袋洞察到年轻人在办公和居家场景中"没时间、不会做、不想洗碗"等痛点，围绕微波炉美食场景，创新推出独特的可微波加热的自立式包装，极致方便，减少操作步骤，只需微

二维码链接 3-2
2024 年中国食品消费领域五大趋势

波后撕开包装即可食用，实现了消费者使用场景与需求的创新解决。

烹烹袋真正做到了包装不仅是包装，更是产品体验的一部分。节省时间就是提升效率，而提升仪式感则是更好的"浪费时间"。

资料来源：微信公众号"语境品牌"，2022-07-12。

➲ **辩证性思考：**

结合案例，分析食品企业应如何创新满足食品消费者的需求。

项目检测

营销知识培养规格检测

1. 简述食品消费需求的层次、结构和特点。
2. 影响食品消费需求的因素有哪些？
3. 食品消费需求洞察的方法？
4. 食品消费者购买行为的类型有哪些？
5. 如何运用食品消费者购买行为模式？

营销能力培养规格检测和营销素养培育规格检测

实践项目3　制订××食品企业食品消费需求分析方案

项目实践目的：运用食品消费需求分析的理论和方法，对××食品企业食品消费需求的现状进行分析，掌握食品企业消费者购买的行为规律，制定针对性的激发消费者购买的营销策略。培养学生运用食品消费需求分析理论分析问题和解决问题的能力，撰写食品企业食品消费需求分析方案。同时强化培养学生积极的职业心态和食品消费需求洞察力。

项目检测考核：由班级学习委员组织分团队对××食品企业消费需求分析方案进行宣讲、讨论、答辩，指导教师进行评价。由各团队队长和指导教师对方案及团队提高积极的职业心态和洞察力的认知进行综合评判打分，考核成绩分为优秀、良好、及格。

项目 4

食品市场细分、目标市场选择与市场定位

思维导图

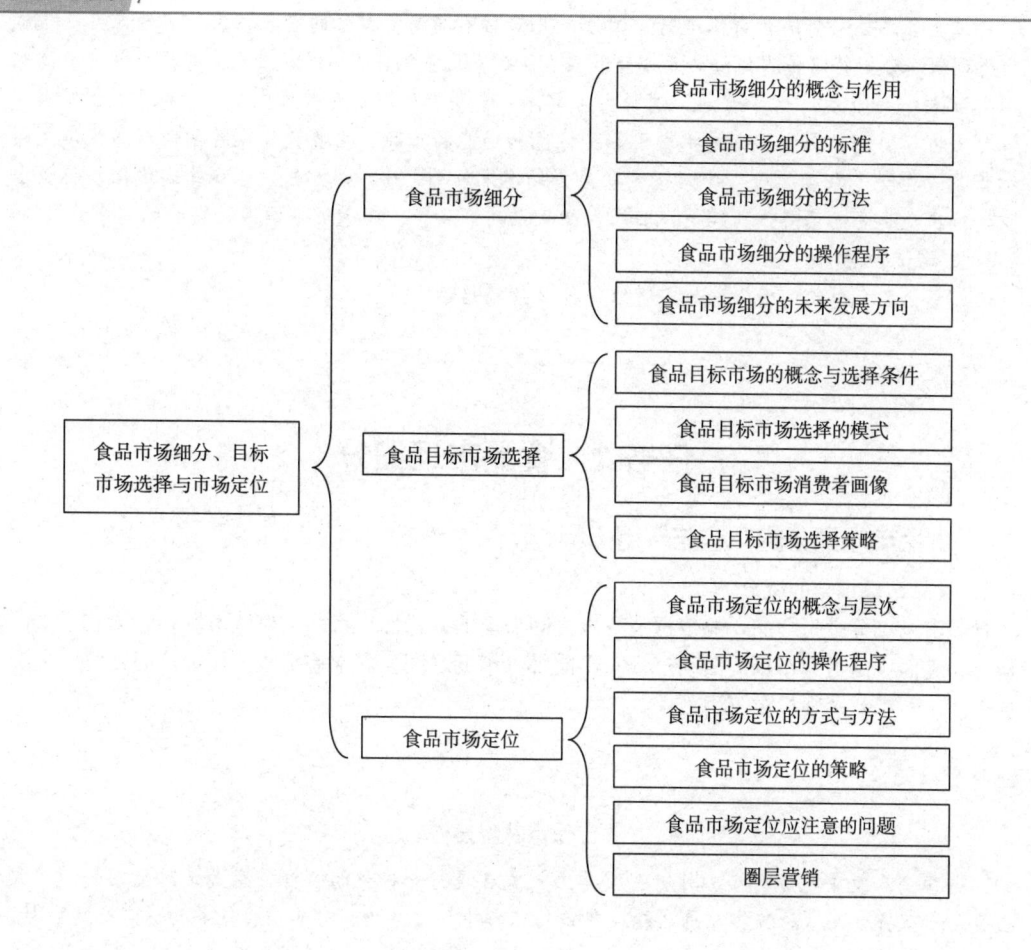

食品市场细分、目标市场选择与市场定位
- 食品市场细分
  - 食品市场细分的概念与作用
  - 食品市场细分的标准
  - 食品市场细分的方法
  - 食品市场细分的操作程序
  - 食品市场细分的未来发展方向
- 食品目标市场选择
  - 食品目标市场的概念与选择条件
  - 食品目标市场选择的模式
  - 食品目标市场消费者画像
  - 食品目标市场选择策略
- 食品市场定位
  - 食品市场定位的概念与层次
  - 食品市场定位的操作程序
  - 食品市场定位的方式与方法
  - 食品市场定位的策略
  - 食品市场定位应注意的问题
  - 圈层营销

项目培养规格

营销素养培育规格

培养和推动中华优秀传统文化创造性转化、创新性发展，继承革命文化，更好构筑中国精神、中国价值、中国力量。强化培养营销者应具备的责任心。

营销知识培养规格

理解食品市场细分、目标市场选择和市场定位的概念；掌握食品市场细分的变量、方法和操作程序；掌握目标市场选择的模式和策略；掌握市场定位的方式、方法和策略。

营销能力培养规格

培养能够综合运用食品市场细分、目标市场选择和市场定位的理论和方法，正确分析食品企业食品市场细分、目标市场选择和市场定位的现状，解决食品企业食品市场细分、目标市场选择和市场定位存在的问题，并能够制订食品企业市场细分、目标市场选择和市场定位策略方案。

项目导入案例

三全食品公司的消费群体细分

三全食品公司对消费群体进行了细分，并针对不同消费群体的需求推出相应的产品。根据市场调研，公司将消费群体细分为以下几类：0~6岁儿童群体、6岁以上儿童群体、初中及高中学生群体、"80后"与"90后"消费主力群体、老年群体以及对健康饮食有特殊需求的群体。针对上述不同消费群体，公司推出了各具特色和功能的产品，主要包括儿童系列产品、学生营养套餐、适合"80后"与"90后"消费主力的水果汤圆、小龙虾水饺、黑椒牛肉水饺、墨鱼水饺等，以及面向老年群体的经典怀旧绿色健康系列产品等，以满足不同餐桌场景的需求。

➲ 辩证性思考：

三全食品公司的消费群体细分带给你什么营销启示？

资料来源：河南省发改委，2021-01-11。

任务1 食品市场细分

4.1.1 食品市场细分的概念与作用

1. 食品市场细分的概念

食品市场细分是指食品企业依据消费者之间需求的差异性，将一个整体市场划分为若干个消费者群体，进而确定目标市场的活动过程。不同细分市场之间，需求差别较为显著；而在每一个细分市场内部，需求差别则相对较小。

营销者素养

工作意味着责任

当营销人员去完成对接工作时，实质上就是在履行一种契约，责任感就是对契约的遵守和敬畏。只有有责任心的销售人员才能在其销售工作中尽心尽力，对其销售任务的达成全力以赴。当企业将一块市场、一个任务交给你时，同时也意味着将这个市场的命运、这个任务的成功与否交给了你。与此同时，你的客户的发展机会和个人的发展机会也交给了你。对于一个有责任心的销售人员，他会千方百计努力去完成任务，实现自己的发展；而对于一个没有责任心的销售人员，则会得过且过，过一天算一天，最终将自己的命运断送在自己手中。

资料来源：行动销售，2023-05-30。

2. 食品市场细分的作用

（1）满足不同消费者的需求。通过市场细分，企业可以更精准地把握不同消费者的需求，从而提升产品的竞争力。

（2）提高市场份额。通过市场细分，企业可以精准定位具有潜力的细分市场，进而有效提高市场份额。

（3）降低竞争压力。通过市场细分，企业可以巧妙避开竞争白热化的市场领域，显著降低竞争压力。

（4）创新产品。通过市场细分，企业可以敏锐洞察新的市场需求，进而推动产品创新，增强企业整体竞争力。

> **思政教育**
>
> **更好构筑中国精神、中国价值、中国力量**
>
> 　　必须坚持马克思主义，牢固树立共产主义远大理想和中国特色社会主义共同理想，培育和践行社会主义核心价值观，不断增强意识形态领域主导权和话语权，推动中华优秀传统文化创造性转化、创新性发展，继承革命文化，发展社会主义先进文化，不忘本来、吸收外来、面向未来，更好构筑中国精神、中国价值、中国力量，为人民提供精神指引。
>
> 资料来源：2017 年 10 月 18 日，习近平在中国共产党第十九次全国代表大会上的报告。

4.1.2 食品市场细分的标准

1. 按照产品类型细分

按照产品类型对食品市场进行细分，可以把食品市场分为谷物类、肉类、蔬菜类、水果类、乳制品类、饮料类、零食类、调味品类、保健品类、特殊食品类，具体细分如表 4-1 所示。

表 4-1　按照产品类型对食品市场进行细分

细分市场	细分市场具体内容
谷物类	大米、面粉、玉米等
肉类	猪肉、牛肉、鸡肉等
蔬菜类	白菜、土豆、西红柿等
水果类	苹果、香蕉、橙子等
乳制品类	牛奶、酸奶、奶酪等
饮料类	矿泉水、果汁、碳酸饮料等
零食类	糖果、巧克力、薯片等
调味品类	盐、糖、酱油等
保健品类	维生素、矿物质、蛋白质等
特殊食品类	婴儿食品、老年食品、运动营养食品、宠物食品等

2. 按照消费人群细分

按照消费人群对食品市场进行细分，可以把食品市场细分为婴幼儿食品市场、青少年食品市场、成年人食品市场、老年人食品市场、特殊人群食品市场。不同的消费人群市场对食品的需求各不相同，如表4-2所示。

表4-2　按照消费人群对食品市场进行细分

细分市场	细分市场的需求特色
婴幼儿食品市场	关注营养均衡、健康、安全、易消化的食品
青少年食品市场	注重口感和口味，需求多样化、时尚、便捷的食品
成年人食品市场	追求品质、健康、营养，需求低糖、低脂、高纤维的食品
成年人食品市场	强调健康、养生和易消化，需求低糖、低脂、高纤维的食品
特殊人群食品市场	针对特殊人群的营养需求和口味偏好，需求低糖、低盐、低脂的食品

3. 按照销售渠道细分市场

按照销售渠道可以把食品市场细分为超市、便利店、专卖店、线上销售，方便消费者选购和购买，如表4-3所示。

表4-3　按照销售渠道对食品市场进行细分

细分市场	细分市场的销售内容
超市	主要销售日常食品，如米面油、蔬菜水果等
便利店	主要销售方便食品，如零食、饮料、速食等
专卖店	主要销售特色食品，如地方特产、有机食品等
线上销售	主要销售各类食品，包括进口食品、特色食品等

4.1.3　食品市场细分的方法

1. 运用单一因素法细分市场

运用单一因素法细分市场即按影响食品消费需求的某一个因素来细分市场。例如，奶粉企业按年龄细分市场，可分为婴儿、儿童、中老年等细分市场。

2. 运用综合因素法细分市场

运用综合因素法细分市场即按影响食品消费需求两种或两种以上的因素进行综合细分市场。例如，某公司对食品市场的细分采用了三个标准，可分为多个细分市场，如表4-4所示。

表4-4　某公司对食品市场的细分

细分标准	具体细分市场
户主年龄	65岁以上、50~64岁、35~49岁、18~34岁
家庭人口	1~2人、3~4人、5人以上
月收入水平	1 000元以下、1 000~3 000元、3 000元以上

3. 运用系列因素法细分市场

运用系列因素法细分市场即根据两种或两种以上的因素，且按照一定的顺序，由粗到细依次地对市场进行细分。下一阶段的细分是在上一阶段选定的子市场中进行的。这种方法可使目标市场更加明确具体，有利于食品企业更好地制定相应的市场营销策略。某食品企业的市场细分如表4-5所示。

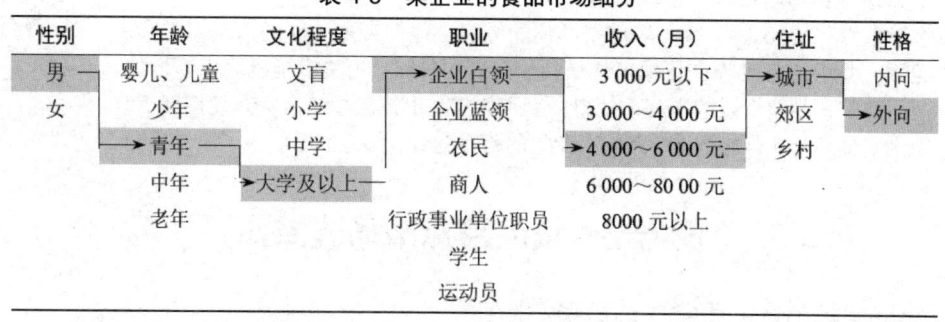

表 4-5　某企业的食品市场细分

性别	年龄	文化程度	职业	收入（月）	住址	性格
男	婴儿、儿童	文盲	企业白领	3 000 元以下	城市	内向
女	少年	小学	企业蓝领	3 000～4 000 元	郊区	外向
	青年	中学	农民	4 000～6 000 元	乡村	
	中年	大学及以上	商人	6 000～80 00 元		
	老年		行政事业单位职员	8000 元以上		
			学生			
			运动员			

4.1.4　食品市场细分的操作程序

1. 明确食品企业的经营方向和经营目标

明确食品企业的经营方向和经营目标是市场细分的基础和前提。

2. 根据用户需求状况确定市场细分的细分变量

根据用户需求状况确定市场细分的细分变量是食品企业进行市场细分的依据，企业一定要按照实际需要加以确定。

3. 根据细分变量进行初步细分

一般根据食品消费者需求的具体内容，可初步确定将食品消费者群分为哪几种不同的类型。

4. 进行筛选

由于同类的食品消费者群还存在某些差异，因此要抓住重点、求同存异，删除某些次要的因素。

5. 对市场细分初步命名

食品企业应采用形象化的方法，使细分市场的名称既简单又富有艺术性。

6. 进行检查分析

进一步认识初步确定的细分市场是否科学、合理和恰当，是否需要做一些合并或者进一步拆分。

7. 确定目标市场

食品企业需要对各个细分市场进行细致、全面的分析，尤其要对经济效益和发展前景做出评价，这将有利于明确选择目标市场。

4.1.5　食品市场细分的未来发展方向

1. 健康饮食成为主流

随着人们健康意识的不断提高，健康食品市场将迎来更为广阔的发展机遇。越来越多的人开始关注健康饮食，追求营养均衡、低糖低脂、高纤维的食品。食品行业也将持续推出更多健康食品，以满足消费者日益增长的需求。

2. 功能性食品市场迎来发展机遇

在生活节奏日益加快的当下，功能性食品市场正迎来更大的发展机遇。

3. 绿色环保成为重要考量因素

随着消费者环保意识的不断增强以及政府对食品行业环保要求的日益提高，绿色食品市场将迎来更为广阔的发展机遇。

4. 个性化与定制化食品需求增长

消费者对个性化和定制化食品的需求日益增长，促使定制化食品市场迎来更大的发展机遇。食品企业开始提供更多个性化和定制化产品，以满足不同消费者的需求。

5. 新兴消费群体与市场机会的崛起

随着"90后""00后"等年轻消费群体的崛起，他们带来了新的消费需求和市场机会。健康、绿色、有机等食品越来越受到消费者的青睐，相关市场机会不断增加。同时，"互联网+食品"模式的兴起，使得线上销售与线下体验相结合，有效拓展了市场空间。此外，食品行业与旅游业、文化产业等的跨界融合，也为市场创造了新的机会。

二维码链接 4-1 休闲食品需求呈现多样化，行业持续创新发展

任务 2　食品目标市场选择

4.2.1　食品目标市场的概念与选择条件

1. 食品目标市场的概念

食品目标市场是食品企业决定要进入的那个市场，即食品企业在市场细分的基础上，根据自身能力和特长意欲为之服务的那部分消费群体。市场细分的目的在于正确地选择目标市场。如果市场细分显示了食品企业所面临的机会，目标市场选择则是食品企业通过评价各种市场机会，决定为多少个细分市场服务的重要市场营销策略。

2. 食品目标市场选择的条件

（1）有足够的市场需求。目标市场一定要有尚未满足的需求，理想的目标市场应该是有利可图的市场，没有需求而不能获利的市场谁也不会去选择。

（2）市场上有一定的购买力。市场仅存在未满足的需求，不等于有购买力和销售额。如果没有购买力或购买力很低，就不可能构成现实市场。因此，选择目标市场必须对目标市场的人口、购买力、购买欲望进行分析和评判。

（3）食品企业必须有能力满足目标市场的需求。在市场细分的子市场中，可以发现有利可图的市场有许多，但是不一定都能成为企业目标市场，企业必须选择有能力去占领的市场作为自己的目标市场。只有给企业带来的利润大于企业花去的费用的目标市场，才是有效的目标市场。

（4）食品企业在被选择的目标市场上具有市场竞争的优势。市场竞争优势主要表现为：该市场上没有或者很少有市场竞争；如有市场竞争也不激烈，并有足够的能力击败对手；未来该食品企业可望取得较大的市场竞争优势。

4.2.2　食品目标市场选择的模式

食品企业在以市场细分为基础选择目标市场时，关键是确定目标市场的范围。根据选择范围的不同，可供食品企业选择的目标市场模式有五种，如图 4-1 所示。

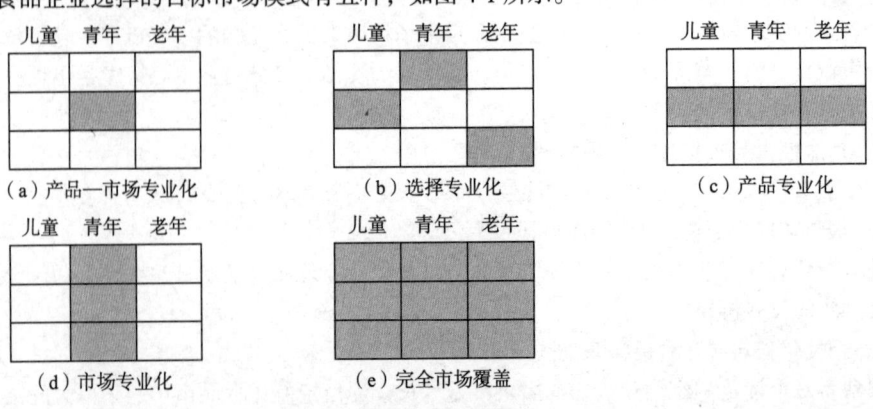

(a) 产品—市场专业化　(b) 选择专业化　(c) 产品专业化

(d) 市场专业化　(e) 完全市场覆盖

图 4-1　目标市场选择模式

1. 产品—市场专业化模式

这是一种最简单的模式，即食品企业的目标市场都集中于一个细分市场。这意味着食品企业只生产一种标准化产品，只供应某一消费群体。这种模式的运用如图 4-1（a）所示。产品—市场专业化模式比较适合小型食品企业或新建企业，这样企业既能获得较好的效益，又能发挥自己的专长，取得成功后再向更多的细分市场扩展。但是，选择产品—市场专业化模式也存在较大的风险。当细分市场出现一蹶不振的情况或者因强大竞争者决定进入同一个细分市场时，就会对食品企业的生产经营造成威胁。

中国式营销

儿童零食细分市场另辟蹊径

在预防食物过敏的过程中，早期过敏原引入是一个关键环节。基于这一需求，MightyMe 品牌推出一款营养花生泡芙儿童零食，旨在帮助家长在孩子食物过敏发生前进行有效的预防。该产品包含花生酱草莓和花生酱香蕉口味泡芙，采用天然、有机、非基因改造的成分制成，确保产品的安全与质量。其花生含量比其他婴儿泡芙高出 50%，植物蛋白含量是其他品牌的 3 倍。

资料来源：微信公众号"数食主张"，2024-01-08。

2. 选择专业化模式

选择专业化模式是指食品企业选择若干个具有一定潜在规模和结构吸引力，且符合食品企业发展目标和资源优势的细分市场作为目标市场，分别用不同性能、不同规格的产品去满足不同细分市场的不同消费群体的需求，各细分市场之间很少有联系或者根本没有联系。这种模式的运用如图 4-1（b）所示。食品企业采用选择专业化模式选择若干个细分市场，其中每个细分市场在客观上都有吸引力，并且符合食品企业的目标和资源，每个细分市场都有相应的获利能力。其优点是食品企业可以有效地分散经营风险，即使某一细分市场的盈利不佳，仍可从其他的细分市场获得盈利。但选择此模式的企业，一般需要具有雄厚的资源优势和市场营销实力。

3. 产品专业化模式

产品专业化模式是指食品企业集中生产一种产品，并向所有的食品消费者销售这种产品。这种模式的运用如图 4-1（c）所示。食品企业专注于某一种或某一类产品的生产，有利于形成生产和技术上的优势，在某个产品方面容易获得好的市场声誉和树立很好的市场形象。其局限性是，如果产品被一种全新的产品或技术代替，企业就会遭受很大的打击，产品的销售就会发生大幅度滑坡，对企业的生存形成威胁。因此，食品企业要加强新产品的开发，保持某一种或某一类产品的市场竞争优势。

4. 市场专业化模式

市场专业化模式是指食品企业专门为满足某一类食品消费群体的各种需求服务，对同一食品消费群体提供其所需要的不同产品。这种模式的运用如图 4-1（d）所示。食品企业专门只为某个食品消费群体服务，从而在这类消费群体中获得良好的声誉，并成为这个消费群体所需的各种新产品的提供者。但是，如果这个消费群体的需求突然减少或其发展受到限制，从这个企业购买产品的数量大幅度下滑，企业就会产生收益滑坡的危险。

5. 完全市场覆盖模式

完全市场覆盖模式是指食品企业把整体市场作为自己的目标市场，全方位进入各个细分市场，用一系列产品满足各类消费群体的各种需求。这种模式的运用如图 4-1（e）所示。一般只有实力雄厚的大型食品企业选用完全市场覆盖模式，从而在市场中占据较大份额。市场经济条件下，市场竞争十分激烈，企业很难真正垄断某一市场，因此应用这一策略必须十分慎重，应做好周密的调查研究和分析工作。

食品企业在选择应用上述五种模式时，一般总是首先进入最有吸引力、最能发挥自身资源优势的细分市场，待条件和时机成熟时，再逐步扩大目标市场的范围，进入其他细分市场。

4.2.3 食品目标市场消费者画像

1. 认知消费者画像

（1）消费者画像的概念。消费者画像，即消费者特征标签化，是基于消费者的个人信息、兴趣爱好、行为习惯等多维度数据进行分析和描述，形成的消费者特征模型，是对目标消费者群体全面且准确的描述。消费者画像旨在帮助食品企业更好地了解消费者，预测消费者行为，精准投放营销资源，提供个性化的产品和服务。

（2）消费者画像要素。消费者画像的基本要素主要包括消费者特征、消费者行为、消费者偏好、消费者需求、消费者价值五个方面。

2. 描绘消费者画像

描绘消费者画像指通过对系统或其他渠道所收集到的信息进行整合与分析，描绘出消费者的特征模型。消费者画像的步骤可分为收集数据、分析数据、提纯画像三步。

（1）收集数据。把握好数据维度至关重要，数据维度过少会导致画像不够精准，而数据虽多但不准确则会浪费时间。通用的数据维度主要有五个方面：人口属性、社会属性、行为习惯、兴趣偏好和心理属性。

（2）分析数据。应根据产品特性来设计关键性画像数据，而非对所有数据进行全盘分析。数据分析的目的是找出目标消费者的共同点，同时发现非目标消费者的特点，从而避免销售人员精力的无谓浪费。

（3）提纯画像。依据收集到的数据，从基础信息到痛点及消费者动机分析，找出相同点并据此建立消费者画像，将具有相似痛点和目标的人归为一类。分类完成后，为每一组分配不同的标签，标签内容可包括姓名、年龄、兴趣、职位、目标、痛点等，如此一来，一个完整的消费者画像便构建完成。

3. 应用消费者画像

消费者画像在实际应用中具有广泛的价值和多样的应用场景。

（1）个性化推荐。借助消费者画像，食品企业能够深入了解消费者的多方面信息，进而精准把握其需求与喜好，实现个性化的产品推荐。

（2）精准营销。消费者画像助力食品企业洞察消费者的特征、行为和需求，进而精准开展市场营销活动。

（3）品牌管理和声誉监测。依托消费者画像，食品企业可深入了解消费者对品牌的态度、评价和意见，进而有效进行品牌管理和声誉监测。

（4）消费者服务优化。消费者画像为企业优化消费者服务提供了有力支持。企业通过深入了解消费者的需求、偏好和行为模式，可针对性地改进产品设计、调整服务流程，提供更契合消费者期望的服务。

（5）客户关系管理。企业通过构建消费者画像，能够深入了解客户，提供个性化的沟通和服务，从而与客户建立更紧密、更稳固的关系。

（6）市场调研和竞争分析。基于消费者画像的深入市场调研和竞争分析，可助力企业制定更具针对性的市场策略、精准的产品定位以及有效的品牌传播方案，从而在激烈的市场竞争中脱颖而出。

（7）产品设计和创新。企业通过深入了解消费者的需求、偏好和行为模式，能够精准把握市场趋势和消费者痛点，进而开发出更贴合消费者期望的产品和服务，有效提升产品的市场竞争力，推动企业的持续发展与创新。

4.2.4 食品目标市场选择策略

在目标市场选定之后，食品企业需要确定如何为该目标市场设计营销组合，即如何使营销力量有效抵达并影响目标市场。通常，食品企业可选择的目标市场营销策略主要有三种，如图4-2所示。

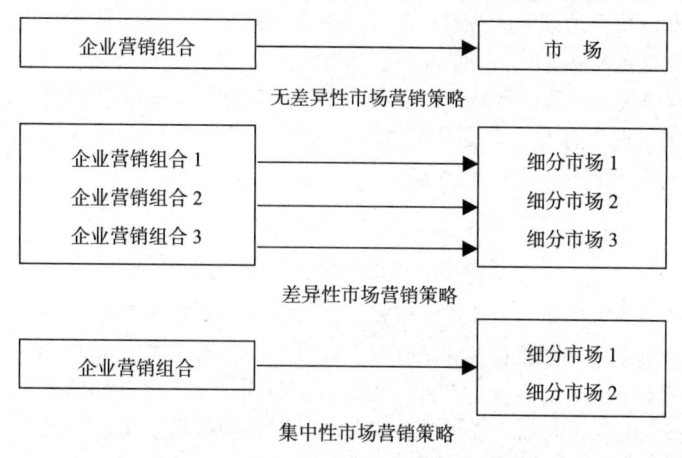

```
企业营销组合 ──────────→ 市  场
        无差异性市场营销策略

企业营销组合1 ──→ 细分市场1
企业营销组合2 ──→ 细分市场2
企业营销组合3 ──→ 细分市场3
        差异性市场营销策略

企业营销组合 ──→ 细分市场1
             └→ 细分市场2
        集中性市场营销策略
```

图 4-2　三种不同的目标市场营销策略

1. 无差异性市场营销策略

（1）无差异性市场营销策略的概念。无差异性市场营销策略是指食品企业将一种产品的整体市场视为一个大的目标市场，在开展市场营销活动时，仅考虑食品消费者在需求方面的共同点，而不顾及他们之间存在的差异。因此，企业仅推出单一的标准化产品，并运用单一的市场营销组合，力图满足尽可能多的食品消费者的需求。

（2）无差异性市场营销策略的适用条件。

① 食品企业面对的市场是同质市场。

② 食品企业将整个市场视为一个无差异的整体，认为所有消费者对某种需求基本上是一致的。

③ 该策略适用于需求广泛、市场同质性高且能实现大量生产、大量销售的产品，以及具有垄断性、不易仿制的产品。

（3）运用无差异性市场营销策略应注意的问题。无差异性市场营销策略常被称为产品导向策略，其主要关注点在于食品企业自身的利益，如生产的便捷性与经济性、成本的节约、经营管理的简化等，却容易忽视市场实际存在的需求差异。这种策略对多数企业而言已不再适用，原因如下：

① 消费者需求在客观上是千差万别且不断变化的，难以用一种标准化的产品和营销组合来满足所有消费者。

② 若众多食品企业同时在一个市场上采用这种策略，市场竞争将愈发激烈，反而可能导致企业获得市场机会的概率降低。

③ 以一种产品和一套市场营销组合方案来满足不同层次、不同类型的所有消费者的需求，在实际操作中难度极大，总会有一部分需求得不到满足，这对食品企业及消费者双方都是不利的。因此，国际上一些曾长期采用这种策略的大企业，如可口可乐公司，也不得不改变策略，转而实行差异性市场营销策略。

2. 差异性市场营销策略

（1）差异性市场营销策略的概念。差异性市场营销策略是指食品企业在对市场进行细分的基础上，根据自身的资源条件，选择多个细分市场作为目标市场，并为各目标市场制定不同的市场营销组合策略。采用这种策略的企业，通常比实行无差异市场营销策略的企业能获得更高的销售量。

（2）差异性市场营销策略的适用条件。

① 食品企业面对的市场是异质市场。

② 差异性市场营销策略适合大中型食品企业。

（3）运用差异性市场营销策略应注意的问题。由于产品品种、分销渠道、广告宣传的扩大化与多样化，市场营销费用会大幅度增加。同时，运用差异性市场营销策略在推动成本和销售额上升时，市场效益并不具有保障性。因此，食品企业在市场营销中有时需要进行"反细分"或"扩大消费者的基数"，作为对差异性市场营销策略的补充和完善。

> **中国式营销**
>
> **江中集团挖掘消费者细分需求**
>
> 近年来，国民对自身健康的关注度不断提升，"养胃"成为当下消费者的重要需求之一。
>
> 针对这一需求场景，江中集团推出的猴菇饼干主打"养生养胃"概念，为三餐不规律的消费者提供了一种低成本的解决方案。此外，该品牌还推出了以"非油炸技术"为卖点的山药薄片系列，以"少油少盐"为核心卖点，将油腻与品牌形象彻底区分开来。
>
> 江中食疗精准地瞄准了胃病患者和老年群体，构建了"养生"营销战略，推出以猴头菇为原料的饼干、米糊等产品，填补了市场空白，进一步抢占细分市场，扩大了目标客户群体。其可观的销售量也证明了该战略的可行性。
>
> 资料来源：食品饮料创新研究，2022-11-10。

> **营销思考**
>
> **政民互动引爆消费潜力**
>
> 2023年爆火的"淄博烧烤"，再次证明了营销的关键在于"人"。从最初由政府出资邀请12 000多名大学生免费体验全市烧烤，到"大学生组团到淄博吃烧烤""烤炉小饼加蘸料，烧烤灵魂三件套"等话题引发初始流量，再到政府"举全市之力抓住机遇"，开通烧烤公交专列、高铁专列、筹办烧烤节等一系列教科书级的举措，以及"女子淄博买切糕，两种口味称重仅6元"等事件，营销者与消费者之间的互动不断助推淄博走向顶流。
>
> 据公开数据，2023年"五一"期间，约有12万人前往淄博体验烧烤，旅游餐饮服务订单同比增长2 000%。淄博在供给端积极塑造良好的营商环境，同时注重消费端体验的提升，让消费者从发现、惊叹、记录、提炼到传播，最终将营销战成功地转化为一场人民战争。
>
> 资料来源：微信公众号"消费者之声"，2023-05-01。

3. 集中性市场营销策略

（1）集中性市场营销策略的概念。集中性市场营销策略是食品企业将整体市场分割为若干细分市场后，仅选择其中一个细分市场作为目标市场，集中力量，实行专业化生产和经营的一种有效策略。其指导思想是将食品企业的人力、物力和财力集中用于某一个细分市场，或将几个性质相似的小型市场归并为一个细分市场，不求在较大的整体市场上占有较小的份额，只求在较小的目标市场上占有较大的市场份额。

（2）集中性市场营销策略的适用条件。

① 集中性市场营销策略主要适用于资源有限的中小食品企业，或初次进入新市场的大型食品企业。这些中小食品企业若与大型食品企业正面抗衡，往往弊大于利，因此必须学会寻求对自己有利的微观生存环境。换言之，中小食品企业若能避开大型食品企业竞争激烈的市场，选择一两个能够发挥自身技术、资源优势的小市场，通常更容易取得成功。集中性市场营销策略是中小食品企业变劣势为优势的最佳选择。

② 集中性市场营销策略也适合某些财力较弱的中小食品企业，或处于产品生命周期衰退期的企业。这些企业恰当地采用这种策略，既可以在较小的市场上形成经营特色或商品信誉，赢得消费者的信任，提高投资收益率，又可以伺机在条件成熟时迅速扩大生产、提高市场占有率。

（3）运用集中性市场营销策略应注意的问题。运用集中性市场营销策略的经营者所承担的风险较大。由于目标市场相对集中，一旦目标市场的需求情况发生突变，目标消费者的兴趣突然转移（这种情况多见于时髦商品）、价格大幅下跌，或市场上出现更强有力的竞争者，食品企业就可能陷入困境。因此，多数食品企业在采取集中性市场营销策略的同时，仍愿意在局部采用差异性市场营销策略，将目标分散于几个细分市场，以获得一定的回旋余地。

所以，采用集中性市场营销策略的企业，需要随时密切关注市场动向，并充分考虑在未来可能发生的意外情况下应采取的各种对策和应急措施。

二维码链接 4-2
Z 世代消费者的消费特点及消费行为分析

任务 3　食品市场定位

4.3.1　食品市场定位的概念与层次

1. 食品市场定位的概念

食品市场定位是通过设计出具有独特性与个性的产品、品牌、企业形象和服务，使其在目标消费群体心目中占据一个独特的位置。其实质在于根据市场竞争者在细分市场中的地位以及消费者对本企业产品、品牌、企业形象和服务某些属性的偏爱程度，塑造出与众不同的鲜明个性或形象，从而将本企业与其他食品企业严格区分开来。

理解食品市场定位的实质，需把握以下三点：

（1）定位的目的。定位的目的是"攻心"，即在食品消费者心目中确定位置，而非在物理空间中确定位置。

（2）定位的前提。定位的前提是进行周密的调查研究，了解食品消费者对某类产品各种属性的重视程度，以及市场竞争者目前的市场位置。

（3）定位的手段。定位的手段是制造差异，即制造与市场竞争者的差异。

2. 食品市场定位的层次

食品市场定位包含三个相互关联的层次，如图 4-3 所示。

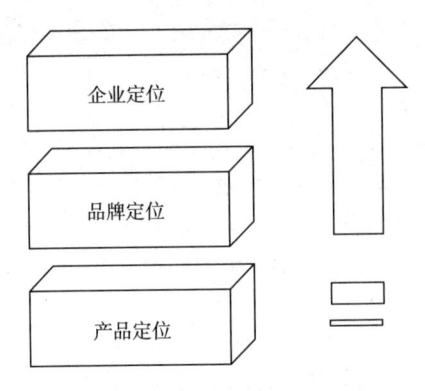

图 4-3　食品市场定位的层次

（1）产品定位。产品定位是指将某个具体产品植入食品消费者心中，使其在产生类似需求时能够联想到该产品。这一层次的定位是其他所有定位的基础，因为食品企业最终向消费者提供的核心是产品。没有产品这一载体，品牌及企业在消费者心目中的形象难以有效维持。

（2）品牌定位。品牌定位是食品企业在市场定位和产品定位的基础上，对特定品牌在文化取向及个性差异上所做出的商业性决策，是构建与目标市场相关的品牌形象的过程和结果。品牌定位必须以产品定位为基础，并通过产品定位来实现。然而，一旦品牌定位成功，它便成为一项无形资产，能够脱离产品而独立体现其价值。

（3）企业定位。企业定位是指食品企业将其组织形象的整体或其代表性的局部在公众心目中所形成的形象定位。其着眼点并非具体的产品或品牌，而是企业组织形象的整体或局部性特点与优势。

食品企业定位处于定位阶梯的最高层，这三个层次相互制约、相互影响、相互促进。没有良好的产品定位和品牌定位，企业定位难以稳固树立；反之，较高的企业定位能够有效维护企业的产品及品牌定位。因此，在进行市场定位时，必须将三者有机融合。

中国式营销

瑞幸咖啡的市场定位

瑞幸咖啡的品牌定位是"中国连锁现磨咖啡领跑者"。通过这一品牌定位，瑞幸咖啡成功地将自己塑造为中国连锁现磨咖啡领跑者的形象，强调了其在连锁、品质和创新方面的优势。这种品牌定位不仅使瑞幸咖啡在竞争激烈的咖啡市场中脱颖而出，还增强了消费者对瑞幸咖啡的信任和忠诚度。同时，品牌定位的明确性也有助于瑞幸咖啡在市场上建立独特的品牌形象，并为未来的发展提供了明确的方向和目标。

资料来源：微信公众号"行舟品牌咨询"，2023-08-06。

4.3.2　食品市场定位的操作程序

食品市场定位的操作程序如图 4-4 所示。

1. 分析目标市场现状，确认企业潜在的市场竞争优势

在确认企业潜在的市场竞争优势时，要明确以下三个问题：

（1）市场竞争者的产品定位如何？

（2）目标市场上的消费者欲望得到满足程度如何？还需要什么？

（3）对市场竞争者的市场定位和潜在消费者真正需要的利益要求，食品企业能够做什么？

明确了上述三个问题，食品企业就可从中把握和确定自己的潜在的市场竞争优势。

分析目标市场现状，确认企业潜在的市场竞争优势 → 准确选择相对市场竞争优势，对目标市场初步定位 → 展现独特的竞争优势

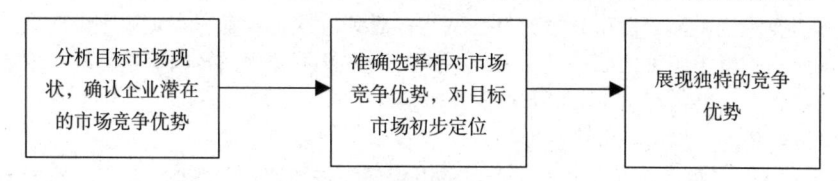

图4-4 食品市场定位的操作程序

2. 准确选择相对市场竞争优势，对目标市场初步定位

准确选择相对市场竞争优势就是将一个食品企业各方面的实力与市场竞争者的实力相比较的过程。常用的方法是分析、比较企业与市场竞争者在经营管理、技术开发、采购、生产、市场营销、财务和产品等七个方面的强项与弱项，选出最适合企业的优势项目，以初步确定企业在目标市场上所处的位置。

3. 展现独特的竞争优势

食品企业在这一程序中的主要任务是通过一系列的宣传促销活动，使其独特的市场竞争优势准确地传播给潜在消费者，并在食品消费者心目中留下深刻印象。

思政教育

全面推进乡村振兴

全面推进乡村振兴，全面建设社会主义现代化国家，最艰巨最繁重的任务仍然在农村。坚持农业农村优先发展，坚持城乡融合发展，畅通城乡要素流动。加快建设农业强国，扎实推动乡村产业、人才、文化、生态、组织振兴。全方位夯实粮食安全根基，全面落实粮食安全党政同责，牢牢守住十八亿亩耕地红线，逐步把永久基本农田全部建成高标准农田，深入实施种业振兴行动，强化农业科技和装备支撑，健全种粮农民收益保障机制和主产区利益补偿机制，确保中国人的饭碗牢牢端在自己手中。树立大食物观，发展设施农业，构建多元化食物供给体系。发展乡村特色产业，拓宽农民增收致富渠道。巩固和完善农村基本经营制度，发展新型农村集体经济，发展新型农业经营主体和社会化服务，发展农业适度规模经营。

资料来源：新华网，2022-10-25。

4.3.3 食品市场定位的方式与方法

1. 食品市场定位的方式

（1）从定位的时机选择市场定位的方式。

① 初次定位方式。初次定位是指食品企业向市场推出一种新产品时所进行的首次定位。当食品企业进入目标市场时，通常市场竞争者的产品已经上市，甚至已经形成了较为稳定的市场格局。此时，食品企业需要认真研究同一产品市场竞争者在目标市场上的位置，从而确定本企业产品的有利位置。

初次定位至关重要，因为它塑造的是"第一印象"；然而，初次定位也是最具挑战性的。其难点在于定位者对市场环境和自身条件的研究还不够充分，市场对产品的认可和接纳需要一个过程，正所谓"万事开头难"。初次定位如同打靶，最好能够一击即中。如果发现定位错误而需要重新定位，对企业来说可能已经造成了较大的损失。

② 重新定位方式。选定了市场定位目标后，若出现以下情况可以考虑重新定位：初次定位不准确，或者虽然初次定位得当，但市场情况发生变化；遇到市场竞争者与本企业定位接近，侵占了本企业部分市场份额；由于某种原因，消费者或用户的偏好发生变化，转向竞争者时。重新定位是一种以退为进的策略，其目的在于实施更有效的定位。

（2）从定位的依据选择市场定位的方式。

① 属性定位方式。属性定位是指根据产品的特定属性进行定位。例如，广东客家酿酒总公司将"客家酿酒"定位为"女人自己的酒"，突出其对女性消费者的独特吸引力。

② 利益定位方式。利益定位是指根据产品能满足的需求或提供的利益进行定位，通常可采用多种利益进行产品定位。

③ 质量和价格定位方式。质量和价格定位是指综合运用质量和价格两种因素进行定位。产品质量和价格通常是消费者在购买决策时最直观且最为关注的因素，且消费者往往将两者结合起来综合考虑，但不同的消费者会有不同的侧重。价格和质量可以形成多种组合，其中最具市场竞争力的是高质高价和高质低价两种。

（3）从处理竞争关系的角度选择市场定位的方式。

① 避强定位方式。避强定位是指食品企业力图避免与实力最强或较强的其他企业直接发生市场竞争，而将自己的产品定位于另一市场区域内，使自己的产品在某些特征或属性方面与最强或较强的对手有比较显著的区别。避强定位方式能使食品企业较快地在市场上站稳脚跟，并在食品消费者或用户中树立形象，风险较小。然而，避强定位往往意味着企业必须放弃某个最佳的市场位置，可能会使企业处于相对较差的市场位置。

② 对抗定位方式。对抗定位是指食品企业根据自身的实力，为占据较佳的市场位置，不惜与市场上占支配地位的、实力最强或较强的市场竞争者发生正面竞争，从而使自己的产品进入与对手相同的市场位置。这种市场竞争过程往往相当引人注目，甚至可能产生所谓的轰动效应。食品企业及其产品可以较快地为消费者或用户所了解，易于达到树立市场形象的目的，但同时也具有较大的风险性。

实行对抗性定位，必须知己知彼，清醒地估计自己的实力。企业不一定非要压垮对手，只要能够与对方平分秋色，便已是巨大的成功。

中国式营销

卫龙，让世界爱上中国味道

卫龙历经20余年的发展，已成为国内集研发、生产、销售为一体的现代化辣味休闲食品企业。当前，产品畅销全球40多个国家和地区。旗下产品涵盖调味面制品、菜制品、豆制品及其他品类，重点单品有大、小面筋、亲嘴烧、麻辣棒、魔芋爽、风吃海带、软豆皮和78°卤蛋。

第一，品牌定位。

品牌愿景：成为传统美食娱乐化、休闲化、便捷化、亲民化、数智化的生态平台，乐活123年。

品牌价值观：卫龙外以消费者体验为中心，内以创造者为本，诚信经营，德行天下。

第二，产品定位。

卫龙将辣条作为主要产品，其口感、辣度及简约包装深受消费者喜爱。卫龙辣条致力于树立高品质、高标准的产品形象，以此提高在消费者心中的品牌信誉度。

第三，消费者定位。

卫龙确定重点关注的目标市场——最具潜力和最有吸引力的消费者群体。卫龙将目标市场确定为年轻人群体，因为他们更喜欢辣椒食品和零食，对潮流和创新的敏感度更高。

第四，市场定位。

卫龙根据消费者的特征和需求将市场细分为不同的部分。这有助于卫龙更好地了解不同群体的需求和偏好，并对其进行针对性的推广和营销。

资料来源：微信公众号"江财工商团委"，2023-12-26。

营销思考

老干妈的市场定位分析

第一，现行定位。老干妈目前的市场定位是中低端市场。消费者收入的增加以及局部地区的空白市场，是中低端市场需求增加的部分，应继续依据此定位扩大这部分市场。同时，老干妈应加大销售力度，占领海外空白市场。

第二，扩充定位。高端市场是老干妈占领市场的一个空白，而高端消费者对其创新性的产品仍有较大需求。老干妈应扩充这部分高端市场，满足高端消费者的需求。

第三，差异化定位。老干妈应根据消费者的需求以及竞争情况，确定自己的目标，塑造独特的形象，包括独特的企业品牌文化和差异化的产品或服务，使消费者能够将老干妈与其他竞争者很好地区别开来。

资料来源：微信公众号"文秘帮"，2022-09-08。

2. 食品市场定位的方法

（1）运用产品属性（特色）、利益、使用定位的方法。这是指根据食品的某项特色属性及由此给食品消费者带来的某项特殊利益来定位。例如，王老吉强调去火。有些产品的定位侧重于使用的时间和场合，如"红牛"饮料把自己定位于增加体力、消除疲劳的功能性饮料。

（2）运用价格、质量定位的方法。价格和质量的不同组合，构成不同的定位。例如，高质高价和高质低价是两种常见的市场定位策略。

（3）运用产品档次定位的方法。这是指依据消费层次的高、中、低档进行产品不同档次定位，以迎合不同的食品消费者。例如，高端市场定位可以满足高端消费者对品质和品牌形象的需求，而中低端市场定位则可以满足大众消费者对性价比的需求。

（4）运用根据市场竞争者定位的方法。根据市场竞争者定位也叫对比定位法，指以某知名度较高的市场竞争品牌为参考点来定位，在消费者心目中确立明确的位置。例如，蒙牛最初相对于伊利的"老二"策略，百事可乐针对可口可乐的"新一代选择"，都属于对比定位。

（5）运用产品种类定位的方法。开发新产品之后，告诉预期食品消费者该产品不是什么，比告诉产品是什么更管用。例如，七喜饮料的广告语"七喜非可乐"。

（6）运用根据使用者定位的方法。根据使用者定位是把产品和特定消费群联系起来的定位策略。它试图让食品消费者对产品产生一种量身定制的感觉。例如，某品牌化妆品定位为"适合年轻女性的护肤品"。

（7）运用生活方式定位的方法。运用生活方式定位是将产品人格化，赋予其与目标消费群十分相似的个性。例如，百事可乐以"年轻、活泼、刺激"的个性形象在一代又一代年轻人中产生共鸣。

（8）运用多重因素定位的方法。如果一些定位因素是兼容的，定位不一定拘泥于一个因素。例如，某品牌汽车可以同时强调其高性能、豪华内饰和环保特性。

中国式营销

三全公司市场定位

三全公司作为中国速冻食品行业的开创者和领导者，主营速冻面米制品、速冻调制食品、冷藏产品、常温产品等的研发、生产和销售。30年来，三全公司始终站在中国速冻食品美味、健康领域的前沿，全力传承发扬传统美食文化，使用现代科技和工艺，专注研发不同口味的美食，带给消费者新鲜的优质食品、美好的现代生活。

第一，品牌定位：餐桌美食供应商的领导者。

第二，品牌标语：从农田到餐桌，专注、专业。

第三，品牌使命：弘扬中华美食，志创产业先锋，成就百年基业。

第四，品牌特殊价值：董事长声望高。

第五，品牌标识：为了感谢党的十一届三中全会改革开放政策，将公司和产品命名为"三全"。

第六，品牌核心竞争力：技术创新是三全公司永远的追求，是其核心竞争力的关键。创造了30多项全国第一。

资料来源：微信公众号"品牌泰斗小青青"，2024-01-30。

4.3.4 食品市场定位的策略

1. 填补市场空位策略

食品企业将产品定位到目标市场上的空白处，能够有效避开激烈的市场竞争，从而为企业赢得从容发展的机会。然而，在做出决策之前，食品企业应明确以下三个问题：

（1）市场空白处的潜在消费群体数量。市场出现空白，并非一定是因为其他竞争者熟视无睹，而可能是该处缺乏足够的需求。这一点需要特别注意。

（2）技术上的可行性。食品企业必须具备足够的技术能力，以生产出符合市场空白处需求的产品。否则，即便选择了这种策略，企业也只能望洋兴叹。

（3）经济上的合理性。即食品企业填补市场空白处是否能够实现盈利。

2. 与现有竞争者共存策略

与现有竞争者共存策略是指食品企业将自己的产品定位在与某一市场竞争者相同的位置上，与现有竞争者和平共处。对于市场竞争者而言，如果其市场份额足够大，且既得利益未受到显著损害，通常不会介意身旁多出一个竞争者。毕竟，激烈的对抗往往会两败俱伤。因此，许多实力不够雄厚的食品企业常常采用这种定位策略。

3. 逐步取代现有市场竞争者策略

运用这种策略的原因主要有以下两点：

（1）与食品企业条件相符合的市场已被市场竞争者占领，且该市场的需求规模不足以支撑两个企业共同分享。

（2）食品企业有足够的实力，且有志于成为行业领先者。

然而，采用这种策略的风险相当大。若成功，企业可以独占鳌头；若失败，企业或许会陷入极为不利的境地，甚至可能导致两败俱伤。因此，采用这种策略的食品企业必须在事前做好充分的准备。

4. 重新定位策略

产品在目标市场上的位置确定后，经过一段时间的经营，食品企业可能会发现某些新情况，例如新的市场竞争者进入企业选定的目标市场，或者企业原来选定的产品定位与消费者心目中的产品印象（即知觉定位）不相符等。这些情况会促使食品企业不得不考虑对产品进行重新定位。

在进行产品重新定位时，食品企业首先应找出导致重新定位的主要原因，然后利用重新定位来解决出现的问题。如果是因为新的市场竞争者进入，企业可以通过增加产品的差异性等措施来与竞争者抗衡，或者拉开与竞争者的距离；如果是因为企业定位与消费者的知觉定位不符，则企业可以通过广告宣传来调整消费者的知觉定位，或者通过改变产品来迎合消费者的知觉定位。总之，食品企业应根据具体情况，找出主因，然后制定相应的补救措施。

4.3.5 食品市场定位应注意的问题

第一，注意市场定位过低。市场定位过低，也称市场定位不明显，是指无法让食品消费者真正感受到产品的独特之处。

第二，注意市场定位混乱。有些品牌的市场定位会使食品消费者对产品的印象模糊不清，这种现象是由定位主题过多而导致的定位混乱。

第三，注意市场定位过高。市场定位过高，也称市场定位狭窄，会使食品消费者对产品的了解十分有限，从而导致市场机会的丧失。

第四，注意市场定位有疑问。食品消费者对某些食品企业的市场定位存在疑问，难以相信企业关于产品特色、价格等方面的宣传。例如，农夫山泉旗下产品"农夫C打"曾打出"不含酒精的酒"的广告，结果上市后并不顺利，因为消费者可能认为"不含酒精的酒或许是假酒"。

4.3.6 圈层营销

圈层营销作为一种新兴的策略，可以迎合数字时代消费者的需求，更加精准地定位目标人群，并且通过共同的兴趣、文化、理想而聚合，形成圈层。

1. 圈层营销的概念

圈层营销是一种基于目标客户的精准营销方法，通过对目标客户进行精细分析和维护来实现更高的销售转化率和客户忠诚度。圈层营销的核心思想是将广大的市场按照客户的不同特点进行精细化分组，并针对每个分组设计独立的营销策略和沟通方式。

2. 圈层营销的核心策略

圈层营销的核心策略，就是"圈""层""营""销"四步法。

（1）"圈"，即圈定潜在客户。通过客户分析，可以明确不同圈层的特点和需求。例如，年轻人圈层可能更注重时尚和个性化，而中年人圈层可能更注重健康和实用性。根据这些特点，可以明确每个圈层的定位和目标。

（2）"层"，即对潜在客户进行分层级管理。根据潜在客户的特点和需求，将他们分为不同的层级。每个层级有其特定的特点和需求。通过分层级管理，可以更准确地了解每个层级的潜在客户，并为他们提供个性化的产品和服务。

（3）"营"，即对不同层级的潜在客户进行针对性的个性化运营。根据每个层级的特点和需求，制定相应的营销策略和推广活动。例如，针对年轻人圈层，可以推出与时尚潮流相关的产品和宣传活动。对于中年人圈层，可以着重关注产品的健康属性，并提供详细的产品说明和使用指导。

（4）"销"，即对不同层级的用户实施销售转化。通过个性化运营和精准的市场推广，可以吸引目标客户并提高销售转化率。通过满足客户需求并提供良好的购物体验，能够增加客户的忠诚度，并促使其成为回头客或口碑传播者。

圈层营销的四个步骤可以帮助企业更好地理解客户需求，提供个性化的产品和服务，并提高销售转化率。

3. 圈层营销的操作模式

圈层营销常见的操作模式大致可以分为三类：反复、反差、反常。

（1）反复。即锚定年轻圈层头部 IP 跨界，反复创造极致的新鲜体验。这里的"反复"，是指围绕自身的标签设定传播主线，坚定不移、一以贯之地做透。例如，咖啡界的跨界狂魔永璞咖啡就是这类的典型。

（2）反差。即通过一场出乎意料的反差合作事件，吸引粉丝围观、互动和购买。在寻找合作对象时，只要两个品牌组合在一起能够产生巨大的落差、足够新奇且具有话题性，就是正确的选择。例如，2022 年上半年刷屏的椰树与瑞幸的合作。2022 年 4 月，以极简大气风格著称的瑞幸小蓝杯与以"泥石流"设计闻名的椰树椰汁展开了一场极具视觉反差的合作，推出了联名爆款单品"椰云拿铁"，这是两大玩转椰子的品牌首次强强联合。

（3）反常。即品牌采用非常规的玩法，通过打破常规操作以及反向思维，快速实现品牌入圈或破圈。

2021 年底，知名导演贾樟柯在线"吐槽"三顿半咖啡的合作经历，便属于此类策略。贾樟柯公开表达与咖啡品牌三顿半合作过程中的不愉快，引发网友以吃瓜心态围观其心路历程：在拍摄广告片时，他被要求不断修改稿件，调整了十几稿之后，最终还被要求亲自上阵充当带货演员……当人们以为这是一场圈内"大瓜"时，三顿半的卖点输出已然完成。

随着圈层营销的进一步发展和应用，深入理解和有效运用圈层营销，对品牌而言不仅是一种策略选择，更是一种必要的能力，从而帮助品牌在复杂多变的市场环境中寻找到更精准、更高效的营销路径。

中国式营销

习酒的"跟谁喝"大过"品牌"

2023 年，中产消费的最大变化在于"跟谁喝"比"喝什么"更为重要。对于工业时代打造的品牌而言，其地位正被"跟谁喝、在哪里喝"的圈子消费所取代。一位资深酒客曾指出："白酒最重要的不再是大品牌，而是与谁一起喝、在哪里喝，以及喝出何种味道。"这一观念精准地反映了中产阶级圈子消费的价值取向：白酒作为辅助性的情境工具，其作用在于帮助圈子之间加深关系，从而获得新的情感体验。

如今，"和谁喝"为何变得空前重要？这是因为酒类消费已被赋予了修整自我、疗愈内心、拯救当代生活的意义。品牌不再是现成关系的助兴工具，而是成为个体获取情绪体验的对象本身。

同样是白酒消费，但背后的动机已从"喝什么"转向了"跟谁喝"。这一变化值得从业者关注。如今的年轻人流行"找搭子文化"，如找旅游搭子、饭搭子、电影搭子、租房搭子等，这与上一代人的消费观念截然不同。

习酒打造的君子文化，基于社会精英的公众认知，又高于社会精英的精神认同。它不仅巧妙地推广了君品习酒，还与企业文化调性高度契合，并传播了一种被广泛认可的社会文化。这种融合与当下的"搭子文化"有异曲同工之妙，君品习酒也因此在新时代迅速跃升为高端产品。

资料来源：云酒头条，2024-04-24。

项目4 食品市场细分、目标市场选择与市场定位

项目案例分析

三只松鼠：以青年人为市场定位的品牌营销策略

三只松鼠在市场营销中的成功策略之一是将年轻人作为其市场定位人群。该品牌凭借其年轻时尚的形象以及紧跟时代潮流的宣传策略，迅速赢得了年轻消费者的青睐。

第一，市场定位清晰。市场定位是企业制定营销策略的基础，决定了企业在市场中所处的位置和目标消费者群体。三只松鼠凭借其产品的高质量和创新的广告宣传，成功将年轻人作为其市场定位人群，为他们提供健康、美味、时尚且富有乐趣的零食产品。

第二，品牌形象。品牌形象是消费者对该品牌的整体印象。三只松鼠打造的品牌形象非常突出，以年轻时尚为主元素，从包装到广告都营造出自然、健康、时尚的氛围，让消费者不由自主地产生购买欲望。这种品牌形象吸引了年轻消费者的关注，从而在市场中赢得了一席之地。

第三，广告宣传。三只松鼠的广告展现了品牌的品质和服务文化，颇受年轻群体喜爱。特别是通过微信等社交网络进行的群发推送，将品牌推向了更广阔、更有意义的传播领域。其广告和营销宣传采用新颖、个性化的表达方式，突出了品牌性格、品牌风格和产品特点，足以引起年轻人的兴趣，使他们更乐意尝试三只松鼠的产品。

第四，价格。对于年轻消费者而言，价格是一个重要的考虑因素。三只松鼠的产品在保持高品质的基础上，价格相对较为亲民，符合年轻人的消费心理。

第五，包装设计。三只松鼠的零食包装非常时尚，以小清新、年轻时尚为主导，让消费者一眼就能认出该品牌。而每包零食背面的小故事，更使其包装设计独具特色，进一步吸引了年轻人的喜爱。

总之，三只松鼠以年轻人为市场定位对象，凭借时尚有趣的品牌形象、新颖独特的广告宣传、亲民的定价策略、特色鲜明的包装设计、稳定优质的品质保证以及优良的服务体验等多方面的优势，成功吸引了年轻消费者的青睐。

资料来源：品牌创造营，2023-09-05。

➡ **辩证性思考：**
分析三只松鼠的市场定位营销策略带给营销人员的启示。

项目检测

营销知识培养规格检测
1. 什么是食品市场细分及食品市场细分变量有哪些？
2. 食品市场细分的方法有哪些？
3. 食品目标市场选择的模式有哪些？
4. 如何运用食品目标市场营销策略？
5. 食品市场定位层次的内容有哪些？
6. 食品市场定位的方式有哪些？
7. 食品市场定位的策略有哪些？
8. 运用食品市场定位应注意哪些问题？

营销能力培养规格检测和营销素养培育规格检测
实践项目4　制订××食品企业市场细分、目标市场选择和市场定位方案
项目实践目的：运用食品市场细分、目标市场选择与市场定位的理论和方法，对××食品企业

的市场细分、目标市场与市场定位的现状进行分析，解决食品企业食品市场细分、目标市场选择和市场定位存在的问题，并能够制订食品企业市场细分、目标市场选择和市场定位策略方案。同时强化学生构筑中国精神、中国价值、中国力量和责任心的培育。

项目检测考核：由班级学习委员组织分团队对××食品企业目标市场选择方案进行宣讲、讨论、答辩，指导教师进行评价。由各团队队长和指导教师对方案及提高构筑中国精神、中国价值、中国力量和责任心的认知进行综合评判打分，考核成绩分为优秀、良好、及格。

第 2 模块

创生意（创造食品生意）
——创造食品消费需求

思维导图

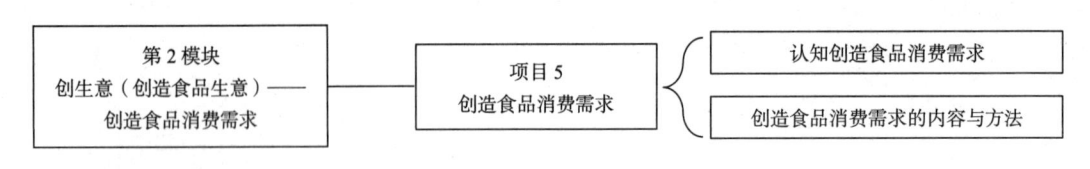

```
第2模块                          项目5              — 认知创造食品消费需求
创生意（创造食品生意）——  ——  创造食品消费需求  ——
创造食品消费需求                                    — 创造食品消费需求的内容与方法
```

学习情境导入

随着数字经济的发展、人口数量与结构的变化，以及"三减三健"（减盐、减油、减糖、健康口腔、健康体重、健康骨骼）全民健康生活方式的倡导，特别是"吃、养、练"全面健康的理念已深入更多消费者的心中，食品消费需求的层次与结构发生了显著变化，消费者对食品安全、营养健康、精神愉悦等方面也提出了新的要求。创新是市场营销成败的关键。食品企业不仅要紧跟市场、洞察食品消费需求，更要积极主动地创造食品消费需求，引导食品消费需求，提升市场竞争力，适应变化中的宏观环境，从而实现企业的发展。因此，食品企业市场营销面临着如何积极主动地创造食品消费需求的问题。

那么，如何创生意（创造食品生意）——创造食品消费需求呢？

教师指导

我们要站在消费者的角度思考，充分认识创造食品消费需求的重要性，确立创新思维的理念。依据中国营养学会提出的食物指南"4+1营养金字塔"，明确创造食品消费需求的思路，尤其要深入分析消费升级和新型消费在食品消费领域的发展趋势。重点掌握通过"科学技术、老字号品牌、新消费品牌、用户思维"创造食品消费需求的方法，形成需求牵引供给、供给创造需求的动态平衡，促进食品企业的发展。

一个从事食品市场营销的职业者，在学习创造食品消费需求理论的同时，应坚持新质生产力对高质量发展的强劲推动力和支撑力，确立创新思维的理念，创造更多优质食品成果，造福社会、造福人民，并强化培育"爱岗敬业、尽职尽责"的职业精神。

在学习创造食品消费需求理论的过程中，应积极参与校企合作工学结合实践项目，主动完成"制订××食品企业全渠道市场营销方案"校企合作工学结合实践项目5。通过"理论学习场景课堂、企业实践场景课堂、市场实践场景课堂、线上拓展场景课堂和成果展示（竞赛）场景课堂"，加强自身学习力、分析力、解决力、执行力、控制力、创新力和总结力的培养，提升营销者的职业素养。

完成第2模块的学习与实践项目后，每个团队的队长应组织团队成员对照第2模块的学习目标进行总结。要求团队成员交流学习与项目实践的收获，查找学习与项目实践中德技并修的不足。通过沟通交流、相互学习，增强学习的信心和团队的凝聚力，为学习第3模块奠定基础。

项目 5

创造食品消费需求

思维导图

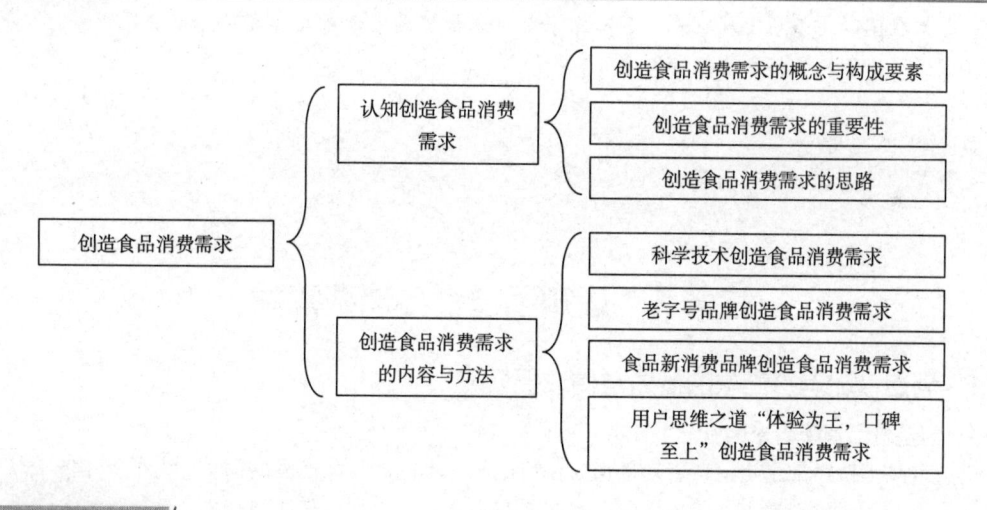

```
                                    ┌─ 创造食品消费需求的概念与构成要素
                  ┌─ 认知创造食品消费 ─┼─ 创造食品消费需求的重要性
                  │   需求            └─ 创造食品消费需求的思路
创造食品消费需求 ─┤
                  │                   ┌─ 科学技术创造食品消费需求
                  │                   ├─ 老字号品牌创造食品消费需求
                  └─ 创造食品消费需求 ─┼─ 食品新消费品牌创造食品消费需求
                     的内容与方法      └─ 用户思维之道"体验为王，口碑
                                         至上"创造食品消费需求
```

项目培养规格

营销素养培育规格

坚持新质生产力对高质量发展的强劲推动力、支撑力；确立创新思维观念；掌握"科学技术、老字号品牌、新消费品牌、用户思维"创造食品消费需求的方法，创造更多的食品新产品，造福社会、造福人民。强化培育"爱岗敬业、尽职尽责"的职业精神。

营销知识培养规格

明确创造食品消费需求的概念和特点；掌握创造食品消费需求的思路；掌握创造食品消费需求的内容与方法。

营销能力培养规格

培养创新思维观念和创新思维能力，能够对食品企业创造食品消费需求的现状进行分析，探讨食品企业创造食品消费需求的途径和方法；能够撰写食品企业创造食品消费需求方案。

项目导入案例

从"模仿重做"到"创造需求"

为积极响应"一带一路"倡议,众多中国品牌近年来加快了"走出去"的步伐,从"模仿重做"到"创造需求",实现了从"制造"到"创造"的华丽转身,闯出了一片广阔的国际市场。

春都在进军国际市场的过程中,深刻认识到本土化融合并非简单"模仿重做"当地热销产品,而是在保持品牌特色的同时,精准把握当地消费者的需求与偏好,进行恰到好处的本土化调整,从而"创造需求"。春都通过独特的"一深一合"方法论,实现了本土化的深度融合与创新。其中,"一深"是深入当地,了解消费者喜好的口味;"一合"则聚焦于与当地经销商的紧密合作,共同打造本土化、定制化的产品。

自2020年布局海外市场以来,春都仅用三年多时间,便形成了以"春都"牌西式高温灌肠系列、低温肉制品系列、中西式清真肉制品系列、中西式软包装肉制品系列、冷鲜猪分割肉系列、清真牛羊肉冷鲜肉系列、PVDC薄膜等多类系列近400个品种组成的主打产品。凭借卓越的品质和不断创新的产品,春都成功进入新加坡、老挝、马来西亚、泰国、缅甸、越南、朝鲜、印度尼西亚等多个国家和地区。

春都在国际化道路上精准地"创造需求",不仅提升了春都品牌在国际市场的竞争力,也为其赢得了广泛的赞誉和消费者的青睐。

资料来源:中华文促会丝路发展工作委员会,2024-05-18。

➲ **辨证性思考:**
分析春都"品牌出海"的成功之处。

任务1 认知创造食品消费需求

5.1.1 创造食品消费需求的概念与构成要素

1. 创造食品消费需求的概念

创造食品消费需求是指消费者对新型、独特或与众不同的食品产品的需求。为了满足这些不断变化的消费需求,食品生产者需要在生产的全过程中采用新技术、新材料和新工艺,创造出既健康又美味、既方便又安全的食品产品。这种创造不仅能满足消费者的现有需求,还能推动整个食品产业的持续发展。因此,创造食品消费需求在市场中呈现出不断增长的趋势。

创造食品消费需求也可以这样理解:一方面,尽力满足消费者已知的需求;另一方面,试图创造消费者尚未意识到的需求。前者是在已知范围内寻找最优解,后者则是在未知中探索能满足欲望的其他可能性。创造食品消费需求=激发潜在消费需求+满足潜在消费需求。

食品消费需求创造的营销之路,就是造梦之路。它向消费者传递一种承诺:拥有了我们的产品之后,你会变得更健康、更美丽、更睿智、更有格调、更有魅力等。

2. 创造食品消费需求的构成要素

(1)健康需求。随着健康饮食观念的普及,消费者对食品的健康属性愈发重视。他们更倾向于选择低热量、低脂肪、低糖、高纤维等健康食品,以及有机、绿色、无农药残留等环保食品。

(2)口感需求。消费者对食品的口感要求日益提高,不仅要求口感细腻、美味可口,还要求具有特色、风味独特。这也促使食品企业不断在口感上进行创新和改进。

（3）营养需求：消费者对食品营养价值的关注度不断提升，要求食品不仅要好吃，还要营养均衡。因此，对食品中各种营养成分的含量和搭配要求也越来越高。

（4）新奇体验。人们对新奇的食物充满好奇心，食品也不例外。消费者渴望尝试新的口味、新的食品形态、新的食材组合等，以满足自身的探索欲望和追求新鲜感的心理需求。

（5）环保理念。随着全球环境问题的日益严峻，越来越多的消费者开始关注环境保护，选择环保的食品产品成为他们的消费倾向。例如，选择未使用农药的有机蔬菜、未经过辐射处理的天然食品等。

综上所述，创造食品消费需求的构成要素是多方面的，需求的满足需要食品企业不断进行产品研发和创新，以满足消费者日益多样化的需求。

营销者素养

爱岗敬业　尽职尽责

爱岗，即热爱自己的工作岗位，热爱本职工作。敬业，则是以一种严肃认真的态度对待自己的工作，做到勤勤恳恳、兢兢业业。尽职尽责，无论从事何种职业、身处哪个岗位，都应秉持"在其位，谋其政，尽其力"的原则，忠于职守，全心全意地在自己的岗位上发挥出最佳水平。

资料来源：青海长信建设，2023-09-26。

5.1.2 创造食品消费需求的重要性

在现代经济社会中，创造食品消费需求不仅是一个经济现象，更是推动整个社会进步的重要力量。它不仅推动了经济增长，还在提升生活质量、促进产业升级、创造就业机会等方面发挥着重要作用。

1. 推动经济发展

创造食品消费需求是经济持续增长的重要源泉。随着消费者对新产品、新服务的需求不断增加，食品企业会积极投入研发，推出更多创新产品，从而推动经济增长。

2. 提升生活质量

创造食品消费需求能够显著提升生活质量。食品消费从"吃饱"向"吃好"升级，有机食品、低糖食品等健康产品涌现，同时配送、售后等服务质量提升，改善消费体验，显著提高生活品质。

3. 促进产业升级

创造食品消费需求能够推动产业升级。消费者对高品质、高性能产品的需求，促使食品企业加大技术投入，改进生产工艺，提高产品附加值，从而推动产业结构向高端化发展。

4. 增强市场活力

创造食品消费需求能够激发市场活力。新的食品消费需求促使企业探索线上线下融合、体验店、定制化服务等新模式，吸引更多参与者，优化资源配置，打破传统格局，推动市场多元化和繁荣。

5. 创造就业机会

创造食品消费需求能够创造就业机会。随着新产品、新服务的不断涌现，需要更多劳动力来支持和服务，这有助于增加就业机会，缓解就业压力。

6. 引导消费趋势

创造食品消费需求能够引导消费趋势。新的食品和服务往往代表着未来的发展方向，其普及会引导消费者的购买行为，进而推动整个社会的消费升级。

7. 激发创新精神

创造食品消费需求能够激发社会的创新精神。消费者对新产品、新服务的需求，促使食品企业和个人不断创新，推动技术进步和社会发展。

8. 优化资源配置

创造食品消费需求能够优化资源配置。新的消费者需求会引导资源向更高效、更有价值的领域流动，提高资源的利用效率，促进经济社会的可持续发展。

> **思政教育**
>
> **高质量发展需要新的生产力理论来指导**
>
> 高质量发展需要新的生产力理论来指导，而新质生产力已经在实践中形成并展示出对高质量发展的强劲推动力、支撑力，需要我们从理论上进行总结、概括，用以指导新的发展实践。概括地说，新质生产力是创新起主导作用，摆脱传统经济增长方式、生产力发展路径，具有高科技、高效能、高质量特征，符合新发展理念的先进生产力质态。它由技术革命性突破、生产要素创新性配置、产业深度转型升级而催生，以劳动者、劳动资料、劳动对象及其优化组合的跃升为基本内涵，以全要素生产率大幅提升为核心标志，特点是创新，关键在质优，本质是先进生产力。
>
> 资料来源：2024年1月31日，习近平在二十届中央政治局第十一次集体学习时的讲话。

5.1.3 创造食品消费需求的思路

1. 响应"三减三健"倡议，创造食品消费需求

2023年9月1日是第17个"全民健康生活方式日"，主题为"三减三健，从我做起"。2023年9月被定为"全民健康生活方式宣传月"，旨在深入推进实施以"三减三健"为主题的全民健康生活方式行动。国务院发布的《健康中国行动（2019—2030年）》更是将人民健康提升到国家战略层面，成为建设健康中国的重要内容。"三减三健"即减盐、减油、减糖、健康口腔、健康体重、健康骨骼。

越来越多的消费者认识到食品对健康的重要基础性作用，并且在选择和消费食品过程中，希望食品中能有更多有益于健康的成分或健康功效。因此，从适应健康需求大趋势、抓住发展新机遇的视角看，"三减"不仅是食品企业的社会责任，更是食品企业的发展机遇。我国的食品供给正在经历从以提供能量为主，向提供能量、营养、功能，甚至情感和文化等多种复合需求的转变。食品产业的高质量发展就是要通过多元创新，不断创造出有益于人民健康的好食品，满足人民不断增长的健康需求和美好生活需求。

2. 顺应"四新需求"趋势，创造食品消费需求

食品企业需积极顺应食品消费"四新需求"的趋势，即"感官新体验、健康新平衡、便利新形式以及情感新连接"，主动应对食品行业的新挑战，创造食品消费新需求，开拓食品企业的新格局。其中：

（1）感官新体验：对美味、刺激、新奇等感官需求的满足。

（2）健康新平衡：健康理念及原料创新成为吸引消费者的核心要素。植物蛋白提供多元化、均衡的选择，"0添加""100%纯正"等成为食品品类在健康方向上的重点。

（3）便利新形式：消费者对食品便捷性的需求日益强烈，要求快速且美味的包装食品、自热食

品、预制菜肴等。

（4）情感新连接：食品的价值开始取决于社交价值、身份认同、品牌情感、创意设计内容的传达，消费者更偏爱能够承载更多主观情感表达的食品产品。

> **营销视角**
>
> **农夫山泉推出绿瓶纯净水**
>
> 4月23日，农夫山泉正式推出绿色瓶装饮用纯净水。与传统红色瓶装水不同的是，绿色包装为"饮用纯净水"，红色包装为"饮用天然水"。据了解，绿瓶装纯净水的规格为550mL，零售价为2元/瓶。农夫山泉此次进军纯净水赛道，打出"天然水源的纯净水"概念，不以城市自来水为水源，农夫山泉纯净水来源于农夫山泉十大水源地，通过差异化突破提升产品在行业内的竞争力。
>
> 资料来源：零售生意经，2024-05-05。

3. 开发银发食品市场，创造食品消费需求

2023年末，我国60岁及以上人口超2.97亿人，占总人口的19.8%；65岁及以上老年人口2.09亿人，占总人口的14.9%，我国已经进入中度老龄化阶段。《中国老龄产业发展及指标体系研究》报告预测，2030年中国老年人口消费总量将达到12万亿元至15.5万亿元，2050年预计将达到40万亿元至69万亿元，占全国GDP比率也将提高到12.2%至20.7%。根据《2019—2020中国食品消费趋势及创新白皮书》，老年人群年均消费22 600元，其中食品餐饮消费为7 972元。食品相关消费占到老年人日常消费的39%，占比很高。老年人在食品上的消费很高，对食品的需求也很大，老年食品是一个蓝海市场。一方面是老年食品的法规和开发处于初期，另一方面老年群体和品牌对食品投入了更多的关注。2024年1月15日，国务院办公厅发布《关于发展银发经济增进老年人福祉的意见》，这是首个以"银发经济"命名的文件。《意见》明确规定"鼓励研发适合老年人咀嚼吞咽和营养要求的保健食品、特殊医学用配方食品"，为食品企业提供了重要指引，激励其加强研发，推出更符合老年人口味和营养需求的食品产品。市场有需求，国家有政策，银发经济将成为食品行业下一个新的增长风口，未来围绕老年食品的生产、研发将成为企业增长的新方向。

二维码链接5-1 "银发经济"首登1号文件，万亿级老年市场，食品企业需要这样布局

> **营销思考**
>
> **打造药食同源产品的三个核心**
>
> 打造药食同源产品要抓住三个核心：第一，品类：产品是什么？必须让消费者明确知晓所售产品为何物，消费者不会购买"不知为何物"的东西。第二，价值：为何选择该产品？它能带来哪些好处与利益？为何要购买呢？第三，支撑点：如何证明所言属实？如何让消费者相信其正确性、独特性以及有益性？
>
> 资料来源：如何打造药食同源品牌，2024-04-17。

4. 从"心"出发，迎接新食品时代，创造食品消费需求

近年来，以绿色、健康、智能等为代表的新型消费蓬勃发展，成为消费增长的重要引擎。随着新消费品牌席卷消费市场，食品行业发生了巨大变化，新品牌、新品类、新产品层出不穷，一大批优秀产品打破食品行业传统边界，适应新消费人群日新月异的需求变化，将新概念快速融入新场景，

推动食品行业创新发展，使其进入"新食品时代"。

（1）新食品时代的特点。

① 消费群体新。21世纪后，"80后""90后""00后"成为消费主流。生活在互联网时代的他们，使如今完全进入一个全新的"消费主义"时代。

② 产品新。具有互联网基因的新产品、新品类已成为消费主流，如黄飞红、三只松鼠、江小白、小茗同学、单身狗粮等诸多创新品牌，以及小白奶、每日坚果、牛轧饼、口袋面包等新兴网红品类。

③ 商业模式新。以阿里为首的电商巨头，正深刻改变中国商业格局，各种新商业模式不断涌现并迭代更新，从平台电商时代的B2B到C2C和B2C，再到C2B和O2O，然后到微信时代的微商和社交电商，再到如今方兴未艾的新零售，每家实体企业都无可避免地受新商业模式影响。

④ 传播方式新。如今是以互联网为核心的"去中心化"分众传播，从单向变为双向并多方参与体验，极度碎片化，微博、微信、视频、社群、直播、头条、抖音、快手等基于移动互联网的新传播手段层出不穷。

⑤ 概念新。如同新产品一样，如今的新概念也令人眼花缭乱。从"新零售""无界零售""智慧零售"到"新营销"，再到"场景化""IP化""社群化""流量池"等，新旧观念碰撞异常剧烈。

（2）新食品时代产品创新的趋势。

① 成分健康化。人们对于入口饮食的成分安全关注度逐年提高。不仅是"成分减法"概念成为主流创新方式，以"高蛋白""高纤维"为代表的"营养增强"概念产品也在不断增加。在大众饮食需求更趋向健康理性的背景下，"天然""透明""成分简单"等关键词标签，逐渐成为食品饮料获取大众信任的重要特征。

② 环保持续化。人们在选择食物时，开始将健康关注对象从人类扩展到全生态，并积极探寻人与地球之间的可持续动态平衡。以植物基成分、可持续包装为主要创新方向，代表产品包括植物奶、植物肉、植物海鲜、植物基零食、可持续包装等。植物基最大特点是用植物蛋白代替食物中的动物蛋白，从名字看，它与我们有更天然的连接；从作用看，它对环境和动物具有重大环保意义，同时，相比于动物蛋白产品，植物基产品更符合新一代消费者对健康饮食的追求。

③ 味觉新体验。食物成为消费者疗愈身心、获取愉悦感、舒缓情绪的重要选择。"猎奇口味"像一剂兴奋剂，可激发消费者好奇心，打开市场。因此，口味上的奇妙跨界将成为食品饮料行业又一重要创新方向。

④ 科技进步化。科技的进步不仅为食品饮料行业带来创新机遇，从产品构思到消费使用，一件产品的整个生命周期都可能得到改变，也将重塑食品饮料行业的新活力与核心竞争力。除3D打印技术、冻干技术、细胞培养等创新技术外，人工智能作为一门新的技术科学，已应用到饮食健康、食品安全和食品开发中。

任务2　创造食品消费需求的内容与方法

5.2.1　科学技术创造食品消费需求

传统食品加工技术已逐渐不能满足消费者的需求，科学技术的创新为食品生产带来了新机遇，使食品行业创造出更营养、更健康、更环保的优质产品，更好地满足新食品时代消费者不断迭代的多元化需求。

1. 智能机器人

机器人在食品领域中的使用方式并不是完全地替代人工，而是以"协作"的方式辅助食品行业的生产线，完成一些机械性强、重复性高的工作，以提升整条生产线的效能。智能机器人已经成为食品行业从智能生产线到智慧工厂解决方案中不可或缺的组成部分，可以解决多品种、小批量、变化快、人工成本高、效率低等食品生产问题。

2. 人工智能物联网

AIoT（人工智能物联网）是AI（人工智能）和IoT（物联网）两种技术相互融合的产物，是指系统通过各种信息传感器实时采集各类信息，在终端设备、边缘域或云中心对数据进行智能化分析。随着AIoT技术的推广与普及，食品行业各个加工、流转、销售环节逐渐透明化、协同化，最大程度上保障了食品安全与质量控制。食品防伪即识别食品真伪，并防止伪造、变造、克隆等行为，在食品领域多应用于假酒识别等场景。

3. 电子感官与科学检测仪器

人们基于对人体感觉器官的模拟并加入现代科学技术，逐渐发展起来电子感官：电子眼、电子舌、电子鼻、电子耳和电子皮肤。电子感官的主要应用场景：一是异物智能管控。在食品生产与加工过程中，通过物理性危害与风险识别技术，识别食品或食品包装中可能存在的杂物、异物，如石子、发丝等。二是食品新鲜度检测。在食品加工、仓储、运输或零售环节，通过低成本、便携式的电子感官技术，对食品的新鲜程度、腐烂程度等进行识别，特别是水果、蔬菜、水产、肉食等生鲜、冷鲜领域。

4. 扩展现实

XR（扩展现实）技术是AR（增强现实）、VR（虚拟现实）、MR（混合现实）等多种技术的统称，企业可通过XR技术，构建成一个"人"最容易认知的、与工厂及产线物理形态一致的、虚拟的三维食品工厂，实现更智能、更直观、更高效的生产设备故障诊断、工业预测性维护、质量在线精密检测、生产过程精益管控。越来越多的企业开始使用XR来培训员工，相比直接使用真实的作业设备来培训员工，XR培训解决方案更具性价比优势。商超可应用AR技术，实现商超内定位导航。

5. 数据平台与数字化工具

数据平台与数字化工具是生产基地、加工工厂、物流仓储、销售终端等食品供应链各环节数字化转型的重要基石。2020年，国务院将数据纳入"第五类生产要素"。食品制造方面，食品工厂对数字化的需求逐渐从MES（生产执行系统）、ERP（企业资源计划）等相关信息化管理系统往智能化方向升级，包括AI食品缺陷检测、设备预测性维护、异物智能检测与管控、AI高级排产排程等。

6. 区块链

区块链技术具有去中心化、不可篡改、开放透明、机器自治等重要特征，是一项整合了计算机、密码学等学科的综合性新技术，具有广阔的应用前景。区块链技术可以在企业、商家、消费者三方之间构建一套信用机制，为食品行业构筑"数据可信"的基石。安全溯源基于区块链技术，结合物联网传感器实现数据自动化采集，结合大数据技术实现数据信息挖掘与分析，可构建分布式、高效、可靠的食品安全溯源体系，串联食品从生产到流通的流转路径，并通过供应链可视化实现数据协同，进而支撑防伪跟踪与查询、真实性溯源、追溯召回等应用。

7. 抗菌保鲜技术

随着科学农业的发展，市场使用的保鲜方法也越来越多，如气调保鲜、辐射保鲜、低温保鲜、微生物保鲜、涂膜保鲜等。这些技术主要从两个大方面来实现保鲜：一是使用抑菌剂或杀菌剂来减少微生物致腐；二是抑制影响贮藏品质的外部环境因素，抑制呼吸作用，延缓和推迟细胞的成熟与衰老。

8. 绿色包装

绿色包装技术是食品与绿色包装技术的有效结合，在追求环境保护与可持续发展的今天，打造完善的绿色包装体系意义重大。食用型包装已经触及例如糖衣、冰衣、果蜡、糯米纸、药片包衣和肠衣等领域，但其承担的主要功能是保鲜、防护。近年来，融合了审美外观元素的食用型包装逐渐推向市场，例如可食用的彩色果冻杯、可水洗的果味冷冻酸奶珍珠、可食用的咖啡杯、可食用玉米碗、可食用汉堡包装纸等。

9. 智能包装

智能包装主要可分为三种类型：功能材料型智能包装、功能结构型智能包装和信息型智能包装技术。条形码技术和 RFID 技术等则通过特殊标签储存并记录商品的名称、产地、生产日期、保质期等信息。基于一物一码和 RFID 技术的智能包装为商品提供了独特的身份标记，能够防止包装的仿制或复制，助力商品真伪的辨别，实现商品的源头可追溯、流向可跟踪，帮助商家解决窜货管理的难题。

10. 纳米材料

纳米科技在食品工业中可应用于原料制备、产品应用、理化分析、安全检测等四大领域，是当前最热门且重要的高新技术之一。纳米食品是指利用食品高新技术，对食品成分进行纳米尺度的处理和加工改造而得到的纳米尺度的食品。目前的纳米食品主要包括维生素制剂、添加营养素的钙奶与豆奶、矿物质制剂、纳米茶等。未来可研发具有增强体质、预防疾病、提升营养、促进健康的纳米食品。

11. 营养组学

营养组学主要从分子水平和人群水平研究膳食营养与基因的交互作用及其对人类健康的影响，进而建立基于个体基因组结构特征的膳食干预方法和营养保健措施，实现个体化营养。基于营养组学技术，可针对不同人群定制更多高效能的营养食品，为解决食品危机、营养不良、营养过剩等问题提供解决方案。

12. 3D 打印

3D 打印技术凭借其精度高、速度快、成本低等优势，已成为工业 4.0 的重要技术手段之一。目前市场上主流的 3D 打印食品技术为挤出型食品 3D 打印，即通过数字化控制挤出过程，按照设定的路径一层一层地打印，最终得到三维食品。挤出型食品 3D 打印通常包括常温挤出成型、加热熔融挤出成型以及凝胶挤出成型等方式。

13. 合成生物学

合成生物学的发展能够帮助发掘动植物营养及功能成分合成的关键遗传基因元件，有可能对跨种属的基因进行组合，采用人工元件对合成通路进行改造，优化和协调合成途径中各蛋白的表达，构建新的细胞工厂，从而颠覆现有的食品生产与加工方式。以维生素 C 为例，传统维生素 C 生产的"发酵+合成"工艺复杂、成本高、污染大，而"生物发酵式"维生素 C 生产方法，大大减少了化工原料污染，缩短了生产流程，并显著降低了成本，正是生物合成工程的重要组成部分。

中国式营销

双汇：产品创新切中新消费需求

早在 2000 年，双汇就投资上亿元规划建设了双汇第一条现代化冷鲜肉生产线，率先把"冷鲜肉"引入中国。作为家喻户晓的肉类品牌，双汇积极推动产品结构向肉蛋奶菜粮结合转变，向一碗饭、一桌菜转变，推动产品进家庭、上餐桌。去年一年，双汇发展的研发费用就达到 1.68 亿元，同比增长了 17.33%。目前，双汇拥有 200 多种冷鲜肉、1 000 多种肉制品的产品群。

资料来源：财讯杂谈，2024-04-04。

5.2.2 老字号品牌创造食品消费需求

目前，我国已有中华老字号 1 128 家、地方老字号 3 277 家，其中有 701 家中华老字号创立至今超过 100 年。促进老字号创新发展，对传承弘扬中华优秀传统文化，促进消费持续恢复，加快构建新发展格局具有重要意义。

1. 老字号品牌创造食品消费需求的思路

老字号品牌创造食品消费需求的思路是：守正创新、守正出奇、守正出新。

（1）守正创新。守正创新包括"守正"与"创新"两个方面，"正"即正道，体现的是事物的原则、本质和规律；守正，就是坚守正道，坚持按规律办事，体现为坚守方向的根本性问题。创新意味着因时而进，在内容、形式、方法等多层次、多维度实现新突破和新超越。守正与创新是辩证统一的关系，守正是创新的前提和基础，创新则是守正的目的和路径。

老字号品牌守正创新就是在新时代打造新故事、新形象，要以老字号品牌为背景，在原有的文化沉淀、历史价值上，促进老字号更新换面，更好地与新时代结合，在文化、工艺、产品、服务等多方位进行创新，再通过新媒体、新技术等形式，将具有感染力的新故事进行传播，从而提高品牌知名度，培养更多消费者或潜在消费者，拉近和消费者之间的距离。老字号品牌积极创新，但新时代的创新，决不能是"自以为是"的创新，也不能是浮于表面、流于形式、盲目抢"风口"的创新，更不能是与消费者普遍认知大相径庭、标新立异的创新。老字号的创新，应当是传承弘扬中华优秀传统文化的创新，是对标先进理念、顺应市场机制的创新，是符合企业长期规划、取得市场普遍认同的创新。

思政教育

"守正"和"创新"是辩证统一的关系

习近平强调，"要坚持守正和创新相统一"。守正和创新是相辅相成、不可分割、不能偏废的整体，体现了变与不变、继承与发展、原则性与创造性的辩证统一。守正是创新的前提和基础。守正守的是规律，是根本原则，是正确方向。是否遵循客观规律，能否把住根本原则，有没有沿着正确的方向，是创新能否顺利进行的重要因素。真正意义上的创新一定是有所依凭和本源的，是走在历史正道上的。创新是守正的发展和扬弃，只有创新才能把事物推向新的发展阶段。习近平曾指出，守正"不是刻舟求剑，还要往前发展、与时俱进，否则就是僵化的、陈旧的、过时的"。单讲守正而不求创新，守正就会陷入固步自封、抱残守缺、脱离实践、脱离时代的误区；只重创新而罔顾守正，创新就会成为无源之水、无本之木，甚至滑向毫无底线的恣意妄为。正如党的二十大报告指出的："守正才能不迷失方向、不犯颠覆性错误，创新才能把握时代、引领时代。"

资料来源：党的文献，2023-06-26。

守正创新

北京稻香村：在传承老字号精髓中创新有为

始创于 1895 年的北京稻香村，在北京直营门店有 230 多家，商超渠道销售专柜近千家，销售糕点产品近百种，日均发货量超 100 吨，熟食产品日均发货量在 50 吨左右。

1. "持续创新，老字号年轻化的必由之路"

北京稻香村零号店于 2021 年 8 月开业，本来定位为传统食品文化体验馆。不过店里的手作点心凭借老字号的传统手艺配上精致可爱的创新造型"一炮走红",在社交平台一直热度不减。北京稻香村不仅围绕产品创新,更从整个运营机制向年轻群体靠拢,实现现场烤制、研发"爆款"馅料、恢复众望所归、打造文创产品,从零号店出发,不仅传承着传统技艺,更为吸引年轻人爱上老字号打开了一片天地。

2. "严守品质,用心做好京城百姓大食堂"

北京稻香村传承品牌的第一条就是要保障食品安全。在严把品质关的同时,倾听消费者心声、满足多元化的消费需求,北京稻香村也在不遗余力。近几年,恢复了一些老产品的售卖,例如在零号店售卖的眉宫饼、眉毛肉饺,以及在传统店呼声很高的果酱盒。

资料来源:国际商报,2023-03-16。

(2)守正出奇。《孙子兵法》中说:"凡战者,以正合,以奇胜。""正"是正道,遵循基本的商业规律和原则,包括诚实守信、合法合规经营、保证产品或服务的质量等;"奇"是奇术,在守正的基础上,寻求创新和突破,以出其不意的方式取得竞争优势。守正,就是要坚守正道、正统、正直、正气、正义、正常之规则,用社会公论的法则、方针、路线、思想、政策、措施处事做人。出奇,就是以守正为前提,在处事做人中打破常规,开拓创新,敢于并善于"奇思妙想",使方式方法"奇形怪状"。守正与出奇,两者相辅相成,相互转化。守正是前提和基础,出奇是发展和升华。正可变奇,奇可化正,正正奇奇,奇奇正正。没有"正","奇"走得不会太远;没有"奇","正"不能充分展现。有"正"无"奇"则愚,有"奇"无"正"则邪。老字号品牌的"守正出奇"意味着正道而行,守法经营,在此基础上突破思维,出奇制胜。

中国式营销

白象的守正出奇

一、时代红利、文化传承、中国自信,白象的品牌"守正"

白象成立于1997年,今年已进入第27个年头。27年来,白象在全国市场完成了相对成熟的布局。目前,白象产品覆盖全国30余个省、自治区、直辖市,并出口至66个国家和地区,连接数亿消费者。白象也先后获评"农业产业化国家重点龙头企业""全国主食加工业示范企业""中国面制品最具活力企业之一"等荣誉。

作为一家成熟的企业,白象品牌发展的底层逻辑,若用一个词来总结,便是"守正出奇"。对白象而言,"守正"体现在品牌价值观上,而"出奇"则体现在产品创新上。品牌"守正"主要体现在以下三个方面:

品牌"守正"的第一个守,是守时代的红利。无论是白象,还是近两年国货品牌的崛起与增长,背后都得益于国家力量的增强。在这一红利的推动下,我们相信未来会有更多国货品牌被年轻人看见并选择。

品牌"守正"的第二个守,是守文化的传承。在过去两年中,白象在产品推新方面,进行了一些区域特色口味的研发,如蟹黄拌面、沙嗲海鲜面、胡椒猪肚鸡汤面等。这些新品锚定中华地域风味,将中国特色的地方美食风味搬到线上,旨在发掘和保留中华美食,未来有望走向世界舞台。这也是借助中国国力上升的红利。

品牌"守正"的第三个守,是守民族自信。白象是第一个同时签约中国女子三大球(足球、篮球、排球)的品牌。

二、产品、技术、营销"出奇"

围绕产品"出奇",白象依靠两条主线:创新研发与极致风味。

"口味出奇"方面,白象一方面开发了地域化特色口味的产品,另一方面则满足了一些小众用户的口味需求。例如,一度被大众津津乐道的香菜口味、老陈醋口味泡面。

"技术出奇"方面，在消费升级和大健康趋势下，消费者对方便速食的关注点转向非油炸产品。因此，白象在原料上采用了更健康、效率更高的"阳光日晒面"。经过阳光高温日晒，面条根根分明，不仅带有麦香味，还更加劲道耐煮。

"营销出奇"方面，以"香菜泡面"为例。在"口味出奇"方面，白象基于香菜这一独特口味的话题性，围绕香菜打造了一款具有强烈单品表达的产品。无论用户喜欢与否，香菜口味都能引发强烈关注。

资料来源：Morketing，2024-01-10。

（3）守正出新。"守正出新"传承自中国传统文化和智慧，是古之圣贤立身兴业、治国安邦所推崇的要领，也是现在所需要坚持和弘扬的精神品质。"守正出新"用来表达恪守正道、坚持原则，却又不固守常规，能突破思维、推陈出新的意思。老字号品牌的守正是指恪守正道，胸怀正气，行事正当，追求心正、法正、行正。出新是指勇于开拓，善于创造，懂得变通，不断推陈出新。守正，即在经营中恪守正道，追求公平，维护正义，这是企业安身立命的根基。出新是动力。出新的要义在于创新求变。思者，从不满足现状；变者，尤擅提升自我。正是创新求变，让企业人时刻保持清醒的头脑，并不断转化为具体的行动，变压力为动力，激发出积极性、创造性和主观能动性，使老字号品牌事业强盛，基业常青。

中国式营销

王致和：中国味道"致和"天下

2019年，中华老字号企业王致和发布了"王小和"卡通人物形象。他身着清朝长袍马褂，与当时王致和的品牌故事相呼应。衣服右胸口绣着一个"和"字，既是王致和的"和"，代表着王致和的金字招牌，也体现了中华传统文化中"以和为贵"的理念，传递着王致和"以和为贵、和气生财"的经营理念。在动作设计上，"王小和"有一个典型姿势——抱拳礼。在中华传统文化中，抱拳礼是古典礼仪中的一种相见礼，多有传达吉祥如意之意，有着非常丰富的文化内涵，它倡导人们在社会交往中要学会"包容、克己"。

"王小和"卡通人物形象的青色、红色、黄色服饰装扮，分别代表着王致和腐乳的青、红、白三大品类。

此外，王致和还在产品上进行创新。最新推出的减盐全豆腐乳和减盐玫瑰腐乳，其盐分比王致和传统风味红腐乳降低了25%以上。减盐全豆腐乳的膳食纤维含量达到3.0克/100克以上，真正做到了减盐不减味、鲜美适口、口感清淡。

资料来源：国际商报，2023-04-04。

2. 老字号品牌创造食品消费需求的方法

（1）品牌迭代：老的品牌故事，新的传递方式。老字号品牌需要重塑形象，但不应取代原有记忆。随着消费主力军的迭代，老字号品牌应重新审视并理解新型消费者的心理，洞悉其对老字号品牌的感知与认知障碍。基于这种心理洞察，在巩固老字号品牌核心竞争力的基础上，创新品牌定位以跟上时代步伐。坚守与创新并不冲突，近年来热度高涨的"国潮"为老字号品牌带来良好机遇，"国潮"本身即意味着国货的潮流，与老字号品牌的焕新迭代不谋而合。巩固"国"、创新"潮"是重振老字号品牌的关键，可考虑通过创建子品牌的方式保留先前的情怀，同时迎合新时代消费者的心理。

在老字号品牌营销方面，核心品牌故事需要延续，但传递方式需要创新。"酒香也怕巷子深"，老字号品牌不可因一味求稳而失去与时俱进的活力，需要通过更大胆的想法、更创新的方式脱颖而出，从而抓住新时代消费者的眼球。

（2）产品迭代：老的产品特色，新的创新元素。一方面，产品是老字号品牌的核心资产，老字号品牌需要清晰认识到自身需要坚守的底线，传承"不老"的秘方；另一方面，产品需要革新技术，添加创新元素。新消费时代的购物链路已从"人找货"过渡到"货找人"，所有创新都应立足于消费者需求，脱离消费者的盲目创新并不能帮助老字号品牌获得新生。而停产25年、重新上市的北冰洋汽水则不同。它在保留传统配方的基础上进行产品升级，根据当下时尚口味做调整，成功唤醒消费者的味蕾记忆，重新走进大众视野。

（3）渠道迭代：老的门店升级，新的营销场景。多数老字号品牌已开始布局线上，朝着更完整的渠道体系发展，但除传统线上电商平台外，老字号品牌还需要关注社交电商、团购等新兴渠道模式，这些渠道更容易聚集并转化新时代消费者。同时，品牌应搭建自营电商平台，以加强数字化资产的沉淀，为后续消费者运营积蓄力量。在拥抱新零售的同时，老字号品牌还需要持续优化线下传统渠道，提升服务体验，毕竟那里沉淀着消费者独有的体验记忆。例如，大白兔与快乐柠檬联名的快闪店推出大白兔奶茶，通过勾起消费者的童年回忆，迅速跻身魔都"网红"之列。

5.2.3 食品新消费品牌创造食品消费需求

1. 食品新消费品牌的特点

2014年，随着"消费升级"热潮兴起，以"Z世代"为代表的年轻群体逐渐成为中国消费市场的主力军，这些奔涌的后浪为新兴消费品牌的成长提供了前所未有的机会和想象空间。大量新品牌诞生，它们用新的消费理念重塑市场格局，为消费者带来全新体验。

（1）食品新消费品牌的含义。

① 新生代。中国食品工业的新消费品牌是面向以Z世代为代表的倡导健康、美好生活方式的主流消费人群。当然，除了Z世代，还有城镇中产、小镇青年、城市妈妈等需要面对和服务的对象。

② 新场景。通过发掘多元化消费场景，满足消费者日益多元化的需求，通过线上线下相结合的全渠道方式，为消费者提供全域触达的便利性服务。

③ 新创造。通过技术、营销和模式创新，对所在品类的扩容升级起到积极推动作用。新消费品牌的出现带来的不是行业内卷，而是扩容和升级。

（2）食品新消费品牌的特点。第一，名称带情绪，包装高颜值；第二，主张健乐美（健康、快乐、美丽），创造新刚需；第三，资本加速度，科技助发展；第四，分化老品类，打造新品类；第五，0-1线上引爆，1-10线下发展。

这些新消费品牌的诞生都与健康、快乐、美丽的生活方式紧密相关。满足一个小的生活方式，企业的销售规模可能达到五个亿；满足大的生活方式，销售规模则可提升到十个亿甚至更高。因此，"新生活方式"成为食品新消费品牌的核心诉求。

中国式营销

中国食品工业新消费品牌榜

2021年11月15日至12月15日，历时一个月的投票公选、评委初审和终审后，由中国食品工业协会指导，北京中食发展研究院、华糖云商、食业头条组织发起的"中国食品工业新消费品牌榜"评选正式结束，共产生入榜品牌93个，其中包含领军品牌19个，创新品牌74个。

入选标准如下：第一，2016年及以后正式成立、启动运营或者进行重大重构的新消费品牌；第二，品牌理念积极健康，引领营养、健康、时尚生活方式；第三，品牌旗下产品生产、营销具有创新性，已经面市并具有一定市场规模；第四，该品牌无环境污染、破坏社会秩序等重大负面信息，品牌建设主体无失信行为；第五，符合低碳经济、积极融入乡村振兴战略的新消费品牌优先入选。

新消费领军品牌：元气森林、茶π、凉白开、豆本豆、战马、妙可蓝多、认养一头牛、李子柒、自嗨锅、a1零食研究所、美焙辰、拉面说、莫小仙、嗨吃家、螺霸王、王饱饱、逮虾记、燕京U8、光良。

新消费创新品牌：喝开水、汉口二厂、长白甘泉、VOSS芙丝、纯澳、清泉出山、bubly微笑趣泡、OATLY噢麦力、好望水、菲诺、水肌泉、植选、伊然、欧扎克、谷物星球、果子熟了、华洋1982、一番麦、乐体控、KellyOne生气啵啵、植物标签、Meco蜜谷、葡口、新鲜牧场、悦鲜活、白小纯、妙飞、JoyDay芯趣多、土姥姥、须尽欢、老范家、王小卤、开小灶、浪里个浪、喜多多|元气朵朵、卤大益、卤味觉醒、冻品先生、辣吗？辣、小白心里软、鲨鱼菲特、轩妈食品、满格华夫、精工豆府、星期零、食族人、奥力给、柳江人家、阿宽、吃欢天、初吉、美享时刻、时怡、BUFFX、ffit8、每日黑巧、谷言、Wonderlab、小牛凯西、小鹿蓝蓝、良品小食仙、优形、牛顿定律、冻痴、元气简餐、恒优米、梅见、MissBerry、缪可、空卡、首粮酱酒、开山、爱乐甜、鼎烹世家。

资料来源：食业头条，2021-12-15。

2. 新消费品牌创造食品消费需求的方法

（1）产品创新。新消费品牌产品的核心是通过差异化创新进行细分占位，创新方向包括生产技术、工艺提升、成分含量、功能特点、质量安全、外观形态、包装规格等。产品研发成功后，通过对目标消费人群的洞察，挖掘出产品核心价值与卖点，并结合精准的目标消费群体打造美好的消费场景，树立品牌独特的价值主张，从而吸引目标消费群体关注，对产品或品牌产生情感价值共振，最终形成购买决策。

（2）渠道创新。新消费品牌在渠道选择上有两种方式：一是线上与线下渠道同步打造；二是先做线上，后做线下渠道。在线上渠道，新消费品牌更多是打造流量思维，围绕如何将流量最大化并最终形成高转化率；线下渠道则注重终端网点的打造和渠道渗透。无论线上还是线下，其诉求点在于：一是在消费者想买的时候能找到商品并随时买到；二是在无主动购买需求时，能够被营销因素吸引购买。新消费品牌在线上渠道具备冷启动的先发优势，借助互联网大数据、人工智能及新兴营销工具的成本优势十分突出。

（3）定价创新。新消费品牌的产品定价策略有两种：一是采用高价策略，进入更高圈层，在能接受高价格的人群中建立品牌定位。例如元气森林，其产品平均价格在5.5元以上，远高于可乐类3元左右的价格区间，同时配合独特的产品卖点，在市场上形成崭新的品牌认知；二是寻找竞品价格带的相对空白点，进行价格侵入式定位。

（4）推广创新。新消费品牌在推广上以产品和品牌为内容导向，在各平台建立自己的内容篇幅城墙，通常以微博、微信、抖音、小红书等平台为主要阵地。新消费品牌在社交媒体平台投入的营销费用占比巨大，其推广传播诉求主要有两点：一是借助KOL的传播直接影响规模庞大的消费者，形成广播效应；二是通过病毒式传播效应在短时间内形成爆炸效应。通过多形态、全覆盖的媒体渠道传播，为新消费品牌最终的销售转化提供底层保障。

> **守正创新**

> **面包状元的新国潮**
>
> 　　面包状元品牌充分运用中国古代特有的状元文化思想，以状元品质生产优质产品，以状元精神服务客户，在市场经营中打造出中国面包烘焙产业中的细分状元新品类。品牌根据不同年龄段的健康生活需求，规划出儿童类的"营养状元"烘焙食品、青年类的"健康状元"烘焙食品以及老年类的"养生状元"烘焙食品，形成了独特的细分市场产品新格局。面包状元立志为消费者提供最优质的产品和服务，"状元"即第一或唯一的象征。
>
> 　　第一，"面包状元"的新国潮特色体现在品牌名称上。"状元"是中国传统文化中极具代表性的关键词，指中国古代科举制度中最杰出的代表，是科举考试中名列第一者的尊称。
>
> 　　第二，"面包状元"所蕴含的"状元"精神是新国潮的生动展现。状元的成长与成功源于努力学习、拼搏进取、诚信务实、勇争第一的精神驱动，状元文化思想是中华民族五千年优秀文化的重要体现。
>
> 　　第三，"面包状元"的品牌传播形式融入新国潮元素。在品牌装饰和产品包装色彩设计上，采用中国传统的状元红；在设计元素上，运用古代状元脸谱、服饰、圣旨、祥云等，并以动物界冠军大象为卡通品牌艺术形象。在表达上，采用中国民间通俗易懂的语言、成语、故事等表现手法，让世界爱上中国品牌。
>
> 　　第四，"面包状元"将运用独特的中国古代状元文化思想打造新国潮。品牌致力于专业生产优质状元产品，精心为消费者提供优质服务，将中国特有的状元文化国潮融入产品生产和服务中，使状元新国潮成为重要的生活方式。
>
> 　　第五，"面包状元"的品牌市场行动彰显新国潮理念。品牌将运用中国语言讲述中国品牌故事，挖掘现代生活中的100个学习小状元品牌成长故事进行宣传，挖掘100个各行各业青年优秀科技状元和创业状元的品牌故事进行宣传，挖掘100个城市中的老年长寿状元进行品牌故事宣传，为中国和谐社会发展传播正能量。
>
> 资料来源：直言夜话面包状元，2024-04-09。

5.2.4　用户思维之道"体验为王，口碑至上"创造食品消费需求

1. 用户思维

　　用户思维，就是"以用户为中心"，从用户的角度出发，以用户需求为导向，针对用户的各种个性化、细分化需求，提供各种针对性的产品和服务，尽可能满足用户的需求和期望的思维方式。它包括七层内容，如图5-1所示。

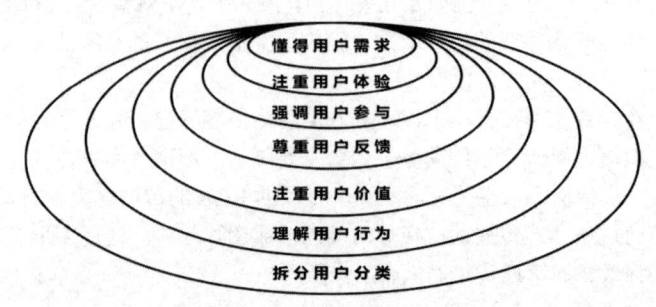

懂得用户需求
注重用户体验
强调用户参与
尊重用户反馈
注重用户价值
理解用户行为
拆分用户分类

图5-1　用户思维的七个层次

第 1 层内容：懂得用户需求。了解用户的需求和痛点，针对性地开发产品或提供服务。

第 2 层内容：注重用户体验。注重用户在使用产品或服务过程中的感受和体验，提高用户的使用满意度。

第 3 层内容：强调用户参与。让用户参与到产品开发、设计、优化等过程中，提高用户的参与感和归属感。

第 4 层内容：尊重用户反馈。通过用户反馈、评价等方式，了解产品的使用情况和用户需求的变化，及时调整产品设计和优化方案。

第 5 层内容：注重用户价值。注重用户价值的提升，通过提供优质的产品或服务，提高用户的价值感。

第 6 层内容：理解用户行为。深入了解用户的行为和习惯，针对性地开发产品或提供服务，提高产品的易用性和可操作性。

第 7 层内容：拆分用户分类。根据用户的需求、习惯、行为等特征，将用户进行分类，提供个性化的产品或服务。

掌握用户思维可以帮助产品经理更好地了解用户需求，优化产品功能设计，指导产品开发和创新；提高用户满意度，降低用户流失率；提高产品和服务的质量和竞争力。用户思维的目的是优化用户体验，让用户感受到产品和服务的价值，从而提高用户的忠诚度和口碑，进而提高产品和服务的质量和竞争力，实现商业价值的最大化。

2. 用户思维之道"体验为王，口碑至上"

（1）体验为王：深度理解用户，全面提升用户消费体验。用户体验的层次包括形象层（感官体验、交互体验）、心理层（情感体验、信任体验）和精神层（价值体验、文化体验），如图 5-2 所示。

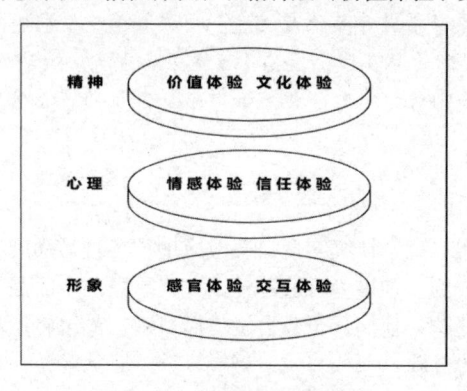

图 5-2　用户体验的层次

食品品牌要从感官特性、交互感受、情感互动、信赖感、价值性、文化认同等六个方面为用户提供更好的"消费体验"。在形象层面，要从感官上迎合用户；在心理层面，要从情感上打动用户；在精神层面，要从品位上契合用户。通过多层次满足用户更高层次的消费追求，增强用户满意度和忠诚度。满意度是标配，忠诚度才是高配。在多数产品高度同质化的今天，只有消费体验超出用户预期，才有可能诞生忠诚度。用户体验成为品牌竞争的绝佳利器。

中国式营销

思念：与普通人共情的产品体验

一、"饺个朋友吧"，加肉不加价，用温度拉近用户距离

灌汤新一代水饺是思念品牌的全新升级产品，为用户带来全新体验——肉量增加 66%，口

感更加丰富，同时采用升级后的面粉，使饺子更具嚼劲。在新品推广初期，品牌发布了一张悬念海报，以美食达人"小思思"的身份，借助手机通信中流行的 AirDrop 界面，以"饭搭子"的口吻向大众发出"饺个朋友吧"的邀请，通过趣味文案和创意设计率先打出情感牌。

二、全民线上来"加肉"与用户玩在一起，让用户为品牌代言

引导用户参与其中，将单向输出式传播转变为双向互动，是思念食品开展线上互动传播的重要策略。

首先，思念食品在微博平台发起话题，包饺子进化到这种程度了吗，通过达人话题与官方账号的联动发声，以趣味温馨的内容引发大众共鸣和互动参与。

其次，思念食品在抖音平台发起"全民任务挑战"，邀请广大用户参与 TVC 洗脑舞的传播，通过用户共创建立对新品的认知，助推热度持续发酵。品牌还邀请各大 KOL 在剧情类、美食类等领域进行精准种草和直播带货，激发用户的食欲和分享欲，最终将传播与互动行为转化为用户的购买欲。

三、回归口味，建造口碑双线联动助力规模化破圈

线下营销是食品品牌不可或缺的一环。思念食品选择回归线下场景，并联动线上造势引流，通过用户自发传播和良好口碑，实现新品的破圈效应。

首先，思念食品借助双节期间的人流量，在线下发起"寻味百城知思念"的大篷车路演活动。活动现场提供免费试吃，让用户真实体验灌汤新一代水饺"肉量增加 66%、加肉不加价"的美味与实惠。用户还可参与猜灯谜、后羿射箭、沸腾吧饺子等游戏，赢取多种奖品。此外，品牌选取中牟和宜昌两个重点城市，邀请达人探店并展示品尝新品，推动传播和销售转化。

其次，思念食品还在全国各大城市开展"百城巡游"活动，选择客流量大的商超布展灌汤品牌形象，以符号化的品牌形象提升品牌亲切度和用户喜爱度，同时激发大众的自发打卡和线上传播。配合线下营销，思念食品在线上发起"百城探店达人"活动，邀请抖音平台的 KOL 探店，通过试吃、人偶互动等内容，不断强化"加肉不加价"的产品信息，助力新品传播的同时反哺线下活动。

资料来源：首席品牌官，2023-10-19。

（2）口碑至上：注重积累口碑，持续实现口碑效应增长。食品品牌做好了"消费体验"，口碑自然水到渠成。口碑相传已成为一种极为有效的营销方式。只要产品品质过硬，形成良好的口碑效应，自然会有忠诚用户进行复购，他们甚至会自发传播口碑，甚至将产品衍生成一个社会话题。正所谓：金杯银杯不如老百姓的口碑。

3. 用户思维之道"体验为王，口碑至上"创造食品消费需求的方法

（1）改善用户的消费体验。消费体验不佳的产品很难打动用户，既不能迅速形成口碑，也容易被用户淡忘甚至遗忘。因此，品牌需要从"形象、心理、精神"三个层面全力打造用户的消费体验。此外，用户不喜欢冰冷的纯粹交易关系，而是希望在消费过程中获得良好的情感体验，这样他们会以更加宽容和包容的心态看待品牌的产品。

（2）改善初次购物体验的"第一印象"。用户对产品的第一次购物体验是否愉悦，往往决定了他们对品牌的初始印象。如果初次体验良好，用户则很有可能会因"一见钟情"而再次光临；反之，则可能会摒弃不用。

（3）提升产品的品位档次和文化属性。只有当用户认可品牌的企业文化、设计理念和品位价值时，才会选购其产品。良好的产品消费体验能够产生用户满意度，进而转化为用户忠诚度。

项目案例分析

转型推动发展　双汇创新引领消费需求

近年来，双汇面对中美贸易摩擦、非洲猪瘟疫情和新冠疫情等重重压力和挑战，坚持"调结构、扩网络、促转型、上规模"的发展战略，在震荡中避风险、在创新中谋发展、在逆境中实现突破。

1. 消费为导向实现产品升级

（1）专业开展市场调研，洞察消费新需求。双汇组建了专业调研团队，在国内消费潮流最前沿、最具年轻活力的一线城市，设置专业机构，引进外部团队，着力开展产品调研、市场分析、消费大数据研究；实时把脉市场新趋势、洞察市场新机会、提炼产品新概念，精准支持产品研发，为产品结构调整提供消费一线数据支撑，逐步构建了完善的新产品孵化体系。同时，全面跟踪新产品试销过程，及时捕捉市场一线的消费反馈，不断完善优化市场推广方式，持续增强产品的市场竞争力。

（2）坚持产品创新，引领消费新潮流。随着消费水平的提高，食品消费呈现个性化、多样化、多元化态势，企业需要不断进行产品创新。双汇始终坚持产品创新，用产品创新推动企业发展。

2. 面对消费新需求，双汇不断进行产品升级创新

双汇围绕产品年轻化，开发了挑战味蕾的"辣吗？辣"、年轻个性的火旋风刻花香肠、休闲时尚的手撕蛋白肉/素牛排等年轻休闲产品，使产品更年轻化；围绕餐饮食材化，开发了双汇筷厨、双汇午餐肉、小酥肉、丸子等系列食材化产品，满足进家庭、上餐桌的新消费需求；围绕中式产品工业化，开发培育了猪头肉、猪蹄、烧鸡、牛肉等主导大单品，促进中式产品工业化进程；围绕群体差异化，研发了儿童系列鳕鱼肠、健身系列的减肥鸡胸肉、低脂低盐的轻卡能量系列产品，满足不同群体的消费需求。

3. 创新驱动促进企业转型发展

（1）持续做好传统渠道服务。围绕商超、终端、批发、学校、餐饮、速冻、自建、车站机场、高速服务区、旅游景点等传统渠道做深、做透、做细、做优，全面开拓团购、部队、工厂食堂、乡村集会等特渠，不断完善销售网络，深度开发市场；持续加大人员配置、费用投入和软硬件支持，实施市场精细化运作，树立"终端为王、服务至上"的理念，提升产品的触达率、铺面率和品牌黏性，实现新增量。

（2）加大营销投入和创新。集中资金投放权威媒体和互联网媒体以及中高端的目标市场，多维度创新提升品牌影响力；针对重点产品系统开展全案营销，通过明星代言、拍摄广告片、举办发布会、网红直播带货、策划大型活动等，实施"双微一抖一B站"组合式数字营销，形成"电视广告空中覆盖、数字广告精准触达、地面营销活动深度沟通"三位一体，线上线下联动，推动品牌年轻化。

4. 工业与信息化融合实现提质增效

双汇积极拥抱先进的技术和自动化、智能化设备。一是加快项目建设和技术投入。先后投入30多亿元，按照工业化、规模化、信息化、智能化标准，引进世界先进技术、设备和工艺，郑州美式工厂、上海西式工厂、漯河5 000万肉鸡产业化项目、新材料包装项目等陆续建成投产，股份屠宰厂、股份肉制品高温车间自动化升级稳步实施，产业布局和智能化水平更加完善。二是加快两化融合，用自动化、信息化、智能化优化生产流程、业务流程、供应链流程，提升运营效率和管控水平，打造了内部管理的新优势。

5. 质量服务提升品牌价值

质量和安全是食品企业的品牌基石，创名牌、保名牌、发展名牌，关键是要把质量做好，把服务做优，把品牌做强。双汇确立了"消费者的安全与健康高于一切，双汇的品牌形象和信誉高于一切"的质量方针，坚持"产品质量无小事，食品安全大如天"的质量理念，铁腕抓质量，铁心保安全。

6. 品牌推广方面，持之以恒提高品牌信誉，取得消费者的信赖

一是以客户为关注焦点，不断完善售后服务体系，加强与消费者、客户的沟通。制订了食品安全突发事件预防、应急响应制度和方案，设立有400热线全天候接受客户投诉，分布在全国的4 000多名双汇业务人员深入一线保证销售过程中的服务，让消费者满意；同时聘请国际知名咨询机构，对市场战略、产品质量、价格、渠道、客户满意度等进行全面调研，加强客户沟通，持续改进产品质量和服务。二是实行开放式办厂，邀请广大消费者、媒体和政府部门走进工厂参观考察，拉近产品与消费者之间的情感距离，增强消费黏性与品牌活力，适应新时代、新消费的变化。同时引入第三方质量服务机构，公开透明接受社会各界监督，让消费者放心。

资料来源：现代畜牧每日电讯，2022-03-21。

▶ **辩证性思考：**
分析双汇创新引领消费需求的经验和做法。

项目检测

营销知识培养规格检测
1. 如何理解创造食品消费需求的概念？
2. 创造食品消费需求的构成要素有哪些？
3. 简述科学技术创造食品消费需求的方法。
4. 简述老字号品牌创造食品消费需求的方法。
5. 简述新消费品牌创造食品消费需求的方法。
6. 简述用户思维层次的内容。
7. 简述运用用户思维之道"体验为王，口碑至上"创造食品消费需求的方法。

营销能力培养规格检测和营销素养培育规格检测
实践项目5　制订××食品企业创造食品消费需求方案

项目实践目的：运用创造食品消费需求分析的理论和方法，对××食品企业创造消费需求现状进行分析，探讨食品企业创造食品消费需求的途径和方法。培养学生运用创造食品消费需求的理论与方法分析问题和解决问题的能力。撰写食品企业创造食品消费需求方案。同时强化学生创新思维能力、爱岗敬业、尽职尽责职业精神的培养，以及团队合作意识的培养。

项目检测考核：由班级学习委员组织分团队对××食品企业创造食品消费需求方案进行宣讲、讨论、答辩，指导教师进行评价。由各团队队长和指导教师对方案及团队创新思维能力、爱岗敬业、尽职尽责职业精神培养的状况进行综合评判打分，考核成绩分为优秀、良好、及格。

第 3 模块

做生意（经营食品生意）
——满足食品消费需求

思维导图

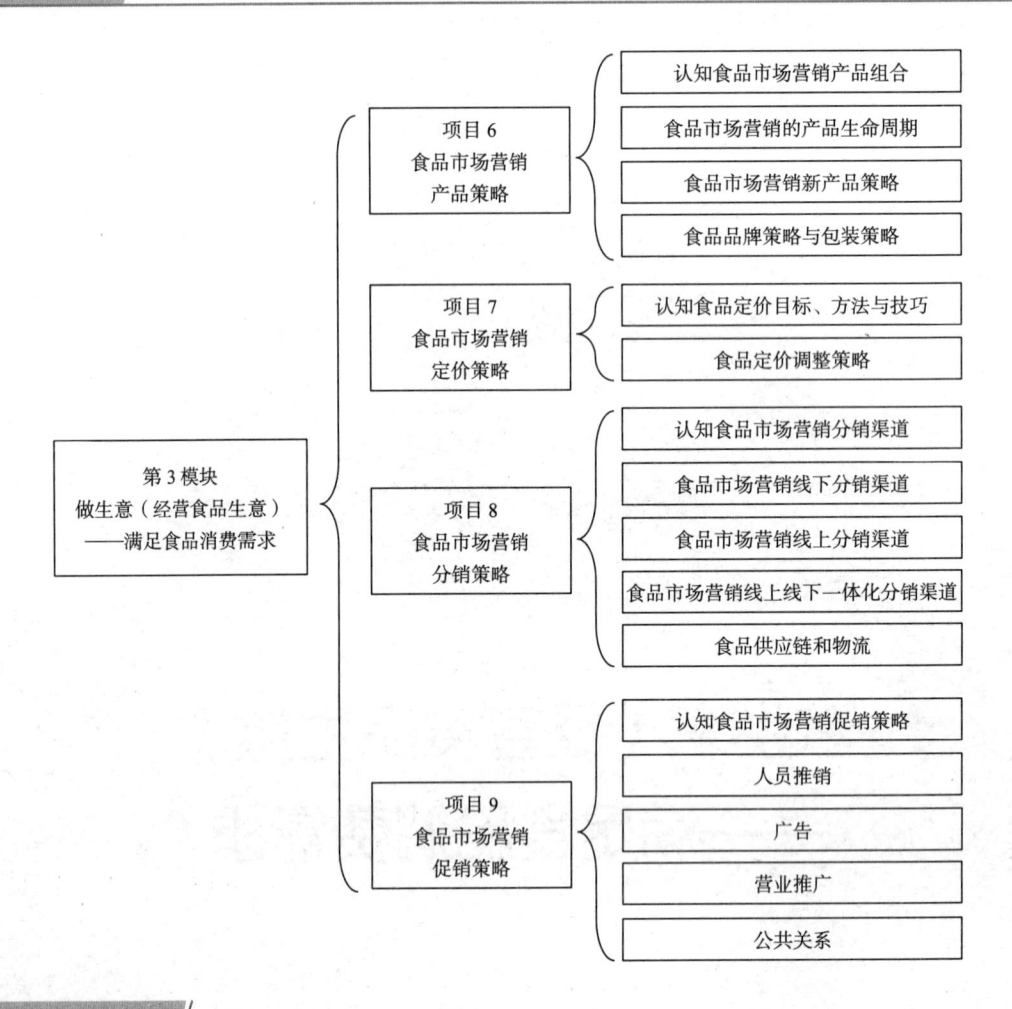

```
                                          ┌─ 认知食品市场营销产品组合
                        项目 6             ├─ 食品市场营销的产品生命周期
                        食品市场营销        ┤
                        产品策略           ├─ 食品市场营销新产品策略
                                          └─ 食品品牌策略与包装策略

                        项目 7             ┌─ 认知食品定价目标、方法与技巧
                        食品市场营销        ┤
                        定价策略           └─ 食品定价调整策略

   第 3 模块                                ┌─ 认知食品市场营销分销渠道
   做生意(经营食品生意)    项目 8            ├─ 食品市场营销线下分销渠道
   ——满足食品消费需求     食品市场营销      ┼─ 食品市场营销线上分销渠道
                        分销策略           ├─ 食品市场营销线上线下一体化分销渠道
                                          └─ 食品供应链和物流

                                          ┌─ 认知食品市场营销促销策略
                        项目 9             ├─ 人员推销
                        食品市场营销        ┼─ 广告
                        促销策略           ├─ 营业推广
                                          └─ 公共关系
```

入学情境导入

食品企业通过发现和创造食品消费需求，明确了市场营销的方向和目标。然而，这也使得食品企业市场营销面临一个新的问题：如何经营食品生意，以满足食品消费需求。

那么，如何做生意(经营食品生意)——满足食品消费需求呢？

教师指导

食品企业通过综合运用食品市场营销组合策略，才能满足食品消费需求。食品企业需要运用食品市场营销组合，将产品策略、定价策略、分销策略和促销策略组合起来，使其综合发挥作用，从而满足食品消费需求，更好地实现食品企业市场营销目标。

首先，要明确食品市场营销组合中产品策略、定价策略、分销策略和促销策略之间的逻辑关系，才能对可控的产品策略、定价策略、分销策略、促销策略进行最佳

第 3 模块二维码
链接 食品市场营销组合

第3模块　做生意（经营食品生意）——满足食品消费需求

组合，使其综合性地发挥作用。产品策略是食品市场营销组合的核心，是定价策略、分销策略、促销策略的基础。因为只有食品企业提供的产品和服务能够满足目标市场需求，并使目标消费群体满意，才能实现获取利润的目标。食品企业开发出产品后，要与目标消费群体进行交易，就必须运用定价策略为产品制定合理的定价。有了满足目标消费群体需求的产品和适当的定价之后，食品企业所面临的具体问题就是如何通过一定的渠道，在适当的时间、地点，按适当的数量和定价，将产品从生产企业转移到消费者手中，从而实现产品的价值和使用价值。分销渠道是连接生产和消费之间的"桥梁"和"纽带"，解决食品企业产品如何销售的问题。食品企业为其产品选择分销渠道后，接着就要运用促销策略，解决如何将产品信息迅速传递给目标消费群体，并有效刺激目标消费群体，激发其购买欲望，使食品企业的产品卖得快、卖得多、卖得久的问题。

其次，还要认识到，食品企业通过产品、分销、促销在市场中创造价值，并通过定价从创造的价值中获取收益。在食品市场营销组合中，定价是唯一能产生收益的因素，其他因素则表现为成本。定价是食品营销组合中最灵活的因素，与产品策略和分销策略不同，其变化速度较快。因此，定价策略是食品企业市场营销组合的重要因素之一，它直接决定了食品企业市场份额的大小和利润率的高低。

重点掌握运用产品策略、定价策略、分销策略与促销策略的理论、方法、操作程序以及运用时应注意的问题。掌握数字经济时代线下、线上以及线上线下一体化分销、促销的策略、方法、操作程序和运用时应注意的问题。培养产品管理、定价管理、分销管理和促销管理的能力。

一个从事食品市场营销的职业者，在学习满足食品消费需求理论的同时，要强化营销者应具备的价值信仰，培育营销者的价值信仰观，树立"中国制造向中国创造转变、中国速度向中国质量转变、中国产品向中国品牌转变"的产品创新理念；将中华优秀传统文化融入产品设计和品牌定位，走好食品品牌建设之路，讲好中国食品品牌故事，传播好中国食品品牌故事；培育"义利相兼、以义为先"的价值观，树立"强强联手、优势互补、共谋发展、拓展市场、共创未来、合作共赢、共创辉煌"的渠道管理理念；树立促销活动"深挖中华传统文化的当代价值，推动传统文化的创造性传承与转换、创新性发展与弘扬，展现中国精神、增进文化自信、激发爱家爱国情感"的理念；遵守规范促销行为的法律法规，维护消费者利益，突出德技并修。

在满足食品消费需求理论的学习过程中，积极参与校企合作工学结合实践项目，主动完成"制订××食品企业全渠道市场营销方案"校企合作工学结合实践项目6、7、8、9，通过"理论学习场景课堂、企业实践场景课堂、市场实践场景课堂、线上拓展场景课堂和成果展示（竞赛）场景课堂"，加强自己学习力、分析力、解决力、执行力、控制力、创新力和总结力的培养和营销者职业素养的培育。

完成第3模块的学习与实践项目后，每个团队的队长应组织团队成员对照第3模块的学习目标进行总结。要求团队成员交流学习与项目实践的收获，查找学习与项目实践中德技并修的不足。通过沟通交流、相互学习，增强学习的信心和团队的凝聚力，为学习第4模块奠定基础。

项目 6

食品市场营销产品策略

思维导图

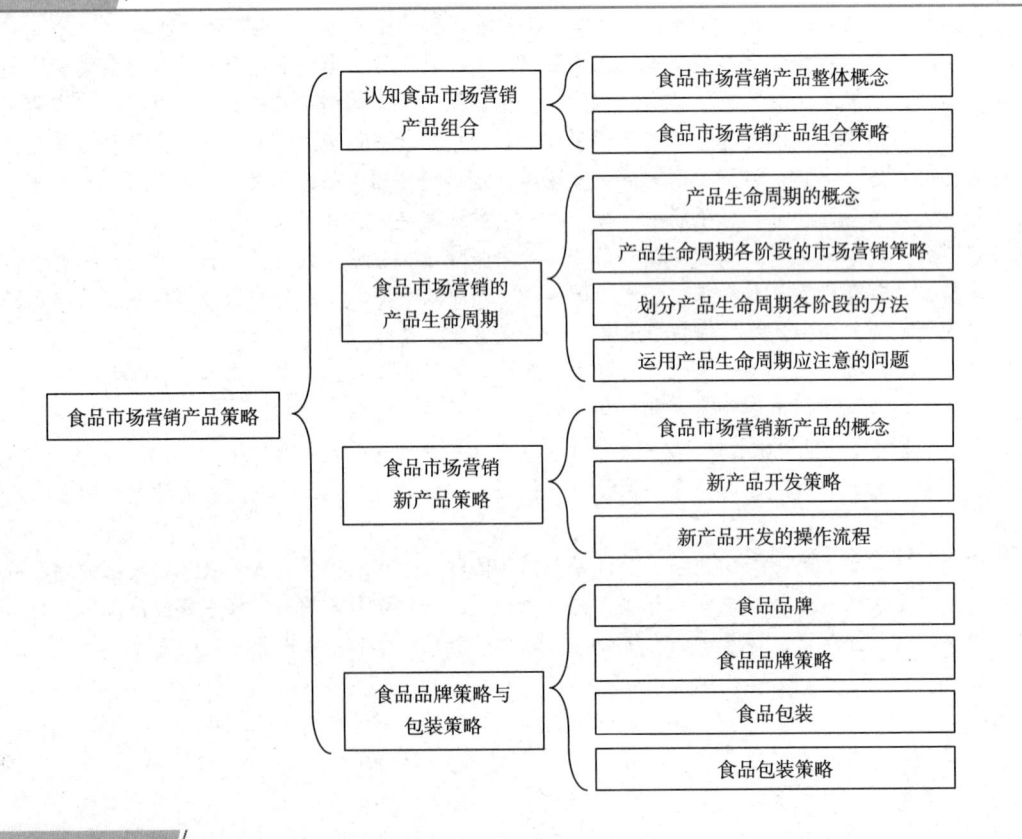

食品市场营销产品策略
- 认知食品市场营销产品组合
  - 食品市场营销产品整体概念
  - 食品市场营销产品组合策略
- 食品市场营销的产品生命周期
  - 产品生命周期的概念
  - 产品生命周期各阶段的市场营销策略
  - 划分产品生命周期各阶段的方法
  - 运用产品生命周期应注意的问题
- 食品市场营销新产品策略
  - 食品市场营销新产品的概念
  - 新产品开发策略
  - 新产品开发的操作流程
- 食品品牌策略与包装策略
  - 食品品牌
  - 食品品牌策略
  - 食品包装
  - 食品包装策略

项目培养规格

营销素养培育规格

强化营销者应具备的价值信仰，培育营销者的价值信仰观；树立"中国制造向中国创造转变、

项目 6　食品市场营销产品策略

中国速度向中国质量转变、中国产品向中国品牌转变"的产品创新理念；将中华优秀传统文化融入产品设计和品牌定位，走好食品品牌建设之路，讲好中国食品品牌故事，传播好中国食品品牌故事。

营销知识培养规格

掌握产品整体概念和产品组合策略；掌握产品生命周期策略和新产品开发策略；掌握品牌策略和包装策略。

营销能力培养规格

培养能够综合运用食品市场营销产品策略的理论和方法，正确分析食品企业产品策略的现状，解决食品企业产品策略存在的问题，制订食品企业产品策略方案。

项目导入案例

双汇发展加大核心技术研究，助力打造河南预制菜知名品牌

双汇发展正在围绕"一碗饭、一桌菜"，开发肉蛋奶菜粮相结合的"进家庭、上餐桌"产品：

第一，围绕中华菜肴，开发即热即食的"八大菜系+豫菜"传统美食。

第二，围绕餐饮食材，开发即烹即配的"肉（丁丝条片）+调味料"及腌制调理类等半成品菜。

第三，围绕团餐配餐，开发学生营养餐、集体食堂配餐、商务公务餐。

第四，围绕方便主食，开发啵啵袋、自热煲仔饭、拌饭拌面等速食系列产品。

资料来源：微信公众号"快资讯"，2023-04-23。

➲ **辩证性思考：**

针对双汇发展助力打造河南预制菜品牌中的产品策略，谈谈你的看法。

任务 1　认知食品市场营销产品组合

6.1.1　食品市场营销产品整体概念

1. 食品市场营销产品整体概念的内涵

现代食品市场营销中产品的概念具有丰富的内涵和宽广的外延。产品整体概念是指食品企业向市场提供的、能够满足消费者某种需求或欲望的任何有形物品和无形服务，包括核心产品、形式产品、附加产品三个层次，如图 6-1 所示。

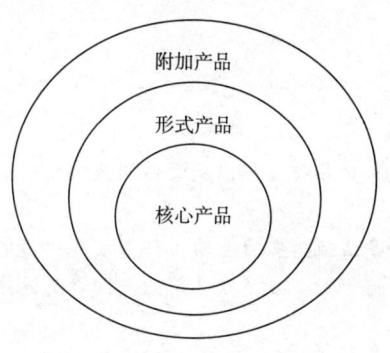

图 6-1　产品整体概念的三个层次

（1）核心产品。产品整体概念中最基础的层次是核心产品，是指产品向消费者所提供的基本效用和利益。核心产品也是消费者真正要购买的利益和服务。消费者购买某种产品，并非为了获得产品本身，而是为了获取产品所带来的利益或好处。

（2）形式产品。形式产品是核心利益的实现形式，即企业向消费者提供的产品实体和服务的外观。它通常由特征、形态、质量、商标、包装等要素构成。对于食品而言，其质量还应包括内在的成分、营养、口味和卫生状况等。因此，企业在产品设计时，应以消费者所追求的核心利益为出发点，同时考虑如何以独特的方式将这种核心利益呈现给消费者。

（3）附加产品。附加产品是指消费者购买某种产品时所获得的附加服务和利益，从而将一个企业的产品与另一个企业的产品区分开来。例如，质量承诺、免费送货、上门服务等都属于附加产品。在现代市场经济中，尤其是在同类或同质产品竞争激烈的环境中，附加产品有助于引导、启发和刺激消费者的购买行为。

思政教育

实现中国产品向中国品牌转变

党的十八大以来，习近平总书记高度重视品牌建设，多次提出明确要求，为中国品牌建设指明了方向与路径。2014年5月10日，习近平总书记在河南考察时指出："推动中国制造向中国创造转变、中国速度向中国质量转变、中国产品向中国品牌转变。""三个转变"为推动我国产业结构转型升级、打造中国品牌提供了明确的方向。

资料来源：北方网，2023-05-10。

2. 产品整体概念的食品市场营销策略

食品企业在充分认识产品整体概念的基础上，应努力在三个层次上展开食品市场营销活动，尽可能增加产品价值，降低消费者购买成本，从而提升竞争力。

第一，开发核心产品，满足不同细分市场的利益。企业应对消费者进行市场细分，根据不同细分市场消费者需求的差异，开发相应的产品。在成功定位的基础上，有效满足不同消费者对产品的需求利益。

第二，设计形式产品，体现产品核心利益。产品的核心部分需要通过有形部分体现出来。因此，产品应在口味、包装、品牌等有形部分体现其核心价值，并有效传递产品的核心利益。

第三，拓展附加产品，增加消费者感知价值。食品企业可以通过增加产品的附加部分，给消费者带来惊喜，从而增加消费者的感知价值，提高消费者的满意度。一方面，消费者会对该企业的产品形成依赖，进而形成消费者忠诚；另一方面，消费者会对该产品进行口头宣传，从而为企业经营赢得主动权。

营销者素养

价值信仰

营销者的信仰可以被描述为对营销过程以及营销职业的信心和承诺，这种信仰影响着营销者的态度、行为和结果。

营销者应坚持的价值信仰是通过为客户创造价值以实现双赢的结果。价值信仰带来了两个重要视角的转换：一是以客户为中心；二是双赢思维，即在关注组织利益的同时，也关注每个角色的个人利益。

在营销中，"回扣"是一个无法回避的话题。如果一家公司坚持不送回扣，那么为了获取订单，就必须塑造其他方面的核心竞争力。这种情况下，公司仿佛被逼上了"华山一条路"，但反而能练就真正的本领，为客户创造更多的价值。当将核心关注点放在客户的业务目标上时，营销者所思考的是如何帮助客户实现目标，而实现目标的过程、措施和结果本身为客户创造了价值。这正是销售的本质，也是在竞争中极具核心竞争力的因素，值得营销者始终坚持。

资料来源：微信公众号"销售下午茶"，2023-09-02。

6.1.2 食品市场营销产品组合策略

1. 食品市场营销产品组合的概念

（1）食品市场营销产品组合。食品市场营销产品组合是指某一个食品企业所生产或销售的全部产品大类和产品项目的组合。它反映了一个食品企业提供给市场的全部产品线和产品项目的构成，也是食品企业的生产经营范围和产品结构的体现。

（2）产品线。产品线，也称产品大类或产品系列，是指能够满足同类需求，在功能、使用和销售等方面具有类似性的一组产品。在生产经营过程中，企业可依据多种标准来确定产品线，如功能相似性、用户相似性、生产相似性、销售渠道相似性等。以思念公司为例，其拥有水饺、汤圆、儿童营养食品、馄饨、粽子等多条产品线。

（3）产品项目。产品项目是指产品大类或产品线中各种不同的品种、规格、花色的特定产品。企业产品目录上所列出的每一个具体产品均为一个产品项目。例如金牌虾云吞、上汤小云吞、上海风味馄饨等均为不同的产品项目。

（4）产品组合的宽度、长度、深度、关联性。衡量一个食品企业的产品组合时，需要考察四个不同的因素，即宽度、长度、深度和关联性。结合思念公司的产品组合进行具体分析，如表6-1所示。

表6-1 思念公司的产品组合

产品线	水 饺	汤 圆	儿童营养食品	馄 饨	粽 子
产品组合	金牌虾系列 牛魔王系列 手打天下 金牌灌汤 灌汤系列 水饺 小小饺	玉汤圆 彩趣小小汤圆 水果汤圆 真果仁大汤圆 花仙子汤圆 地道大汤圆 小圆子 宁波风味汤圆 大黄米汤圆 无糖汤圆 小小汤圆 简装汤圆	儿童成长水饺 儿童成长云吞 儿童小包子 快乐成长卡通包 迪士尼卡通包	金牌虾云吞 上汤小云吞 上海风味馄饨	礼盒粽 100g 真空粽 312g 真空粽 200g 真空粽 400g 速冻V粽 312g 速冻粽 1 000g 速冻粽 500g 速冻网兜粽 750g 速冻网兜粽

① 产品组合的宽度。产品组合的宽度是指企业产品组合中所拥有的产品线的数目。例如，思念公司的产品组合包含水饺、汤圆、儿童营养食品、馄饨、粽子等五条产品线，因此其产品组合的宽度为5。

② 产品组合的长度。产品组合的长度是指企业产品组合中产品项目的总数。产品组合的平均长度则通过产品项目总数除以产品线数目计算得出。思念公司的产品项目总数为35个，因此其产品组合的长度为35。该公司产品组合的平均长度为总长度（35）除以产品线数（5），结果为7。

一般来说，产品组合的长度过短，即产品的花色、品种、规格较少时，难以满足不同类型消费者对产品的个性化需求；而产品组合的长度过长，即产品品种规格过多时，则会增加生产和销售成本,甚至可能引起消费者的反感和营销上的混乱。

③ 产品组合的深度。产品组合的深度包含两层含义:

一是产品线的深度,即产品线中所包含的产品项目的数量。例如,思念公司的汤圆产品线包含玉汤圆、彩趣小小汤圆、水果汤圆、真果仁大汤圆、花仙子汤圆、地道大汤圆、小圆子、宁波风味汤圆、大黄米汤圆、无糖汤圆、小小汤圆、简装汤圆等12个产品项目,该产品线的深度为12。

二是产品项目的深度,即产品项目中所包含的规格、型号等。例如,思念公司的玉汤圆有4种规格(经典玉芝麻汤圆、金玉豆沙汤圆、蛋黄流沙汤圆、莓莓榛果汤圆)和4种配方,其深度为16(4×4)。

④ 产品组合的关联度。产品组合的关联度是指各产品线的产品在最终用途、生产条件、销售渠道或其他方面相互联系的紧密程度。思念公司的产品均为快消品,且通过统一销售渠道进入市场,因此其关联度较高。

分析产品组合的宽度、长度、深度和关联度,有助于企业更好地制定产品组合策略。一般而言,拓展产品组合的宽度,有利于企业扩展经营领域,实现多元化经营,更好地发挥企业潜在的技术和资源优势,提高经济效益,并分散投资风险;扩大产品组合的长度,可以使产品线更加丰富,使企业成为更具竞争力的全产品线公司;加强产品组合的深度,可以占领同类产品的更多细分市场,满足更广泛的市场需求;提高产品组合的关联度,则可以使企业在某一特定市场领域内提升竞争力,赢得良好的声誉。

2. 产品组合决策的策略

食品企业对产品组合宽度、广度、深度和关联度的决策,有多种可供选择的方式。每个食品企业可根据不同的经营环境,结合自身的客观实际来确定产品组合策略。

(1)全线全面型策略。全线全面型策略是指企业向市场提供其需要的各种产品,即宽度、广度、深度和关联度可大可小的组合。采用这种策略的前提是企业有能力满足整个市场的需要。

(2)市场专业型策略。企业将营销力量集中于某一特定市场,并向该市场客户提供尽可能多的产品。这种策略强调在特定市场内的深度覆盖。

(3)产品专业型策略。企业专注于某一产品线的营销,通过增加该产品线内的产品项目,加强产品组合的深度,面向更广泛的市场。这种策略强调在特定产品线内的专业化和深度拓展。

(4)有限的产品专业型策略。企业根据自身专长,集中经营少数几条甚至一条产品线,形成广度和深度较小、但关联度较大的产品组合。这种策略适合资源有限但专业能力较强的企业。

中国式营销

优酸乳打出营销组合拳,与年轻人双向奔跑

谈及"与年轻人玩在一起"的正确姿势,"国民潮饮"优酸乳无疑一直走在行业前列。为了引爆新品势能,优酸乳坚持线上线下同步联动,打出了一套漂亮的营销组合拳。在新品上市伊始,优酸乳就推出一组好果系列的精美大片,传递出"天南海北好果不用等"的产品理念;同时开启"优酸乳有你好果子吃"的话题传播,让消费者一年四季随时随地享受到优酸乳专属的天然酸甜好滋味。

此外,优酸乳在新品上市过程中还特别注重渠道终端的赋能。在与果多美创新联动的合作中,优酸乳双管齐下——线上打造"优酸乳掌心水果摊",线下选择果多美核心门店发起新品大派饮活动,为消费场景营造天然鲜果的氛围,在润物细无声中将优酸乳"天然好果"的产品魅力植入消费者心智。

资料来源:Z世代消费态度观察·食,2023-05。

3. 产品组合调整策略

（1）拓展产品组合。拓展产品组合可使企业充分利用资源优势，分散市场风险，增强竞争力。

① 扩大产品组合的宽度，即增加一条或多条产品线，拓宽产品经营领域。若食品企业现有的产品线销售和利润下降，应及时扩大产品组合宽度，增加产品线。

② 加大产品组合的深度，即在原有产品线内增加新的产品项目。若食品企业需要进军更多的细分市场，满足更多不同需求的消费者，可以选择拓展产品组合的深度，增加新的产品项目。

守正创新

伊利集团推出百余款新品

2023年12月6日至20日，伊利集团各事业部及泰国、印度尼西亚子公司2024年客户大会陆续举行。会期，伊利集团陆续推出了百余款新品。

第一，液态奶。年销200亿元级的安慕希，精选云南牛油果，搭配阳光饱满燕麦，推出利乐冠牛油果燕麦果肉新品。占位有机赛道的金典，针对小包装饮用等场景，推出200mL钻石装产品，每100mL含有3.6g优质乳蛋白和120mg原生高钙。针对巧克力爱好者、植物蛋白奶消费者，植选推出浓醇巧克力豆奶，浓郁可可更丝滑，植物营养轻负担。

第二，奶粉。金领冠推出珍护菁赐，优选0.1%伊利专属牧场鲜活有机A2生牛乳，锁定原生"天赐有机"营养，并特含20倍活性益生菌以及有机HMO母乳低聚糖、优量乳铁蛋白等核心营养素，全面开启高品质奶粉新时代。

第三，成人营养品。伊利欣活推出针对睡眠问题的悠享膳底配方奶粉。此外，伊利首款100%乳糖水解的零乳糖奶粉、首款添加HMO母乳低聚糖的学生奶粉、全家牛初乳奶粉、女士红参燕窝奶粉等多个新品，也将进一步丰富伊利成人营养品产品线。

第四，酸奶。新一代畅轻利乐冠——畅轻谷物爆珠系列，创新性的产品口味，Q弹的谷物爆珠，带给消费者更佳的口感体验。宫酪持续引领凝固市场创新升级，布局极致美味分层嫩酸奶。

第五，奶酪。伊家好岩烧乳酪酱，双重芝士添加造就浓郁芝士香，酪酪火炬则浓浓酪香、脆香美味。

第六，冷饮。优选海南文昌椰+≥35%鲜牛乳，推出须尽欢"寻味中国"系列——文昌生椰斑斓芒果口味冰淇淋，多层美味纵情享。巧乐兹6重巧巧冰淇淋、伊利牧场低糖软芯可可雪糕等多款产品，全面满足消费者营养美味新需求。

国际业务部将进一步丰富产品系列，为海外消费者带来更多惊喜与美味。

伊利集团百余款新品的开发，加大了产品组合的长度和深度，丰富了伊利的产品线，提高了市场竞争力。

资料来源：国家乳液工程技术研究中心，2023-12-28。

（2）缩减产品组合。市场繁荣时期，较长、较宽的产品组合会为企业带来更多的盈利机会。但在市场不景气或原料、能源供应紧张时期，缩减产品组合反而能使总利润上升。这是因为剔除那些获利小甚至亏损的产品线或产品项目后，食品企业可集中力量发展获利多的产品线和产品项目。

（3）产品线延伸。产品线延伸是指食品企业根据市场需求，重新对全部或部分产品进行市场定位，对产品线内的产品项目进行延伸。产品线延伸具体有向下延伸、向上延伸和双向延伸三种方式。

① 向下延伸。向下延伸是指在高档产品线中增加低档产品项目。例如，我国白酒著名品牌"五粮液"，在原有高档产品的基础上向中、低档产品扩展，陆续推出了五粮春、五粮醇、铁哥们、京酒、火爆酒、东方龙等数十个品牌。其产品线从单价四五百元的高档产品，覆盖到了一百元左右的

中档产品和二三十元的低档产品。

② 向上延伸。向上延伸是指在原有产品线内增加高档产品项目。例如，我国方便面行业著名品牌"华龙"，创立之初定位目标消费群体为8亿农民和3亿工薪消费者，主推零售价在1.0元以下的产品，如108、甲一麦、小康家庭等。随后，"华龙"开始向高端市场进军，推出了价位相对较高的"今麦郎"系列产品。

③ 双向延伸。即原定位于中档产品市场的企业，在掌握市场优势后，向产品线的上、下两个方向延伸，一方面增加高档产品，另一方面增加低档产品，力争全方位占领市场。随着产品项目的增加，市场风险会逐渐加大，经营难度也会增加。因此，采用双向延伸策略的企业应具备较高的经营管理水平，否则可能会导致失败。

（4）产品线现代化策略。产品线现代化策略强调将科学技术应用到生产过程中。因为在某些情况下，虽然产品组合的广度、长度都非常适合，但产品线的生产过程、技术及产品形式可能已经过时，这就必须对产品线实施现代化改造。

（5）产品线号召策略。有的食品企业在产品线中选择一个或少数几个产品项目加以精心打造，使之成为颇具特色的号召性产品，以吸引消费者。有时，食品企业也会以产品线上的低档产品型号进行特别号召，使其充当开拓销路的廉价品。

4. 运用产品组合应注意的问题

食品企业在进行产品组合时，涉及三个层次的问题需要做出抉择：

（1）是否增加、修改或剔除产品项目。

（2）是否扩展、填充和删除产品线。

（3）哪些产品线需要增设、加强、简化或淘汰。

三个层次问题的抉择应该遵循既有利于促进销售又有利于增加食品企业总利润的基本原则。产品组合的四个因素与促进销售、增加利润都有密切的关系。一般来说，拓宽、增加产品线有利于发挥食品企业的潜力、开拓新的市场；延长或加深产品线可以满足更多的特殊需求；加强产品线之间的一致性，可以增强食品企业的市场地位，发挥和提高食品企业在相关专业领域的能力。

任务2　食品市场营销的产品生命周期

6.2.1　产品生命周期的概念

产品生命周期是指产品从进入市场到被淘汰退出市场的全部运动过程，这也可以理解为市场上的商品产生、发展和衰亡过程的时间表现。典型的产品生命周期包括四个阶段，即导入期、成长期、成熟期和衰退期，如图6-2所示。食品企业通过研究产品生命周期，可以掌握自己所生产经营的产品处于生命周期的哪个阶段，以便及时进行产品的更新换代。

产品生命周期的内涵包括以下方面：

（1）应将产品的生命周期与产品的使用寿命的概念加以区别。产品的使用寿命是指产品的耐用程度，是产品从开始使用到其使用价值完全丧失的时间间隔；而产品的生命周期是交换价值的消失过程，其起始点是产品正式投入市场或上市，终点是这种产品退出市场或被市场淘汰。

（2）应将产品生命周期与行业、种类、品类和具体牌号的产品生命周期的概念加以区别。企业产品生命周期是指个别企业某种产品的生命周期；行业产品生命周期是指某产品在某个行业（或整个市场）范围内的生命周期。产品的经济生命周期泛指"产品"，但产品种类、品类和具体牌号之间的生命周期存在显著差异。

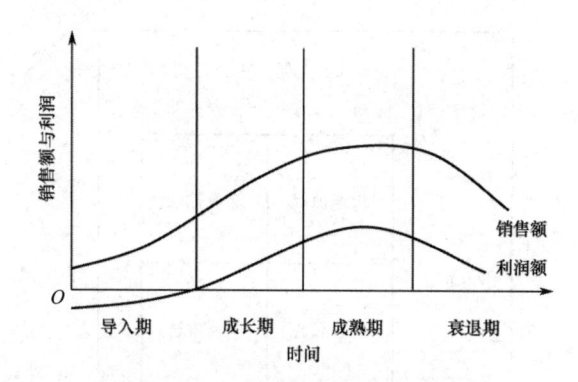

图 6-2　产品生命周期的四个阶段

（3）不同的产品，其生命周期的持续时间长短不一。对于生命周期的每一阶段而言，各产品的延续时间也存在很大差异。以导入期为例，有些产品进入市场后很快进入下一阶段，而有些产品则过渡缓慢，需要经过长期努力才能进入下一阶段。

（4）产品的生命周期体现的是一种长期趋势。然而，有许多因素会影响产品的短期表现，如季节变化、严重自然灾害的影响以及政府法令的规定（如限制或禁止某种产品的生产）等，这些因素未被纳入产品生命周期的长期趋势分析中。

6.2.2　产品生命周期各阶段的市场营销策略

1. 导入期的食品市场营销策略

导入期，又称引入期、试销期，是指新产品刚刚投入市场的最初销售阶段。

（1）特点。

① 产品设计尚未定型，生产批量小，单位产品生产成本高。

② 消费者对产品不熟悉，销售量小，销售增长缓慢。

③ 销售网络还没有全面有效地建立起来，销售渠道不畅。

④ 由于销售量小、成本高，企业利润较少，甚至亏损。

⑤ 市场竞争较少。

（2）食品市场营销策略。在产品的导入期，食品市场营销策略的指导思想是将销售力量直接投向最有可能的购买者，即新产品的创新者和早期采用者。食品市场营销的目标是建立产品的知名度。食品市场营销的重点是要突出一个"准"字，即市场定位和营销组合应准确无误，符合企业和市场的客观实际，加快推进产品进入成长期。

将定价的高低与促销费用的高低结合起来，有四种策略，构成了定价—促销矩阵，如图 6-3 所示。

① 快速掠取策略。采用高定价和高促销方式推出新产品。实行高定价是为了在每一单位产品销售额中获取最大利润，以快速收回开发投资；实行高促销方式，则是先声夺人地尽快扩大产品影响力和市场占有率。其操作方法是：制定较高定价，促销上使用大量资金进行广告宣传，在商场大量做堆头促销，以求消费者尽快了解并接受新产品。

运用快速掠取策略应具备的市场条件：大部分潜在消费者不了解新产品，市场对产品有较大需求潜力，需要开展大规模广告促销宣传；目标消费群素新心切，急于购买新产品，产品的定价需求弹性不大，有制定较高定价的可能；产品潜在竞争威胁大，科技含量不高，竞争者容易模仿，需要尽快建立消费者对新产品的偏好，树立品牌形象。

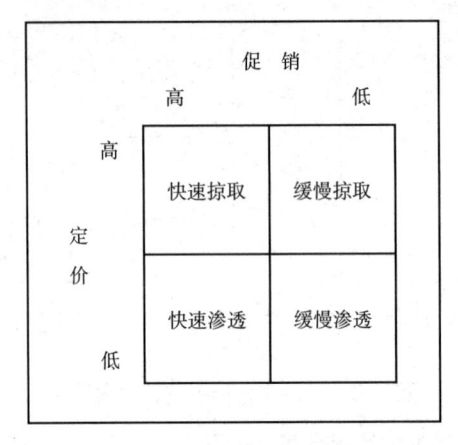

```
                  促  销
              高         低
         ┌─────────┬─────────┐
       高│ 快速掠取 │ 缓慢掠取 │
    定   ├─────────┼─────────┤
    价   │         │         │
       低│ 快速渗透 │ 缓慢渗透 │
         └─────────┴─────────┘
```

图 6-3　定价—促销矩阵

运用快速掠取策略的适用范围：产品有特点且有吸引力，但知名度不高；市场潜力很大，目标消费群有较高支付能力；面对潜在竞争者的威胁，急需建立品牌形象。

② 缓慢掠取策略。以高定价和低促销方式推出新产品。这样做可以获得更多毛利并降低营销费用，从而从市场上获取最大利润。其操作方法是给产品制定较高定价，但只花费少量资金做适当的广告宣传。

运用缓慢掠取策略应具备的市场条件：产品市场规模较小，大部分潜在消费者已通过其他渠道了解产品信息，无须大规模广告宣传；产品潜在竞争威胁不大或市场竞争不激烈；大多数消费者已知晓产品，对该产品没有过多疑虑，市场容量相对有限；产品需求弹性不大，高定价能被市场接受。

③ 快速渗透策略。以低定价和高促销方式推出新产品，这是一种风险较大但可以迅速占领市场、获得较高市场占有率的策略。"渗透"是指利用低定价去吸引消费者。这一策略可以为企业带来最快的市场渗透率和最高的市场占有率。采用这一策略时，产品在投入市场之初利润很低甚至亏本，但当完成市场覆盖、获得较大市场份额后，才是收获利润的阶段。其操作方法是给产品制定较低定价，同时投入大量资金进行广告宣传，迅速提高产品知名度，扩大销售额，大面积占领市场，着眼于长期利润获取。

运用快速渗透策略应具备的市场条件：潜在消费者对产品不了解且对定价敏感，产品需求弹性较大；市场容量很大，市场竞争激烈，需要大规模推销以吸引更多潜在消费者；产品单位制造成本可随生产规模和销售量的扩大迅速下降，为低定价提供条件。

④ 缓慢渗透策略。企业以低定价和低促销方式推出新产品。低定价使市场迅速接受产品，同时低促销费用可实现较多的净利润。其操作方法是采用低定价，只花费少量资金进行推销活动，着眼于长期的最大市场占有率，从低价中获取最大利润。

运用缓慢渗透策略应具备的市场条件：市场容量很大，短时间内不易被消费者接受或短期内市场不会饱和，须着眼于长期策略的实施，如果市场容量在短期内饱和，采用缓慢渗透策略便无法达到预期效果；消费者对新产品已基本了解，所促销产品通常是改进型新产品，因此无须进行大规模促销；产品定价需求弹性较大，高定价容易导致销售量急剧减少。

2. 成长期的食品市场营销策略

成长期是指产品在市场上迅速被消费者接受、销售量和利润迅速增长的时期。

（1）特点。

① 销售额迅速增长。

② 生产成本大幅度下降，产品设计和工艺定型，可以大批量生产。

③ 利润迅速增长。
④ 由于同类产品、仿制品和代用品开始出现，市场竞争日趋激烈。
（2）食品市场营销策略。在产品的成长期，食品市场营销的目的是维持并提升市场增长率；目标是提高市场占有率；重点是突出产品质量优良，将现有消费者转化为忠诚的回头客，同时让他们成为口碑传播者，吸引更多的潜在消费者。

食品企业为维持其市场增长率，延长获取最大利润的时间，可以针对成长期的特点，采取以下操作方法：第一，拓展销售渠道，即运用线上线下一体化的分销和促销方式，全方位拓展销售渠道，提高市场覆盖率和占有率。第二，调整定价策略，即采取降价策略，以吸引对价格敏感的消费者，进一步扩大市场份额。第三，产品改进与创新，即努力改进产品质量，增加新的款式和规格，以满足不同潜在消费者的需求。第四，差异化与密集型市场策略，即在目标市场的选择上，宜采用差异化和密集型的市场营销策略，针对不同细分市场的需求，提供定制化的解决方案，巩固产品的市场地位。

3. 成熟期的食品市场营销策略

成熟期是指产品经过成长期的一段时间后，市场需求趋向饱和，销售量进入从缓慢增长到缓慢下降的时期。

（1）阶段划分和特点。
① 成长成熟期。这一阶段的特点是各销售渠道基本呈饱和状态，增长率缓慢上升，还有少数后续购买者继续进入市场。
② 稳定成熟期。这一阶段的特点是产品销售稳定，增长率一般只与购买者人数成比例，如无新购买者则增长率停滞或下降。
③ 衰退成熟期。这一阶段的特点是销售水平显著下降，全行业产品过剩，竞争加剧，市场份额变动不大，突破比较困难。

（2）食品市场营销策略。在产品的成熟期，市场营销的目的是延长成熟期，目标是保持市场占有率，争取利润的最大化。市场营销的重点是"争"和"改"。"争"是争取稳定的市场份额，延长产品市场寿命；"改"是对原有的产品市场和市场营销组合进行改进，以改良性为特征。产品进入该时期，销售额和利润达到最高点。由于生产能力过剩，市场竞争加剧，销售增长速度缓慢甚至出现下降趋势，企业应尽量延长产品生命周期，使已处于停滞状态的销售增长率和利润率重新得以回升。具体可以采用以下策略：

① 改进市场策略。即开发新的目标市场，寻求新的消费者。

第一，争取更多消费者使用。转化未使用者，使从未使用过的潜在消费者接受该品牌；进入新的细分市场，说服那些使用该产品但未使用该品牌的潜在消费者；争取竞争者的消费者，设法吸引他们改换品牌。

第二，增加现有消费者购买或使用。提高消费者的使用频率；增加消费者的购买量；推动消费者尝试新的产品规格或包装。

② 改进产品策略。

第一，改进质量。完善产品使用性能，如耐用性、可靠性、方便性和口味等。

第二，改进特性。在产品大小、重量、材料或附加物等方面增加新特性，以扩大产品的适用性。

第三，改进款式。增加美感，提高竞争力，例如，通过包装设计或产品外观的更新吸引消费者。

③ 改进食品市场营销组合策略。改进食品市场营销组合是提高销售额的重要途径，通过改进一个或多个因素，维持或扩大销量。其主要途径包括：定价策略，即采用降价或定价优惠策略来吸引新消费者；分销策略，即运用线下分销以及线上线下一体化分销，扩大市场占有率；人员促销，即

考虑是否增加推销人员或提高其素质,是否调整销售区域或分工,是否修订业绩奖励办法等;公关促销,即通过公关活动给品牌的坚定忠诚者以鼓舞,稳定动摇者,吸引改变品牌偏好的消费者;营业推广,即考虑用哪些方式抵消竞争者的吸引力。

4. 衰退期的食品市场营销策略

衰退期是指产品销量急剧下降,产品开始逐渐被市场淘汰的时期。

(1)特点。

① 产品销量迅速下降,消费者的兴趣已转移到新产品上。

② 新产品进入市场,竞争突出表现为定价竞争,且价格已下降到最低水平。

③ 多数企业无利可盈,被迫退出市场。

(2)食品市场营销策略。在产品的衰退期,食品市场营销的目的是通过各种市场营销手段让衰退期尽可能晚到来,或通过产品创新和市场开拓重新走向成长期,同时榨取衰退期剩余产品的最后一点利润。企业需要采取快速撤离市场的模式,转移精力开发新产品,采用新的模式。市场营销的目标是降价、放弃、更新换代。如果食品企业能够处变不惊,认真开拓市场,发掘新服务,终点又将成为起点。

因此,食品企业应有计划地逐步缩短及撤出生产线,处理存货,考虑设备工具的再利用。

采用衰退期食品市场营销策略时,食品企业应防止两类错误:一是匆促收兵,导致新旧产品脱节;二是难于割爱,错失退出市场的良机。因此,食品企业经营者应该有预见地转,有计划地撤,有目的地攻,有选择地降低投资水平,放弃无前景的消费群,改变投资热点,及时榨取品牌价值,从容退出产品市场。

> **营销思考**
>
> **让产品跨越生命周期,优酸乳是怎么做的?**
>
> 是什么让优酸乳无惧生命周期的限制,持续活跃在消费者视野中,甚至还能不断成长?这源于优酸乳一次次的品牌升级与不断突破的产品创新。
>
> 首先是最经典的基础款优酸乳。2020年,其包装全面焕新为"夏日滋味盒",将产品与夏天的消费场景进行强关联。优酸乳还打造了"柚子头"的品牌IP形象"小优",并借助"小优"盲盒玩法活化包装,丰富饮用体验。
>
> 其次是优酸乳的高端"果果系列"——果果昔、果果粒、果果满杯,将"果+乳"的创新发挥到极致。果果昔是优酸乳抢占果昔品类的新产品,其旋盖笑脸包设计使饮用更加便捷,而抢眼的紫外光色则体现了潮流文化。果果粒则凭借清爽的双重果粒,丰富了饮用体验。
>
> 从品类战略的角度来看,乳汽新苏打是优酸乳在延续原有乳饮料品类的"乳"和"酸甜"特性基础上进行的创新,重新定义了"乳汽"这一更健康、更具个性的品类,并将其植入消费者心智。
>
> 通过活化老品、推出新品、开拓新的饮用场景、打造品牌IP……优酸乳一步步运用战略性思维实践着品牌升级。
>
> 资料来源:FBIF食品饮料创新,2020-09-24。

6.2.3 划分产品生命周期各阶段的方法

1. 影响产品生命周期的因素

(1)科学技术水平对产品生命周期的影响。科学技术进步的速度对产品生命周期有着显著影响。

一般来说，科学技术进步越快，产品生命周期越短；反之，科学技术进步越慢，产品生命周期则越长。随着科学技术的不断发展，产品的更新换代速度日益加快，产品生命周期也随之变得越来越短。

（2）需求对产品生命周期的影响。影响产品生命周期的需求因素通常与产品的性质、用途、价格和质量密切相关。从产品的性质来看，基本生活资料产品的生命周期相对较长，而非基本生活资料产品的生命周期则较短。从产品的用途而言，实用性较强、能够满足人们长期生活需求的产品，其生命周期较长；而实用性较弱、仅能满足一时需求的产品，其生命周期则较短。此外，价格低廉且质量优良的新产品以及优质品牌产品的生命周期相对较长；相反，质量低劣且价格较高的产品，其生命周期则相对较短。

（3）政府政策和干预对产品生命周期的影响。为了维护社会公众利益，政府可能通过行政和经济手段，禁止或限制那些有碍环境卫生、破坏生态环境或影响人们生命健康的产品的生产和消费，从而缩短这类产品的生命周期。相反，对于有利于消费者健康的新产品，国家从宏观层面出发，鼓励其生产和消费，从而延长这类产品的生命周期。

2. 划分产品生命周期的方法

（1）运用销售增长率判定法划分产品生命周期。这是一种根据销售增长率进行判断的方法。在运用时，需要结合被判定产品的其他特征和因素进行综合分析。

首先计算销售增长率，其计算公式为：

销售增长率=（本年度的销售量-上年度的销售量）÷上年度的销售量×100%

然后，根据销售增长率的大小来判断产品所处的生命周期阶段。其标准为：小于10%且不稳定，为投入期；大于10%，为成长期；小于10%，为成熟期；小于0，为衰退期。

例如，某食品企业某产品的销售数据如下：2021年销售量为1 000件；2022年销售量为1 100件；2023年销售量为1 240件；2024年销售量为1 400件。试确定2021—2023年该产品处于生命周期的哪个阶段。

解：销售增长率计算如下：

2021年的销售增长率=（1 100-1 000）÷1 000×100%=10%

2022年的销售增长率=（1 240-1 100）÷1 100×100%≈12.7%

2023年的销售增长率=（1 400-1 240）÷1 240×100%≈12.9%

由此可以判定，2021—2023年该产品处于生命周期的成长期。

（2）同类产品类比判定法划分产品生命周期。这是一种通过一种产品的生命周期变化规律，类比分析另一种同类产品生命周期的方法。企业可选择相关产品进行对比，因为人们对拥有这类产品的消费心理往往相似，因此可以进行类比分析。营销判定人员必须熟悉所涉及的产品，并确保所选择的类比产品与被判定的产品具有相似的背景，以增强两者之间的可比性。

（3）特征判定法划分产品生命周期。这是根据人们已经掌握的产品在不同阶段所表现的一般特征，与企业某一产品的当前状况进行对比，并得出结论的一种判定方法。这种方法易于掌握，但对营销判定人员的判断能力与经验要求较高。

营销视角

农夫山泉如何延长产品生命周期

1. 选品和定位要具备前瞻性，抓住未来的趋势

农夫山泉的产品涵盖包装水、茶饮料、功能饮料、果汁饮料四大品类，每个品类中聚焦于2~3款核心单品。公司在选品时深思熟虑，坚持健康升级的大方向，致力于寻找符合未来消费趋势的产品,而不仅仅是追逐当下的热潮。

2. 把老品当新品来做,持续投入和改进

农夫山泉并不特别追求每年新品上市的数量或新品销售占比,而是认为很多老品可以通过产品更新和持续推广获得新的增长空间。以茶饮料为例,茶π自2016年推出至今已七年,仍能保持中双位数的复合增长,其生命周期明显长于竞品。东方树叶经过十年培育,2020年后随着无糖市场的兴起,通过口味推新和加大营销力度,快速成长为30亿元单品。

3. 产品持续更新,贡献主要增长

茶π最初聚焦于一、二线城市,近年来通过渠道下沉带动增长,覆盖网点接近150万个。从产品来看,茶π老品基本保持稳定,2020年后推出的900mL大规格、杯状新品以及柑普柠檬和青提乌龙新口味成为增长的主要驱动力。东方树叶于2021年推出青柑普洱和玄米茶两种口味,其中普洱茶广受欢迎,渠道反馈其销量已超过茉莉花茶,成为最畅销的口味。从销售规模来看,茶π自2016年上市当年销售额突破10亿元,到2022年已增长至约35亿元;东方树叶2018年销售额仅约4亿元,到2022年已接近茶π的体量。

4. 持续推广营销,保持产品热度

农夫山泉始终重视对老品的营销投入和创新。茶π上市初期以Bigbang为代言人,营销上强调年轻、文艺范。2018年,公司调整包装风格为卡通,吸引更多消费群体;2019年进一步升级,邀请英国画家创作插画,并推动其在中小学美术课堂作为教学案例。2020年后,随着无糖茶饮料市场接受度的提升,农夫山泉加大了对东方树叶的宣传力度,通过纪录片宣传和在央视投放广告等方式提升品牌影响力。此外,东方树叶自2021年开始推出季节限定款,增加与消费者的互动。

资料来源:微信公众号"招商食品饮料",2023-05-14。

6.2.4 运用产品生命周期应注意的问题

食品企业通过产品生命周期的分析,运用产品生命周期各阶段划分的方法,确定自己经营的产品处于生命周期的哪一个阶段,便于制定对应的市场营销策略,以实现产品生命周期不同阶段的市场营销目的。

产品生命周期理论表明,不会有一种产品经久不衰、永远获利。食品企业必须经常对自己生产、经营的各类产品的市场状况进行分析,淘汰老产品,开发新产品,使产品组合处于最优状态。持续开发新产品,使食品企业在某些产品面临衰退之前,另一些新产品已进入快速成长期;当某些产品处于成熟期时,一些新产品已开始推向市场。这样,企业才不至于因老产品的淘汰而引起利润下降,从而确保企业总利润始终保持上升的势头。因此,食品企业必须大力开发新产品,使不同产品分别处于产品生命周期的不同阶段。只有这样,食品企业才能处于良性经营中,保持企业的生命力,延长企业的寿命。例如,生鲜产品的生命周期如表6-2所示。

表6-2 生鲜产品的生命周期

阶段	市场反应
新上市	消费者对产品不熟悉,容易忽视
成长期	消费者开始逐渐接受产品,竞争开始出现
旺销期	消费者完全接受产品,销售开始达到最好
尾季期	消费者开始转移注意力,对产品失去兴趣
过季期	消费者已全面下架,提前寻找替代品

任务3　食品市场营销新产品策略

6.3.1　食品市场营销新产品的概念

对新产品进行定义，可以从企业、市场和技术三个角度入手。对食品企业而言，第一次生产销售的产品都称为新产品；对市场而言，则只有第一次出现的产品才被称为新产品；从技术角度看，在产品的原理、结构、功能和形式上发生了改变的产品称为新产品。食品营销的新产品不仅包含上述三个方面的内容，更注重消费者的感受与认同。它是从产品整体性概念的角度来定义的。凡是在产品整体性概念中任何一部分的创新、改革和改进，能够给消费者带来某种新的感受、满足和利益的产品，都称为新产品。新产品可分为以下五类：

（1）市场尚未流行的新产品。
（2）对企业自身而言是新的产品。
（3）现有产品的延伸，即在现有产品基本属性及概念上的延伸。
（4）新客户，即新的客户群的产生带来新的产品需求。
（5）新市场，如新的区域和地域分布产生差异化而带来的新的产品需求。

思政教育

守好食品安全底线　提升营养健康高线

党的二十大将安全摆在了更加突出重要的位置，用专章进行全面部署，这充分体现了以习近平同志为核心的党中央对国家安全工作的高度重视。食品安全作为其中的重要内容，是保障人民健康和社会稳定的关键。以新安全格局保障新发展格局，蕴含着发展和安全的重要战略思想，对食品行业同样适用。食品不安全不仅会危及人民群众的身体健康，还会引发公众的心理恐慌与社会秩序混乱，阻碍食品产业发展，降低政府公信力，损害国家形象，甚至影响国际关系。因此，食品行业必须清醒认识到，安全是发展的前提，发展是安全的保障，安全和发展是相互依存、相互促进的。在推动食品产业快速发展的同时，务必牢牢守住安全发展的底线，打造与之相适应的安全格局，实现高质量发展和高水平安全的良性互动，把食品产业发展建立在更加安全、更为可靠的基础之上。

资料来源：中国食品卫生杂志，2023-03-07。

6.3.2　新产品开发策略

1. 食品新产品开发原则

（1）应符合现代生活发展趋势：安全、健康、绿色、便捷。
（2）应符合国家总体政策性规划，避免使用稀缺资源或未来可能被禁止的天然（野生）原料，以及高能耗、高污染的生产工艺。
（3）原辅料注意地域性和季节性，以免提高成本和影响销售（季节性断货）。
（4）开发产品时注意专利等知识产权，特别是外包装。
（5）随时关注国家相关标准及政策，制定产品标准，特别是地方性土特产类产品。
（6）以成本为关注焦点，在确保产品价值的同时，追求成本效益。

2. 食品新产品开发策略

第一，获取现成的新产品。食品企业可以通过联合经营、购买专利、经营特许、外包生产等方式获取现成的新产品。例如，通过与技术领先的企业合作，快速引入创新产品，满足市场需求。

第二，食品企业自主开发新产品。包括独立研制开发和协约开发等方式。

3. 食品新产品开发中的创新思维

创新是为了迎接未来，而非仅仅针对现状。未来的概念可以分为以下四种情况：

第一，前方的未来。它是可预测的，趋势已形成但尚未到来，最终目的已清晰，如人口因素。

第二，超越前方的未来。确切的最终目的地未知，但已知参数提供的选择有限。

第三，后边的未来。若想预知未来20年可能发生的情况，回顾过去10年所发生的事件，便可知晓，许多历史事件在重演。

第四，临近的未来。关注当前市场和技术的微小变化，这些变化可能在短期内带来新的机遇。

4. 食品新产品开发的方向

食品新产品的开发应朝着"健康、美味、便捷、情绪"四个方向创新升级。在健康方面，除低糖化、低脂化、高蛋白化等"两低一高"升级外，企业还需要通过一系列创新手段，全方位提升食品的营养价值，如传统滋补品类的产品创新。在美味方面，探索新的风味元素和口感，以提升消费者的味觉体验。除了推出新奇风味产品，还可通过美味的组合搭配，创造出全新的味觉体验，满足消费者对多样化口味的追求。在便捷方面，不断优化产品制作工艺和包装设计，提升消费者的用餐体验。例如开发小规格包装，满足独居人群和小型家庭的需求。在情绪方面，"为快乐而吃"成为许多消费者舒缓情绪、疗愈身心的重要方式，因此需要开发"悦己满足"的产品。

> **营销式思考**
>
> **未来食品"营养"美好生活**
>
> 未来食品是对传统食品、现代食品的进一步发展，体现了未来生产方式和生活方式的改变，其主要任务是解决食物供给和质量、食品安全和营养、饮食方式和精神享受等问题。从科学发展的角度来看，以合成生物学、物联网、人工智能、增材制造、纳米技术等为技术基础，未来食品将会更安全、更营养、更美味、更可持续。未来食品的发展趋势是食品技术（FT）、生物技术（BT）和信息技术（IT）的高度融合。未来食品产业主要有三大特点：
>
> 第一，变革传统食品工业的制造模式。与传统的种植养殖不同，未来食品可以通过食品技术与生物技术的结合，以工业化车间生产模式制造肉、蛋、奶、油等食品，使食品生产模式更为高效、绿色、可持续。
>
> 第二，既使人更健康，也使地球更健康。医学研究表明，在食物结构中加入一定比例的植物蛋白替代动物蛋白，有益于身体健康。植物蛋白替代动物蛋白，正是未来食品的代表性发展方向。未来食品通过植物、微生物等方式获取蛋白，生产过程中产生的温室气体少，占用耕地面积小，在资源消耗和环境影响等方面更加高效环保，让地球更健康。
>
> 第三，能够应对人类面临的食物挑战。据联合国相关统计数据，到2050年，全球对蛋白质的需求量将大幅增加。因此，提高食品蛋白生产效率、寻求替代蛋白，成为未来食品的重要课题。通过动物细胞培养、微生物发酵生产以及植物培育等方式获得的蛋白，不仅在生产效率方面具有显著优势，而且更容易满足不同食品蛋白的功能和性质需求。
>
> 资料来源：食品科学杂志，2023-02-15。

6.3.3　新产品开发的操作流程

食品企业新产品开发源于两个原初动力：一是研发部门，二是市场部门。研发部门的出发点在于技术层面的思考，既考虑新产品的可行性，更注重产品的技术领域；市场部门则更多地关注市场需求。新产品常常很快在市场中消失，这主要是由于这两个部门未能有效沟通，忽略了对客户需求的关注。

食品新产品的开发需要不同分工的人员共同参与，包括产品配方研究、工艺过程研究、市场研究、产品概念研究以及加工工程研究。这是一个集合多方面研究的系统工程。

食品新产品开发流程一般要经过创新阶段、评估阶段、开发阶段和进行阶段，如图6-4所示。

创新阶段 → 评估阶段 → 开发阶段 → 进行阶段

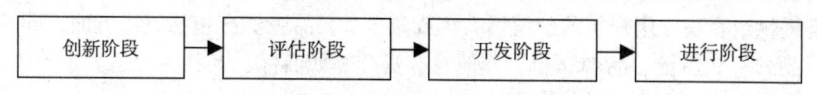

图 6-4 食品新产品开发流程

在当今实际的食品新产品开发中，人们更注重后三个阶段的研究，而对于创新的思考以及具有创新思维的新产品概念的形成，研究力度相对不足。在竞争激烈的市场环境中，具有创新意识的新产品概念对食品企业显得尤为重要。食品新产品开发各阶段的研究内容如表6-3所示。

表 6-3 食品新产品开发各阶段研究内容

阶　段	研究的内容
创新	未来商业大环境、未来潜在需求、相关领域信息的检索、尚未流行的市场新产品、创新概念的雏形
评估	成本与收益、战略适宜性、目标市场、客户产品、价值定价、易于向消费者介绍
开发	市场营销的具体执行规划、所需资源（信息与材料）、最佳与最差结果分析、风险与回报率
进行	关键因素分析、促销性与预防性部署计划、3~5年商业计划的执行/不执行决策

任务 4　食品品牌策略与包装策略

6.4.1　食品品牌

1. 食品品牌的内涵

食品品牌是食品行业中一种名称、术语、标记、符号或设计，或者是它们的组合运用，其目的是用以辨认某个销售者或某群销售者的产品和服务，并使之与竞争者的产品和服务区别开来。

食品品牌是一个集合概念，包含食品企业品牌名称、品牌标志、商标等概念。品牌名称是指品牌中可以用语言称呼和表达的部分，如蒙牛、伊利、双汇、卫龙等。品牌标志是指品牌中可被识别但不能用语言表达的特定标志，包括专门设计的符号、图案、色彩、文字等。商标是指经过注册登记并受法律保护的品牌或品牌中的某一部分。经注册登记的商标通常有"R"标记或"注册商标"的字样。商标的实质是品牌，但它是受到法律保护的产权标志，是经商标局核准注册而取得的特殊权利，具有独占性，不容他人或企业侵犯。商标是生产者或经营者的标志，区别于其他商品，是企业声誉和评价的象征。品牌只有根据商标法的规定进行登记注册后，才能成为商标并受到法律的保护。因此，可以说商标都是品牌，但品牌不一定是商标。

商标与品牌的联系和区别如下：

第一，商标与品牌的联系。品牌与商标都是用以识别不同生产经营者的不同种类、不同品质产品的商业名称及其标志。商标的实质是品牌，两者都是产品的标记。

第二，商标与品牌的区别。品牌是市场概念，实质上是品牌使用者对消费者在产品特征、服务和利益等方面的承诺。并非所有的品牌都是商标，品牌与商标可以相同也可以不同；商标是法律概念，是已获得专用权并受法律保护的品牌或品牌的一部分。商标必须办理注册登记，品牌则无须办理；商标是受法律保护的品牌，具有专门的使用权。

2. 食品品牌资产

食品品牌资产，也称食品品牌权益，是指只有品牌才能产生的市场效益，或者说产品在有品牌时与无品牌时的市场效益之差。品牌是与名字和象征相联系的资产（或负债）的集合，它能够使通过产品或服务提供给客户（用户）的价值增大（或减少）。品牌资产包括五个方面，即品牌忠诚度、品牌认知度、品牌感知质量、品牌联想、其他专有资产（如商标、专利、渠道关系等）。这些资产通过多种方式向消费者和企业提供价值。

思政教育

加强中国特色品牌建设是满足人民美好生活需要的重要途径

品牌作为产品之外的附加价值，不仅是产品及产品之外附加价值的体现，更是优秀传统文化传承发展的载体，是一种具有特定文化意义的符号。品牌在不同情境下的定义，如品牌附加价值说、品牌传承价值说、品牌本体价值说等，都表明品牌是物质文明和精神文明的统一体。

科创、质量与文创、文明是中国特色品牌的两翼。只有两翼动态平衡，才能腾空万里、展翅高飞，进而屹立于世界知名品牌之林。因此，加强中国特色品牌建设是满足人民美好生活需要的一条重要途径。

资料来源：微信公众号"品牌重庆"，2022-11-14。

中国式营销

思念品牌策略

第一，品牌定位：速冻食品领军品牌。

第二，品牌口号："美味，怎能不思念。"思念品牌将"思念"的含义延伸为陪伴、温暖、爱与美好，持续深化思念食品与家的味道的关联。

第三，品牌使命：中华美食现代化，世界美食本土化，企业发展共享化，客户满意思念化。

第四，目标客群：主力消费人群集中于30~45岁的中高端女性。

第五，品牌色彩：红色。红色是中国传统文化的精髓，逐渐嬗变为中华文化的底色，代表着喜庆、热闹与祥和，也象征着一家人温暖的团聚。

第六，品牌核心价值：

价值1：全国五大工厂产业园。公司在郑州、遂平、四川、湖州、广州以及美国加利福尼亚州等地建有生产基地。

价值2：四大筛选标准原料把控。制定《供应商开发管理规定》，通过四大筛选程序，精选上游供应商。与供应商合作在全国建立蔬菜基地，推广标准化种植，确保原料品质。

价值3：全球领先的速冻技术应用。采用全球领先的JBT螺旋冷冻隧道设备，运用纳米级冰晶锁鲜技术，将食品中的水分快速冻结成直径为纳米级的冰晶（0.000 001毫米）。

价值4：全自动化低温立体冷链运输。低温立体库温度精准控制在-20℃，确保产品质量。采用销售、生产、仓储信息联动模式，控制产品周转，提升产品新鲜度。

价值5：严格的食品安全体系。食品安全管理体系涵盖上游供应商管理、原辅料验收、生产过程监控、车间卫生管理及成品检验，全方位保障食品质量安全。

第七，品牌标识：思念食品标志将字体设计与圆形筷子巧妙结合，形成独特意境。寓意消费者手持筷子品尝思念食品，享受家的味道。标志采用圆形缺一角的外形，搭配立体感设计，形象地传达出对产品的惊叹。标志中央的"思念"二字采用富有喜感的设计手法，形似曲线坐地的男女两个人形，生动地突显了"思念"主题，展现了思念食品的人文理念。

资料来源：微信公众号"品牌泰斗小青青"，2024-01-29。

6.4.2 食品品牌策略

1. 食品品牌定位策略

食品品牌定位是勾画食品企业品牌产品在目标消费者心目中的形象，使企业所提供的产品具有一定的特色，满足特定消费者的需求，并与竞争者的产品有所区别。食品品牌定位策略主要包括以下三个方面：

（1）食品品牌差异化定位策略。食品品牌差异化定位策略是指食品企业在产品质量、口味等方面明显优于同类产品，从而形成独特的市场优势，为消费者提供与众不同的产品体验。差异化战略的追求目标是通过不断创新来实现的。

守正创新

"中国汉堡"塔斯汀如何靠差异化定位出圈

"中国汉堡"塔斯汀通过产品差异化战略脱颖而出。塔斯汀借鉴了西式快餐行业精细的标准化要求和成熟的连锁管理体系，同时打造品牌特色，融入当下流行的国潮元素，以差异化风格植入消费者心智，并创新符合国人饮食习惯的产品口味。塔斯汀精准抓住了对快餐品质有高要求且注重性价比的年轻用户群体，通过打造兼具亲民价格与本土风味的手擀中国汉堡，成为汉堡界的"后起之秀"。

资料来源：新媒体重点实验室，2023-03-09。

（2）食品品牌个性化策略。食品品牌个性化策略是根据品牌形象的个性化需求，将品牌定位的重点放在消费者的个性化、多元化需求上。随着消费市场从大众化阶段进入个性化、风格化阶段，消费者对品牌的视觉观感与趣味性提出了更高要求。

（3）食品品牌社交化策略。食品品牌社交化策略是基于品牌价值，以用户为中心，以互动和共享为主要手段的一种策略。其特点包括社交媒体传播速度快、范围广，以及精细化、个性化和用户参与度高。

中国式营销

中国品牌要把中国优秀文化元素融入其中

中国品牌需要大力展现优秀的中国文化，以中国文化的力量撬动品牌升级跃迁。崛起中的中国品牌需要以中国文化为底座，其向上突破的首要关键在于运用中国文化的勇气与底气。

中国品牌的设计应融入优秀的中国文化元素。从高尚雅致的艺术品中汲取灵感并融入品牌，有助于凸显品牌高雅清秀的格调，也能为品牌带来积淀传承的韵味。例如小罐茶、小仙炖、李锦记等品牌，将古老的饮食文化与现代设计相结合，有效提升了品牌的神韵。

中国品牌要用中国文化的逻辑讲故事。中国品牌走向世界时，需要通过讲述中国文化的故事来塑造其在全世界的品牌形象，只有好的故事才能引发消费者对品牌的向往之心。东方神韵、尊贵大气、包容兼蓄，这些全世界对中国文化的基本认知，值得中国品牌加以应用。中国文化追求天人合一，做人做事奉行仁、智、礼、义、信，这些东方美德在内核上与现代商业中的诚信、公平精神相契合。中国品牌可以运用中国文化的话语体系，打造自己的商业观和品牌观。

中国品牌要打造长期全面的文化价值观体系。真正实现品牌与文化的融合，中国品牌需要树立长期主义观念。中国品牌的文化软实力应从研发、生产、销售、服务等全产业链的全生命周期着眼，打造出以文化为引领的体系能力。

资料来源：中国企业文化研究会，2024-04-03。

（4）食品品牌生活化策略。食品品牌生活化是一种品牌与消费者各取所需的品牌化营销方式，通过"接地气"的方式展现人文关怀，贴近消费者心灵，让消费者生活更加满意。在打造品牌时，必须考虑产品在何种场景下被消费。如果消费场景频次较低或场景范围较小，那么产品的市场容量将极为有限。

（5）食品品牌人格化策略。食品品牌人格化策略是将消费者对产品或服务的一系列特性转化为具有人格化的特征，通过创建一个真实的品牌人物，赋予品牌内在价值，并将其嵌入品牌文化中，从而吸引更多消费者关注。品牌人格化能够帮助消费者建立情感联系，通过品牌背后的独特故事，提升品牌的认知度。

2. **食品市场营销品牌化策略**

食品市场营销品牌化策略是指食品企业是否为产品建立品牌。品牌化策略主要包括以下两种：

（1）无品牌化策略。无品牌化策略通常适用于以下几种情况：未经加工的原料产品，如棉花、大豆等；生产工艺简单、消费者选择性不大的小商品；消费者习惯上不辨认商标的产品，如白糖等。企业选择无品牌化策略的主要目的是节省品牌设计、广告和包装费用，从而降低成本和售价，增强产品竞争力，扩大销售规模。

（2）使用品牌策略。随着市场经济的高度发展和经济全球化的影响，品牌化趋势愈发显著，几乎涵盖了所有产品。即使是传统上不使用品牌的商品，也逐渐出现了品牌化的倾向。许多生产中间产品的制造商也开始涉足最终品牌产品的行列。

思政教育

打造更多有国际影响力的"中国制造"品牌

十四届全国人大二次会议的政府工作报告中提出，大力推进现代化产业体系建设，加快发展新质生产力。加强标准引领和质量支撑，打造更多有国际影响力的"中国制造"品牌。2024年3月5日，习近平总书记在参加江苏代表团审议时强调，要牢牢把握高质量发展这个首要任务，因地制宜发展新质生产力。新质生产力是由技术革命性突破、生产要素创新性配置、产业深度转型升级而催生的当代先进生产力，它以劳动者、劳动资料、劳动对象及其优化组合的质变为基本内涵，以全要素生产率提升为核心标志。

资料来源：新华网，2024-03-06。

---

3. **食品市场营销品牌防御策略**

食品市场营销品牌防御是指食品企业通过一系列策略防止他人侵权行为，避免企业声誉和利润受损。可采用以下策略：

（1）及时注册商标策略。品牌经注册成功后可获得法律保护，有效防止竞争者抢注、仿制、使用或销售本企业的商标。出口商品应在目标国家及时注册商标。注册商标有效期满后，应及时申请续展注册。

二维码链接 6-1 《品牌评价 原则与基础》国家标准解读

（2）在非同类商品中注册同一商标。从战略发展角度出发，在非同类商品中注册同一商标，可为企业未来拓展奠定基础，避免品牌被他人盗用。

（3）在同一商品中注册多个商标。例如，"娃哈哈"商标注册时，同时注册了"娃哈娃""哈娃哈"等多个近似商标，从而堵住了可能被仿冒的漏洞。

4. 食品市场营销品牌归属策略

食品市场营销品牌化决策之后，还需要决定品牌归谁所有，由谁管理和负责。常见的品牌归属策略包括：

（1）制造商品牌策略。制造商使用自己的品牌，也称为生产者品牌策略。享有盛誉的制造商还可将其著名品牌授权他人使用，并收取一定比例的特许使用费。

（2）中间商品牌策略。中间商通过大量采购产品，以自己的品牌进行转售。使用中间商品牌可带来诸多好处，如更好地控制定价、获取较高利润，并在一定程度上控制供应商。随着电子商务的发展，出现了大量电商品牌。早期淘宝平台孵化的品牌称为"淘品牌"，即"淘宝商城和消费者共同推荐的网络原创品牌"。麦包包、韩都衣舍、小狗电器是较成功的淘品牌代表。近年来，随着直播电商的发展，又出现了抖品牌（抖音电商）、快品牌（快手电商）、团品牌（社区电商）等。

（3）混合品牌策略。混合品牌策略，也称双重品牌策略，即部分产品使用制造商品牌，部分产品使用中间商或其他厂商的品牌。

5. 食品市场营销品牌关联策略

这是食品企业内部品牌之间关联程度的决策，包括以下几种品牌策略：

（1）同一品牌策略。也称统一品牌策略，是指企业对所生产的多种产品使用同一品牌。其实质是品牌延伸策略，即企业将成功的品牌延伸至其他产品。例如，康师傅方便面在市场上取得成功后，将该品牌延伸至乌龙茶、八宝粥、饼干、果汁、纯净水、香米饼等产品。

采用同一品牌策略时需要注意，如果企业某一种产品出现质量问题，其他产品也可能受到牵连。因此，必须对所有产品的质量进行严格控制。例如，如果佳洁士推出低档牙膏，可能会破坏品牌在消费者心目中的高端印象，从而得不偿失。

（2）个别品牌策略。即食品企业对不同产品分别使用不同的品牌名称。这种策略的好处有两个：一是起"隔离"作用，通过品牌将不同产品的特性、档次和目标客户的差异区分开来，避免将高档优质产品的品牌引入较低质量的产品线；二是起"保险"作用，不将企业的声誉完全依赖于某一品牌的成败，降低因某一品牌信誉下降而带来的风险。例如，可口可乐公司生产的饮料产品采用了"可口可乐""雪碧""芬达""醒目""酷儿"等多个品牌。该公司在全球近200个国家拥有400个非酒精饮料品牌，原因在于不同的人在不同的时间、地点，因不同的原因希望饮用不同的饮料。

（3）同一品牌和个别品牌并列策略。拥有多条产品线或多种类型产品的企业可采用此策略，通常是在每一种个别品牌前冠以公司的商号名称。例如，可口可乐在漯河建厂生产，取名"漯河太古可口可乐"，这种命名方式能迅速被消费者接受。

6. 食品市场营销品牌变更策略

许多相关因素的变化要求食品企业做出变更品牌的决策，包括以下策略：

（1）更换品牌策略。即企业完全废弃原有的牌名和商标，更换为新的牌名和商标。当品牌已不能反映企业现有的发展状况，或因产品出口等需要时，可以进行更新。其目的是使品牌适应新的观念、新的时代、新的需求和新的环境，同时给人以创新的感受。

（2）推展品牌策略。即企业采用原有的品牌，但对原有商标进行革新，使新旧商标在造型上接近、一脉相承，达到"见新知旧"的效果。例如，七喜公司对"七喜"牌饮料进行重新定位，强调"七喜"是非可乐饮料，从而一举成名。

7. 食品市场营销品牌跨界联名策略

品牌跨界联名策略是指不同品牌通过合作打造创意新品，互相借助对方的品牌影响力，提升联名产品的价值和吸引力，从而实现"1+1>2"的商业效益。

中国式营销

中国品牌日

2017年4月24日，国务院批准将每年5月10日设立为"中国品牌日"，强调大力宣传知名自主品牌，讲好中国品牌故事，提高自主品牌的影响力和认知度。

中国品牌日标识整体以篆书"品"字为核心，呈三足圆鼎形的中国印，如图6-5所示。

"品"字一方面体现了中国品牌日的"品牌"核心理念，昭示开启品牌发展的新时代；另一方面蕴含"品级、品质、品位"之意，象征品牌引领经济向高质量发展。

图6-5 中国品牌日标识

"鼎"是中华文明的见证，是立国重器、庆典礼器、地位象征。以鼎作为中国品牌日标识的符号要素，象征品牌发展是兴国之策、富国之道、强国之法，彰显中国品牌的声誉大名鼎鼎，中国品牌的承诺一言九鼎，中国品牌发展正迈向鼎盛之时。

"印章"是我国传统文化的代表，是易货的凭证、信誉的标记、权力的象征。以印章作为中国品牌日标识的符号要素，体现了中国品牌重信守诺，象征着中国品牌发展的国家意志。

资料来源：西安市场监管，2021-05-01。

6.4.3 食品包装

1. 食品包装的概念

食品包装是食品企业为了在流通过程中保护产品、方便储运和促进销售，而按照一定的技术方法使用容器、材料以及辅助物等，将物品包封并予以适当的装饰和标志工作的总和。简言之，包装就是包装物和包装操作的总和。包装是商品实体的重要组成部分，如果把商标比作产品的"脸面"，那么包装可谓是产品的"外衣"，它是作为产品的"第一印象"进入消费者眼帘的。

2. 食品包装的分类

（1）按食品包装在流通过程中的作用不同，包装可分为储运包装和销售包装。

（2）按食品包装所处的层次不同，包装可分为基本包装、次级包装和运输包装。

（3）按食品包装技术不同，包装可分为真空包装、气调包装、喷雾包装和收缩包装等。

3. 食品包装设计的规范

（1）预包装食品营养标签设计标示的任何营养信息，应真实、客观，不得标示虚假信息，不得夸大产品的营养作用或其他作用。

（2）预包装食品营养标签设计应使用中文。如同时使用外文标示的，其内容应当与中文相对应，外文字号不得大于中文字号。

（3）营养成分表应以一个"方框表"的形式表示（特殊情况除外），方框可为任意尺寸，并与包装的基线垂直，表题为"营养成分表"。

（4）食品营养成分含量应以具体数值标示，数值可通过原料计算或产品检测获得。

（5）营养标签应标在向消费者提供的最小销售单元的包装上。

（6）所有预包装食品营养标签强制标示的内容包括能量、核心营养素的含量值及其占营养素参考值（NRV）的百分比。当标示其他成分时，应采取适当形式使能量和核心营养素的标示更加醒目。

（7）对除能量和核心营养素外的其他营养成分进行营养声称或营养成分功能声称时，在营养成分表中还应标示出该营养成分的含量及其占 NRV 的百分比。

（8）使用了营养强化剂的预包装食品，在营养成分表中还应标示强化后食品中该营养成分的含量值及其占 NRV 的百分比。

（9）配料含有或生产过程中使用了氢化和（或）部分氢化油脂时，在营养成分表中还应标示出反式脂肪（酸）的含量。未规定 NRV 的营养成分仅需标示含量。

（10）预包装食品中能量和营养成分的含量应以每 100 克（g）和（或）每 100 毫升（mL）和（或）每份食品可食部中的具体数值来标示。当用份标示时，应标明每份食品的量。份的大小可根据食品的特点或推荐量规定。

（11）转基因食品须注明：凡列入农业部（2018 年改为农业农村部）发布的《农业转基因生物标识管理办法》的食品，必须在标签上标注"转基因食品"。如使用转基因大豆制取的油，其标签上也应标有"转基因大豆油"字样。

（12）暗示功效的语言不能使用。特殊膳食用食品（如婴幼儿食品、糖尿病人食品）必须标识营养成分，即营养标签。不得标示的内容包括：对某种疾病有"预防"或"治疗"作用。

6.4.4 食品包装策略

1. 安全包装

"安全"是食品的重要属性，包装需要维护这一属性。无论采用塑料、金属、玻璃、复合材料等何种符合食品安全标准的包装材质，还是塑料袋、罐头、玻璃瓶、塑料瓶、盒子等不同形态的包装，其出发点均需要保证被包装食品的新鲜卫生，避免食品与外界环境直接接触，让消费者在保质期内食用到安全卫生的食品。例如，在气调包装中，以氮气和二氧化碳等惰性气体代替氧气，可以减缓细菌繁殖速度。与此同时，包装材料必须具备良好的气体阻隔性能，否则保护性气体就会很快流失。安全一直是食品包装的基本要素。因此，未来食品包装市场依然需要能够更好保障食品安全的包装。

2. 绿色环保可持续的包装材料

传统的食品包装大多使用塑料等合成材料，对环境造成了严重的污染。因此，环保可持续的包装材料成为创新的方向之一。如今，生物降解材料、可循环利用的纸质包装、可食用包装等新型材料正在逐渐应用于食品包装领域。这些材料不仅能够降低对环境的影响，还能够提高消费者对产品及品牌的认可度。

3. 智能化的包装设计

随着科技的发展，智能化的包装设计成为食品包装创新的重要方向。智能包装可以通过感应器、传感器等技术，实现对食品的保鲜、追溯等功能。例如，通过温度传感器，包装能够监测食品的温度，一旦超过安全范围，就会发出警报。这种智能包装不仅能够提高食品的安全性，还能够增加消费者对产品的信任。

4. 个性化的包装设计

个性化的包装设计是近年来备受关注的创新策略之一。消费者对产品的包装有着各自的喜好和需求，因此，根据不同的消费群体，设计出个性化的包装可以提高产品的吸引力。例如，对于儿童食品，可以采用卡通形象、亮丽的色彩等元素，吸引孩子的注意力；对于健康食品，可以使用健康食材的图案和标识，增加消费者的信任感。

5. 便利性与创新相结合

随着人们生活节奏的加快，对食品包装的便利性要求也越来越高。因此，在包装创新中，将便利性与创新相结合非常重要。例如设计方便消费者随时随地食用的小包装；开发易于开启的包装，减少消费者的使用难度。同时，还可以利用技术手段，设计出可重复封闭的包装，延长产品的保鲜期。

6. 包装的互动体验

包装不仅可以承载食品，还可以成为消费者与产品、品牌之间的互动媒介。通过包装上的二维码、AR 技术等，可以实现消费者与品牌之间的互动体验。消费者可以通过扫描二维码了解产品的生产过程、原料来源等信息，增加对产品的信任感。

7. 复用包装

复用包装是指在原包装的产品使用完后，其包装物还可以用于其他用途。例如果酱、咖啡、酱菜采用的杯形包装瓶，可用来作为茶杯；糖果、饼干的包装盒还可以作为文具盒等。这样可以利用消费者一物多用的心理，使他们获得额外的使用价值；同时，包装物在使用过程中也可起到广告宣传的作用，诱发消费者购买或引起重复购买。

8. 附赠品包装

附赠品包装是指在商品包装物内附赠给购买者一定的物品或奖券。例如，购买某品牌牛奶附赠一个相同品牌的杯子等。

守正创新

一罐一姓一图腾

王老吉推出的"百家姓氏罐"曾风靡一时。2022 年，王老吉在保留姓氏罐的基础上，增加了"姓氏定制+姓氏图腾"的个性化设计，深受网友喜爱。上架之后，王老吉姓氏罐饮品迅速被抢购一空。其罐体背面印有代表姓氏的图腾，并向消费者普及 115 个姓氏图腾及其背后的起源故事。传统元素的注入无形中增添了饮用的仪式感。为了让消费者沉浸式体验姓氏文化，王老吉在上海、广州、深圳等六个城市的地铁站进行了广告投放，将人流密集的通道打造成姓氏图腾的"红色长廊"，让人感受到浓烈的春节氛围。此外，王老吉上线"姓运翻转罐互动 H5"，用户在探索姓氏图腾奥秘的同时，还有机会获得奖品，极大地激发了用户的购买热情。线下与线上的巧妙联动让品牌形成高效传播，推动其成为社交媒体用户关注的焦点。

资料来源：王琅. 一罐一姓一图腾. 销售与市场，2022（3 上）：101.

项目案例分析

团团圆圆达利园，系列组合拳把年味加满

达利食品旗下糕点类烘焙食品品牌达利园，在 2023 年春节推出"六大宫礼"联名礼盒并取得火爆成功之后，于 2024 年再次借势 IP，推出七款"宫礼"礼盒，拉升品牌势能，赢得春节市场。

1. 联名 600 年故宫，达利龙年"宫礼"上新

首先，经典国货携手故宫宫廷文化，势能叠加破圈。国家级博物院与经典国民品牌的强强联合，势必会达到 1+1＞2 的破圈效果。

其次，国潮风正当时，联名恰逢其时。在国货崛起与民族文化自信的时代背景下，国风国潮兴起，这既是国人对中华传统文化的认同，也是对民族品牌建设的情怀。在国潮风正盛的当下，甲辰龙年，消费者更偏好传统中国味的表达。

最后，龙腾好运，联名创意恰如其分。"天下祥龙，尽在故宫。"故宫的建筑、器物、字画等，龙元素无处不在。作为守护国泰民安的"神兽"，龙象征着尊贵与威仪，是中国文化符号的独特表达。达利园龙年新春贺岁礼，以故宫文物中龙的形象为创意，以"龙腾好运"为主

题，为龙年春节献礼，向国民传达风调雨顺、福泰安康的新春祝愿。

2. 搭乘国潮快车，国民品牌打造国粹典范

年味不止于"味道"，更是情感的交流。无论是回家团圆，还是走亲访友，一份有心的好礼，都是向家人、好友表达思念与关爱的纽带。达利园通过联名纽带，讲好龙年故事，实现品牌焕新与消费者认知升级。

龙年春节，达利园携手故宫宫廷文化，共推出七款龙年礼盒，分别是"龙情盛意·注心派""祥龙纳吉·巧克力派""富贵显龙·小面包""龙腾好运·黑全麦小面包""万事兴隆·糯面包""灵龙献瑞·软面包"。七款产品在礼的基础上，赋予更多传统文化内涵。

在口味上以"质"服人。高品质产品构成了达利园龙年宫礼的核心竞争力。注心派、巧克力派、法式小面包、瑞士卷、法式软面包等经典产品长盛不衰，继续坐镇礼盒；黑全麦小面包紧扣健康潮流；新品夹心糯面包，芋泥麻薯碰撞，口感更丰富，为龙年增添更多口味。

在包装上以"颜"动人。高颜值的包装设计让礼更有面子。本次达利园的联名，延续传统宫廷装饰的大红基调，但每款单品都独具匠心，美得令人赞叹。例如，糯面包的双龙嬉戏设计，取自"懋勤殿"款龙纹印盒；法式小面包的富贵显龙，取自故宫藏品青花海水云龙纹天球瓶⋯⋯每一款都匠心独运，为龙年新春提供了一场祥龙皆爱的美食视觉盛宴。

在寓意上以"情"感人。中国几千年来的送礼文化中，寓意是必不可少的考量标尺。达利园"宫礼"系列，除了飞龙意象代表的国运昌盛，更多的是对消费者的诚挚祝福。巧克力派的富贵喜庆、法式小面包传递的福泽绵长、瑞士卷透露出的希望与生机⋯⋯皆为情感的寄托。

3. 团团圆圆达利园，系列组合拳把年味加满

达利园本次与故宫宫廷文化的联名，有噱头、有爆点、有支撑，在线上形成强大的传播效应，并在各个圈层中持续扩散。它让达利园在春节期间潜移默化地占据消费心智，成功贴上年礼首选的标签，实现流量与口碑的双丰收。在线下，达利园也开启了对龙年春节的营销布局：一方面，在重点城市投放高铁广告，借助高铁黄金资源，利用春运黄金时段，锁定过年送礼场景，强化礼品选择的消费引导；另一方面，达利园宫礼系列已在全国各大商超开始铺货。各大商场的堆头陈列成为天然的品牌广告，直接将春节的节礼氛围拉满。

资料来源：微信公众号"食品板"，2024-01-19。

▶ 辩证性思考：

分析达利园龙年春节打造系列组合"宫礼"礼盒产品，拉升品牌势能的创新体现在哪些方面。

项目检测

营销知识培养规格检测

1. 食品企业如何处理产品整体概念的三个层次之间的关系？
2. 简述食品市场营销的产品生命周期各阶段的市场营销策略。
3. 简述食品市场营销新产品开发策略。
4. 简述商标与品牌的区别与联系。
5. 简述食品品牌定位策略。
6. 简述食品包装策略。

营销能力培养规格检测和营销素养培育规格检测

实践项目6　制订××食品企业产品策略方案

项目实践目的：运用产品策略分析的理论和方法，对××食品企业产品组合现状进行分析，探讨食品企业改进产品组合的途径和方法。培养学生运用产品策略的理论与方法分析问题的能力。撰写食品企业产品策略方案。同时树立"中国产品向中国品牌转变"的产品创新理念，走好食品品牌建设之路，讲好中国食品品牌故事，传播好中国食品品牌故事。强化价值信仰的培养。

项目检测考核：由班级学习委员组织分团队对××食品企业产品策略方案进行宣讲、讨论、答辩，指导教师进行评价。由各团队队长和指导教师对方案及团队价值信仰的学习和团队合作状态进行综合评判打分，考核成绩分为优秀、良好、及格。

项目 7

食品市场营销定价策略

思维导图

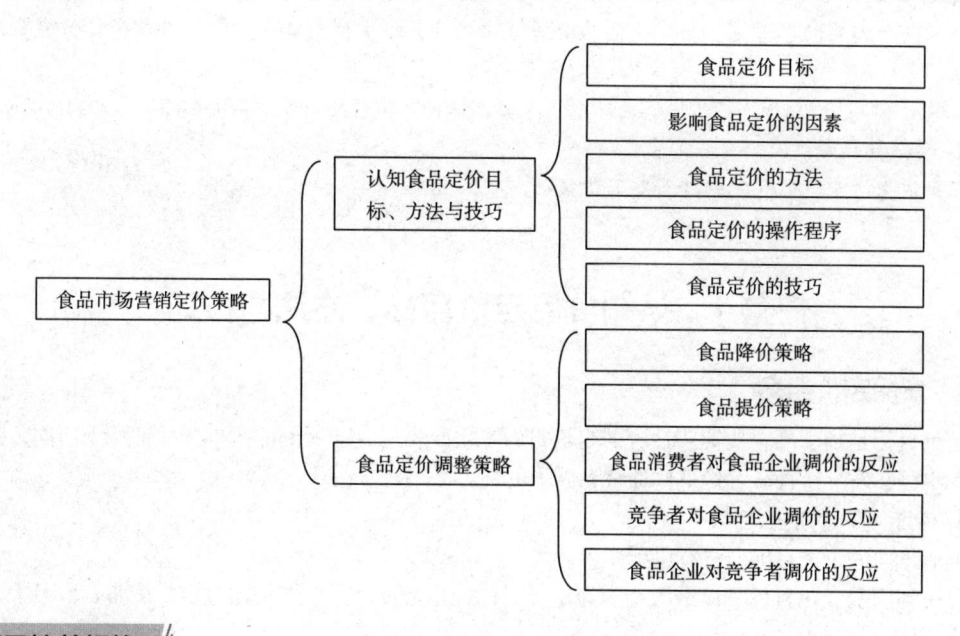

```
                              ┌─ 食品定价目标
                              ├─ 影响食品定价的因素
              ┌─ 认知食品定价目 ─┼─ 食品定价的方法
              │  标、方法与技巧  ├─ 食品定价的操作程序
              │                └─ 食品定价的技巧
食品市场营销定价策略 ┤
              │                ┌─ 食品降价策略
              │                ├─ 食品提价策略
              └─ 食品定价调整策略 ┼─ 食品消费者对食品企业调价的反应
                              ├─ 竞争者对食品企业调价的反应
                              └─ 食品企业对竞争者调价的反应
```

项目培养规格

项目培养规格

营销素养培育规格

强化培育"义利相兼、以义为先"的价值观，在定价策略决策时遵守法律法规、职业道德，反对价格欺诈，避免恶意价格竞争。

营销知识培养规格

明确食品定价目标与影响食品定价的因素，掌握食品定价的方法、操作程序与技巧，掌握食品定价调整策略。

营销能力培养规格

培养能够综合分析影响食品企业食品定价的因素，发现和解决食品企业定价策略和定价调整策略存在的问题，并能够制订食品企业定价策略分析方案。

项目导入案例

最贵的菜为何置于菜单之首？菜单上的"小心思"

外出就餐时，菜单是必不可少的工具。通过观察菜单的设计，顾客可以大致了解餐馆的档次和特色，毕竟，菜单堪称餐馆的"第二门面"。一张设计精良的菜单不仅能为商家节省成本，还能引导顾客点选更多菜品。然而，许多人并不知晓，这小小的菜单背后，隐藏着商家诸多巧妙的"小心思"。

其中一种常见的策略便是定价策略。翻开一本菜单，前几页通常是大菜、招牌菜，价格不菲；往后则是特色菜、家常菜；最后是酒水、主食等。顾客点得最多的往往是第二部分的菜品。那么，第一部分价格昂贵的大菜，点的人其实并不多，为何还要置于最前呢？这其实是巧妙运用了经济学中的"价格锚定"原理。

商家还常从另一个角度利用价格锚定效应。例如，有的餐馆会选择几道大众菜，以特别低的价格推出，以此吸引顾客。这些"引流菜"通常是普通餐馆常见的大众菜，顾客容易在记忆中找到一个固定的参考点。与常去的其他餐馆比较后，顾客便形成了"这家餐馆价格便宜"的印象。

资料来源：微信公众号"餐饮O2O"，2024-01-09。

➲ **辩证性思考：**
在日常生活中，你还见到过哪些定价技巧，举例说明。

任务1 认知食品定价目标、方法与技巧

7.1.1 食品定价目标

定价目标是指食品企业期望达到的定价目的。由于食品企业所处的内部和外部环境不同，其定价目标也存在差异。食品定价目标通常有以下七种。

1. 利润导向的定价目标

利润导向的定价目标通常有以下三种。

（1）利润最大化目标。以最大利润为定价目标，是指食品企业期望通过定价策略获取最大限度的销售利润。

（2）预期利润目标。以预期利润作为定价目标，是指食品企业将某项产品或投资的预期利润水平设定为销售额或投资额的一定百分比，即销售利润率或投资利润率。通常，预期的销售利润率或投资利润率应高于银行存贷款利率。选择这种定价目标的企业，应具备两个条件：企业具有较强的实力，竞争力较强，在食品行业中处于领导者地位；这种定价目标多适用于新产品、独家产品以及低价高质量的标准化产品。

（3）适当利润目标。在激烈的市场竞争中，食品企业为了保全自身、降低市场风险，或者由于自身实力有限，将取得适当利润作为定价目标。适当利润目标一方面可以使企业避免不必要的竞争，另一方面由于价格适中，消费者更容易接受，从而为企业带来长期稳定的利润。

思政教育

坚持正确义利观

儒家义利观是我国传统文化的重要组成部分，深刻影响了华夏民族上千年的道德观念和价值取向。"义"即道德原则，"利"即物质利益，"义利观"简言之即处理道德原则与物质利益之间关系的观点和准则。在我国漫长的古代社会中，儒家义利观产生了深远的影响。孔子指出，"义者宜也"，将"义"理解为适宜、合理之意，即符合公理和道义。在儒家思想中，"义"是理想人格的基本规定。孔子认为，"君子义以为质，礼以行之，孙以出之，信以成之"。在这里，"义"是儒家理想人格君子所应具备的优秀品格之一，与"仁、礼、智、信"共同构成儒家君子五常，是儒家道德观念和理想人格的核心之一，并贯穿于儒家学说乃至整个传统文化之中，成为中国古代价值体系的重要内容。同时，"利"在儒家道德哲学体系中也占有重要地位，通常是指人的需求和利益。

党的十八大以来，习近平总书记高度重视中华优秀传统文化的当代价值，多次提及传统文化的创造性转化和创新性发展，并对儒家优秀传统义利观做出了新的阐释，强调"要坚持正确义利观，做到义利兼顾，讲信义、重情义、扬正义、树道义"。

资料来源：山轻院信息工程系，2021-11-14。

2. 销量导向的定价目标

增加销量或扩大市场占有率是食品企业常用的定价目标。

（1）保持或扩大市场占有率目标。市场占有率与利润有很强的相关性。从长期来看，较高的市场占有率必然带来较高的利润。食品企业在某一时期盈利水平较高，可能是由于过去较高的市场占有率的结果。如果市场占有率下降，盈利水平也会随之下降。

（2）增加销量（销售额）。大量的销售既可形成强大的声势，提高企业在食品市场的知名度，又可有效降低成本。对于需求价格弹性较大的食品产品，降低价格所导致的损失，可以通过销量的增加得到补偿。

3. 产品质量领先的定价目标

为了在市场上树立产品质量最优的形象，一些食品企业在生产成本、产品开发研究等方面进行了较大的投入。为补偿这些支出，它们往往给自己的产品或服务制定较高的价格。反过来，这种较高的价格又进一步提升了食品产品的优质形象，增加了对高收入消费者的吸引力。

4. 竞争导向的定价目标

这是竞争性较强的食品企业所采用的定价策略。企业在定价前应收集同类食品产品的质量和价格资料，与自身产品进行比较，然后制定应对竞争的价格。对于实力较弱的食品企业，可采用与竞争者相同或略低于竞争者的价格；对于实力较强且希望扩大市场占有率的食品企业，可采用低于竞争者的价格；对于资本雄厚且拥有特殊技术的食品企业，可采用高于竞争者的价格。有时，企业通过低价策略，迫使对手退出市场或阻止对手进入市场。

5. 生存导向的定价目标

如果食品企业产品销路不畅，大量积压，甚至濒临倒闭，则需要将维持生存作为企业的基本定价目标，因为生存比利润更为重要。

6. 维护企业形象的定价目标

企业形象是企业的无形资产。为维护企业形象，定价目标首先要考虑价格水平是否与目标消费群体的需求相匹配，是否有利于企业整体策略的实施。

7. 保持良好销售渠道的定价目标

为使营销渠道畅通无阻，食品企业必须研究价格对中间商的影响，充分考虑中间商的利益，从而促使中间商积极推销产品。

> **营销者素养**
>
> "义利相兼、以义为先"的价值观
>
> 我国古代思想家关于"义利"关系的精彩论述。孔子在《论语·里仁篇》中直截了当地提出"君子喻于义，小人喻于利"的观点，从而为"义利"之辩划定了明确的框架，为后世儒家的"义利"争辩确立了基本的价值判断标准。荀况在阐发孔子思想时提出了"以义制利"的观点。《荀子·大略》写道："义与利者，人之所两有也。虽尧舜不能去民之欲利，然而能使其欲利不克其好义也；虽桀纣不能去民之好义，然而能使其好义不胜其欲利也。故义胜利者为治世，利克义者为乱世。"荀况"义利两有"的主张，既克服了片面追逐自身利益、见利忘义的自私与狭隘，又避免了片面推崇"存天理、灭人欲"所导致的自我压抑的消极倾向。荀况"以义制利"的观点，涉及如何正确处理争取自身利益与尊重他人合法权益的问题，与孟子所说的"老吾老以及人之老，幼吾幼以及人之幼"的思想内核具有内在一致性，二者可以相互印证、相互注解。"义利兼顾"的理念，在数千年的历史长河中早已内化为中国人的价值取向和精神追求，且具有十分明显的世界意义。
>
> 资料来源：山轻院信息工程系，2021-11-14。

7.1.2 影响食品定价的因素

在选择定价目标的前提下，食品企业定价还需考虑影响定价的因素。影响定价的因素众多，包括食品企业内部因素和外部因素、主观因素和客观因素。因此，食品企业需要综合分析影响定价的因素。这些因素具体如图7-1所示。

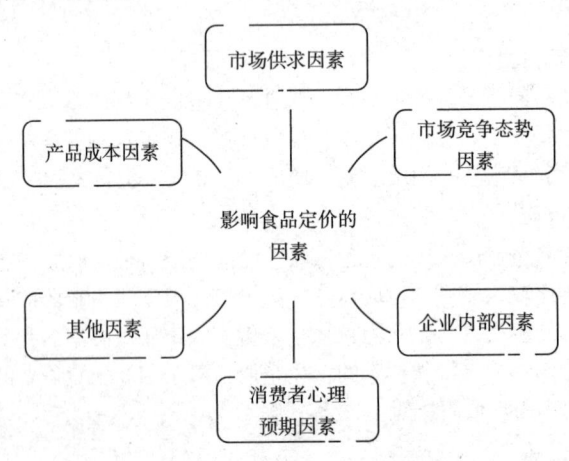

图7-1 影响食品定价的因素

1. 产品成本因素对食品定价的影响

产品成本包括生产成本、销售成本和储运成本等，是产品定价的主要组成部分，也是定价的基础。需求在很大程度上为食品企业的定价确定了上限，而成本则是定价的下限。食品企业总是希望定价能够弥补生产、分销和销售该产品的成本，并为企业所付出的努力和承担的风险提供合理报酬。

因此，成本是影响定价决策的一个主要因素。许多食品企业致力于降低成本，以期降低定价、扩大销售和增加利润。

中国式营销

蜜雪冰城一个2元冰淇淋，如何成为创业者的利润源泉

在炎炎夏日，提到冰淇淋，很多人的脑海中都会浮现出蜜雪冰城的身影。尤其是那款仅需2元的冰淇淋，以其亲民的价格和出色的口感，迅速成为市场上的热门单品。那么，蜜雪冰城这款2元冰淇淋背后究竟隐藏着怎样的利润故事呢？

蜜雪冰城2元冰淇淋的定价策略，表面上看似微薄，实则蕴含着巨大的商机。通过精细化的成本控制和采购管理，蜜雪冰城在确保原材料品质的同时，实现了成本的最低化。这种成本控制能力，使得即便在2元的售价下，也能保证加盟商有足够的利润空间。

资料来源：品牌探索，2024-07-02。

2. 市场供求因素对食品定价的影响

（1）供求与价格的双向影响。产品价格是在一定的市场供求状况下形成的。在一定时期内，某种产品的供求状况反映了其供给量与需求量之间的关系，这种关系包括供求平衡、供不应求和供过于求三种情况。供求平衡是指某种产品的供给与需求在一定时期内相等，包括总量相等和结构吻合。在供求平衡时，某种产品的市场价格称为均衡价格。

假定供求和价格以外的其他因素不变，当某种产品的价格高于均衡价格时，该产品的需求量下降，供给量上升，从而形成供过于求的局面。在这种供过于求的市场情况下，卖方之间竞争激烈，要价低者的产品可以出售，买方在交易中处于优势地位，掌握买卖的主动权，即形成了买方市场。因此，当某种产品的需求减少且供给增多时，价格会降至均衡价格或更低。

当某种产品供不应求时，买方之间竞争激烈，出价高者可以买到产品，卖方在交易中处于优势地位，掌握买卖的主动权，即形成了卖方市场。随着价格的上涨，食品企业的资金会转向该产品的生产与销售，导致该产品的市场供给量剧增，从卖方市场转化为买方市场，形成供过于求的局面，价格将自动回落。

（2）需求价格弹性。通常情况下，某种产品的价格升高，其需求量就会减少，反之则增加。然而，价格升高并不一定意味着食品企业总收益的提高。因此，制定产品价格时必须考察产品的需求价格弹性因素。需求价格弹性简称需求弹性，是指在一定时期内，某种产品的价格变动百分比与其需求量变动百分比的比值。由于是两个相对数的比值，故又称为需求价格弹性系数。当价格变动百分比小于需求量变动百分比时，该产品需求富有弹性，即弹性较大，表明产品供求关系对价格的影响较大；当价格变动百分比大于需求量变动百分比时，该产品需求缺乏弹性，即弹性较小，表明产品供求关系对价格的影响较小。需求弹性表达了产品价格变化与需求量变化之间的敏感程度。

3. 市场竞争态势因素对食品定价的影响

食品市场竞争态势不同，也会影响食品企业对产品的定价。按照市场竞争程度，食品市场竞争态势因素对定价的影响可以分为以下三种：

（1）完全竞争态势因素对定价的影响。在完全竞争市场状况下，市场上的食品企业众多，买卖双方的交易都只占市场份额的一小部分，彼此生产或经营的产品是相同的。食品企业不能通过增加或减少产量的方法来影响产品的价格，也没有一个食品企业可以根据自己的意愿和要求来提高价格。在这种情况下，食品企业只能接受市场竞争中既定的价格，买卖双方都只是"价格的接受者"，而不是"价格的决定者"，价格完全由供求关系决定，各方的行为完全受价格因素支配。但应指出的是，完全竞争市场仅存在于理论中，在现实生活中并不存在。

（2）不完全竞争态势因素对定价的影响。不完全竞争是一种介于完全竞争和完全垄断之间的市场态势。在不完全竞争条件下，市场上有许多买主和卖主，但各个卖主所提供的产品存在一定差异，包括质量、花色、式样、产品服务或不同品牌的差异。尽管产品在本质上可能没有显著差异，但购买者受广告宣传、产品包装的影响，在主观或心理上认为它们有差异，因而有所偏好，愿意支付不同的价格购买。

（3）完全垄断态势因素对定价的影响。完全垄断是指在一个行业中的某种产品或劳务的生产和销售完全由一个卖主独家经营和控制，没有竞争者。这种垄断通常具有特定条件，例如食品垄断企业可能拥有专利权、专营权或特别许可等。由于食品垄断企业控制了进入市场的关键要素，因此能够完全控制市场价格。从理论上分析，食品垄断企业具有完全自由定价的可能，但在现实中，其价格仍受到消费者情绪及政府干预等因素的限制。

> **思政教育**
>
> **保障国家粮食安全 培育具有国际定价权的大粮商**
>
> 在国际粮食贸易中，定价权对于一个国家至关重要，直接决定着其在国际粮食贸易中的地位和利益。中国在国际粮食贸易中长期面临定价权和话语权缺失的问题，这是新兴贸易大国普遍面临的困境。近年来，中国大粮商的崛起正逐步打破这一局面。中粮集团作为我国最大的农粮食品企业，连续三年实现业绩高速增长，持续向世界领先粮油企业迈进，不断打破国际四大粮商长期垄断全球粮食贸易的格局。
>
> 自2021年以来，我国积极布局培育国际大粮商，将"培育国际大粮商和农业企业集团"写入"十四五"规划。针对中国粮食企业"走出去"面临的融资难、融资贵问题，人民银行、银保监会等六部门联合发布了《关于金融支持巩固拓展脱贫攻坚成果 全面推进乡村振兴的意见》，明确提出要支持培育具有国际竞争力和定价权的大粮商。中国大粮商的进一步做大做强，将提升我国粮商在国际粮食市场的话语权和定价权。培育更多像中粮集团这样的国际大粮商，是保障国家粮食安全、参与国际粮食贸易的重要举措。
>
> 资料来源：经济日报，2021-08-26。

4. 企业内部因素对食品定价的影响

价格的制定受到企业内部因素的影响和制约，食品企业在定价时必须充分考虑这些因素。企业内部因素主要包括企业的实力、市场营销目标、市场营销组合、产品成本、定价组织以及产品自身的特性等。

5. 消费者心理预期因素对食品定价的影响

消费者的心理预期，尤其是其心理行为，是影响食品企业定价的重要因素。在消费过程中，消费者会产生各种复杂的心理活动，这些活动支配着消费者的购买决策。通常情况下，消费者在选购食品时，会根据产品所能提供的效用大小来判断其定价合理性，并对产品形成一定的心理预期定价。如果食品企业的定价高于消费者的心理预期值，则很难被消费者接受。因此，食品企业在制定产品价格时，不仅要迎合不同消费者的心理预期，还应通过合理的方式引导或改变消费者的购买行为，使其向有利于企业营销的方向转化。同时，食品企业应主动、积极地考虑消费者的长远利益和社会整体利益，通过提高产品性价比，为消费者创造更多价值。

二维码链接 7-1
大数据杀熟

6. 其他因素对食品定价的影响

除以上因素外，在食品市场营销实践中，食品企业或产品的形象因素、通货膨胀、政策、法规等也都对食品企业产品的定价产生不同程度的影响。

> **营销思考**
>
> **多部门联合发声！剑指大数据"杀熟"**
>
> 近年来，随着数字经济的发展，大数据"杀熟"现象引发了广泛关注。2021年2月，国务院反垄断委员会制定发布《国务院反垄断委员会关于平台经济领域的反垄断指南》，明确大数据"杀熟"可能构成滥用市场支配地位限定交易行为。
>
> 2021年7月，国家市场监管总局就《价格违法行为行政处罚规定（修订征求意见稿）》公开征求意见，将大数据"杀熟"纳入新业态领域中的价格违法行为。违反规定的，监管部门可处上一年度销售总额1‰以上5‰以下的罚款。
>
> 2021年8月，国家市场监管总局就《禁止网络不正当竞争行为规定（公开征求意见稿）》公开征求意见，针对大数据"杀熟"行为，拟规定经营者不得利用数据、算法等技术手段，对交易条件相同的交易相对方不合理地提供不同的交易信息。
>
> 2021年11月1日起施行的《个人信息保护法》规定："个人信息处理者利用个人信息进行自动化决策，应当保证决策的透明度和结果公平、公正，不得对个人在交易价格等交易条件上实行不合理的差别待遇。"
>
> 2022年3月1日，国家互联网信息办公室、工业和信息化部、公安部、国家市场监督管理总局四部门联合发布的《互联网信息服务算法推荐管理规定》正式施行。《规定》第二十一条明确规定："算法推荐服务提供者向消费者销售商品或者提供服务的，应当保护消费者公平交易的权利，不得根据消费者的偏好、交易习惯等特征，利用算法在交易价格等交易条件上实施不合理的差别待遇等违法行为。"
>
> 资料来源：微信公众号"一见财经"，2022-03-02。

7.1.3 食品定价的方法

定价的方法是食品企业为了实现定价目标，综合考虑影响定价的因素，给产品制定基本价格的具体方法。成本、需求、竞争是影响定价的最基本因素，与之相对应，形成了以成本、需求、竞争为导向的三大类基本的定价方法。

1. 成本导向定价法

成本导向定价法是一种主要以成本为依据的定价方法，包括成本加成定价法、目标收益定价法、边际贡献定价法。

（1）成本加成定价法

成本加成定价是指按照单位成本加上一定百分比的加成来制定产品的销售价格。加成的含义是一定比率的利润。因此，成本加成定价法的公式为：

$$单位产品售价 = 单位成本 \times (1+成本加成率)$$

例如，假设某食品企业产品的销售量为10 000件，总成本为1 000 000元，预期的成本加成率为20%，则单位产品售价是多少？

$$单位产品售价 = 1\,000\,000 \div 10\,000 \times (1+20\%) = 120（元/件）$$

优点：成本加成定价法的优点是简单直接，只需在成本基础上加一个百分比来设定售价。只要成本保持不变，它就能提供持续的回报。

缺点：成本加成定价未考虑到市场条件，如竞争者定价或客户感知价值。

（2）目标收益定价法

目标收益定价法，又称目标利润定价法或投资收益率定价法，是在成本基础上，按照目标收益率的高低计算售价的方法。其计算步骤如下：

① 确定目标收益率。目标收益率可表现为投资收益率、成本利润率、销售利润率、资金利润率等多种形式。

② 确定目标利润。由于目标收益率的表现形式多样，目标利润的计算方法也有不同。其计算公式如下：

$$目标利润 = 总投资额 \times 目标投资利润率$$

$$目标利润 = 总成本 \times 目标成本利润率$$

$$目标利润 = 销售收入 \times 目标销售利润率$$

$$目标利润 = 资金平均占用额 \times 目标资金利润率$$

③ 确定价格。价格计算公式如下：

$$价格 = （总成本 + 目标利润） \div 预计销售量$$

例如，某食品企业生产产品的单位成本为10元，总投资成本为1 200元，预计在市场上可实现销售额120元。如果食品企业要实现的目标收益率为10%，采用目标收益定价法定价，则单位产品售价是多少？

单位产品售价 =（总成本+目标利润）÷预计销售量 =（1 200+1 200×10%）÷120 = 11（元）

（3）边际贡献定价法

边际贡献是指产品销售收入与产品变动成本的差额。单位产品边际贡献是指产品单价与单位产品变动成本的差额。边际贡献弥补固定成本后如有剩余，就形成食品企业的纯收入；如果边际贡献不足以弥补固定成本，食品企业将发生亏损。在食品企业经营不景气、销售困难、生存比获取利润更重要，或食品企业生产能力过剩，只有降低售价才能扩大销售时，可以采用边际贡献定价法。这种方法的基本计算公式如下：

$$单位产品售价 = （总变动成本 + 边际贡献） \div 总销量$$

从本质上讲，成本导向定价法是一种卖方定价的方法，它忽视了市场需求、竞争和价格水平的变化，有时与定价目标相脱节。此外，运用这一方法制定的价格都建立在对销售量主观预测的基础之上，从而降低了价格制定的科学性。因此，在采用成本导向定价法时，还需要充分考虑需求和竞争状况，以确定最终的市场价格水平。

2. 需求导向定价法

需求导向定价法是一种以市场需求强度及消费者感受为主要依据的定价方法，包括理解价值定价法、反向定价法和需求差异定价法。

（1）理解价值定价法。理解价值定价法是食品企业以消费者对产品价值的感受和理解程度作为定价依据的一种方法。它不仅考虑产品的成本费用，更注重消费者对产品价值的理解及支付意愿。理解价值定价法与现代市场定位观念相一致。食品企业在为其目标市场开发新产品时，需要在质量、价格、服务等方面体现特定的市场定位。通过这种定价法，产品能够在各方面更好地满足消费者需求，减少消费者使用产品过程中的不便，从而促进产品销售。

（2）反向定价法。反向定价法是指食品企业依据消费者能够接受的最终销售价格，逆向推算出产品的批发价和零售价。这种定价方法不以实际成本为主要依据，而是以市场需求为出发点，力求使价格为消费者所接受。分销渠道中的批发商和零售商常采用这种定价方法。反向定价法的运用条件是：为了满足价格上与现存类似产品竞争的需要，设计出具有竞争力的产品价格。对于新产品的定价，食品企业可通过市场调查或征询分销商意见，拟定出消费者可接受的价格，然后逆向推算出厂价。

例如，某食品市场零售价为 11 元，推算其出厂价的步骤如下：
市场零售价：11.00 元（卖给消费者的价格）
零售商加成：20%（11.00×20%=2.20 元）
批发商售价：11.00-2.20=8.80 元（卖给零售商的价格）
批发商加成：15%（8.80×15%=1.32 元）
出厂价：8.80-1.32=7.48 元

（3）需求差异定价法。需求差异定价法是以不同时间、地点、产品及不同消费者的消费需求强度差异为定价依据，在基础价格上根据差异进行加价或减价。

实行需求差异定价法的条件包括：食品市场能够根据需求强度的不同进行细分；细分后的市场在一定时期内相对独立，互不干扰；高价市场中不能有低价竞争者；价格差异适度，不会引起消费者的反感。

3. 竞争导向定价法

竞争导向定价法是指食品企业以竞争者的同类产品的价格为主要依据，充分考虑本企业产品的竞争能力，选择有利于在市场中获胜的定价方法。

（1）随行就市定价法。随行就市定价法是指食品企业按照行业的平均现行价格水平来定价。这种方法适用于食品企业难以对客户和竞争者的反应做出准确估计，且自身难以另行定价的情况。随行就市是依照现有食品行业的平均定价水平定价，这样可以与同行业和平共处，同时易于集中行业智慧，获得合理收益，降低风险。在竞争激烈的同一产品市场上，消费者对行情较为清楚，食品企业之间也相互了解。价格稍有出入，消费者就会倾向于选择价格更低的企业。

（2）低于竞争者产品价格定价法。低于竞争者产品价格定价法是指实力雄厚的大型食品企业为了短期内渗透乃至夺取其他食品企业的市场份额，扩大自身的市场占有率，常以低于市场价格（甚至低于成本的价格）进行倾销。通过这种方式战胜竞争者后，企业再提高价格以弥补倾销时的损失。

（3）高于竞争者产品价格定价法。高于竞争者产品价格定价法是指能够制造特种产品和高质量产品的食品企业，凭借其产品本身独具的特点、较高的声誉以及为消费者提供的更高水平的质量和服务，与同行竞争的一种方法。这些按较高价格出售的产品，通常是受专利保护的产品或具有良好企业形象的产品。

（4）投标定价法。投标定价法是指采购机构发布采购公告，说明拟采购产品的品种、规格、数量等具体要求，邀请供应商在规定的期限内投标。采购机构在规定的日期内开标，选择报价最低且最有利的供应商成交，并签订采购合同。这种价格是供货企业根据对竞争者报价的估计制定的，而不是根据供货企业自身的成本或市场需求制定的，通常应低于竞争者的报价。

中国式营销

胖东来的定价逻辑

在以"铸诚信、优环境、惠民生"为主题的 2023 年全国"诚信兴商宣传月"活动启动仪式上，2023 年全国"诚信兴商"20 个典型案例和 10 个推荐案例发布。许昌市胖东来商贸集团有限公司榜上有名。胖东来成功的背后是其秉承初心和"专注民生、品质、良好价值"的经营理念。胖东来的企业价值之一在于为客户过滤、筛选和推荐优质有品质的商品，为客户承担起食品安全的责任，让客户拥有更多放心、安心选择商品的权利。其次，胖东来坚持不暴利定价，零售业务不追求高毛利，而是更多地追求品质。在低毛利的前提下，依靠成交量实现盈利。零售业在实际经营中要实现高成交量并不容易，需要建立在商家良好的信誉、商品真实可靠、商品性价比高、商圈区位优势好等基础上。胖东来凭借多年潜心经营的基础，打造了良好的用户体验，形成了良好的品牌信誉，带动了可持续的人流量，为其可持续经营奠定了坚实的基础。

资料来源：公众号"营销行知录"，2024-05-20。

7.1.4 食品定价的操作程序

食品企业制定价格通常需要经过以下六个程序：确定定价目标、确定市场需求、估算成本、分析竞争状态、选择定价方法和策略、确定最终价格，如图7-2所示。

确定定价目标 → 确定市场需求 → 估算成本 → 分析竞争状态 → 选择定价方法和策略 → 确定最终价格

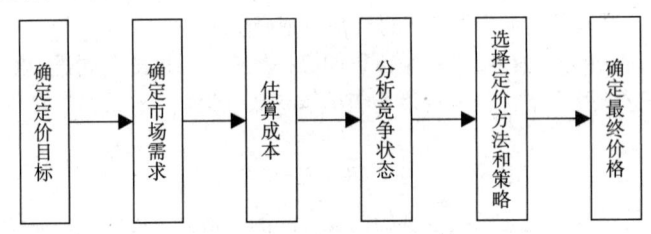

图7-2 食品定价的操作程序

1. 确定定价目标

定价目标是食品企业定价的基础，明确的目标有助于选择合适的定价策略。企业需要根据自身的战略定位、市场竞争状况和资源能力，确定是追求利润最大化、扩大市场份额、维持企业生存，还是提升企业形象等目标。

2. 确定市场需求

市场需求是影响定价的重要因素。企业需通过市场调研，了解消费者对产品的接受程度、需求弹性以及对价格的敏感度。通过分析市场需求，企业可以确定产品的市场定位和定价区间。

3. 估算成本

成本是定价的底线。企业需要准确估算生产、销售和管理等各个环节的成本，包括固定成本和变动成本。成本估算不仅为定价提供了基础数据，还能帮助企业评估价格的合理性。

4. 分析竞争状态

竞争状态直接影响企业的定价策略。企业需要分析竞争者的数量、规模、产品特点、价格水平以及市场份额，从而确定自身在市场中的竞争地位。通过竞争分析，企业可以选择差异化定价、随行就市定价或竞争导向定价等策略。

5. 选择定价方法和策略

根据定价目标、市场需求和竞争状态，企业需要选择合适的定价方法和策略。常见的定价方法包括成本导向定价、需求导向定价和竞争导向定价。企业还需要结合市场环境和自身资源，选择灵活的定价策略，如渗透定价、撇脂定价或心理定价等。

6. 确定最终价格

在综合考虑以上因素后，企业需要确定产品的最终价格。最终价格应既能实现企业的定价目标，又能满足市场需求，同时具备竞争力。企业还需要定期评估市场反馈，根据市场变化适时调整价格。

7.1.5 食品定价的技巧

食品企业在运用定价方法确定产品的基本价格后，还需要根据产品特点、消费心理、销售条件等因素，运用灵活的定价策略对基本价格进行修正。这些定价策略旨在促进销售、增加利润，是食品企业制定价格和调整价格的技巧，也是在具体场合将定价的科学性与艺术性相结合的体现，如表7-1所示。

表7-1 食品定价的技巧

定价技巧	具体定价技巧
新产品定价技巧	撇脂定价技巧、渗透定价技巧、满意定价技巧
心理定价技巧	尾数定价技巧、整数定价技巧、声望定价技巧、促销定价技巧、习惯定价技巧、招徕定价技巧
动态定价技巧	一种受市场需求影响的灵活定价技巧
折扣定价技巧	现金折扣技巧、数量折扣技巧、功能折扣技巧、季节折扣技巧
地区定价技巧	产地交货价格、买主所在地价格、统一交货价格、区域定价、基点定价、运费免收定价
产品组合定价技巧	产品线定价技巧、相关产品定价技巧、捆绑定价技巧、替代产品定价技巧

1. 食品市场营销新产品定价技巧

定价技巧一般需要随着食品产品生命周期的变化而相应调整。由于新产品的市场前景至关重要，处于引入期的新产品定价尤为关键。新产品可分为有专利保护的新产品和仿制的新产品两类，它们的定价技巧各有不同。

（1）撇脂定价技巧。撇脂定价技巧，又称高额定价技巧，意为提取精华，快速获取利润。即在新产品投放市场的初期，利用消费者求新、求奇的心理动机和竞争者较少的有利条件，以高价销售，短期内获取尽可能多的利润。随着产量扩大、成本降低和竞争者增多，再逐步降低价格。

优点：在推出创新产品时，撇脂定价可带来较高的短期利润。若品牌形象良好，该策略有助于保持高端形象并吸引愿意成为首批体验者的忠实消费者。在产品稀缺的情况下，该策略同样有效。例如，需求高而供应少的产品可以定价更高，随着供应增加，价格再逐步下降。

缺点：在竞争激烈的市场中，撇脂定价并非最佳策略，除非企业拥有其他品牌难以模仿的独特优势。如果在推出后过快或大幅降价，可能会引发竞争，并且可能引起早期消费者的不满。

适用条件：产品质量与高价格相符；有足够的消费者能够接受高价并愿意购买；竞争者在短期内难以进入该产品市场。

（2）渗透定价技巧。渗透定价技巧，又称低额定价技巧，与撇脂定价技巧相反。它在新产品引入期设定较低的价格，以吸引大量消费者，提高市场占有率，实现盈利目标。在食品市场竞争激烈的环境中，此策略具有积极作用，因为低价可以给竞争者留下"低价低利、无利可图"的印象，从而抑制其进入市场。渗透定价对于新品牌也很有用，本质上是通过较低的价格推出新产品以获取市场份额。许多新品牌愿意牺牲部分利润以提高消费者认知度。

适用条件：目标市场对价格敏感，即低价能够扩大市场，促进销售；生产和分销成本能够随着销售量的扩大而降低。

（3）满意定价技巧。满意定价技巧，又称中间定价技巧，介于撇脂定价和渗透定价之间。这种定价因价格水平适中，生产者、中间商及消费者各方面都能顺利接受。作为一种中间定价技巧，它在新产品刚进入市场的阶段，将价格定在高价和低价之间，力求使买卖双方均感满意。一般产品都适宜采用这种定价技巧。

2. 食品市场营销心理定价技巧

心理定价技巧是指充分了解、分析和利用消费者不同的消费心理，在采用科学方法定价的基础上，对价格进行灵活甚至艺术化的调整。

（1）尾数定价技巧。尾数定价技巧是食品企业或零售商为产品制定一个略低于整数的价格，使消费者产生心理错觉，从而促使其购买的一种价格策略。例如，本应定价为 100 元的商品，定价为 99.99 元。虽然仅低 0.01 元，却能让消费者产生价格更实惠的感觉。

（2）整数定价技巧。整数定价技巧与尾数定价技巧相反。某些产品定价为 10 元而非 9.8 元，使消费者产生一种错觉，迎合其"便宜无好货，好货不便宜"的心理，从而显示产品的高档品质。这种定价适用于对求名或自尊心理较强的消费者。对于低价产品，整数定价可能显得主观，但对于高价产品则更为适宜。

（3）声望定价技巧。一些消费者会将产品价格与个人的愿望、情感、个性心理相结合，通过产品价格来满足其心理需求或欲望。例如，部分消费者热衷于追求时尚、高档、名牌产品，以高昂的价格来彰显自己的富有、能力和社会地位，并从中获得心理满足。声望定价技巧正是利用这种心理，将有声望的产品定价高于市场同类产品，从而吸引追求高端品质的消费者。

（4）促销定价技巧。部分食品企业利用消费者贪图便宜的心理，将某几种产品以低价（低于正常价格甚至低于成本）出售，或借助节庆日和换季时机推出"特价""酬宾大减价"等活动，将部分产品按原价打折出售，以吸引消费者，促进整体产品的销售。例如，"原价 359 元的食品，现价 299 元"。然而，如果企业通过虚增原价后再打折扣来欺骗消费者，这种行为将受到法律制裁。

（5）习惯定价技巧。在长期、大量的购买活动中，消费者对某种产品所需支付的金额会形成牢固的印象，并逐渐在购买时形成一种价格定式。食品企业在为这类产品定价时，需要充分考虑消费者的这种心理定式，不可随意变动价格，而应参照市场同类产品的价格进行定价。否则，一旦破坏消费者长期形成的消费习惯，可能会引发消费者的不满情绪，导致购买行为的转移。

（6）招徕定价技巧。招徕定价技巧包括低价招徕定价和高价招徕定价两种基本形式。一些超市和百货商场利用消费者的求廉或好奇心理，有意将某种或某些产品的价格定低，或故意将某些产品的价格定得过高，以吸引消费者进店。消费者在购买了这些低价或高价产品后，往往会继续购买其他正常价格的产品，从而改变以往的消费习惯并提高购物欲望。

运用招徕定价技巧时应注意以下问题：第一，合理确定特价产品。这类产品既要对消费者具有吸引力，又不能价值过高，否则大量低价销售可能会给企业造成较大损失。第二，确保特价产品的数量充足，保证供应。否则，未能购买到特价产品的消费者可能会感到被愚弄，从而严重损害企业形象。

营销者素养

遵守价格法律法规

食品企业应严格遵守《中华人民共和国价格法》《明码标价和禁止价格欺诈规定》等相关法律法规及政策，遵循公平、合法和诚实信用的原则，认真履行主体责任，自觉增强社会责任感，切实加强价格自律，主动接受政府和社会监督，维护良好的市场价格秩序。

企业禁止利用虚假或使人误解的价格手段，诱骗消费者违背真实意愿与其进行交易，损害消费者和其他经营者的合法权益。具体禁止行为包括但不限于：实施虚假折价、减价或价格比较；进行欺骗性或误导性的价格标示；不履行价格承诺；不按约定折抵价款等价格欺诈行为。此外，企业应杜绝相互串通、合谋涨价、操纵市场价格以及实施排除或限制竞争的价格垄断行为。

资料来源：直通 998，2024-03-12。

项目 7　食品市场营销定价策略

3. 食品市场营销动态定价技巧

动态定价，又称需求定价、高峰定价、激增定价或实时定价，是一种受市场需求影响的灵活定价技巧。动态定价并非最直接的策略，因为它需要复杂的算法来有效管理价格。小企业可以通过一种更简单的方式使用动态定价，即在应季产品或特别活动期间收取更高的费用。

（1）优点：动态定价能够实现利润最大化。

（2）缺点：动态定价是一个成本高昂的过程。消费者可能对频繁的价格变动产生消极反应，甚至可能引发与竞争品牌的价格战。

4. 食品市场营销折扣定价技巧

折扣定价技巧是通过各种折扣和让价吸引经销商和消费者，促使他们积极推销或购买本企业产品，从而达到扩大销售、提高市场占有率的目的。这一技巧能增加销售上的灵活性，为经销商和消费者带来利益和好处，因而在现实中经常为食品企业所采用。

（1）现金折扣技巧。现金折扣技巧是指食品企业为了鼓励购买者尽早付清货款，加速资金周转，规定凡提前付款或在约定时间付款的买主可享受一定的价格折扣。运用现金折扣技巧，可以有效促使消费者提前付款，从而有助于盘活资金，减少食品企业的利息和风险。折扣大小一般根据付款期间的利息和风险成本等因素确定。

（2）数量折扣技巧。数量折扣技巧是指根据消费者购买数量的多少给予不同的价格折扣，也是食品企业运用最多的一种价格折扣技巧。数量折扣分为一次折扣和累计折扣两种形式。一次折扣是指按照单项产品一次成交数量或金额的多少，规定不同的价格折扣率，一般适用于能够大量交易的单项产品，用于鼓励买方大批量购买。累计折扣是指在一定时期内购买产品的数量达到一定数量级，或消费金额达到一定数额时给予折扣，折扣的大小与成交数量或金额的多少成正比。数量折扣技巧一般适用于单位价值较小、品牌复杂、不宜一次大量进货的产品，也适用于大型机器设备和耐用消费品。

（3）功能折扣技巧。功能折扣技巧，也称业务折扣，是食品生产厂家给予批发企业和零售企业的折扣，折扣的大小因商业企业在产品流通中的不同功能而异。对批发企业来厂进货给予的折扣一般较大，零售企业从厂家进货的折扣则低于批发企业。

（4）季节折扣技巧。季节折扣技巧是指食品企业对生产经营的季节性食品，为鼓励买方提早采购或在淡季采购而给予的一种价格折让。卖方通过价格折扣鼓励买方在淡季购买产品，并向其转让一部分因节约流通费用而带来的利润。

5. 食品市场营销地区定价技巧

地区定价技巧是指与地理位置相关的定价调整方法。食品企业在销售产品时，需要决定是否针对不同地区（包括当地和外地）的消费者制定不同的价格，即是否实行地区差价。

（1）产地交货价格。产地交货价格是指卖方按照厂价交货或按产地某种运输工具交货的价格。在这种定价方式下，买方需要承担从产地到目的地的所有运输费用和风险。

（2）买主所在地价格。买主所在地价格是指食品企业负责将产品运至买主所在地，并承担运输费、保险费等所有相关费用。这种方式对买主较为有利，但增加了企业的物流成本。

（3）统一交货价格。统一交货价格是指食品企业对不同地区的客户，按照相同的厂价加上平均运费进行定价。这种定价方式简化了价格体系，但可能无法完全反映不同地区的实际运输成本差异。

（4）区域定价。区域定价是指将产品销售市场划分为若干个价格区域，并针对不同区域的客户制定不同的价格。这种定价技巧可以根据各区域的市场条件、竞争状况和运输成本进行灵活调整。

（5）基点定价。基点定价是指食品企业选定某些城市作为基点，然后按厂价加上从基点到客户所在地的运费来定价，而不论货物的实际起运地。这种定价技巧可以简化价格计算，但可能导致部分客户承担较高的运费。

（6）运费免收定价。运费免收定价是指食品企业替买主承担全部或部分运费。企业采用这种定价技巧，通常是为了加强与购买者的联系或开拓市场，通过扩大销量来抵消运费开支。

6. 食品市场营销产品组合定价技巧

（1）产品线定价技巧。产品线定价是指对产品线内的不同产品，根据其不同的质量和档次、消费者的不同需求以及竞争者产品的情况，确定不同的价格。例如，中秋月饼分别定价为300元、200元和100元，消费者自然会将这三种价格的月饼划分为高、中、低三个档次进行选购。

运用产品线定价技巧时，应注意产品线中不同产品的价差应适应消费者的心理需求。价差过大可能会诱导消费者倾向于选择低价产品，而价差过小则会使消费者难以确定选购目标。

（2）相关产品定价技巧。相关产品在此处特指互补产品，是指具有连带互补关系、必须配套使用才能满足消费者某种需求的产品。相关产品定价技巧是食品企业通过价格调节对互补产品的需求，以全面扩展销售量的定价方式。其操作方法是将价值高但购买频率低的主体产品价格定得较低，再通过提高附带产品的价格来弥补主体产品低价所造成的损失，并获取长期利益。

（3）捆绑定价技巧。捆绑定价在超市中十分常见。例如，几听饮料捆绑在一起销售的价格低于单独购买的价格之和；或者牛奶和面包捆绑在一起销售，其价格也低于单独购买的价格之和。捆绑销售为消费者带来优惠感，从而刺激消费者的大量购买行为。

（4）替代产品定价技巧。替代产品是指功能和用途基本相同，可在消费过程中互相替代的产品。替代产品定价技巧是食品企业为实现既定市场营销目标，有意识地安排企业内部替代产品之间关系的定价措施。如果企业生产或经营两种以上具有替代关系的产品，这两种产品的市场销量通常会呈现此消彼长的关系，而这种变化与产品价格的高低密切相关。企业应主动运用这一规律，实施组合定价技巧。

任务2　食品定价调整策略

食品企业产品定价之后，由于宏观环境变化和市场供求发生变动，有时必须主动采取定价调整策略以提高食品企业市场竞争力，对市场竞争者的价格变动做出正确的反应。所以，定价调整是食品企业一项经常性的工作。

7.2.1　食品降价策略

降价是指食品企业为了适应市场环境和内部条件的变化，把原有产品的定价调低。

1. 认知降价的时机

食品企业降价的时机比较复杂，既有市场方面的因素，又有企业内部的因素，还有社会其他方面的因素，归纳起来大概如表7-2所示。

表7-2　食品企业降价的时机

降价的时机	具体描述
生产能力过剩	食品企业迫切需要扩大销售，但是又不能通过产品的改进和加强等工作来扩大销售，此时就必须考虑降价，特别是针对季节性产品
面临激烈的价格竞争并且市场占有率正在下降	在强大的生存竞争压力下，食品企业为了增强竞争能力，维持和扩大市场占有率，必须被动降价
成本比竞争者低，但在市场上并未处于支配地位	食品企业企图通过降价来提高市场占有率、控制市场，或者希望通过降价来提高市场占有率，从而扩大生产和销售规模，达到进一步降低成本、形成良性循环的目的

续表

降价的时机	具体描述
考虑竞争者的定价策略	如果其他竞争企业降价，食品企业毫无选择地也要相应降价，特别是与竞争者区别不大的产品
需求富有弹性	需求价格弹性大于1，说明价格下降可以引起需求量的较大幅度增加。在这种情况下，降价可以扩大销售量，增加收益
产品生命周期即将进入衰退期	由于消费者购买减少，食品企业需要采用降价方式，力求短期内出清库存，回收资金，而后淡出市场
经济形势	在通货紧缩的经济形势下，由于货币购买力上升，价格总水平下降，食品企业的产品价格也应降低，与之竞争的替代品价格同时也在降低

2. 降价的方式

即使食品企业产品具备了必须降价的条件，但因不同产品所处的地位、环境及引起降价的原因不同，食品企业选择的降价方式也各不相同，具体如表7-3所示。

表7-3　食品企业降价的方式

降价的方式	具体描述
增大各种折扣的比例和种类	食品企业定价策略中往往采用各种折扣或回扣策略，如现金折扣、业务折扣、数量折扣
随产品赠送礼品	这种方式是指某种产品价格不变，但购买此产品时，免费赠送其他物品，如玩具、器皿、工艺品等。赠送礼品的支出也应从产品价格中补偿，食品企业实际上达到暗中降价的效果
改进产品的性能和提高产品的质量	在价格不变的情况下，食品企业产品质量提高、性能改进、功能增加，实际上也就降低了产品本身的价格。例如，保健品等产品的销售就源于这种方式
增加免费服务项目	这种方式是指在价格不变的情况下，厂商增加运输费用支出，实行送货上门，或者免费安装、调试、维修等。这些费用本应该从价格中扣除，实际上也降低了产品的价格

3. 运用降价策略应注意的问题

降价看上去很简单，但有的食品企业运用起来可以从中获益，有的却受到损害，正如营销学家乔治·斯蒂格勒所说："降价已成为营销战中的一把利剑，它可以克敌，也可能伤己。"食品企业运用降价策略应注意的问题如表7-4所示。

表7-4　运用降价策略应注意的问题

应注意的问题	具体描述
降价要"师出有名"	要有一个恰当的理由，即取一个响亮的口号。这样听起来合情合理，叫起来响亮、上口，还与产品的卖点与消费者的买点挂钩，这样才能对消费者具有吸引力
防止渠道中间商挤榨利润	食品企业之所以降价促销，是要把利润直接让给最终的消费者，由他们来获取这部分利润，这样才能起到吸引他们前来购买产品，达到快速聚集消费者、提高销量的目的。但是，实际的操作中经常会发生渠道中间商侵吞吸收食品企业的原本是让给消费者的利润，造成食品企业利益受损而没有达到预想的促销效果
避免降价损害产品形象	当产品的生命周期正处在导入期时，不要随意降价过多，否则会给来年的销售造成巨大的隐患。产品上市前期就忙着降价，势必给消费者形成产品低价的印象，等到以后再恢复原价时就会让消费者无法接受
提防竞争者反击	由于竞争者在终端市场竞争非常激烈，此时厂商进行降价促销，极易造成竞争者反击，所以企业在策划降价时应该考虑如何提防竞争者反击，预留应对的策略

7.2.2 食品提价策略

提价是指在市场营销活动中，食品企业为了适应市场环境和自身内部条件的变化而把原有价格提高。

1. 认知提价的时机

提价一般会引起消费者和中间商的不满，但在有些情况下，食品企业不得不考虑提高价格。

（1）为了应对成本上涨。这是产品提价的主要原因之一。如果食品企业的原材料、工资等费用上升，成本增大，企业无法在内部自我消化，这时企业只有通过提价来转嫁部分负担，减轻成本上涨的压力。

营销视角

卫龙营收增长靠"提价"？

自2019年以来，卫龙品牌的调味面制品每千克平均售价呈现出逐年上升的态势，分别为14.3元、15.0元、15.1元、18.1元以及20.5元。值得注意的是，在过去五年间，该品牌的产品价格累计上涨幅度高达43.36%。这一现象引发了市场的广泛关注，并被部分媒体解读为卫龙品牌的业绩增长得益于产品价格的持续上涨。

事实上，卫龙品牌的营业额增长并非仅仅源于产品价格的上涨。据了解，该品牌在2023年上半年的报告中明确指出，已对主要产品结构进行了调整，淘汰了部分低价位区间的产品；此外，随着食品安全监管力度的不断加强，企业在产品研发方面的投入也随之加大；同时，重要原因之一就是原材料成本上涨。食品的定价，受原料、供需关系等多重因素影响，而原料的价格也与气候变化、市场供应有关。

资料来源：人民论坛网，2023-09-22。

（2）产品供不应求。食品企业产品供不应求时，消费者会因为该产品短缺而抱怨，甚至哄抬市场价格。这时，可以用提价的方式抑制超前需求，缓解市场压力。

（3）出现通货膨胀。通货膨胀、货币贬值，使食品企业产品的市场价格低于产品价值，迫使企业不得不通过提价的方式来减少因货币贬值而造成的损失。

（4）为补偿产品改进费用。由于食品企业通过技术革新提高了产品质量，改进了产品口味，增加了产品的种类，因此使产品在食品市场上的竞争能力大大增强。这时企业提价既可以增加收入，又不会失去客户。

（5）出于竞争需要。虽然同行业的竞争经常发展成为削价求售的"价格战"，但也有以提价来维持竞争能力的。消费者在专业知识不足的情况下，通常以价格作为衡量产品质量的依据。也就是说，人们习惯于认为产品质量水平与价格成正比，这也说明了提价可以提高竞争能力的道理。

（6）出于策略的需要。企业将产品价格提高到同类产品价格之上，使消费者感到该产品是以质取胜的，使产品在市场上显示为"高档产品"的形象。这种提价在财力雄厚的大企业经常见到，如格力空调等。

（7）应对消费者的反应。消费者对于价值高低不同的产品的反应有所不同。他们对于那些价值高、经常购买的产品的价格变动比较敏感，而对于那些价值低、不经常购买的小商品，即使单位价格较高，消费者也不大注意。此外，消费者虽然关心产品价格的变动，但更关心取得、使用和维修产品的总费用。因此，如果企业能使消费者相信某种产品取得、使用和维修的总费用较低，那么就可以把这种产品的价格定得比竞争者高，以取得较多的利润。

2. 提价的方式

（1）公开真实成本直接提高产品价格的提价方式。这是指食品企业通过公共关系、广告宣传等方式，在消费者认知范围内，将产品的各项成本上涨情况真实地告知消费者，以获得消费者的理解，使提价在没有或较少抵触的情况下进行。然而，有的食品企业趁成本上涨之机，过分夸大成本上涨的幅度，从而过高地提高产品价格，这种做法容易引起消费者的反感。

（2）提高产品质量提价的方式。为了减少消费者因提价感受到的压力，食品企业在产品质量上应多下功夫，如改进原产品，新设计同类产品，在产品口味、规格、包装等方面给消费者更多的选择机会，使消费者认识到企业在提供更好的产品，索取高价是合理的。

二维码链接 7-2 "鸡爪价格直逼牛肉"，市场波动背后的思考

> **营销视角**
>
> **食品企业"刚性"提价引关注，倒逼产业提质升级**
>
> 2021 年下半年，旺旺、涪陵榨菜、海天酱油、洽洽瓜子、恒顺醋业等多家食品上市企业陆续宣布产品提价，引发市场对食品行业提价的广泛关注。多家食品企业开始谋求以产品创新升级来应对成本压力。原材料、包装、运输等成本大幅上升，是导致食品和调味品上市企业提价的共同因素。国海证券研报显示，2020 年第一季度到 2021 年第三季度，大豆价格上涨 54.23%；2021 年以来包材价格也大幅上涨，11 月聚乙烯同比上涨 19.19%，瓦楞纸同比上涨 14.76%。
>
> 不过，简单粗暴的提价势必带来销量的下滑，许多企业也通过"产品升级"的形式为消费者带来更具性价比的产品，以对冲提价对销量带来的负面影响。例如，加加食品表示将通过"减盐"产品走差异化路线，海天酱油推出了"零添加"系列的调味品，旺旺则大力开发低卡路里零食以满足健身人群的需求。
>
> 资料来源：北京日报客户端，2021-12-13。

（3）增加产品含量提价的方式。这是指在提价的同时，增加产品供应的分量，使消费者感到产品分量增多了，价格自然要上涨。

（4）附送赠品或优待提价的方式。提价时，以不影响食品企业正常收益为前提，随产品赠送一些小礼物，提供某些特殊优待，如买一赠一、有奖销售等。这种方式在零售商店最为常见。

（5）采用延缓报价提价的方式。这是指食品企业决定到产品制成或者到交货时才制定最终价格。

（6）使用价格自动调整条款提价的方式。这是指食品企业要求消费者按当时的价格付款，并且支付交货前由于通货膨胀引起增长的全部或部分费用。

（7）分项定价提价的方式。这是指企食品业为了保持产品的价格，把产品进行分解，按每个零部件或构件定价分别出售。

（8）减少折扣提价的方式。这是指食品企业减少常用的现金折扣和数量折扣以达到提价的目的。

3. 运用提价策略应注意的问题

（1）事前给提价一个合理的解释。

（2）学会使用不引人注目的提价策略。例如，取消现金折扣、销售折扣、限量供应、削减产量，并搭配销售一些低利润的产品，对以前的免费服务进行收费。

（3）采用合同或投标条款提高价格。这种方法能够使食品企业按以前的规定主动提价。

7.2.3 食品消费者对食品企业调价的反应

毫无疑问，消费者对食品企业调价的反应将直接影响产品的销售状况。也就是说，消费者对定价调整的反应是检验调价是否成功的主要标准。分析消费者对调价的反应主要从两个方面入手：

第一，分析消费者的购买量是否增加。

第二，了解和研究消费者的心理变化，了解消费者如何理解这次调价，以便采取有效措施。

当食品企业降价时，消费者做出的有利反应是认为企业让利于消费者。不利反应则是产品可能要被新产品替代；该产品存在缺陷，销售不畅；企业财务困难，难以在行业中继续经营下去；预期价格还会进一步下降，持币待购，等等再买；产品的质量有所下降等。

当食品企业提价时，消费者做出的有利反应是认为企业产品质量好，代表不同寻常的高价值；价格自然高或认为这种产品很畅销，供不应求，以后价格可能还要涨，应及早购买，甚至举债消费。他们做出的不利反应是：企业很贪心，要从消费者身上获取更多的利润，乱提价等。

7.2.4 竞争者对食品企业调价的反应

市场竞争者对食品企业的产品价格的反应是食品企业调整价格时要考虑的重要因素。特别是当某一行业的企业较少，又提供同质可替代产品，而购买者又有相当辨别能力且了解市场情况时，分析市场竞争者的反应就显得尤为重要。

1. 相向式反应

你提价，他提价；你降价，他也降价。这种一致的行为对食品企业影响不大，通常不会导致严重后果。只要食品企业坚持合理的营销策略，就不会失去市场或减少市场份额。

2. 逆向式反应

你提价，他降价或维持原价不变；你降价，他提价或维持原价不变。这种相互冲突的行为影响较为严重，竞争者的目的也很明确，即乘机争夺市场。对此，食品企业需要进行调查分析：首先，摸清竞争者的具体目的；其次，估计竞争者的实力；最后，了解市场的竞争格局。

3. 交叉式反应

众多竞争者对企业调价的反应各不相同，有的相向，有的逆向，有的则保持不变，情况错综复杂。在这种情况下，食品企业在不得不进行定价调整时，应注意提高产品质量、加强广告宣传、保持分销渠道畅通等。

7.2.5 食品企业对竞争者调价的反应

在市场竞争中，如果竞争者率先调整了价格，食品企业也需要采取相应的对策。

1. 食品企业在做出反应之前，首先要考虑的问题

（1）竞争者为什么要变动价格：是为了抢占市场，还是因为生产能力过剩？是因为成本发生变动，还是欲领导全行业价格变动？

（2）竞争者意欲暂时变价还是永久变价，能否持久：竞争者的变价是短期行为还是长期策略，是否具有可持续性？

（3）如果企业对竞争者变价视而不见，将会对企业的市场占有率和利润有何影响？其他同类企业是否会做出反应，以及这些反应对企业自身的影响。

（4）竞争者和其他同类企业对于本公司的每一种可能的反应会有什么举措？分析竞争者可能采取的应对策略，以及这些策略对企业自身的影响。

2. 应付竞争者调价的对策

（1）维持原价。如果竞争者降价的幅度较小，本企业的市场份额不会失去太多，则保持原有的价格不变。维持原价，并采取非价格手段进行反击。食品企业可以通过改进产品质量、增加服务项目、加强沟通等方式进行反击，这些手段往往比单纯降价更具竞争力。

（2）跟随降价，保障原有的竞争格局。如果不降价会导致市场份额的大幅下降，而要恢复原有的市场份额将付出更大的代价，则企业应考虑采取这一对策，跟随降价。

（3）提价并推出新品牌来围攻竞争者的降价品牌。这种策略可以贬低竞争者降价的产品，同时提升企业产品的形象，不失为一种有效的价格竞争手段。

（4）推出更廉价的产品进行反击。企业可以在市场占有率正在下降、对价格很敏感的细分市场上采用这种策略进行反击，但应避免出现恶性价格竞争，导致两败俱伤。

项目案例分析

蜜雪冰城破万店的三个阶段

在中国茶饮品牌百花齐放、纷纷加足马力冲刺万店目标之时，早有一家茶饮巨头在中国大地上开设了 3 万多家门店，甚至在泰山顶上也可见其身影，其产品价格仅比连锁店均价高出 1 元。它被网友亲切地称为"雪王"，它就是蜜雪冰城。无论从规模体量还是营收利润来看，蜜雪冰城都是餐饮领域的佼佼者。当上市品牌奈雪的茶仍在持续亏损时，蜜雪冰城的利润却在不断攀升。

在奶茶市场中，蜜雪冰城作为国内少数的知名品牌，是如何进入大众视野并深受喜爱的？为什么均价 5~10 元的蜜雪冰城比高端茶饮品牌更赚钱？为什么蜜雪冰城能够开设上万家门店，在规模上一骑绝尘？

第一阶段：千店秘诀——低价+爆品+单店盈利模型

蜜雪冰城自 1997 年创立以来，以 0.5~1.5 元一碗的街头刨冰起家，赚取了第一桶金。低价亲民的特点，已然融入了蜜雪冰城的品牌基因。前期的"低价盈利"完全依赖于对成本的严格管控。2006 年，来自日本的蛋筒冰淇淋在河南风靡一时，售价高达 20 元一支。蜜雪冰城敏锐地捕捉到这一商机，利用鲜奶和鸡蛋制作出"火炬冰淇淋"，售价仅 2 元，成本则控制在 1 元以内。2008 年，肯德基、麦当劳、星巴克等国外品牌在河南广受欢迎时，蜜雪冰城又用雀巢咖啡粉开发出售价 1 元的卡布奇诺冰咖啡，单日销量可达 800 多杯。除了在产品上另辟蹊径，门店运营成本同样得到了严格把控，即使印刷横幅上出现错字，也尽量将就使用，绝不浪费一分钱。此后，为了均摊成本，蜜雪冰城开始拓展门店。在运营成本的严格管控下，蜜雪冰城迅速找到了自身的单店盈利模型，并于 1997—2013 年期间开启加盟模式，实现了千店规模，完成了第一步的标准化复制。

第二阶段：突破万店——成为供应商，自建供应链+仓储+物流

供应链的搭建是万店企业的基石。无论是零售行业的沃尔玛、7-11，还是餐饮业的肯德基、麦当劳，解决供应链问题都是他们成为万店品牌的关键之一。蜜雪冰城也是如此。在开出千家加盟店后，低价策略带来的问题逐渐显现。由于盈利过于依赖原材料成本，蜜雪冰城很容易受到上游供应商的制约。本就以薄利多销为模式，一旦供应商对原材料提价，哪怕每件产品仅上涨 1 元，蜜雪冰城的利润也会大幅削减。为了将生产原料的话语权牢牢掌握在自己手中，确保稳定供应并维持极致低价，蜜雪冰城决心重塑体系，走向供应链上游。

2013 年，蜜雪冰城成立大咖国际食品有限公司，自主生产核心原料，进一步推进标准化和规模化。随着研发、生产、仓储、物流等供应链体系的逐步完善，蜜雪冰城再次迎来事业的上

升期。2014—2018年，仅用五年时间，蜜雪冰城便突破万店大关，凭借完善的供应链体系，公司进一步加快了扩张步伐。

第三阶段：三年再增万店——IP+品牌+生态

在前21年打下的坚实基础之上，蜜雪冰城在跑通加盟和供应链模式后，开启了极速扩张阶段。2019—2022年，仅用三年时间，蜜雪冰城加盟店再增加1万多家，规模上遥遥领先。与此同时，蜜雪冰城的盈利模式也从单纯的奶茶销售转变为以供应商为核心的多元化盈利模式。由于不允许加盟商自行采购外部原料，食材、包装材料、设备设施等都需要从公司统一采购，加盟商销售越多，公司盈利也越多。《蜜雪冰城招股说明书》显示，2019年至2022年第一季度，蜜雪冰城的营收主要来源于食材和包装材料的销售，二者合计占比超过85%，而奶茶销售收入不足1%。

门店数量突破2万家后，庞大的规模效应使得蜜雪冰城逐渐走上生态化发展道路。公司不仅打造了自有IP和主题曲，还通过游乐场、音乐节、邮局主题店等花式营销活动，进一步巩固了亲民的品牌形象。

能够在近30年的时间里，从0到100，再到1 000，甚至10 000，穿越经济周期，成为餐饮领域的巨无霸，万店背后是品牌硬实力的博弈。

资料来源：微信公众号"笔记侠"，2024-08-18。

➡ 辩证性思考：
1. 蜜雪冰城万店背后的核心要素是什么？
2. 蜜雪冰城是如何做到低价策略的？

项目检测

营销知识培养规格检测
1. 简述食品市场营销的定价目标。
2. 食品定价的方法有哪些？
3. 如何运用食品定价技巧？
4. 食品企业如何进行定价调整？
5. 食品企业如何应对竞争者的调价？

营销能力培养规格检测和营销素养培育规格检测
实践项目7　制订××食品企业定价策略方案

项目实践目的：运用定价策略分析的理论和方法，对××食品企业定价策略现状进行分析，探讨食品企业改进定价策略的途径和方法。培养学生运用定价策略的理论与方法分析问题的能力。撰写食品企业定价策略方案。同时强化学生遵守价格法律法规的意识。

项目检测考核：由班级学习委员组织分团队对××食品企业定价策略方案进行宣讲、讨论、答辩，指导教师进行评价。由各团队队长和指导教师对方案及提高"义利相兼、以义为先"价值观的认知进行综合评判打分，考核成绩分为优秀、良好、及格。

项目8

食品市场营销分销策略

思维导图

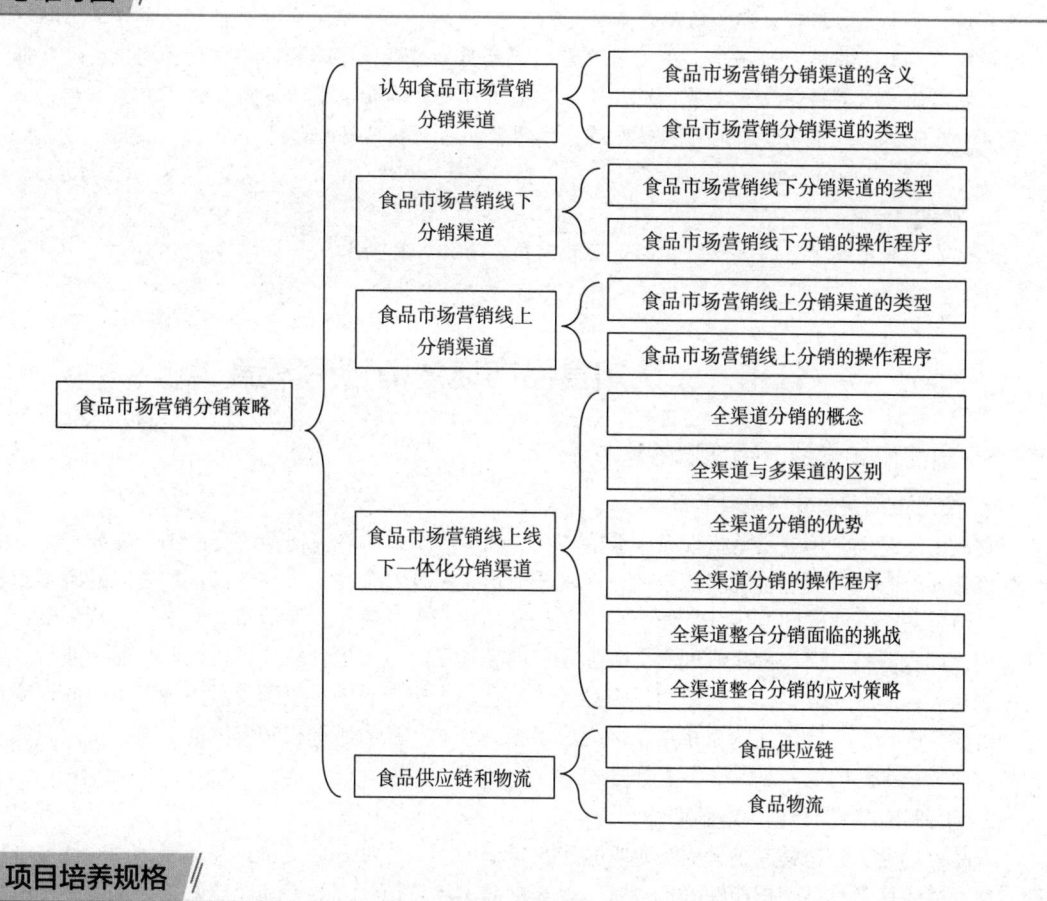

食品市场营销分销策略
- 认知食品市场营销分销渠道
  - 食品市场营销分销渠道的含义
  - 食品市场营销分销渠道的类型
- 食品市场营销线下分销渠道
  - 食品市场营销线下分销渠道的类型
  - 食品市场营销线下分销的操作程序
- 食品市场营销线上分销渠道
  - 食品市场营销线上分销渠道的类型
  - 食品市场营销线上分销的操作程序
- 食品市场营销线上线下一体化分销渠道
  - 全渠道分销的概念
  - 全渠道与多渠道的区别
  - 全渠道分销的优势
  - 全渠道分销的操作程序
  - 全渠道整合分销面临的挑战
  - 全渠道整合分销的应对策略
- 食品供应链和物流
  - 食品供应链
  - 食品物流

项目培养规格

营销素养培育规格

树立"强强联手、优势互补、共谋发展、拓展市场、共创未来、合作共赢、共创辉煌"的渠道管理理念，寻找适合中国国情与民情的食品市场营销分销策略解决方案。强化职业操守和渠道管理思维与行为习惯的培养。

营销知识培养规格

明确食品市场营销分销渠道，明确食品市场营销供应链与食品物流，掌握食品市场营销线下、线上及线上线下一体化分销渠道的操作程序。

营销能力培养规格

培养能够综合分析食品企业分销渠道类型的能力，发现并解决食品企业分销策略存在的问题，并能够制订食品企业分销策略分析方案。

项目导入案例

休闲食品渠道变迁过程

近十年来，我国休闲食品行业市场规模持续增长，预计到2027年，我国休闲食品行业市场规模将达到12 378亿元。从发展历程来看，休闲食品的消费层次逐渐升级，销售渠道也从分散化的店铺售卖向更加集中的零食专营店创新发展。休闲食品自20世纪70年代开始兴起，当时出现了简单的饼干、糖果、水果罐头等小零食；90年代，国外零食品牌如乐事、亿滋国际等进入我国，舶来品占据了大部分的零食市场；到了21世纪，百草味、良品铺子、卫龙等本土品牌相继成立，本土品类开始兴起；2010年之后，互联网的普及使得零食品牌拓展了电商渠道，借助互联网的东风获得了飞速发展；近几年来，随着人们对零食追求的不断变化，直播平台、零食专卖店等线上线下销售渠道的强劲发展，休闲食品的发展日趋多样化。

资料来源：微信公众号"未来智库"，2023-10-25。

▶ 辩证性思考：

你认为"线上线下"的融合对食品市场营销分销有什么影响。

任务1 认知食品市场营销分销渠道

8.1.1 食品市场营销分销渠道的含义

1. 食品市场营销分销渠道的概念

食品市场营销分销渠道是指食品企业的产品（或劳务）从生产者向最终食品消费者或者工业用户直接转移所有权时所经过的路线、途径或流转通道，是连接食品生产和食品消费之间的桥梁和纽带。它包含两个方面的内容：一方面是把产品从食品生产者转售给食品消费者的中间经营环节或经营机构，如食品批发商、食品代理商、食品零售商、食品经纪人等食品分销机构和食品企业自己的销售机构等，即食品分销；另一方面是产品实体从食品生产者手中运送到食品消费者手中的运输和存储过程，即物流。分销和物流相结合便完成了食品企业产品的所有权和实体的转移，共同完成了食品营销分销渠道的任务。

2. 食品市场营销分销渠道的职能

食品市场营销分销渠道成员的主要职能如图8-1所示。这些任务交给产品流通的中间环节来执行，比食品生产者自己承担能够降低成本，提高食品市场营销管理效率和经济效益，从而更好地满足目标市场的需要。但食品生产者同时也要有一部分产品自销，以便直接掌握市场动态。

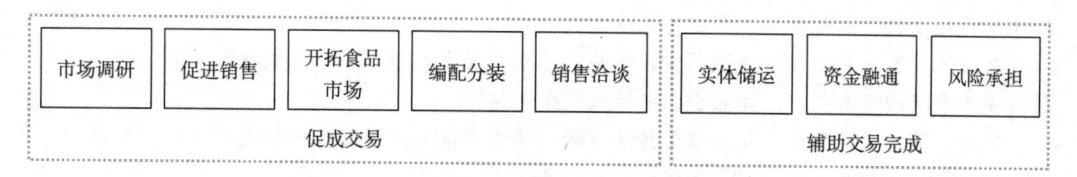

市场调研	促进销售	开拓食品市场	编配分装	销售洽谈	实体储运	资金融通	风险承担
促成交易					辅助交易完成		

图 8-1　食品市场营销分销渠道成员的主要职能

3. 食品市场营销分销渠道的特点

（1）分销渠道反映的是某一特定的产品或服务价值实现的全过程，其一端连接生产，另一端连接消费，使产品通过交换进入消费领域，满足消费者的需求。

（2）分销渠道的核心业务是购销。产品在渠道中通过一次或多次购销转移所有权或使用权，流向消费者。

（3）分销渠道是一个多功能系统。不仅要发挥调研、购销、融资、储运等多种功能，提供产品或服务，还要通过各渠道成员的营销努力，开拓市场，刺激需求，同时也需要具备自我调节和创新功能。

思政教育

培养德智体美劳全面发展的社会主义建设者和接班人

习近平总书记在《培养德智体美劳全面发展的社会主义建设者和接班人》一文中强调：我国是中国共产党领导的社会主义国家，这就决定了我们的教育必须把培养社会主义建设者和接班人作为根本任务，培养一代又一代拥护中国共产党领导和我国社会主义制度、立志为中国特色社会主义奋斗终身的有用人才。我们的教育绝不能培养社会主义破坏者和掘墓人，绝不能培养出一些"长着中国脸，不是中国心，没有中国情，缺少中国味"的人！那将是教育的失败。教育的失败是一种根本性失败。我们决不能犯这种历史性错误！这是推进教育现代化、建设教育强国必须把握的大是大非问题，没有什么可隐晦、可商榷、可含糊的。

浇花浇根，育人育心。我们讲不忘初心、牢记使命，推进教育现代化不能忘记初心，要健全全员育人、全过程育人、全方位育人的体制机制，不断培养一代又一代社会主义建设者和接班人。这是教育工作的根本任务，也是教育现代化的方向目标。

资料来源：《求是》，2024-17。

营销素养

渠道营销中的渠道管理者应具备的技能和能力

渠道管理者在渠道营销中扮演着重要的角色，他们需要具备一系列的技能和能力来有效地管理渠道和与渠道合作伙伴合作。以下是一些渠道管理者应具备的技能和能力：

第一，战略规划能力。渠道管理者应能够分析市场情况、竞争者和消费者需求，以制定合适的渠道发展策略。

第二，渠道设计能力。渠道管理者应能够设计和建立适合企业产品的渠道网络。他们需要考虑产品特性、目标市场和消费者行为等因素，选择合适的渠道类型和渠道合作伙伴。

第三，渠道招募与管理能力。渠道管理者需要具备招募和管理渠道合作伙伴的能力。他们应能够识别和吸引优秀的渠道合作伙伴，并建立良好的合作关系。

第四，渠道培训与支持能力。渠道管理者应能够为渠道合作伙伴提供产品知识、销售技巧

二维码链接 8-1　成功的渠道就是成功的价值传递

和市场营销支持，以帮助其提升销售业绩。

第五，数据分析与决策能力。渠道管理者应能够通过对市场数据和销售数据的分析，识别渠道中存在的问题和机会，并基于分析结果做出有效的决策。

第六，沟通与协调能力。渠道管理者需要与内部团队和渠道合作伙伴进行有效的沟通和协调，确保各方的利益得到平衡，并实现共同的目标。

第七，创新与适应能力。渠道管理者需要不断地寻求创新的渠道策略和方法，以应对市场的变化和竞争的挑战。

资料来源：MBA 智库。

8.1.2 食品市场营销分销渠道的类型

分销渠道的实体形式和数量不同，其类型也就各有所异。企业要选择合适的分销渠道，首先需要了解有哪些类型的分销渠道可供选择。分销渠道的类型归纳起来主要有以下几种。

1. 直接渠道和间接渠道

按是否使用中间商，可将食品分销渠道分为直接渠道和间接渠道，如表 8-1 所示。

表 8-1　直接渠道和间接渠道的优缺点

渠道类型	优　　点	缺　　点
直接渠道	渠道短，信息反馈快，服务及时，价格稳定，促销到位，易于控制	食品生产者需要付出高额的固定成本，如店面租金、员工工资等；员工主动性较弱
间接渠道	市场覆盖面广，市场渗透力强，各级渠道成员职责分明；渠道成员如经销商的工作主动性强；能够降低渠道分销成本	渠道环节多，管理困难，容易产生窜货和价格混乱的问题

直接渠道，也称自营渠道，是指食品生产者不通过中间商环节，直接将产品销售给食品消费者的渠道类型。部分食品也采用直接销售的方式，如鲜活商品等。直接渠道一般适用于两种情况：市场环境良好，销量持续上升；食品生产者管理水平较高，总部能够远程管控分销渠道员工的工作表现，使其效率持续提升。

间接渠道是指食品生产者通过中间商环节，间接将产品销售给消费者的渠道。间接渠道是食品分销的主要类型。

目前，食品生产者一般采用双渠道战略，既有直接渠道又有间接渠道。生产企业通过直接渠道了解市场信息，提升间接渠道成员的积极性；通过间接渠道降低渠道分销成本，转移销售风险，提高销售额。

2. 长渠道和短渠道

按分销过程中经历中间环节的多少，可将分销渠道分为长渠道和短渠道。产品每经过一个直接或间接转移产品所有权的食品中介机构（如食品批发商、食品代理商、食品零售商等），就成为一个流通环节或中间层次。经过的环节或层次越多，渠道越长；反之，则渠道越短。

根据食品生产者将产品传递到消费者所经过的中间商层次，主要分为四种类型：零层渠道，即直接渠道，也就是从食品生产者直接到消费者，没有任何中间商；一层渠道，只包含一层中间销售机构，如食品零售商；二层渠道，包含两层中间环节，如食品批发商和食品零售商；三层渠道，包含三个中间层次，如代理商、批发商、零售商。短渠道一般指零层渠道和一层渠道，长渠道是二层渠道及以上，如图 8-2 所示。

项目 8　食品市场营销分销策略

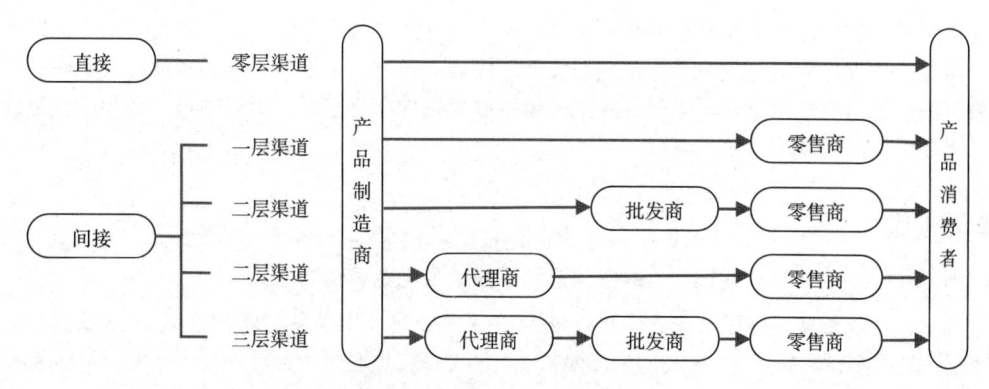

图 8-2　分销渠道的基本类型

长渠道和短渠道的优缺点如表 8-2 所示。

表 8-2　长渠道和短渠道的优缺点

渠道类型	优　　点	缺　　点
长渠道	市场覆盖面大，降低渠道分销成本，减轻管理与风险压力	生产者对渠道的控制力弱，降低对市场信息的灵敏反应程度；生产者对经销商协调的工作量加大；同时用户服务水平受中间商服务差异化的影响；还会因经销商的忠诚度不够造成生产者市场发展与控制的被动
短渠道	生产者对渠道和终端的控制力强，市场管理与控制的基础好	生产者承担大部分的渠道费用，市场投入资源较多、费用较高；同时生产者市场覆盖面相对较小，风险较大

3. 宽渠道和窄渠道

按食品企业在销售中使用中间商的多少，可将分销渠道分为宽渠道和窄渠道。

渠道宽窄取决于渠道的每个环节中使用的同类型中间商数目的多少。食品企业使用的同类型中间商数目多，产品在市场上的分销面广，称为宽渠道。例如，大多数日用消费品（如方便食品、饮料）在销售其细化用品时，中间由多家食品批发商批发并转卖给更多的食品零售商，以覆盖更广的地域范围及网点，大批量地销售产品。食品企业使用的同类型中间商数目少，分销渠道窄，称为窄渠道。它一般适用于专业性强的产品，如耐用消费品。窄渠道在某一地区甚至只有一家中间商总经销，几家分销，特点是容易控制，但市场销售面受到限制。宽渠道和窄渠道的优缺点如表 8-3 所示。

二维码链接 8-2
什么是直营、代理商、经销商、加盟商、零售商

表 8-3　宽渠道和窄渠道的优缺点

渠道类型	优　　点	缺　　点
宽渠道	同一层次的中间商数目多，市场覆盖面较大，市场销售力量较强，中间商之间的竞争较大	区域中间商的矛盾冲突较大，市场管理难度较大
窄渠道	生产者与中间商关系比较密切，合作程度较高	生产者容易被中间商左右，中间商有可能过分依赖生产者，市场覆盖面较小

4. 线上渠道和线下渠道

食品市场营销分销渠道按消费场景分为线上渠道和线下渠道。线上渠道即电商（电子商务）分销渠道，线下渠道则是传统渠道，如商超、百货、便利店、专营店等。线下渠道作为食品行业的传统销售方式，具有直观、体验性强的优势。消费者可以亲自到店挑选、品尝。

随着互联网的普及和电商平台的崛起，线上渠道也逐渐成为食品行业的重要销售渠道。线上销售具有覆盖范围广、传播速度快、成本相对较低等优势。通过线上平台，食品企业可以突破地域限制，将产品销往全国甚至全球。同时，线上营销手段也更加丰富多样，可以通过短视频、直播等形式吸引更多年轻消费者的关注。

> **中国式营销**
>
> 传统渠道、新兴渠道两手抓，卫龙业绩逆势增长
>
> 近日，"辣条第一股"卫龙美味公布2024年中期业绩，上半年实现29.39亿元营收，同比增长26.3%；毛利达到14.62亿元，同比增长32.2%。营收与毛利的共同增长，造就了6.21亿元的净利润，同比增长了38.9%，也让卫龙继续坐稳"辣条一哥"的位置。
>
> 卫龙虽是深耕辣味零食行业二十余年的老品牌，却并没有依赖于传统的铺货渠道，而是传统渠道与新兴渠道两手抓，实现动销突破。2021—2023年我国休闲食品分布于商超渠道的占比从44.2%下滑到41.6%，在流通渠道的占比更是下滑了10.3%，零食量贩渠道和电商渠道的占比则快速增长。卫龙从中洞察了消费者需求，认为线下渠道朝着更加多元化、细分化的方向发展，线上渠道新电商业态的不断创新也不容小觑。对此，卫龙决定布局全渠道建设，针对传统渠道继续提升经销商服务，扩大零售终端网点覆盖。截至2024年6月30日，卫龙共拥有1 822家线下经销商，覆盖超过35万个销售终端，进店SKU（库存进出计量的基本单元）与单点销售均有持续增长。卫龙对于新兴渠道的尝试也在稳步进行中。在火爆的零食量贩渠道迅速布局，与主流零食量贩系统合作并实现广泛铺货，通过O2O（线上到线下）渠道打通线上线下消费者、布局会员仓储店等尝试，也在有条不紊地开展，时刻把握新机遇。
>
> 资料来源：微信公众号"食品饮料绿皮书"，2024-08-24。

5. 单渠道和多渠道

单渠道是指生产者仅采用一种渠道进行产品分销，如仅采用专卖店分销、仅采用经销商分销或仅采用直销等。多渠道是指生产者采用多种渠道实现产品的分销，例如，生产者除了采用经销商渠道进行产品分销，还对重要客户卖场直接供货以实现产品的分销。

> **思政教育**
>
> 社会主义建设者和接班人应该具备的基本素质和精神状态
>
> 习近平总书记在《培养德智体美劳全面发展的社会主义建设者和接班人》一文中指出，社会主义建设者和接班人应该具备以下基本素质和精神状态：一是要在坚定理想信念上下功夫；二是要在厚植爱国主义情怀上下功夫；三是要在加强品德修养上下功夫；四是要在增长知识见识上下功夫；五是要在培养奋斗精神上下功夫；六是要在增强综合素质上下功夫。
>
> 资料来源：《求是》，2024-17。

任务2　食品市场营销线下分销渠道

食品市场营销线下分销渠道是指通过面对面或其他非网络方式传播或交易食品类商品的通道。

8.2.1 食品市场营销线下分销渠道的类型

食品市场营销线下分销渠道包括线下直销渠道和线下非直销渠道。

1. 线下直销渠道

（1）品牌实体店。品牌实体店通常是老字号、大品牌或者对线下体验/消费场景有刚需的产品品牌选择布局的直销渠道，从而能够满足消费者在线下进行购物体验和服务消费的需求。

（2）销售人员直销。销售人员直销是指销售人员以面对面的说明方式，而不是通过固定店铺经营的方式，将产品或服务直接销售或推广给最终消费者，并按销售业绩提取报酬的一种营销方式。在不同的食品企业中，这些直接销售人员被称为销售商、销售代表、顾问或其他头衔。他们主要通过上门展示产品、开办活动或一对一销售的方式推销产品。

2. 线下非直销渠道

线下非直销渠道的主要形式包括超市、便利店、购物中心等。线下零售业态的类型如表 8-4 所示，零售业态的形式如表 8-5 所示。

表 8-4 线下零售业态的类型

业 态	定 义
百货店	在一个大型建筑内，根据不同商品部门设置销售区，开展各自的进货、管理与运营的零售业态
超市	采取自选销售方式，以销售生鲜商品、食品及向消费者提供日常必需品为主要目的的零售业态
大型超市	采取自选销售方式，以销售大众化实用品为主，融合超市与折扣商店的经营优势，满足消费者一次性购全的需求，注重自有品牌开发的零售业态
便利店	以满足消费者便利性需求为主要目的的零售业态
专业店	经营某一大类商品为主，配备丰富专业知识的销售人员，并提供适当售后服务的零售业态
专卖店	专门经营或授权经营制造商品牌和中间商品牌的零售业态
购物中心	企业有计划地开发、拥有、管理运营的各类零售业态，是服务设施的集合体
仓储商店	在大型综合超市经营的商品基础上，筛选大众化实用品销售，实行储销一体，以提供有限服务和低价格商品为主要特征，采取自选方式销售的零售业态
家居中心	以销售与改善、建设家庭居住环境有关的装饰、装修用品，以及日用杂品、技术和相关服务为主，采取自选方式销售的零售业态
工厂直销中心	品牌商或生产商直接设立，商品均为本企业品牌，采用自选方式售货的零售业态

表 8-5 零售业态的形式

类 型	描 述
公司连锁	两个或两个以上的商店同属一个所有者所有和管理，经销相同商品，设有中心采购部和商品部，甚至商店建筑也可采用统一的基调
自愿连锁商店	由某个食品批发商发起，若干个食品零售商参加的组织，从事大规模购买和统一买卖
食品零售商合作组织	由若干个食品零售商组成，成立一个中心采购组织，并联合进行促销活动
消费者合作社	消费者自己筹款、自己所有、自己投票决定办店方针和选举管理小组的零售公司；合作社成员可按其个人购买量的多少分到相应的红利
特许经营	特许人（一家制造商、食品批发商或服务组织）和特许经营人（在特许经营系统中，购买、拥有或经营其中一个或几个单元的独立生意人）之间的一种契约性联合。特许经营组织通常以某种独特的产品、服务、经营方式、商标、专利或特许人的声誉为基础

> **营销思考**
>
> **即时零售：新赛道、新商机**
>
> 即时零售独特且新颖的模式推动其市场快速扩大。在需求侧，其凭借快速响应消费者需求的优势激活了消费，提升了消费者的购买欲望；在供给侧，它盘活了本地实体零售店，扩大了实体门店的经营半径。需求端的大力拉动与供给端的快速推动，使得即时零售的市场规模持续扩大，各行业也得以快速发展。
>
> 即时零售主要有两种运营模式，分别是平台模式和自营模式，其中自营模式又分为垂直自营模式和传统商超自营模式。
>
> 平台模式主要通过互联网平台对接线下商家与消费者，多数平台会提供即时配送能力。例如美团闪购，在配送方面，美团平台会提供美团专送，同时也支持商家自行配送。平台模式对于线下商家和消费者都具有较大优势：商家无须具备过多的平台运营技能，只需将门店信息录入平台并经过一系列审核后，即可开展即时零售服务。
>
> 在即时零售的自营模式中，较为专业化、注重某一领域的经营模式是垂直自营模式。这类模式会深耕甜点饮品、蔬菜水果、看病买药、鲜花蛋糕等品类中的一个，承包从供应商到消费者的整个供应流程。
>
> 以盒马鲜生为例，其产品聚焦于蔬菜海鲜、水果鲜花领域。盒马鲜生平台内的商品一般为自营，整个进货、销货、配送环节都由盒马鲜生自行负责。盒马鲜生关注细分领域，精准挖掘消费者需求，同时"一条龙"的服务使得供应链的主动权掌握在企业手中，能够及时调整并降低供应链成本，优化供应链流程，增强供应链韧性。
>
> 大型商超或零售门店通过自营 App 或微信小程序，为消费者提供送货到家服务，平台负责从供应商到消费者的所有流程。传统商超自营模式的优势在于，商超本身保留绝大部分的线下经营，将门店与仓库一体化，在开展线下经营的同时，也为消费者提供线上购买的渠道。
>
> 2022 年，我国即时零售市场规模超过 5 900 亿元。预计到 2030 年，我国即时零售市场规模有望增至 3.6 万亿元，相当于同期社会消费品零售总额的 6%。
>
> 资料来源：微信公众号"即时零售创业圈"，2024-08-31。

8.2.2 食品市场营销线下分销的操作程序

线下分销渠道对于食品企业品牌具有重要意义，线下的深耕可以显著提升品牌的生命力和跨越周期的能力。值得注意的是，开展线下业务并非随意决策，而是需要形成"体系化"布局，步步为营，如图 8-3 所示。

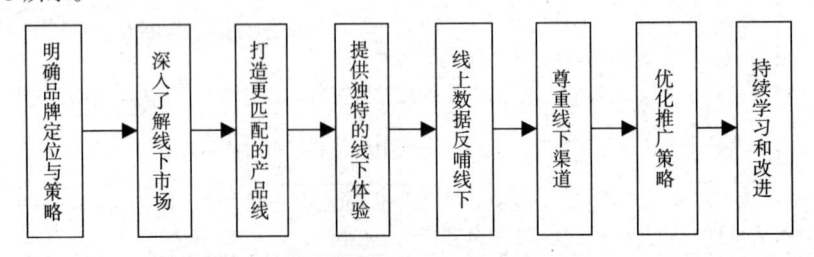

明确品牌定位与策略 → 深入了解线下市场 → 打造更匹配的产品线 → 提供独特的线下体验 → 线上数据反哺线下 → 尊重线下渠道 → 优化推广策略 → 持续学习和改进

图 8-3 食品市场营销线下分销的操作程序

守正创新

盒马村的创新订单农业新模式

我国许多特色农产品的重要经营主体是农户，因其"小而散"的特点，长期处于市场边缘，难以分享农业产业链的增值红利。如何构建标准化、常态化、精细化的供应链体系与稳定的销售渠道，提高农产品附加值，是农业现代化亟待解决的问题。例如，以盒马为代表的新零售，以人民需求为中心，通过数字经济与实体零售融合，将数据作为核心生产要素，对商品的生产、流通与销售过程进行改造升级，探索出一种推动农业高质量发展的订单农业新模式——盒马村。盒马村通过运用数字技术打通农业上下游产业链，指导农业生产、加工、运输、销售等全链路以需定产，与盒马形成稳定的供应关系，成为发展数字农业的典型村庄。

该模式重塑了农业与制造业的业态结构与产业链生态圈，通过产业互联网与消费互联网的融合，实现全链路数字化运营和线上线下一体化的商品与服务体系，快速响应人民对美好生活的需要，有利于深化供给侧结构性改革，推动高质量发展。

资料来源：《解放日报》，2023-01-09。

其实，无论哪个渠道，其最终本质都是品牌、渠道与消费者的三方共赢。单纯依靠渠道红利、快速收割的方式，已不再适应当前的市场环境。市场的未来一定是品牌与渠道共同提升，更好地为消费者创造价值。

中国式营销

线下商超企业积极求变：胖东来2024年以来先后对步步高及永辉帮扶调改，效果显著

2024年3月31日，胖东来正式宣布助力步步高超市调改。步步高长沙梅溪湖店（经营面积5 145m²）成为调改首店，4月11日调改正式启动，5月1日即开门营业，5月中旬基本调改到位。

2024年5月27日，永辉超市发布胖东来调改通知，本次共调改两家门店，分别是永辉郑州信万广场店和新乡宝龙广场店，启动调改时间依次为5月31日和6月底，而首次调改的郑州信万广场店于6月19日完成改造恢复正常营业。

从调改思路来看，根据永辉超市官方及联商网数据显示，永辉郑州信万广场店主要从以下方面入手：

第一，商品方面。以保障民生需求为导向，一方面保留一线品质品牌，下架质量堪忧品牌，同时补充时尚商品品类。从结果来看，该门店下架单品数10 841个，下架比81.3%。重新规划单品数12 581个，新增单品占比80%，梳理后商品结构达到胖东来商品结构的90%以上。同时，胖东来的多款热门自有品牌商品也同步进驻门店，如网红"大月饼"、DL果汁、DL洗衣液等70多个自有品牌商品均已上架销售。

第二，环境方面。重新梳理卖场布局，取消强制动线，并拓宽主副通道，同时去掉拥挤的堆头，优化陈列位置。与之前相比，目前卖场扩大了烘焙区、现场加工、熟食区，并取消了外租区，新增烟酒礼品区和客户休息区，使得现场空间更加开阔，同时给予消费者舒适的购物体验。

第三，设备设施方面。对原有设备进行了全方位的维护保养和更新迭代，并新增日配冷链、生鲜、散称杂粮、卖场端架等设备设施，整体硬件设施更新占比达到45%。

第四，价格方面。优化采购渠道，控制商品价格，保证合理的商品定价及利润空间。

第五，员工方面。体制政策上充分激发团队和员工的积极性和向心力，目前门店编制人员已从 79 人增加至 148 人，新员工仍在继续招聘中。而对于在职员工，目前已实现全员加薪，基层员工工资从每月 2 500 元提升至 4 500 元，同时员工工作时间平均每天不超过 8 小时，并增加 10 天年休假。

从调改结果来看：

第一，步步高。根据联商网数据，梅溪湖调改门店日均销售额增长至原来的近 9 倍（从 15 万元增长至 133 多万元），日均客流增长至原来的近 6 倍（从 0.2 万人次增长至 1.2 万人次）。其中劳动节当日销售额达到了 240 万元，单日客流量将近 1.8 万人次，调改效果明显。

第二，永辉。根据联商网数据，本次调改的门店永辉郑州信万广场店位于郑州市金水区国基路与丰庆路交叉口信万广场负一楼，经营面积约 3 100 平方米，2023 年平均日销 18.01 万元，日均客流 2 613 人；2024 年 1—4 月，平均日销 16.82 万元，日均客流 2 448 人。而在调改完成后的开业首日涌入近 1.3 万个客户，单日销售额暴涨 13.9 倍，高达 188 万元。

从后续发展来看，本次胖东来入驻调改，步步高及永辉有望通过个别门店的经营改善，从温和过渡到整体公司的门店运营，进行公司内部全面改革，带动整体业绩提升。而对于胖东来来说，通过帮扶商超龙头能够提升自身品牌影响力，后续有望通过更多渠道销售自有品牌商品，以更高的利润率带动盈利水平上行，同时能够实现对自身业务模式与经营理念的跨地域验证。

资料来源：微信公众号"JH 商业研究"，2024-07-04。

任务 3　食品市场营销线上分销渠道

食品市场营销线上分销渠道通常指网络上的渠道，即通过网上商城或其他网络方式传播或交易食品类商品的通道。

8.3.1　食品市场营销线上分销渠道的类型

食品市场营销线上分销渠道包括线上直销渠道和线上非直销渠道。

营销者素养

职业操守

职业操守是指从业者在职业活动中应遵循的行为规范和道德准则的总和。它要求从业者在职业行为中保持诚信、正直、公正、负责等品质，以维护职业声誉、保障客户利益、促进职业发展和社会和谐。

职业操守的内容包括：诚实守信，正直行事，保护客户利益，尊重他人，持续学习和发展。

资料来源：隐世画家，2024-07-20。

---

1. 线上直销渠道

线上直销渠道是指生产者通过互联网直接将产品销售给消费者的销售渠道。最常见的有以下三种渠道。

（1）品牌官网。对于大多数品牌来说，都拥有自己的官网。除了品牌理念介绍和产品展示，绝大部分品牌官网还提供直接购买服务，方便潜在消费者和消费者在浏览企业官网后直接进行购买。官网直销渠道在消费者信任、无须支付第三方平台佣金或抽成等方面具有极大优势，但需要做好前期的营销和引流工作。

（2）品牌 App。部分品牌除了官网，还会布局移动端的 App，方便移动端用户下载后进行产品选择和浏览。然而，随着 App 数量的激增，让用户选择保留单一品牌的官方直销 App 难度越来越高。因此，除非自身是人尽皆知的大品牌或拥有一定体量的忠诚用户，否则运营官方直营 App 可能会面临收益低于成本的风险。

（3）第三方电商及微信小程序官方直营店。众多品牌会选择在用户量庞大的第三方电商平台（包括综合类电商平台和专品类电商平台，如京东、淘宝、拼多多等综合类电商平台，美团、饿了么等专业美食外卖平台，丝芙兰、Marionnaud 等专业美妆零售官网平台）以及微信小程序平台开设官方直营店，从而实现触达范围最大化和平台投资回报率组合的最优解。

2. 线上非直销渠道

线上非直销渠道是指生产者通过融入互联网后的网络中间商将商品销售给最终消费者的分销渠道。所谓网络中间商，是指利用网络在生产者与消费者之间从事商品交换活动的经济组织或个人。线上非直销渠道主要包括以下几种类型。

（1）第三方电商及小程序内的分销商店铺。例如，老佛爷百货等线上时尚零售商店、迪卡侬等线上运动零售商店、个人分销商店、京东超市等综合类购物平台。这些平台的专业度、平台影响力、成单数量和评价等，对消费者购买决策影响较大。

（2）直播平台分销。通过专业的直播平台，由主播团队进行前期准备（包括选品、定价、优惠策略、供应链等），在直播过程中通过主播对产品的体验和介绍，促使消费者直接在直播间下单实现转化。直播平台分销通常以新品牌问世推广、品牌定期推广、品牌上新、定期的营销事件（如京东"618"、淘宝"双11"等）为契机进行品牌与主播、品牌与直播平台之间的销售合作。

> **中国式营销**
>
> **林小生如何在抖音做爆款**
>
> 林小生是创立于 2019 年的年轻生活方式调味品牌。2021 年 7 月，林小生的新品荞麦面上线，10 天登上抖音电商荞麦挂面爆款榜第 2 名。2022—2023 年，林小生推出了"50%低脂鸡胸肉酱"的爆款单品，持续两周登顶抖音电商下饭酱爆款榜，半年内实现了 300 万瓶的销量，成为各大电商平台榜单上的常客，还获得多位明星、KOL 的推荐。
>
> 林小生的成功经验包括：
>
> 第一，打造差异化的产品品类，持续进行微创新。例如，林小生推出了"50%低脂鸡胸肉酱"这款产品。这款产品的前身是 2021 年上线的"30%低脂鸡胸肉酱"，开创了鸡胸肉酱这个新品类。50%的概念在行业内起到了一定的引领作用。尽管该产品销量起来后出现了很多跟随者和模仿者，但林小生凭借先发优势以及成本和供应链等综合优势，提高了模仿者的门槛。
>
> 第二，用好抖音兴趣电商的玩法，通过内容驱动销量。林小生抓住抖音短视频的特性，将卖点可视化。例如"50%牛肉酱"这款产品，团队对卖点进行拆解后，通过图文、画面、声音，呈现了"这不是一瓶牛肉酱，应该叫酱牛肉"等产品卖点。
>
> 第三，把符合目标人群的卖点进行视觉化呈现后，再通过投流，触达更广泛的目标人群。林小生的投流 ROI（投资回报率）高于行业平均水平。
>
> 资料来源：微信公众号"新火食业"，2024-03-14。

8.3.2 食品市场营销线上分销的操作程序

食品市场营销线上分销的操作程序如图 8-4 所示。

明确推广目标 → 分析目标受众 → 选择适合的推广渠道 → 制订推广计划 → 执行推广计划 → 监测和分析推广效果 → 优化推广策略 → 持续学习和改进

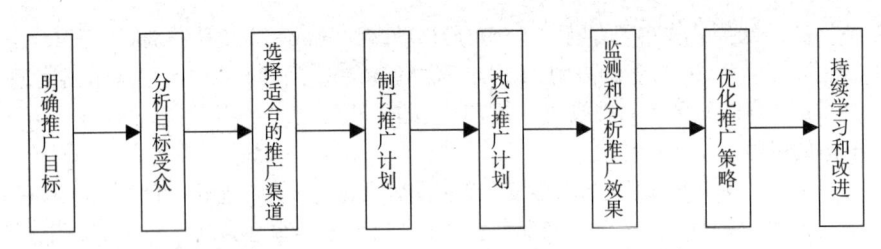

图8-4　食品市场营销线上分销的操作程序

1. **明确推广目标**

推广目标可以是提高品牌知名度、增加网站流量、提高转化率、增加销售额等。明确目标有助于制定更有针对性的推广策略。

2. **分析目标受众**

食品企业需要了解目标受众的年龄、性别、地理位置、兴趣、购买习惯等信息，以便制定更符合消费者需求的推广内容，提高推广效果。

3. **选择适合的推广渠道**

根据推广目标和目标受众，选择适合的线上分销渠道。常见的线上分销渠道包括搜索引擎优化、社交媒体推广（如微信、微博、抖音等）、内容营销（如博客、视频、电子书等）、电子邮件营销等。企业可以根据自身资源和需求选择适合的渠道。

4. **制订推广计划**

制订详细的推广计划，包括推广时间、推广内容、推广方式、预算等。确保计划具有可衡量性，以便可以跟踪和分析结果。

5. **执行推广计划**

按照推广计划执行推广任务，包括编写和发布博客文章、制作和发布视频、发布社交媒体帖子、发送电子邮件等。确保推广内容具有吸引力，能够引起目标受众的兴趣。

6. **监测和分析推广效果**

定期监测和分析推广效果。可以使用数字化工具（如 Google Analytics、社交媒体分析工具等）来跟踪网站流量、用户行为、转化率等指标。通过分析这些数据，了解哪些策略有效，哪些需要改进。

7. **优化推广策略**

根据监测和分析的结果，不断优化推广策略。可以通过调整推广内容、改变推广方式、增加推广渠道等，以提高推广效果。

8. **持续学习和改进**

网络推广是一个不断学习和改进的过程。食品企业需要关注行业动态、学习新的推广技巧和方法，并将其应用到推广实践中。

需要注意的是，线上分销需要耐心和毅力。不要期望一蹴而就，要持续努力并不断优化推广策略。同时，保持与目标受众的互动和沟通，了解他们的需求和反馈，以便更好地满足他们的需求并提高推广效果。

二维码链接8-4　食品行业十大风口渠道，赋能食企增长新引擎

任务4　食品市场营销线上线下一体化分销渠道

线上线下一体化分销是传统商业思维的改变，是站在消费者的角度，通过新技术，打通分销各渠道，实现线上和线下消费场景深度融合、全面洞察消费需求、相互引流相互赋能的过程。而食品

市场营销线上线下一体化分销渠道的核心就是全渠道分销。

8.4.1 全渠道分销的概念

1. 全渠道分销的定义

全渠道分销是一种综合性的分销策略，旨在通过多种渠道和媒体与目标消费者建立联系、互动和交流，以提供一致、个性化且无缝的购物体验。

这种策略包括线上和线下渠道，如社交媒体、电子商务网站、实体店铺、手机应用等，使企业能够在不同平台上与消费者互动，满足他们在购物旅程中的需求，促进销售、增强客户忠诚度，并优化品牌知名度。全渠道分销强调了信息和购物的无缝流动，使消费者能够在各种渠道之间自由切换，从而提高了品牌的可见性和市场竞争力。

2. 全渠道分销的核心要素

全渠道并非指品牌方借助所有渠道进行销售，而是指品牌方可以在拥有更多的渠道类型中进行选择、组合以及整合，为品牌方实现渠道优势整合、渠道成本分摊，为消费者打造一个更加丰富的场景式消费体验。这种方法的核心在于以消费者为中心，深入了解他们的行为和偏好，以便提供更加有针对性的营销策略，从而实现更高的销售和客户满意度。

全渠道分销的核心要素如图 8-5 所示。

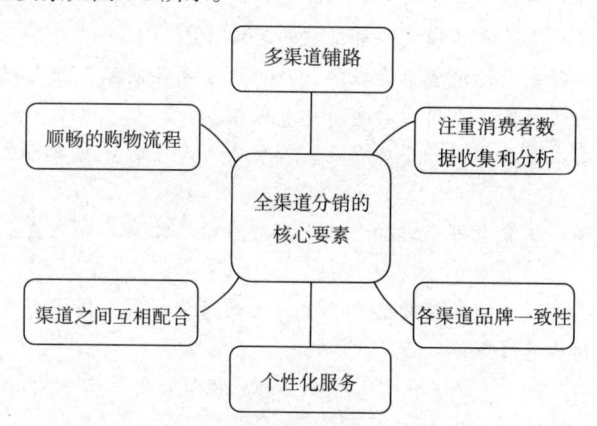

图 8-5 全渠道分销的核心要素

8.4.2 全渠道与多渠道的区别

多渠道强调的是通过不同的销售渠道覆盖尽可能广泛的消费者群体。每个渠道可能是独立运营的，消费者在不同渠道之间的体验可能不一致。

全渠道则侧重于跨渠道的一致性和连贯性，确保消费者无论在哪个渠道购物都能享受到相同的体验，实现真正的无缝购物。全渠道零售要求企业具备更高的技术水平和更复杂的供应链管理能力，但它也能够带来更高的消费者满意度和忠诚度。

全渠道与多渠道的区别如下：

第一，全渠道更关注消费者，而多渠道更关注产品。全渠道依赖于识别消费者与品牌之间的所有接触点，并找到利用这些时机的方法，以增加消费者的便利性或增强消费者与品牌的联系。在多渠道中，企业试图把产品放在尽可能多的有价值的消费者面前，但重点是增加消费者的在线影响力，而不是加深消费者体验。

第二，全渠道将渠道直接连接，多渠道不将渠道相互整合。全渠道通常指的是实体店和企业的在线运营协同工作的方式。多渠道指的是一个企业有实体店面和网上商店，但这些业务是各自孤立的，并非整体的。多渠道使用各种渠道向消费者发送相同或不相关的内容，而全渠道则建立在其他渠道的互动基础之上，以便在任何接触点推进消费者旅程。

第三，消费者体验的不同。全渠道综合利用不同渠道的功能创造新的消费者体验。多渠道是帮助消费者找到他们想要的产品，并在他们熟悉的渠道上进行购买，例如淘宝、京东等电商平台，但消费者的品牌曝光率仅限于该平台。

> **营销视角**
>
> 假设一家零食品牌在多渠道零售模式下运营，它可能拥有以下几种渠道：
> - 实体店：位于购物中心或商业街的专卖店。
> - 电子商务网站：品牌自己的在线商店。
> - 第三方电商平台：如亚马逊、京东等。
> - 社交媒体：如抖音、小红书、微博、B站上的官方账号。
>
> 消费者可以在这些渠道中的任何一个进行购物，但每个渠道可能有不同的促销活动、价格和库存。例如，实体店可能有一些限时折扣，而电子商务网站则可能提供免费配送。消费者在不同渠道之间的体验并不一致，可能需要分别登录不同的平台查看信息或完成购买。
>
> 假设该品牌采用了全渠道零售模式，那么它的运作方式如下：
> - 统一的消费者体验：无论消费者是在实体店、电子商务网站、社交媒体还是通过电话购物，都可以享受到相同的价格、促销活动和消费者服务。
> - 共享库存：所有渠道共享同一个库存池，消费者可以实时查看商品是否可供购买，无论是在哪里购买。
> - 灵活的交付选项：消费者可以选择在线下单并在最近的实体店取货，或者在实体店下单并选择配送到家。
> - 个性化营销：品牌通过收集消费者在各个渠道的行为数据，提供个性化的推荐和服务，如定制的电子邮件营销和社交媒体广告。
>
> 资料来源：微信公众号"PM维他命"，2024-08-02。

8.4.3 全渠道分销的优势

1. 覆盖面广，贯穿消费全过程

全渠道分销的覆盖面极广，能够最大化地触及消费者。不同的消费者在搜索、了解产品的渠道上存在差异，有的消费者习惯逛实体店体验，有的通过互联网及专门的论坛了解，还有一部分消费者通过移动客户端获取信息。全渠道分销通过整合线上线下多种渠道，能够满足消费者在不同场景下的需求。

一个消费者从接触品牌到最后购买的过程中，通常会经历搜寻、比较、下单、体验、分享这五个关键环节，并且在这些环节中可能会在不同渠道之间切换。例如，消费者可能在微博上了解某减肥零食品牌发布的新产品，到线下门店体验后决定购买，并在天猫上下单，收到商品后使用附赠的优惠券在微信小程序上再次下单复购。全渠道分销要求食品企业必须在这些关键节点保持与消费者的全程、零距离接触。

2. 更好地了解消费者

全渠道分销能够帮助企业更好地了解消费者。企业可以通过跟踪和积累消费者在购物全过程中的数据，及时与消费者互动，掌握消费者在购买过程中的决策变化，并提供个性化建议，从而提升购物体验。通过研究消费者的行为、在线习惯，收集会员信息和交易情况，企业可以利用这些数据提高转化率。

> **营销思考**
>
> **40 亿热度：白象香菜面背后的故事**
>
> 　　康师傅、统一在国内方便面市场上占据大半江山版图，白象只能在夹缝中生存。方便食品大会数据显示，白象市场份额约为 7%。曾经一段时间内，我们在超市货架上都很难看到白象的身影，可想而知白象在激烈的市场竞争中被"打压"得多么惨烈。在这种情况下，白象要以怎样的方式破局突围？白象选择进攻线上。
>
> 　　第一，白象基于渠道数据找到"高搜索、低供给"的方向，做到了一切从消费者出发，一切从需求出发。白象此次新口味的灵感，源于抖音"爱香菜党"阵营的网友们在评论区的呼声。在消费者最集中的新兴渠道，洞察消费者需求，从最容易产生话题和流量的内容出发：抖音上几乎每个香菜美食视频评论区中，都少不了"爱香菜党"和"反香菜党"的激烈争论。抖音上"#香菜"话题拥有超过 40 亿播放量，而每一个视频下都有"爱香菜党"的呼声。这意味着抖音网友们津津乐道的话题后，潜藏着尚未被挖掘出的市场潜力。
>
> 　　第二，香菜面走红的幕后推手：独立电商体系。香菜面在市场上的成功，离不开白象独立的电商体系与供应链系统的支持。白象的电商体系不仅是一个销售平台，更拥有独属的生产中心、供应链系统以及产销协同体系。电商渠道被赋予了高度的自主性和灵活性，拥有独立的生产权利，能够根据市场需求自主设计并推出全新产品，满足不同消费者的多样化需求。同时，通过与生产中心的紧密协同，电商渠道实现了生产与销售的无缝对接。这种模式不仅提高了运营效率，还使得新品能够快速上市并进行市场验证，与线下渠道优势互补，快速联动。
>
> 资料来源：微信公众号"新增长 Hub"，2024-07-24。

3. 降本增效

全渠道分销为食品企业拓展了除实体商圈之外的线上虚拟商圈，让商品和服务可以跨地域延伸，甚至开拓国际市场，也可以不受时间限制，24 小时进行交易。整合实体渠道、电商渠道和移动电商渠道，不仅为食品企业开辟了全新的销路，还能优化资源配置，使原有渠道资源承担新的功能。例如，将实体店增加为配送点，或者通过线上线下会员管理体系的一体化，让会员在所有渠道内使用一个 ID 号享受积分累计、增值优惠、打折、促销和售后服务。

4. 增加品牌忠诚度

全渠道分销允许食品企业最大程度地触达消费者，并且消费者可以同时使用不同渠道与品牌沟通，在渠道之间无缝切换，享受一致性体验。这些互动和集成的体验增加了更好的消费者体验，为消费者提供了额外的灵活性和个性化，使品牌更无缝地融入消费者的日常生活。通过这些方式，食品企业能够有效建立消费者对品牌的忠诚度，从而提高消费者终身价值和平均订单价值。

二维码链接 8-5
现代分销渠道系统

8.4.4　全渠道分销的操作程序

全渠道分销的操作程序如图 8-6 所示。

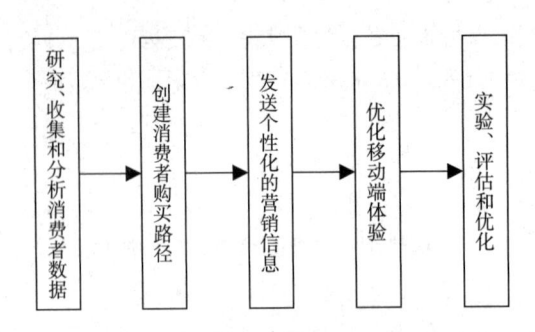

图 8-6　全渠道分销的操作程序

1. 研究、收集和分析消费者数据

（1）研究。在这一阶段，需要深入了解目标市场与潜在消费者。这包括对市场趋势、竞争者表现、行业动态等信息的调查研究。研究还应涵盖对目标消费者的基本特征、需求和喜好的调查，以便更好地理解其行为和期望。

（2）收集。消费者数据可来自多种渠道，包括线上和线下，如网站分析、社交媒体、消费者关系管理系统、市场调查、订购历史等。可收集有关消费者身份、购买历史、互动行为等方面的数据。

（3）分析。在收集了足够消费者数据后，关键在于分析这些数据以获取有价值的见解。数据分析可帮助识别消费者行为模式、趋势和偏好，以及发现潜在的市场机会。可运用数据挖掘、统计分析、机器学习等工具和技术，深入理解消费者数据并制定策略。

收集可靠的消费者数据对于实施有效的全渠道策略至关重要，因此，研究、收集和分析消费者数据是第一步，也是最关键的。

2. 创建消费者购买路径

可视化消费者购买路径，从消费者首次接触品牌到最终购买以及以后的过程中消费者所经历的路径，也就是制定消费者在购买产品或服务过程中所经历的一系列阶段和互动点。

（1）理解消费者。需要深入了解潜在消费者或现有消费者在购买产品或服务时可能经历的阶段。该阶段涵盖消费者的各种互动，从意识到兴趣，再到购买和最终忠诚度。

（2）识别关键触点。在消费者旅程中，存在许多关键触点，消费者在这些触点上与品牌或产品互动。这些触点包括网站访问、社交媒体互动、电子邮件营销、在线广告、实体店铺访问等。识别这些触点对于了解消费者的行为和需求至关重要。

（3）映射消费者购买路径。将消费者在购买旅程中的各个触点按时间顺序进行映射，形成消费者购买路径的图示或流程图。这有助于可视化消费者的购买过程，从而更好地理解他们在不同阶段的需求和行为。

（4）个性化互动策略。了解消费者购买路径后，可根据每个阶段的情况制定个性化的互动策略。例如，在意识阶段，可使用广告和内容营销来提高品牌知名度；在购买阶段，可提供优惠券或促销来鼓励购买。

（5）跟踪和优化。创建消费者购买路径并非一次性工作，需要不断跟踪消费者的互动和购买数据，以了解哪些策略有效，哪些需要调整和优化。通过分析数据，可不断改进购买路径，以提高销售转化率和消费者忠诚度。

3. 发送个性化的营销信息

发送个性化的营销信息是构建全渠道分销策略中的关键步骤，涉及将定制化的、针对个别消费者或特定消费者群体的营销信息传达给目标受众。这一过程旨在增强消费者参与度、提高销售转化率，并增强消费者忠诚度。此外，确保信息传递、品牌和整体消费者体验的一致性至关重要，这种一致性有助于建立信任和统一的品牌形象，从而强化全渠道体验。

4. 优化移动端体验

移动端体验涉及确保品牌网站、应用程序或其他数字渠道在移动设备上能够提供友好、高效、满意的消费者体验。随着越来越多的消费者使用移动设备访问网站和应用，优化移动端体验变得至关重要。

（1）响应式设计。响应式设计是确保网站或应用程序能够根据不同移动设备的屏幕大小和分辨率进行自适应调整的关键元素。

（2）快速加载速度。移动用户通常期望页面或应用程序加载速度非常快，否则可能会流失。优化移动端体验包括优化图像、减少不必要的文件大小、采用内容分发网络等措施，以确保快速加载。

（3）简化结账流程。针对较小屏幕的简化结账流程，能够有效提升消费者体验，减少消费者在购买过程中的流失。

这种优化增强了可访问性、便利性和参与度，有助于提高移动消费者的满意度，增加消费者的留存率，并促进移动渠道上的销售和互动。这对于现代全渠道分销策略至关重要，因为移动设备已经成为消费者互动的主要方式之一。

5. 实验、评估和优化

创建适合消费者的定制方法是全渠道分销策略中的重要环节。

（1）实验。在这一阶段，尝试不同的分销策略、战术或变化，以查看它们的效果。这可以包括测试不同的广告文案，调整定价策略，使用不同的分销渠道或尝试其他市场推广活动。实验通常涉及创建控制组和实验组，以比较不同策略对业绩的影响。

（2）评估。一旦进行了实验，下一步是评估实验的结果。这包括分析数据，了解哪些策略或变化带来了积极的结果，哪些可能需要改进或抛弃。评估阶段可以帮助了解分销策略的强项和弱项。

（3）优化。基于评估的结果，可以开始优化分销策略。这可能包括进一步改进和调整广告、定价、产品或服务，以便更好地满足消费者需求并提高业绩。优化是一个持续的过程，需要不断地改进和适应市场的变化。

通过实验，可以探索新的想法和方法；通过评估，了解它们的效果；然后通过优化来进一步完善。这个过程有助于确保分销策略保持最新，以适应不断变化的市场和消费者需求。同时，定期的实验和优化也可以帮助降低潜在的风险，最大程度地提高投资回报率。

中国式营销

思念食品：打造数字营销渠道

2019 年，思念食品成立数字营销部，主要负责通过整合数据分析来预判消费者趋势，引进数字营销工具，实现数字化转型。因此，思念食品的数字化营销在行业中处于领先地位。思念数字营销部最初的主要工作之一是让公司内部所有人理解"什么是数字营销"以及"如何做数字营销"，针对不同业务类型的员工开展不同偏重的培训。经过近一年的培训，利用短视频等多种方式，数字营销的观念逐渐被企业内部人员所理解，数字营销探索之路正式开启。

在数字营销探索之路上，思念食品积极布局新零售渠道。为推动全渠道数字化营销，思念食品按照购物场景将渠道划分为现场零售（线下实体门店）、远场零售（京东、天猫、拼多多等传统电商平台）和近场零售（对时效性敏感、本地化属性较强）。2021 年起，思念食品与 B 站、小红书等兴趣电商合作，推出 Vlog 视频、网络营销等活动。近场零售是受疫情影响而加速催生出的新型消费场景。通过美团闪购、京东到家等即时零售和预售式次日达社区团购，思念食品满足了消费者的即得性和计划性需求，该渠道为企业带来了更高的线上销售额。

> 思念食品与支付平台的主要合作模式是"A 发 B 核"：A 是思念食品，负责发放优惠券；B 指门店，负责核销。思念食品将优惠券发放给支付平台，平台通过自身的支付系统将优惠券发送到合作的零售系统门店。消费者领取优惠券的途径包括：一是通过"思念福利社"小程序；二是当消费者购买思念食品或与其强相关的产品时，结账后的手机页面会出现思念食品的优惠券。
>
> 资料来源：微信公众号"北京大学光华管理学院"，2023-07-20。

8.4.5 全渠道整合分销面临的挑战

1. 渠道协同难度大

在全渠道分销时代，不同渠道间的协同成为一大难题。由于各渠道在运营模式、服务标准、数据格式等方面存在差异，要实现无缝连接和协同运作，需要投入大量的人力、物力和财力。此外，不同渠道之间的利益冲突和资源分配问题也增加了协同的难度。

2. 数据整合与管理复杂

全渠道分销依赖于数据的收集、分析和利用。然而，不同渠道产生的数据类型多样、格式不一，给数据整合与管理带来了巨大挑战。企业需要建立统一的数据标准和数据治理体系，确保数据的准确性和一致性。同时，还需要利用大数据和人工智能技术对数据进行深度挖掘和分析，以洞察消费者需求和市场趋势。

3. 消费者体验一致性难保证

在全渠道分销中，消费者体验的一致性至关重要。然而，由于不同渠道在运营模式、服务标准等方面存在差异，很难保证消费者在不同渠道间获得一致的购物体验。此外，不同渠道之间的信息孤岛问题也加剧了消费者体验不一致的现象。

4. 供应链管理与物流配送压力增大

全渠道分销要求企业具备高效的供应链管理和物流配送能力。然而，随着销售渠道的增多和消费者需求的日益多样化，供应链管理和物流配送的难度也随之增加。企业需要建立灵活、高效的供应链体系，以应对市场变化和消费者需求的不确定性。

5. 人才与组织能力不足

全渠道分销对企业的人才和组织能力提出了更高要求。食品企业需要具备跨渠道运营、数据分析、用户体验设计等多方面的专业人才。然而，目前市场上这类人才相对稀缺，且培养成本较高。此外，食品企业还需要建立适应全渠道零售的组织架构和流程体系，以确保各项工作的顺利推进。

8.4.6 全渠道整合分销的应对策略

1. 制定全渠道战略与规划

食品企业应根据自身实际情况和市场环境，制定全渠道战略与规划。明确各渠道的发展目标和定位，以及不同渠道之间的协同关系和资源分配。同时，建立跨部门、跨渠道的协作机制，确保各项工作的顺利推进。

2. 加强数据整合与管理

食品企业应建立完善的数据收集、分析和利用体系。通过统一数据标准和数据治理体系，确保数据的准确性和一致性。利用大数据和人工智能技术对数据进行深度挖掘和分析，以洞察消费者需求和市场趋势。同时，加强数据安全管理，确保消费者隐私和企业数据不被泄露。

3. 提升消费者体验一致性

食品企业应注重提升消费者体验的一致性。通过优化各渠道的运营模式和服务标准，确保消费者在不同渠道间获得一致的购物体验。建立消费者反馈机制，及时了解消费者需求和意见，不断优化产品和服务。此外，加强渠道间的信息共享和协同作战能力，确保消费者在不同渠道间能够顺畅切换和互动。

4. 打造高效供应链与物流配送体系

食品企业应建立高效、灵活的供应链和物流配送体系。通过优化库存管理、提高物流效率、降低物流成本等方式，提高供应链的整体效能。加强与供应商、物流公司的合作与沟通，建立稳定的合作关系和共赢机制。同时，利用人工智能和物联网技术提高供应链的智能化水平，实现供应链的自动化和智能化管理。

5. 培养与引进专业人才

食品企业应注重培养和引进适应全渠道零售的专业人才。通过内部培训、外部招聘等方式，提高员工的专业技能和综合素质。建立人才激励机制和晋升机制，激发员工的积极性和创造力。

6. 创新组织架构与流程

面对全渠道零售的挑战，传统的组织架构和流程可能已无法满足快速响应市场变化和消费者需求的要求。因此，食品企业需要进行组织架构的创新与流程再造，以适应全渠道零售的运营模式。

（1）扁平化管理。减少管理层级，加快决策速度，使一线员工能够更快地响应市场变化和消费者需求。

（2）跨部门协作团队。建立跨部门的协作团队，打破部门壁垒，促进信息共享和资源整合。这些团队可以围绕特定的项目或任务组建，如全渠道营销策略制定、供应链优化等。

（3）灵活的工作流程。采用敏捷管理、精益生产等先进管理理念，优化工作流程，提高工作效率和灵活性。确保在保持高质量服务的同时，能够快速响应市场变化。

7. 强化品牌与文化建设

在全渠道零售时代，品牌和文化成为食品企业区别于竞争者的重要标识。企业需要通过多渠道整合运营来强化品牌与文化建设，提升品牌影响力和忠诚度。

（1）一致的品牌形象。确保不同渠道间品牌形象的一致性，包括视觉识别、品牌理念、服务标准等。通过统一的品牌形象，加深消费者对品牌的认知和记忆。

（2）文化渗透。将食品企业文化渗透到全渠道运营的各个环节中，包括产品设计、营销策略、客户服务等。通过文化的渗透，增强员工的归属感和消费者的认同感。

（3）社交媒体与社区营销。利用社交媒体平台建立品牌社群，与消费者进行互动和交流。通过社群营销，传播品牌价值观和文化理念，增强品牌忠诚度和口碑效应。

8. 持续优化与创新

全渠道分销是一个持续演进的过程，食品企业需要保持持续优化与创新的意识，以适应市场变化和消费者需求的变化。

（1）技术创新。关注新技术的发展和应用，如人工智能、区块链、物联网等。通过技术创新，提升全渠道运营的智能化水平和效率。

（2）服务创新。不断探索新的服务模式和服务方式，如定制化服务、智能化服务等。通过服务创新，提升消费者的购物体验和满意度。

（3）市场洞察。加强市场研究和洞察能力，及时捕捉市场趋势和消费者需求的变化。根据市场变化，灵活调整全渠道运营策略和方向。

销售渠道的选择和搭配组合，需要结合企业的业务性质、产品特性、预算、客户行为特征与画像等进行综合考虑。无论是纯线上销售还是全渠道销售，都需要从品牌自身的实际出发。

任务 5 食品供应链和物流

8.5.1 食品供应链

食品供应链是食品生产及流通过程中，涉及将产品或服务提供给最终消费者的活动，由上游与下游企业所形成的网链结构。具体而言，食品供应链是围绕核心食品企业，通过对信息流、物流、资金流的控制，从采购原材料开始，制成中间产品以及最终产品，最后由销售网络把产品送到消费者手中，将供应商、制造商、分销商、零售商直到最终消费者连成一个整体的功能网链结构模式。

1. 食品供应链的特点

与其他行业相比，食品行业对供应链的要求更为严苛，反应速度也更快，主要体现在以下方面：

（1）质量要求严格，风险性高。食品工业的原辅料质量要求严格，产品上新及经营流程复杂多变，损耗大、成本高。一旦出现质量问题，消费者会对品牌失去信赖。

（2）计划调整频繁，库存风险高。企业对市场把握不准、计划调整频繁、物料周转时间短且环节多，容易造成库存积压、成本增加等一系列不可预知的风险。

（3）原材料对环境依赖性强。原材料的质量受自然环境和社会环境的影响较大，这些因素会严重影响产品的质量。

（4）储运要求高。食品原材料易潮易腐，保质期短，对储运设备的温控技术依赖性强。不仅运输系统中的冷链技术要求高，储存场所的冷控技术也要求严格。

2. 食品供应链管理

食品供应链管理实质上是一个食品企业生态系统，它贯穿从原料采购到产品最终交付消费者这一全过程的各个环节，包括但不限于供应商的选择、物料采购、生产加工、仓储物流、市场营销、客户服务等多个层面。它旨在通过优化和整合各个节点，达到产品适时适量地满足市场需求，降低整体成本，提升响应速度和质量。

食品供应链管理如图 8-7 所示。

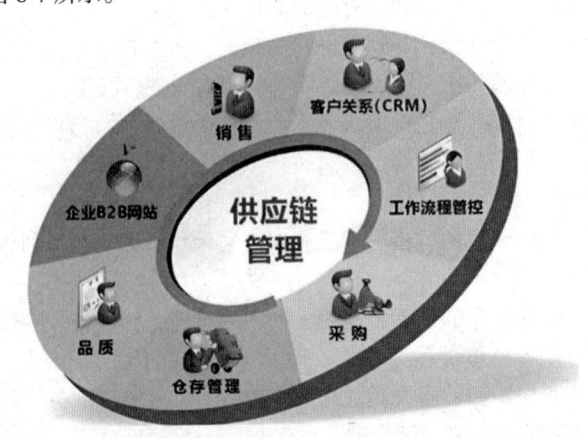

图 8-7 食品供应链管理

实施供应链管理的好处如表 8-6 所示。

表 8-6　实施供应链管理的好处

好　　处	具体描述
降低物流成本	有助于优化物流流程，从而能够降低成本并减少运输时间
改善库存水平	通过优化库存水平，可以更好地控制库存水平并减少浪费，更快地向消费者交付产品，并避免由于缺货而产生的损失
减少浪费	通过与供应商合作，可以降低浪费并优化资源利用
缩短交货时间	通过优化供应链管理，可以更快地交付产品并减少交付时间，从而吸引消费者并增加消费者忠诚度
改善消费者体验	通过与供应商和制造商合作，可以向消费者提供更高质量的产品，并为消费者提供更好的服务和体验

中国式营销

胖东来茶市日销 20 万元的秘密

"胖东来茶市"自 2023 年底爆火以来，尽管经历了缩短营业时间、限制购买数量、线上排号入场等措施，依然人流如织。胖东来创始人于东来介绍，许昌胖东来茶市单店日营业额从 4 万~5 万元涨至 20 万元，销量最好的茉莉花茶一天能卖 200 多斤。

从"三、四线城市小商超"进化为"5A 级特色景区"的胖东来茶市，其商业密码究竟何在？对其他线下茶叶经营售卖来说，是否具有可复制性？

胖东来茶市的成功，其实是胖东来整体商业模式的一种实践和成功延续，其中供应链支撑的产品优势尤为关键。

公开数据显示，胖东来拥有后端稳定的供应链体系，在许昌和新乡共拥有 13 家门店和 2 个物流产业园。这使得胖东来能够实现存储、配送等环节的一条龙服务，同时积极开发自营品牌，建立自营品牌体系。

以"嘉木东来"为例，这一自营品牌在保障产品安全可追溯的同时，依托完备的供应链体系，进一步压缩成本，让大众能买到更具性价比的好茶。例如，爆品茉莉飘雪根据不同等级明码标价，从 126 元/斤到 2 050 元/斤不等，消费者可根据个人需求选择合适的茶叶。这种透明的价格体系和丰富的产品选择，吸引了大量消费者。

此外，胖东来的茶叶店还提供了灵活的售卖方式，一片陈皮或 10 块的散茶也能称，这种灵活的售卖方式让消费者感受到亲近感和人情味。同时，胖东来还注重场景多元，从口粮茶到招待茶，再到姨妈茶，总有一款适合不同消费者的需求。

资料来源：微信公众号"说茶 ShowCha"，2024-03-29。

3. 供应链管理与传统管理模式的区别

供应链管理与传统的物料管理和控制有着明显的区别，主要体现在以下几个方面：

（1）整体性与协同性。

供应链管理：把供应链中所有节点企业看作一个整体，涵盖从供应商到最终消费者的采购、制造、分销、零售等职能领域全过程。其目标是通过各环节的协同运作，实现整体效益的最大化。

传统管理模式：侧重于企业内部的物料管理和控制，关注点较为分散，缺乏整体视角，各环节之间的协同性较弱。

（2）战略意义与市场导向。

供应链管理：强调和依赖战略管理，"供应"是整个供应链中节点企业之间共享的概念，同时具有重要的战略意义。它影响甚至决定了整个供应链的成本和市场占有份额。

传统管理模式：更多关注日常运营和短期目标，对战略层面的规划和布局相对不足，缺乏对市场变化的敏锐洞察力。

（3）集成与协同。

供应链管理：最关键的是采用集成的思想和方法，通过整合各节点企业的资源，实现信息共享、流程优化和协同运作，而不仅仅是节点企业、技术方法等资源的简单连接。

传统管理模式：侧重于局部优化，各环节相对独立，缺乏整体的集成和协同，容易导致资源浪费和效率低下。

（4）服务与合作。

供应链管理：具有更高的目标，通过管理库存和合作关系，达到高水平的服务，而不仅仅是完成一定的市场目标。它注重与供应商和消费者的长期合作关系，以提升消费者满意度和忠诚度。

传统管理模式：主要关注内部流程的优化和成本控制，对消费者和供应商的服务意识相对薄弱，合作深度和广度有限。

4. 如何优化供应链管理

供应链管理正逐渐成为食品企业提升竞争力的关键手段。一个完善的供应链管理体系，能够帮助食品企业以最低的成本获取最大的利益。然而，目前许多企业的供应链管理水平仍较低，存在"重下游，轻上游"的传统观念，导致供应链的运作效率不高。

许多食品企业的供应链现状常常是：生产环节忙于"救火"，采购环节忙于处理紧急订单，物流成本居高不下，仓库中堆满了并不急于出库的半成品或成品，而急需出货的产品却无处可寻，整体呈现出一种混乱的状态。那么，如何做好供应链管理呢？可以从以下几个方面入手。

（1）理解供应链管理的核心价值。

供应链管理涉及企业的采购、生产、物流、销售等诸多环节，其核心价值在于实现资源的优化配置，确保企业在最短时间内满足市场需求。通过有效的供应链管理，企业可以精准控制生产成本，提高产品质量，从而增强市场竞争力。

（2）构建稳定的供应链网络。

选择可靠的供应商：食品企业应通过深入的市场调研，挑选那些具备稳定品质、良好信誉和强大生产能力的供应商，以确保原材料供应的稳定性和可靠性。

建立长期合作关系：与供应商建立长期稳定的合作关系，能够有效降低采购成本，提高采购效率，减少因供应商更换带来的风险。

（3）优化生产流程，提高生产效率。

引入先进的生产技术：食品企业应积极引进先进的生产技术和设备，提升生产自动化水平，降低人工成本，提高生产效率。

实施精细化管理：通过精细化管理，减少生产过程中的浪费，提升产品质量和生产效率。

（4）强化物流管理，确保产品及时送达。

建立完善的物流体系：食品企业应构建完善的物流体系，涵盖仓储、配送、运输等环节，确保产品能够及时送达消费者手中。

利用信息化手段提高物流效率：通过运用现代信息技术，如物联网、大数据等，实现对物流过程的实时监控和调度，从而提高物流效率。

（5）加强供应链管理人才培养。

食品企业应重视供应链管理人才的培养，通过定期开展培训和学习活动，提升供应链管理人员的专业素养和管理能力，确保供应链管理工作的高效开展。

> **思政教育**
>
> **山东省莱阳市:"党建链"串起全域共富绿色食品产业集群**
>
> 山东省莱阳市是传统农业大市,也是山东四大出口蔬菜生产和加工区之一。该市绿色食品产业起步早、基础好,已形成莱阳梨、大花生、果蔬、白羽肉鸡、生猪、乳业等六大支柱产业。为打造更具韧性、更具活力的产业集群,近年来,莱阳市委坚持党建引领,将党组织建在产业链上,以"党建链"串联"组织链"、优化"服务链"、撬动"资源链",打通链上企业、职能部门、科研院所等体制壁垒,促进行业与企业之间的协同联动,为延链、补链、强链提供更有力的要素支撑与发展保障,推动绿色食品产业全产业链转型升级、集群发展,带动村集体增收、群众致富。
>
> 资料来源:《中国城市报》,2024-08-19。

8.5.2 食品物流

食品物流是供应链管理中的一个子集,专注于实体食品的流动和管理。食品的流通过程不仅是所有权的转移,更伴随着食品实体的转移。只有当食品实体从生产者手中转移到消费者手中时,其使用价值才能得以实现。电子商务的快速发展,促进了食品营销物流的发展。

二维码链接 8-6 供应链、物流、采购、运输、分销和配送之间的联系

1. 食品物流的概念

物流是指物质实体从供应者向需求者的物理移动,它由一系列创造时间价值和空间价值的经济活动组成,包括运输、保管、配送、包装、装卸、流通加工及物流信息处理等多项基本活动,是这些活动的统一。

> **思政教育**
>
> **推进现代物流提质增效降本**
>
> 现代物流联系生产和消费,深度嵌入产业链供应链。推进物流提质、增效、降本,是促进国民经济循环畅通、推动经济高质量发展的重要抓手。党的二十大报告提出,"加快发展物联网,建设高效顺畅的流通体系,降低物流成本"。中央经济工作会议提出,深化重点领域改革,有效降低全社会物流成本。这是党中央立足我国经济社会发展现实做出的战略部署,对促进物流行业健康快速发展、优化物流服务与经济运行之间关系提出了新的发展要求。顺应现代物流发展趋势,《"十四五"现代物流发展规划》提出,统筹发展和安全,提升产业链供应链韧性和安全水平,推动构建现代物流体系,推进现代物流提质、增效、降本。新征程上,要深入把握新时代物流发展特征,构建供需适配、内外联通、安全高效、智慧绿色的现代物流体系,为建设现代化产业体系、形成强大国内市场、推动经济高质量发展提供有力支撑。
>
> 资料来源:光明网,2024-02-06。

2. 食品市场营销物流决策的内容

(1)运输决策。运输决策是整个物流决策中极为重要的环节。对于众多食品企业而言,运输成本通常占物流总成本的35%~50%;而某些商品的运输成本甚至可占商品价格的5%~10%。因此,食品企业必须制定科学合理的运输决策,以降低物流成本、提高物流效率、扩大物流的经济效益。

(2)仓储决策。仓储决策是指食品企业为满足商品在供需周转上的需求,同时尽可能减少资金

占用,而选择最佳仓储方案的过程。

(3)存货控制。存货控制即确定存货水平,其作用在于调节生产和销售或采购与销售之间的时间间隔,是物流决策的重要内容之一。

(4)配送管理。配送中心的作业流程包括进货、验收、入库、存放、标示包装、分类、出货检查、装货、送货。归纳起来,配送管理主要包括进货入库管理、在库保管管理、加工管理、理货管理和配货管理。

3. 食品物流决策的操作程序

(1)确定目标。决策目标应明确、具体,符合客观实际,分清主次,优先确保主要目标的实现。

(2)拟定备选方案。在分析和研究各种因素及未来发展趋势的基础上,对各种可能情况进行排列组合,拟定适量的方案;将这些方案与目标要求进行初步分析对比,从中筛选出若干个利多弊少的可行性方案,供进一步评估和抉择。

(3)评价备选方案。依据方案在必须完成和希望完成的目标中的满意程度,对各方案进行全面权衡,从中选择出最满意的方案。

(4)选择方案。选择方案是在对各种备选方案进行总体权衡后,由组织决策者挑选出最佳方案。

4. 物联网体系下的智能物流

(1)智能物流的概念。智能物流是利用集成智能化技术,使物流系统能够模仿人的智能,具备思维、感知、学习、推理判断以及自行解决物流中某些问题的能力。智能物流的未来发展将体现出以下四个特点:智能化、一体化与层次化、柔性化、社会化。

第一,在物流作业过程中实现大量运筹与决策的智能化;

第二,以物流管理为核心,实现物流过程中运输、存储、包装、装卸等环节的一体化和智能物流系统的层次化;

第三,智能物流的发展将更加突出"以消费者为中心"的理念,根据消费者需求变化灵活调节生产工艺,实现柔性化;

第四,智能物流的发展将促进区域经济的发展和世界资源的优化配置,实现社会化。

智能物流在功能上需要实现六个"正确",即正确的货物、正确的数量、正确的地点、正确的质量、正确的时间、正确的价格;在技术上需要实现物品识别、地点跟踪、物品溯源、物品监控、实时响应等功能。

(2)物流智能化的应用。

① 订单处理传递自动化:实现订单审核处理(查钱、查货、拼车)的自动化,减少人工干预,比人工操作更及时、更准确。

② 在途跟踪自动化:告别传统的电话跟踪方式。

③ 在途异常报警:对超速、长时间驾驶、异常停车、长时间堵车、偏离路线等情况进行实时异常报警。

④ 路况、库况判断与处理:通过具体车辆的轨迹、时间和大量车辆的行驶速度、位置变化,智能判断库况和路况,对后续运营安排产生影响,从而提高运营效率。

⑤ 车库联动:车辆和仓库均具备位置信息,通过订单将车辆与仓库连接起来。车辆的位置信息可自动提前驱动仓库作业,减少车辆等待订单、人员等待车辆、车辆等待人员等成本浪费。

⑥ 车车联动:通过车车联动,实现大车转小车或小车转大车的自动联动。一辆车可驱动另一辆车在指定时间和地点汇合进行转驳,减少无效装卸和无效等待。

⑦ 车单联动:在库存水平较低的情况下,过早进行车单匹配是不经济的。根据车辆的时空变化来匹配订单,有利于在相同库存水平下提高供货保障性。

⑧ 运输计划合理化：传统的运输计划编制方式是先人工制定运输计划，再寻找运力，这种以货找车的方式未考虑运力资源状况，会影响交货及时性和增加运输成本。通过互联网实时掌握运力情况，将其作为运输计划编制的影响因素，无论是系统自动优化还是提供人工参考，都能使运输计划更加合理。

⑨ 运输路径动态优化：将不同重量、不同车型在不同路径上所花费的成本、时间和收货人的作业时间作为变量纳入运输路径优化，将更加科学合理。

⑩ 车货匹配精准化：利用互联网在更大范围内进行车货匹配，可大幅降低等待时间和空驶率，提高满载率。

营销视角

2024 年抖音电商食品饮料供应链优化：提升效率与品质

第一，数字化管理，提升供应链透明度。在抖音电商食品饮料领域，供应链的数字化管理成为提升效率与品质的关键。通过引入先进的物流管理系统和大数据分析等技术手段，品牌能够实时监控库存、订单、物流等关键信息，实现供应链的透明化与可视化。这不仅有助于降低运营成本、提高响应速度，还能有效保障产品质量与消费者体验。

第二，源头直采，保障产品新鲜与安全。为了确保产品的新鲜度与安全性，越来越多的品牌开始采用源头直采模式。通过直接与生产商、农户等上游供应商建立合作关系，品牌能够控制产品质量、缩短供应链条、降低中间环节成本。这种模式不仅提升了产品的市场竞争力，还为消费者带来了更加健康、安全的选择。

资料来源：微信公众号"正势研报"，2024-08-30。

项目案例分析

三只松鼠：延续高增长，剑指一百亿！

2024 年 8 月 28 日，芜湖知名上市企业三只松鼠披露 2024 年中报。报告期内，三只松鼠实现营收 50.75 亿元，同比增长 75.39%。数字显示，成功穿越周期的三只松鼠延续高增长，正以不负众望的姿态大步迈向"重回百亿"的目标。

一个战略：高端性价比总体战略

对于上半年业绩增长的原因，三只松鼠在公告中表示，增长动能主要来自公司在 2024 年坚定执行"高端性价比"总战略，全面启动"业务、供应链和组织"的三大结构性变革。同时，报告期内，子品牌小鹿蓝蓝通过"儿童高端健康零食"的新定位，也实现了双位数增长并获得较好盈利。在三只松鼠看来，高端性价比体现在整个产业链条全要素的方方面面。为了让消费者感知到极致的性价比，三只松鼠积极构建聚集全产业链资源的供应链体系，跑通了"制造型自有品牌零售商"的商业模式，并达成总成本领先优势。在这一战略的指导下，三只松鼠重点推进"一品一链"供应链创新升级，积极推动组织变革，不断夯实"D+N"（短视频+全渠道）全渠道协同新打法，实现了营收、利润双增长。

两个第一：行业规模第一、增速第一

通过三年转型，三只松鼠上半年营收和增速都实现了较高增长，成为休闲食品行业自有品牌规模第一、增速第一的上市公司，为今年竞争激烈又乏善可陈的休闲食品行业贡献了新亮点。

四大变化：倔强松鼠引领行业持续创新

如何看待这份半年报？其公司党委书记潘道伟，给出了自己的解答。"我们认为，松鼠转型的背后至少包含了四大变化：从坚果到全品类的变化；从电商渠道到全渠道的变化；从销售企业到生态平台的变化；从一个人到一群人的组织变化。"

这四大变化，对应的正是三只松鼠围绕"高端性价比"战略实施的"业务、供应链和组织"三大结构性变革：

业务方面：进一步夯实"D+N"全渠道协同打法，全渠道均实现高质增长。将短视频电商定位"新品类发动机"，主动打造量贩芒果干、水牛乳千层吐司、鹌鹑蛋、辣卤礼包等多款爆品，实现增量近10亿，并在货架电商有效承接，带动综合电商稳步增长。召开华东、华中、华北、华南、西南等区域的全国巡回品销共创大会，覆盖核心经销商1 000余家。以线上思维改造线下市场，为经销商提供了105款全新的适配产品，价格大多集中在1元到9.9元，覆盖坚果、炒货、果干、烘焙、肉食、糖巧、素食各大品类，并打造了适于线下消费场景、覆盖不同价格带的零食大礼包产品矩阵。

供应链方面：基于"一品一链"落地天津武清北区、四川简阳西南供应链集约基地，并启动"芜湖弋江健康零食产业园"规划，正式进入零食供应链，夯实坚果深加工优势的同时实现总成本领先，进一步激活全渠道业务潜能。这也标志着三只松鼠用"从原料采收，到产到销"的全链路一体化思路实现坚果行业的全要素重组，继续领跑整个行业。

组织方面：构建以消费者为中心、市场目标为导向、渠道为牵引、内外部高度协同的小而美经营体"品销合一"网络型组织，充分激活组织潜能，形成全新的组织活力，更加有效地面向"全品类、全渠道"动态市场，持续交付高端性价比的产品。

资料来源：大江资讯，2024-08-29。

➡ 辩证性思考：
1. 三只松鼠本次能够成功转型的核心要素是什么？
2. 上述案例给我们带来了怎样的启发？

项目检测

营销知识培养规格检测
1. 简述食品市场营销分销渠道的类型。
2. 食品市场营销线下分销渠道的操作流程是什么？
3. 食品市场营销线上分销渠道都有哪些特点？
4. 全渠道分销的优势都有哪些？
5. 如何进行全渠道分销？

营销能力培养规格检测和营销素养培育规格检测

实践项目8　制订××食品企业分销策略方案

项目实践目的：运用分销策略分析的理论和方法，对××食品企业分销现状进行分析，探讨食品企业线上线下一体化分销的途径和方法。培养学生运用分销策略的理论与方法分析的能力。撰写食品企业分销策略方案。同时强化学生渠道管理理念和全渠道管理的综合素养的培养。

项目检测考核：由班级学习委员组织分团队对××食品企业分销策略方案进行宣讲、讨论、答辩，指导教师进行评价。由各团队队长和指导教师对方案及团队提高渠道管理理念的认知进行综合评判打分，考核成绩分为优秀、良好、及格。

项目 9

食品市场营销促销策略

思维导图

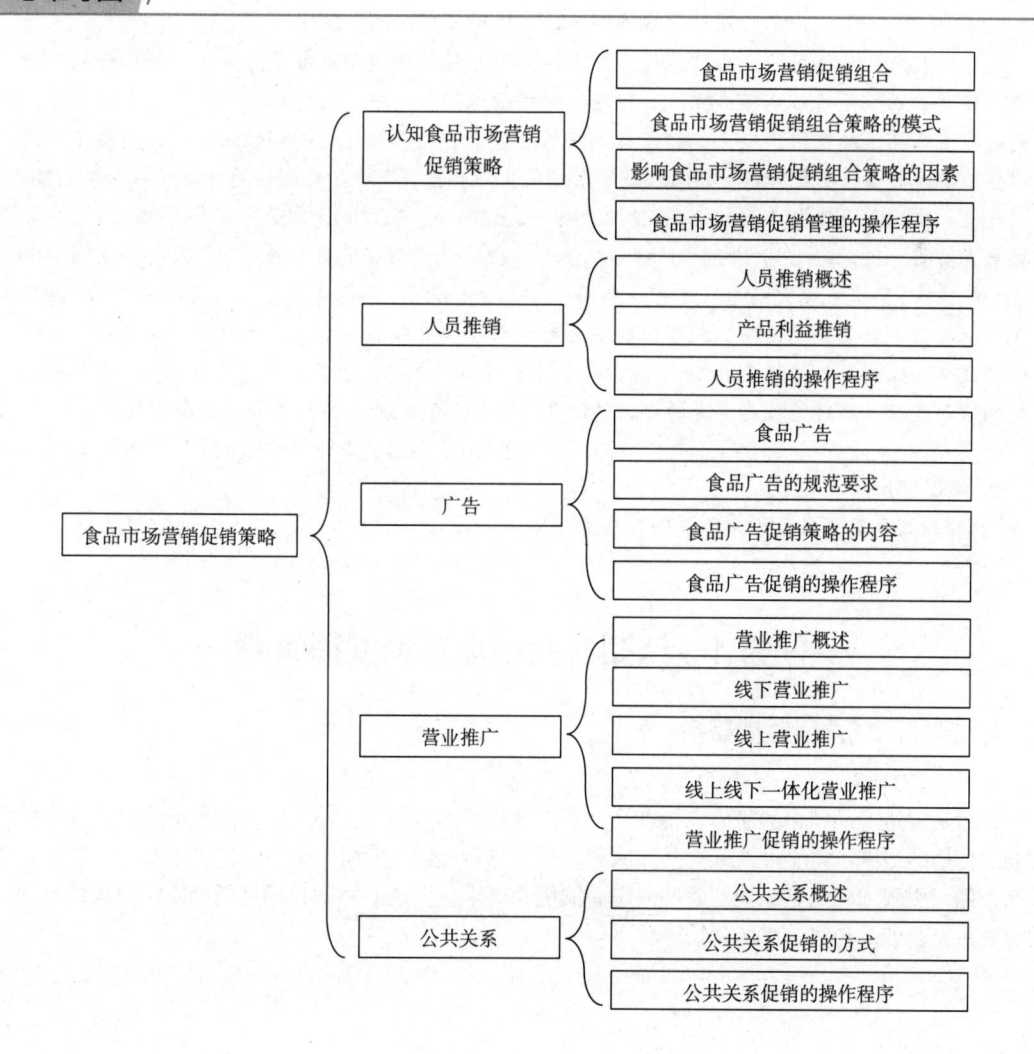

- 食品市场营销促销策略
  - 认知食品市场营销促销策略
    - 食品市场营销促销组合
    - 食品市场营销促销组合策略的模式
    - 影响食品市场营销促销组合策略的因素
    - 食品市场营销促销管理的操作程序
  - 人员推销
    - 人员推销概述
    - 产品利益推销
    - 人员推销的操作程序
  - 广告
    - 食品广告
    - 食品广告的规范要求
    - 食品广告促销策略的内容
    - 食品广告促销的操作程序
  - 营业推广
    - 营业推广概述
    - 线下营业推广
    - 线上营业推广
    - 线上线下一体化营业推广
    - 营业推广促销的操作程序
  - 公共关系
    - 公共关系概述
    - 公共关系促销的方式
    - 公共关系促销的操作程序

项目培养规格

营销素养培育规格

树立开展促销活动的理念,深入挖掘中华传统文化的当代价值,推动传统文化的创造性转化与创新性发展,弘扬中国精神,增强文化自信,激发爱家爱国的情感;严格遵守规范促销行为的法律法规,切实维护消费者利益。在促销活动中,运用多种传播媒介讲好中国品牌故事,传播中国传统文化,塑造中国品牌形象。

营销知识培养规格

明确食品促销组合的概念及其策略;掌握人员推销、广告、营业推广、公共关系的方式及操作程序。

营销能力培养规格

培养综合运用促销组合策略的理论与方法的能力,能够科学分析食品企业促销策略存在的问题,并有效解决这些问题,进而制订食品企业促销组合方案。

项目导入案例

利用社交媒体种草,"柿柿如意汤圆"爆火

郑州思念食品公司的产品"柿柿如意汤圆"因其独特的造型而备受关注。"柿柿如意"谐音"事事如意",巧妙地将传统佳节的好运祝福融入产品之中,为传统美食注入了新的活力。同时,该产品设计风格年轻化,契合当下消费者对于有趣、好玩、高颜值的追求,引发了不同群体的情绪共鸣,在农历新年期间激发了人们的生活热情,实现了破圈传播并有效拉动了销售。

第一波爆火出现在冬至(12月22日)这一关键节点。12月15日晚,贾乃亮进入思念食品抖音直播间,仅用时8分钟,"柿柿如意汤圆"便登上带货榜首位,并创下单场销量突破100万颗的佳绩。第二波爆火则是在元宵节期间,"柿柿如意汤圆"迅速成为小红书汤圆品类的Top1。元宵节后,"柿柿如意汤圆"频繁出现在喜宴和甜品烘焙领域。未来,思念汤圆品类的研发方向将聚焦于纵向深入挖掘3D系列,横向深耕杂粮系列,并持续探索产品的降甜策略。在热闹的营销活动过后,品牌留住消费者的要义始终是"踏踏实实做产品,服务好客户和市场"。

资料来源:微信公众号"虎嗅APP",2024-04-15。

➲ 辩证性思考:

"柿柿如意汤圆"爆火给你带来什么启发?

任务1 认知食品市场营销促销策略

9.1.1 食品市场营销促销组合

1. 促销的含义

促销是促进产品销售的简称,指食品企业以满足消费者需求为前提,通过人员传播、大众传播和数字传播的方式,将企业及其产品(服务)的信息传递给消费者,促使消费者了解、信任本企业及其产品,引发、唤起食品消费者的兴趣、欲望和需求,以达到影响目标消费群体购买决策行为,促进食品企业产品销售的市场营销活动。

管理者素养

树立正确的客户观

新型客户关系主张并非将所有客户都视为"上帝"。树立正确的客户观应注意以下几点：

第一，愿意付钱的客户才是真正的客户，必须通过价格区分出真正的客户。

第二，只有双方都能产生交易剩余的客户才是真正有价值的客户。

第三，对客户进行分类，不能一视同仁，必须区别对待。

第四，要有概率思维，市场广阔，不要紧盯一个客户，而应不断寻找客户，筛选优质客户。

资料来源：今日头条"何 Ta 说"，2023-10-12。

2. 促销的类型

食品企业要想最大程度地发挥促销的作用，就必须明确促销的不同分类，掌握针对性的促销技巧，实现精准促销。促销的基本类型如图 9-1 所示。

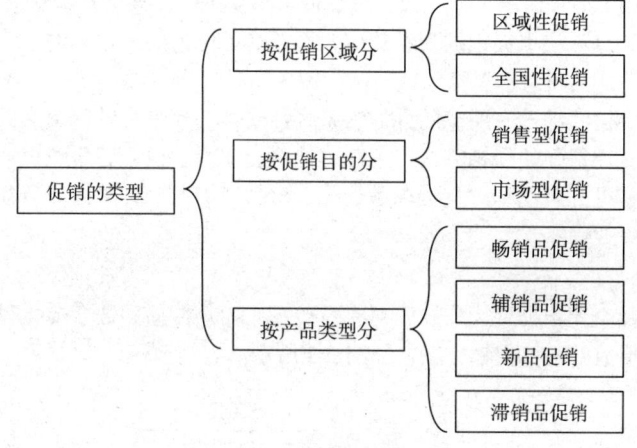

```
                      ┌─ 按促销区域分 ┬─ 区域性促销
                      │               └─ 全国性促销
                      │
        促销的类型 ───┼─ 按促销目的分 ┬─ 销售型促销
                      │               └─ 市场型促销
                      │
                      │               ┌─ 畅销品促销
                      │               ├─ 辅销品促销
                      └─ 按产品类型分 ┼─ 新品促销
                                      └─ 滞销品促销
```

图 9-1　促销的类型

管理者素养

三只松鼠优化线上线下的渠道比例

依靠电商风口崛起的三只松鼠一直致力于优化线上线下的渠道比例。近年来，三只松鼠创始人章燎原频繁走访一线市场，旨在进一步深耕线下分销业务。自 2018 年起，三只松鼠通过阿里零售通、京东新通路等平台积极拓展线下渠道。一方面，三只松鼠凭借丰富的产品线和亲民的价格吸引消费者；另一方面，企业在门店管理和运营效率上进行了大量投入。针对特定消费场景的门店，三只松鼠引入了咖啡、短保质期食品等高频消费品，有效提升了客单价和销售额。与此同时，配合线下布局，三只松鼠在产品方面紧跟消费者需求的变化，倡导"五减"理念（减盐、减糖、减脂、减油、减食品添加剂），围绕纯天然健康食材制作产品。这些举措使得三只松鼠的产品更加契合现代消费者对健康饮食的需求。

助力三只松鼠交出六年来最佳一季度财报的是直播电商。依托自身品牌优势，三只松鼠搭建了多元化的直播模式，如"城市矩阵直播""达人带货""官号直播"等，有效提升了线上销售渠道的效率和影响力。通过"抖+N"策略，三只松鼠实现了短视频营收的大幅增长，进而带动了全渠道销售的提升。

资料来源：微信公众号"销售与市场"，2024-05-04。

3. 促销的误区

（1）过度依赖促销。将促销仅仅视为取悦消费者的手段，频繁通过打折、降价、赠送等促销手段刺激消费者购买。这种做法难以培养品牌忠诚度，一旦促销停止，销售量往往会迅速回落，对促销的依赖性极强。

（2）随意促销。频繁策划各种促销活动，试图通过促销打击对手、讨好消费者。尤其在面临销售压力时，更希望通过促销解决问题。随意促销的最大问题是缺乏整体规划，随意性强，难以产生整体效益。

（3）盲目攀比。竞争对手打5折，自己就打4折；竞争对手现场展示，自己就搭台唱戏。这种攀比心理导致企业在促销时盲目跟风，推出比竞争对手更优惠的促销措施。结果往往是竞争对手获得了较大收益，而自己却得不偿失，付出的精力与成本无法从促销活动中得到合理回报。

（4）随大流。企业开展促销活动的初衷仅仅是因为其他企业都在做，缺乏自身的促销计划与目标，也没有针对竞争对手的促销策略。这种随大流的做法容易导致促销同质化，消费者对这类促销活动司空见惯，难以达到理想的促销效果。

（5）惊世骇俗。促销形式追求标新立异，过于追求与众不同，甚至有"不惊人死不休"的倾向。这种做法的最大问题是过于注重促销的轰动效应，而忽视了促销的真正目的，甚至可能让消费者感到困惑，难以理解促销的真正意图。

（6）缺乏计划。促销活动没有明确的计划和系统性安排，想怎么做就怎么做，想什么时候做就什么时候做。这种随意性很强的促销方式，主观感性色彩浓厚，缺乏竞争意识，更谈不上促销战略与战术的合理组合。常见的表现是"宣传单满天飞，赠品当街派"，缺乏新意和连贯性，最终往往因为缺乏计划性而以失败告终。

4. 促销组合

促销组合是指食品企业根据促销需要，对人员传播、大众传播和数字传播等促销方式的适当选择和综合编配，从而形成的整体促销方案，如图9-2所示。

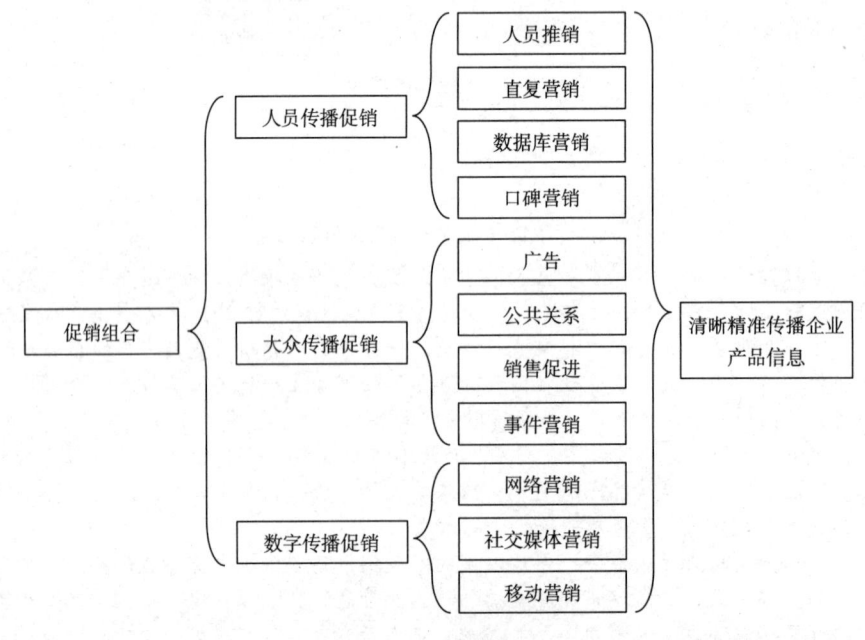

```
                    ┌── 人员推销
                    ├── 直复营销
        人员传播促销 ┤
                    ├── 数据库营销
                    └── 口碑营销

                    ┌── 广告
                    ├── 公共关系
促销组合 大众传播促销 ┤                    ── 清晰精准传播企业产品信息
                    ├── 销售促进
                    └── 事件营销

                    ┌── 网络营销
        数字传播促销 ┼── 社交媒体营销
                    └── 移动营销
```

图9-2 促销组合

9.1.2 食品市场营销促销组合策略的模式

食品企业在进行促销策划时，必须根据促销目标与任务、产品类型与性质、市场范围与规模、消费者购买心理与购买阶段等因素，对人员推销、广告、营业推广、公共关系等促销方式进行综合运用和有机组合。常用的促销组合模式如图9-3所示。

```
                    ┌── 广告、人员推销促销组合
                    │
                    ├── 营业推广、广告促销组合
                    │
常用的促销组合模式 ──┼── 广告、营业推广和人员推销促销组合
                    │
                    ├── 广告、营业推广、人员推销和公共关系促销组合
                    │
                    └── 拉式促销组合和推式促销组合
```

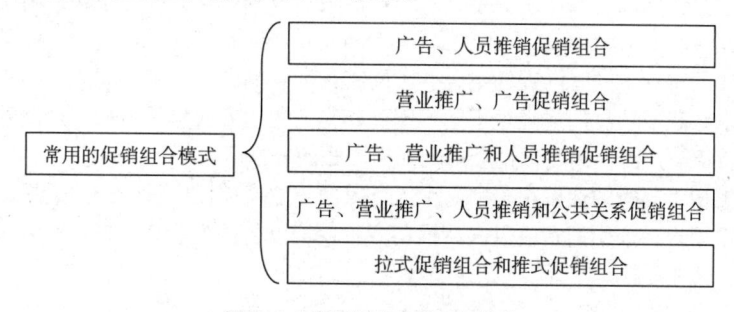

图9-3　常用的促销组合模式

思政教育

构建高水平社会主义市场经济体制是中国式现代化的重要保障

党的二十届三中全会指出，构建高水平社会主义市场经济体制是中国式现代化的重要保障。必须充分发挥市场机制的作用，创造更加公平、更具活力的市场环境，实现资源配置的效率最优化与效益最大化，做到既"放得活"又"管得住"，更好地维护市场秩序、弥补市场失灵，畅通国民经济循环，激发全社会的内生动力和创新活力。

资料来源：瞭望，2024-07-30。

9.1.3 影响食品市场营销促销组合策略的因素

1. 促销目标对促销组合选择的影响

促销目标是食品企业从事促销活动所要达到的目的。不同的促销目标决定了不同的促销组合。当以提高知名度和塑造良好形象为主要目标时，应以公共关系和广告为主；而以促进销售为主要目标时，公共关系是基础，广告是重点，人员推销是前提，营业推广则是关键。

2. 产品因素对促销组合选择的影响

在食品市场上，促销效果由高到低依次为广告、营业推广、人员推销和公共关系；在组织市场上，促销效果由高到低依次为人员推销、营业推广、广告和公共关系。

3. 产品生命周期对促销组合选择的影响

在产品生命周期的不同阶段，因促销侧重的目标不同，所采用的促销方式也有所不同。不同产品生命周期阶段的促销方式如表9-1所示。

表9-1　产品生命周期各阶段的促销方法

产品生命周期	促销的主要目的	促销的主要方法
导入期	使消费者认识产品，使中间商愿意经营产品	广告、人员推销、公共关系
成长期	使消费者对产品感兴趣，扩大市场占有率	广告、营业推广
成熟期	使消费者"偏爱"产品	广告、营业推广
衰退期	保持市场占有率，维护老客户，推陈出新	营业推广

4. 市场特点对促销组合选择的影响

目标市场的规模与集中性、目标群体的特性、购买者类型及竞争者情况不同，促销组合方式也有所不同。

（1）市场规模与集中性不同时的促销组合。对于规模小且相对集中的市场，人员推销是重点，以与食品消费者建立长期固定的产销关系；对于规模大、范围广且分散的市场，则应多采用广告、公共关系和营业推广。

（2）目标群体的特性不同时的促销组合。不同特性的食品消费者由于职业、购买习惯和经济收入的不同，其需求与获取信息的途径也不同，因此相应的促销方式也不尽相同。此外，目标群体的生活方式、个性特征及产品使用习惯也会影响促销方式的选择。

（3）购买者类型不同时的促销组合。对个人、家庭消费者应以广告、公共关系促销为主，辅以销售促进；对组织用户、集团消费应以人员推销为主，辅以公共关系和广告；对中间商则宜以人员推销为主，并配合营业推广。

（4）竞争者不同时的促销组合。食品企业应根据自身与竞争者的实力分析和比较，选择针锋相对的促销方式或避其锋芒的促销组合。

5. 促销预算对促销组合选择的影响

食品企业在制定促销组合时，应根据促销目标，对企业的财力状况、各种促销方式的费用、可能产生的经济效益及竞争者的促销现状等多方面因素进行全面权衡，选择出适宜的促销方案。

促销策略的选择和应用除了考虑上述因素，还需考虑食品消费者行为和消费习惯、经济情况、分销成本和分销效率、技术条件等。

9.1.4 食品市场营销促销管理的操作程序

食品市场营销促销管理的操作程序如图 9-4 所示。

确定促销对象 → 确定促销目标 → 设计促销诉求信息 → 选择信息沟通渠道 → 制定促销组合 → 建立反馈系统，控制和调整促销活动

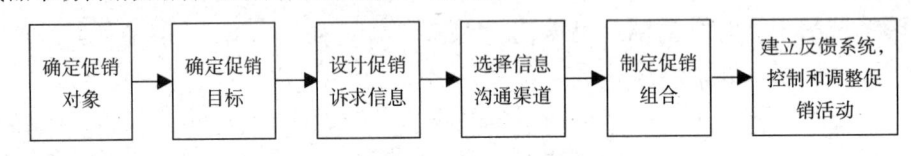

图 9-4 食品市场营销促销管理的操作程序

1. 确定促销对象

促销对象可能是潜在的购买者或现实的使用者，可能是购买决策者或影响者，或者是一般公众。确定促销对象是促销活动的基础，决定了食品企业在传播信息时应该说什么（信息内容）、怎么说（信息结构和形式）、什么时间说（信息发布时间）、通过什么说（传播媒体）和由谁说（信息来源）。

2. 确定促销目标

促销的核心目标一般包括：增强新产品曝光度，提高流量；引导消费，增加销量以及增加试用量；提高重复购买率；提高客户忠诚度；制造产品兴趣，互动沟通，增强消费者黏性；打造、提高品牌知名度等。

3. 设计促销诉求信息

设计促销诉求信息即解决"说什么"和"怎样说"的问题。信息设计的操作性极强，促销必须设计有效的信息，并以有说服力的方式表现出来。

4. 选择信息沟通渠道

信息沟通渠道包括大众传播渠道、人员传播渠道和数字传播渠道。在社交媒体时代，食品企业

不仅要利用传统信息传播渠道，更要重视利用移动互联网，其已成为信息传播的主渠道。

5. 制定促销组合

由于促销方式各有特点，在不同市场条件中的适用程度和有效程度也不同，必须综合考虑各方面情况，选择最佳促销组合方式，同时确定促销时机、促销期限和制定促销预算。

6. 建立反馈系统，控制和调整促销活动

实施促销活动后，食品企业必须跟踪调查沟通信息对目标受众的影响，及时评价其效果。同时，收集目标受众的行为反馈数据，营销人员根据反馈信息，决定是否需要调整营销促销计划。

任务 2 人员推销

9.2.1 人员推销概述

1. 人员推销的内涵

人员推销是指食品企业推销人员直接向食品消费者推销产品和服务的一种促销活动。在人员推销活动中，推销人员、推销对象和推销产品是三个基本要素。

2. 推销人员的角色定位

推销人员是食品企业的形象代表，是热心服务者，是信息情报员，是"客户经理"，是实现食品企业与消费者双向沟通的桥梁和媒介之一，也是食品企业最重要、最宝贵的财富之一，更是食品企业生存和发展的支柱。

营销者素养

高级推销人员每天坚持的工作

现代推销既是一项复杂的工程技术，也是一种技巧性很高的艺术。推销人员从寻找客户开始，直至达成交易获取订单，不仅要周密计划，还要细致安排。高级推销人员每天坚持的工作内容如表 9-2 所示。

表 9-2 高级推销人员每天坚持的工作

工作内容	工作要求
收集	每天努力开发客户，收集到 30 个客户信息
分类	从 30 个重点客户中，按 ABCD 四类进行分类：A 类是 10 天内要洽谈的客户；B 类是 20 天内要洽谈的客户；C 类是 30 天内要洽谈的客户；D 类是 90 天内要洽谈的客户
跟进	将 80% 的时间用于 A 类客户；每周联系一次 B 类客户；每两周联系一次 C 类客户；每三周联系一次 D 类客户
删除	每天淘汰一些没有意向的客户
关怀	将客户按行业划分，给他们发送相关产品或市场的最新信息，以及节假日祝福和生日祝福，让客户时刻能想起你

资料来源：微信公众号"采购多"，2023-07-01。

3. 人员推销的类型

人员推销主要有四种类型，如表 9-3 所示。

表 9-3　人员推销的类型

类　　型	功　　能
食品生产者的人员推销	食品生产者雇用推销人员向中间商或其他厂家推销产品。食品生产者的推销人员通常将中间商作为他们的主要推销对象
批发商的人员推销	批发商雇用推销人员在指定区域向零售商推销产品。零售商也常常依靠这些推销人员来评估商店的货物需求、货源、进货量和库存量等
零售店的人员推销	零售商雇用推销人员向消费者推销产品。这类推销通常是消费者上门购买，而不是推销人员主动拜访消费者
网络平台的人员推销	直播带货是通过直播演示产品，与观众互动，引导观众购买产品

4. 人员推销的基本形式

（1）上门推销的形式。上门推销是最常见的人员推销形式。推销人员携带产品样品、说明书、产品宣传片和订单等走访消费者，推销产品。

（2）门店推销的形式。食品企业在适当地点设置固定门店，由营业员接待进入门店的消费者，推销产品。门店推销与上门推销相反，属于"等客上门"的推销方式。

（3）会议推销的形式。会议推销是指利用各种会议向与会人员宣传和介绍产品，开展推销活动。例如，在订货会、交易会、展览会、物资交流会、团购会、产品体验会等会议上推销产品。

（4）直播间推销的形式。直播间推销是通过视频直播的方式试用、推介产品并实现成交的互联网销售行为。例如淘宝直播、抖音电商、快手电商、京东直播等平台。

思政教育

《中华人民共和国消费者权益保护法实施条例》（节选）

第十四条　经营者通过网络直播等方式提供商品或者服务的，应当依法履行消费者权益保护相关义务。

直播营销平台经营者应当建立健全消费者权益保护制度，明确消费争议解决机制。发生消费争议的，直播营销平台经营者应当根据消费者的要求，提供直播间运营者、直播营销人员相关信息以及相关经营活动记录等必要信息。

直播间运营者、直播营销人员发布的直播内容构成商业广告的，应当依照《中华人民共和国广告法》的有关规定履行广告发布者、广告经营者或者广告代言人的义务。

资料来源：360 百科，2024-03-15。

---

5. 人员推销的策略

人员推销一般采用以下三种基本策略：

（1）试探性策略。也称"刺激—反应"策略，是指在不了解客户的情况下，推销人员运用刺激性手段引发客户产生购买行为的策略。

（2）针对性策略。也称"配方—成交"策略，是指推销人员在基本了解客户某些情况的前提下，有针对性地对客户进行宣传、介绍，以引起客户的兴趣和好感，从而达到成交的目的。

（3）诱导性策略。是指推销人员运用能激起客户某种需求的说服方法，诱发引导客户产生购买行为。

9.2.2 产品利益推销

1. 产品利益的概念

产品利益是指产品带给消费者的好处，而不是指产品本身的用途或特点。传统的推销观念强调推销产品的用途、质量、优点、特点等，而现代推销观念则强调，消费者购买产品是因为产品能给他们带来某些好处，而非产品本身是什么。这是推销人员必须首先掌握的核心思路与方法。

2. 产品利益推销的概念和思路

（1）产品利益推销的概念。产品利益推销是指推销人员在向消费者介绍产品特点的基础上，进一步指出这些特点能为消费者带来哪些具体好处。每一位推销人员都必须思考两个关键问题：第一，每位消费者都会问——这个产品能给我带来什么好处？第二，推销人员也必须思考——这个产品对消费者到底有什么好处？只有在解决这两个问题的基础上，围绕产品利益去设计和实施推销策略与技术，才能真正从特点推销转化为利益推销。

（2）产品利益推销的思路。推销产品利益需要从卖方和买方两个角度进行分析。从卖方角度分析产品利益，即产品的卖点；从买方角度分析产品利益，即产品的买点。只有当产品的卖点与买点达到平衡时，消费者才会愿意购买。

① 用产品利益吸引消费者。推销人员靠什么吸引消费者？这是解决产品卖点的问题。例如，某婴幼儿奶粉强调其添加了乳铁蛋白，能够帮助婴幼儿抵抗细菌、病毒等有害微生物，预防病毒引起的呼吸道感染及腹泻等常见疾病，"帮助宝宝少生病"就是该奶粉的卖点。

② 消费者购买的是产品利益。消费者购买产品，不是为了产品本身，而是为了产品带来的利益或好处。因此，推销人员卖给消费者的不应该是纯粹的产品，而应该是产品带给消费者的利益。

（3）从产品特点推销转化为产品利益推销。在现实生活中，推销人员常犯的错误是只进行特点推销。他们见到消费者后，详细介绍了产品的形状、颜色、型号、规格等，却唯独没有告诉消费者这些特点能带来什么好处。

> **营销思考**
>
> **逆向思维：产品的高级卖法，永远都是卖故事、卖希望**
>
> 想要产品畅销，切记不要只卖产品本身！记住这句话：客户不是被你说服的，而是被自己说服的！推销是强行向客户灌输观念，大多客户会本能地抗拒；而营销则是帮助、启发客户，让客户自己做出购买选择。
>
> 例如，如果你要大量销售自家产的散养鸡蛋，单纯宣传"乡村土鸡蛋、正宗大山中散养土鸡、绿色纯天然、无饲料添加剂"等，并非最佳方法。要运用逆向思维，换位思考，不是考虑怎么卖，而是思考客户为什么要买！例如，"孩子每天早上吃一颗新鲜鸡蛋，拥有无比健康的未来。为了孩子的未来，每天只需多花一元钱。"这就是卖需求、卖故事、卖满足、卖希望。家长为了孩子的健康，无论价格多高，都会按照自己头脑中想象的画面主动购买。
>
> 低级卖法是只卖产品；中级卖法是卖产品与同类产品的差异化；高级卖法则是卖客户的想象、卖客户的需求、卖新的生活方式。请记住：产品的高级卖法，永远是卖故事、卖希望！
>
> 资料来源：今日头条"知信行者"，2024-02-21。

3. 推销产品利益的操作程序

（1）鉴别利益。推销人员在拜访食品消费者之前，必须明确自己将要带给消费者哪些利益。推销人员带给消费者的利益包括两个方面：一是让消费者获得好处；二是让消费者避免或减少损失。

① 产品利益的类型。包括：一般利益，即各类产品都具有的利益；特殊利益，即本产品的特点带给消费者的利益，是其他产品无法相比的利益；意中利益，即产品能够提供消费者所期望的利益。

在推销中，具有竞争优势的利益不是一般利益，而是特殊利益和意中利益。推销人员应根据产品属性和消费者的特殊需求，总结并推销特殊利益和意中利益，才能满足不同消费者的需求，取得优异的销售业绩。

② 食品企业利益。食品企业利益是指食品企业带给消费者的利益。消费者在购买产品时，如果认为企业没有知名度且形象不佳，可能不会购买该企业的产品。相反，如果企业知名度高、信誉好、形象良好，消费者则更愿意与其打交道，成为企业的忠诚消费者。

消费者认知产品的过程通常是先认知企业，再认知推销人员，最后认知产品。因此，要让消费者对产品、企业和推销人员都放心，才能实现购买。如果对三者中的任何一个不放心，购买行为就难以完成。

③ 差别利益。差别利益是指向消费者提供竞争者所没有的利益，即用独特的优势吸引消费者。遵循"人无我有，人有我优，人优我新，人新我变"的原则，通过不断为消费者提供与众不同的利益来打动更多消费者。

差别利益被认为是推销人员吸引消费者的关键因素，也是企业在竞争中取胜的关键。企业界有这样一句格言：在与竞争者竞争时，如果推销人员不能找出三条以上竞争者没有的差别利益，就很难在竞争中取胜。

差别利益的内容包括：产品差别，即产品本身与众不同，优于竞争者；服务差别，即企业为消费者提供竞争者所没有的服务，且支付条件更优惠；人员差别，即推销人员在形象、素质、沟通能力、为客户解决问题等方面优于竞争者。

（2）了解食品消费者需求。消费者追求利益，但不同的消费者追求不同的利益。推销人员必须考虑并了解消费者的真正需求，提供对方迫切需要的利益，对症下药，才能迅速消除消费者的"痛点"，把产品利益展现在消费者面前，使消费者因利益而购买产品。

① 不同类型的食品消费者对利益的需求。食品消费者是多种多样的，不同消费者的利益需求各不相同。由于消费者需求的差异性，即使是同一产品针对同一目标消费者群体，也需要因人而异。

② 不同购买心理的食品消费者对利益的需求。作为一名推销人员，在拜访消费者时，必须了解食品消费者的购买心理，并根据消费者的购买心理来介绍产品能带来的利益。只有摸准消费者的购买心理，根据其心理特点介绍产品，才能真正打动消费者。针对不同购买心理的消费者，推销人员推销产品利益的要点如表9-4所示。

表9-4　不同购买心理的食品消费者对利益的需求

消费者购买心理类型	不同购买心理的食品消费者对利益的需求
安全型	食品无毒、无害，符合应有的营养要求，对人体健康不造成任何急性、亚急性或慢性危害
感官型	在购买和食用食品时，主要追求食品的感官体验，如色、香、味、形等特性。这类消费者对食品的感官品质有较高要求，享受通过味觉、嗅觉、视觉等感官来体验食物带来的愉悦感受
天然型	寻求天然、无农药、不含防腐剂、色素和人工调味品的食物，强调生态、自然、营养均衡等属性
健康型	提供营养物质、维护健康、促进新陈代谢的食品，富含维生素、矿物质、膳食纤维等有益健康的成分，有助于提高免疫力、预防疾病，同时也有助于控制体重和保持身体形态

续表

消费者购买心理类型	不同购买心理的食品消费者对利益的需求
即时型	消费者通过线上交易平台下单，线下实体零售商通过第三方（或自有）物流执行配送上门的服务，配送时效通常在30~60分钟内。提供的产品包括食品饮料、蔬果生鲜、数码3C、美妆个护等
便利型	倾向于购买和消费方便、快捷、易于准备的食品。这类消费者通常生活节奏快、工作繁忙，没有太多时间准备和烹饪食物，更注重食品的口感、营养和卫生安全，而不是价格和品牌。便利性食品包括速冻食品、罐头食品、方便面、熟食、零食等
流行型	受当前流行趋势、热门话题或社交媒体影响，倾向于购买和尝试当下流行的食品。这类消费者喜欢追随潮流，对新兴的食品品牌、独特的食品口味、创新的饮食习惯或被名人、网红推荐的热门食品充满兴趣
效用型	在购买食品时，主要追求食品的实用性、功能性和性价比，对食品的口味、时尚潮流或品牌形象等因素关注较少，更看重食品能否满足基本的饮食需求，如营养摄入、饱腹感、方便快捷等，以及产品是否具有高性价比
便宜型	在购买食品时主要考虑价格因素，倾向于选择价格低廉、性价比高的产品。这类消费者通常对食品的品牌、包装或潮流关注较少，更关心能否以最经济的方式满足饮食需求

（3）将产品特点转化为食品消费者利益。产品具有什么样的特点是比较容易理解的，但这些特点能带给消费者什么样的利益，则需要推销人员去思考和分析，如何将产品特点转化为食品消费者的利益是一个关键问题。

将产品特点转化为消费者利益的程序如下：

第一，编制产品特点目录。推销人员需要将产品的每一个特点都列出来，编成目录。产品特点不仅包括物质特点，如功能、健康、色调、配方、工艺、质量、性能、安全等，还包括与食品企业和推销工作相关的特点，如物流、定价、服务、信誉等。

第二，选择食品消费者最感兴趣的产品特点。没有一个消费者会对所有的产品特点都感兴趣，因此推销人员需要了解消费者对哪些特点最感兴趣。

第三，确定所选特点的重要程度。在认真分析各种特点的基础上，按照对食品消费者重要程度的不同进行排序，将消费者最感兴趣的特点放在首位。

第四，论证每一特点是如何满足食品消费者利益的。FABE法是一种向食品消费者推销产品利益的实用方法，被称为黄金推销法则，是非常典型的利益推销法。该方法首先找出产品所具有的特点（Feature），然后分析每个特点所产生的优点（Advantages），接着分析这些优点能带给消费者什么样的利益（Benefits），最后找出证据（Evidence）来证实产品确实具有这些利益。FABE法的标准句式是："因为（特点）……，从而有（优点）……，对您而言（好处）……，你看（证据）……"

二维码链接9-2
FABE法的应用方式及注意事项

推销人员要确立销售产品利益的现代营销观念，具备发现产品利益的能力、挖掘产品利益的能力和创造产品利益的能力。

中国式营销

FABE法的运用

一家燕窝品牌的销售，主要产品是燕窝，运用FABE法，在遇到消费者时可以这样介绍产品：

F（Feature）——燕窝的特点：先生，您好，我们的燕窝产自印度尼西亚，平均采摘周期为90天，而其他燕窝的采摘周期通常为20天。

> A（Advantages）——燕窝的优点：因此，我们家的燕窝厚度是其他燕窝的一倍以上。
> B（Benefits）——燕窝为消费者带来的利益：如果您花同样的钱，就可以买到品质更好的燕窝。
> E（Evidence）——可信的购买证据：您看，这是某明星与我们老板的合影，他也已经购买了我们的燕窝。
>
> 资料来源：微信公众号"高远瑞研"，2022-01-23。

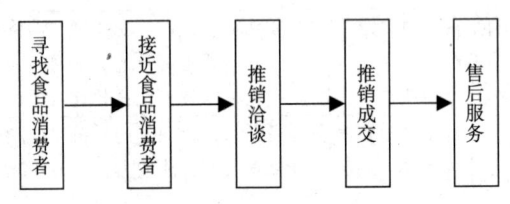

9.2.3 人员推销的操作程序

人员推销的操作程序如图9-5所示。

寻找食品消费者 → 接近食品消费者 → 推销洽谈 → 推销成交 → 售后服务

图9-5 人员推销的操作程序

1. 寻找食品消费者

推销人员制订推销计划后，首要的工作是寻找潜在的目标消费者，即有可能成为潜在购买者的客户。寻找消费者的主要途径包括：通过现有客户寻找；发动合作伙伴寻找，如供应商、经销商等；搜索潜在客户所在组织；通过个人品牌IP的树立吸引等。

2. 接近食品消费者

接近食品消费者是推销人员开始推销洽谈的前奏，一般包括推销准备、约见消费者与接近消费者三个环节。

3. 推销洽谈

推销洽谈是整个推销过程中的一个关键性环节。推销人员可按照AIDA模式向客户推销产品，即争取客户关注产品（attention）→引起兴趣（interest）→激发欲望（desire）→采取行动（action）。

> **营销视角**
>
> **推销人员与客户谈话方式参照资料**
>
> 我在适当的时候微笑了吗？
> 我的微笑是真诚的吗？
> 我的身体姿势适当吗？
> 我是否注意不交叉双臂没有摆出防卫姿势？
> 我是否注意将身体倾向讲话者而不是后仰了？
> 我的声音是否充满了热情？
> 我表示出对别人讲话的兴趣了吗？
> 我是否做到在百分之八十的时间里眼睛在看着讲话者？
> 我有没有不停地转移视线或死死盯住讲话的人？
> 我是否做到过一段时间就点点头或露出赞同的表情？
>
> 资料来源：微信公众号"中国礼仪教育培训中心"，2023-03-22。

4. 推销成交

常用的成交方法有请求成交法、假定成交法、优惠成交法、保证成交法、选择成交法、从众成交法、小点成交法、异议成交法、试用成交法、最后机会成交法和激将成交法。

5. 售后服务

产品售出后，要及时了解食品消费者的满意程度，及时处理食品消费者的意见，消除他们的不满，提高食品消费者满意程度。

任务 3　广告

9.3.1　食品广告

1. 食品广告的概念

《中华人民共和国广告法》对广告的定义是：广告是指在中华人民共和国境内，商品经营者或者服务提供者通过一定媒介和形式直接或者间接地介绍自己所推销的商品或者服务的商业广告活动。食品广告是广告的一种类型，是指利用各种媒介或形式发布的关于供人食用或饮用的成品和原料的广告。

> **营销视角**
>
> **古代食品广告**
>
> 广告的历史十分悠久，几乎是伴随着产品交换一同出现的，主要经历了口头广告、实物广告、标记广告、音响广告等形式。大家所熟知的食品广告大多是招牌和幌子。
>
> 招牌主要用以表示店铺的名称和记号，又称"店标"，其中有横招、竖招、墙招、坐招等，把字号题写在门、柱、屋檐、墙壁或柜台上。招牌形式比较固定，但文词各有千秋，如北京"全聚德""六必居""同仁堂"等。
>
> 幌子主要表示产品不同类别或不同服务项目，又称为"行标"，可分为形象幌、标志幌和文字幌。其中，食品广告以酒肆的招牌、幌子最为常见。战国末年，韩非子在《外储说右上》中写道："宋人有沽酒者，升概甚平，遇客甚谨，为酒甚美，悬帜甚高。"
>
> 资料来源：微信公众号"深圳智华腾达"，2019-10-21。

2. 食品广告的构成要素

食品广告的构成要素主要包括视觉设计、文案创意、产品定位、目标受众和法规遵守等。有效的食品广告能够通过视觉设计吸引消费者，通过文案传递产品特点，明确产品定位和目标受众，且严格遵守相关法规，以最大程度地提升产品的市场影响力和消费者购买意愿。

3. 食品广告的类型

按照不同的分类标准，可以将食品广告分为多种类型，如表 9-5 所示。

表 9-5　食品广告的类型

分类标准	广告类型
按照广告的对象分类	商业广告、企业形象广告、公益性广告
按照产品生命周期分类	产品导入期广告（告知性广告）、产品成长期广告（竞争性广告）、产品成熟期广告（前期竞争性广告、后期提示性广告）、产品衰退期广告（提示性广告）
按照广告诉求方式分类	理性诉求广告、感性诉求广告、道义诉求广告

续表

分类标准	广告类型
按照广告媒体的使用分类	印刷媒体广告、电子媒体广告、户外媒体广告、直邮广告、销售现场广告、数字媒体广告、其他媒体广告（如新闻发布会、体育活动、年历、各种文艺活动等）

9.3.2 食品广告的规范要求

食品广告的内容要求主要包括真实合法、不得涉及疾病的预防和治疗功能，以及严格遵守特定主体的推荐限制等。

1. 食品广告的内容必须真实合法

食品广告中的信息，如食品的名称、产地、质量、成分、有效期等，应与实际情况完全一致，不能有任何夸大或虚假成分。同时，这些内容应当符合现行的法律法规，例如不得使用国家机关的名义或形象进行宣传，也不得包含违反社会良好风尚的内容。

2. 食品广告绝对不得涉及疾病的预防和治疗功能

食品广告必须明确区分食品与药品的功能，不得涉及疾病的预防和治疗功能。例如，保健食品广告不能声称具有治疗效果，也不能暗示其产品是健康必需的。

3. 特定主体不得推荐特定食品

县级以上人民政府食品药品监督管理部门和其他有关部门以及食品检验机构、食品行业协会不得以广告或者其他形式向消费者推荐食品。消费者组织也不得以收取费用或者其他谋取利益的方式向消费者推荐食品。

4. 广告审查是保障食品广告内容合规的重要环节

根据《药品、医疗器械、保健食品、特殊医学用途配方食品广告审查管理暂行办法》，广告主在发布这些类别的广告前，必须经过严格的审查过程，并显著标明广告批准文号。

9.3.3 食品广告促销策略的内容

1. 馈赠型广告促销策略

馈赠型广告促销策略是指企业通过发布带有馈赠行为的广告以促进产品销售的广告策略。这种策略可采用赠券、赠品、免费试用等形式。

（1）赠券广告。在各种网上交易网站或商场中，商家为了吸引消费者、增加销售额，常采取购买一件产品即赠送一件小礼品的方式。这种做法旨在让消费者形成一种购买产品还能获得额外好处的意识，从而促进销售。

（2）赠品广告。将富有创新意识与促销产品相关的广告小礼品，选择时机在较大范围内赠送给消费者，从而引起轰动效应，促进产品销售。

（3）免费试用广告。将产品免费提供给消费者，一般让消费者在公众场合试用，以促进产品宣传。

2. 直接型广告促销策略

直接型广告促销策略是指促销人员不在大众媒体或商店做广告，而是直接将产品送到用户手中。

（1）上门促销广告。促销人员把产品直接送到用户门口，当面向用户做产品宣传，并给用户一定的附加利益。

（2）邮递促销广告。促销人员将印有"某产品折价优惠"或"请君试用"等字样，并备有图案和价目表之类的印刷品广告，通过邮局直接寄到用户家中或办公室。

（3）派发促销广告。促销人员将印刷品广告在目标消费群的聚集区递送给消费者。

3. 示范型广告促销策略

（1）名人示范广告，即让社会名人替产品做广告。

（2）运用现场表演示范广告，即选择特定时间和地点，结合人们的生活习惯，突出食品的时尚功效，在公开场合示范表演。

4. 集中型广告促销策略

集中型促销广告是利用大型庆典活动、赞助公益事业、展销会、订货会、文娱活动等人群集中的场合进行广告宣传。

5. 网络广告促销策略

网络广告是指广告主基于互联网所投放的广告。广告设计的思路是在用户关注度高的地方拦截用户的注意力，让用户顺便或者不得不看到广告。常见的网络广告主要有以下几种形式：

（1）开屏广告。开屏广告指在 App 启动时占据屏幕大部分或全部面积的广告，一般停留 3~5 秒，也称"闪屏广告"。它出现在用户进入 App 的第一入口，覆盖面最广，价格相对较高。由于开屏广告占据了整个页面，可能会出现用户"误点"的情况，因此其点击率相对较高。

（2）Banner 广告。Banner 广告即横幅广告，以通栏或矩形框的形式出现在页面中，通常展现在用户停留较久或访问频繁的页面上。这种广告形式简单，是网络广告最早的展现形式之一，但点击率相对较低。

（3）插屏广告。插屏广告一般出现在 App 暂停或场景切换时，以全屏或半屏的方式弹出。常见于视频前贴、暂停、后贴、游戏暂停、过关和图书翻页等场景。这种广告形式能够减少对 App 固定界面的占用，多用于视频和游戏类产品。

（4）激励广告。激励广告多为视频形式，通过设置奖励吸引用户主动观看广告。常见于游戏中，奖励通常包括人物复活机会、道具或特权等。用户可以选择不看广告，但无法获得相应奖励。这种广告形式确保了用户主动参与，广告效果较好。

（5）搜索引擎广告。搜索引擎广告是通过用户搜索关键词触发的广告。这种广告形式与用户的搜索意图高度相关，因此转化效果较好。主要由百度、搜狗、神马和 360 等搜索引擎提供。

（6）信息流广告。信息流广告是媒体主动推荐给用户的广告，可以出现在任意内容中间。与搜索引擎广告相比，信息流广告的曝光机会更多，且基于用户兴趣进行个性化展示，千人千面。这种广告形式适合移动端的碎片化阅读，不会对用户体验造成太大干扰。

思政教育

《互联网广告管理办法》发布

为切实维护广告市场秩序，保护消费者合法权益，推动互联网广告业持续健康发展，市场监管总局修订发布了《互联网广告管理办法》，该《办法》自 2023 年 5 月 1 日起施行。《办法》适应我国互联网广告业发展的新特点、新趋势、新要求，对原《互联网广告管理暂行办法》进行了修改完善，创新监管规则，进一步细化了互联网广告相关经营主体责任，明确了行为规范，强化了监管措施。这对新形势下维护互联网广告市场秩序，助力数字经济规范健康持续发展具有重要意义。

《办法》进一步明确了广告主、互联网广告经营者和发布者、互联网信息服务提供者的责任；积极回应社会关切，对人民群众反映集中的弹出广告、开屏广告、利用智能设备发布广告等行为做出了规范；细化了"软文广告"、含有链接的互联网广告、竞价排名广告、以算法推荐方式发布广告、利用互联网直播发布广告、变相发布须经审查的广告等重点领域的广告监管规则；新增了广告代言人的管辖规定，为加强互联网广告监管执法提供了重要的制度保障，也为互联网广告业规范有序发展赋予了新动能。

微信公众号"市说新语",2023-03-24。

9.3.4 食品广告促销的操作程序

食品广告促销的操作程序如图 9-6 所示。

确定广告目标 → 确定广告预算 → 确定广告信息 → 选择广告媒体 → 评估广告效果

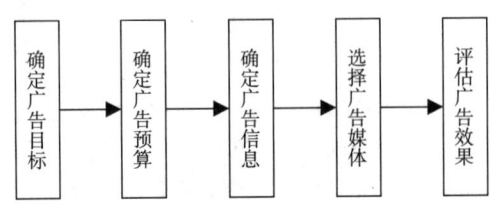

图 9-6 食品广告促销的操作程序

1. 确定广告目标

广告目标是指食品企业通过广告活动所要达到的目的。其实质是在特定时间内,针对特定受众完成特定内容的信息沟通任务。广告目标是广告方案设计的出发点,为整个广告营销活动指明方向,它应从属于营销目标。根据广告目标的特点,可将其划分为告知、劝说和提示三大类。

2. 确定广告预算

在广告预算设计中,食品企业应充分认识广告支出与广告收益的关系。广告宣传的目的是吸引消费者,扩大产品销售,提高食品企业的经济效益。因此,食品企业在选择广告形式时,必须确保广告宣传所取得的经济效益大于广告费用的支出。

3. 确定广告信息

确定广告信息是指根据促销活动所确定的广告目标来设计广告的具体内容。广告设计应注重效果,只有高质量的广告,才能对促销起到宣传和激励的作用。高质量的广告应体现合法性、真实性、针对性、简明性、艺术性和统一性。

二维码链接 9-3 食品组合(礼盒)促销包装相关法规梳理

4. 选择广告媒体

不同的广告媒体具有不同的特征,这决定了食品企业广告必须对广告媒体进行正确选择,否则将影响广告效果。正确选择广告媒体,一般需考虑以下影响因素:

(1)产品特征。掌握产品特征是选择广告媒体的重要条件。产品特征主要包括产品的需求特征、需求范围以及产品的形象化程度。

(2)食品消费者接触媒体的习惯。一般来说,能使广告信息有效传递到目标市场的媒体是最有效的媒体。食品消费者接触媒体的习惯各不相同,掌握这种差异才能有针对性地进行广告宣传,从而提高广告效果。

(3)广告内容。不同的广告内容应选择不同的广告媒体。例如,广告内容为"明天大降价",则选择日报、晚报、电视、广播、微博、微信、QQ、短信等较为及时;如果是一项技术性很强、较为复杂的产品广告,则宜登在专业杂志上或采用印刷邮寄等方式作为广告媒体。

5. 评估广告效果

促销广告是一项投资,对于这种费用较高的投资活动,食品企业必须进行评估,其目的在于提高广告的经济效益。虽然准确评估广告效果并非易事,但这并不意味着无法进行评估。企业可以采用"预审法"检查广告是否将信息正确、有效地传递给目标受众。此方法是在广告正式发布之前对其效果进行评估。广告投放市场后,可采用以下方法进行评估:

（1）回忆测定法。即通过消费者观看（阅读）广告后对广告内容的记忆度和理解度来测定广告效果。

（2）认知测定法。即抽取一组消费者作为样本，询问他们是否观看（阅读）过某个广告。根据实际情况，将认知程度分为三等：约略认知，即曾看到过；联想认知，即能记起某一部分内容，并由此部分内容联想起有关的产品名称；较深认知，即能记起广告一半以上的内容。计算这三部分的百分比，即可得出该广告的观看（阅读）效率。

（3）实验室测定法。即利用各种仪器观察被测者的生理反应，如心跳、血压、瞳孔等的变化，以此来判断广告的吸引力。

此外，也可通过销售量的变化来测定广告效果，但由于其他因素及广告滞后作用的影响，这种方法的结果往往不够准确。

守正创新

巴黎奥运的第一支女性运动员群像广告

2024年巴黎奥运会期间，伊利拍摄了第一支女性运动员群像广告。伊利的这支女性运动员群像广告片，致敬了赛场上的"铿锵玫瑰"，也让全世界看到了不一样的女性力量。

大多数奥运广告都在强调团队精神、竞技精神，但这支短片中，女性运动员更多是以"运动员"这一角色出现，去完成宏大叙事。伊利没有弱化"女性"身份，而是以"手"为沟通载体，让女性运动员的"柔软生活"与"热血赛场"无缝衔接，呈现了更鲜活的奥运视角。在普遍认知中，男性的肌肉力量强于女性，手掌、手劲也会比女性更大，但这并不意味着女性柔弱的手就只适合做一些轻松的活。

这双柔软的小手，可以美甲、可以涂口红，但也能拥有撼动世界的力量，一次次刷新世界纪录。一双纤细有力的手，支撑全身重量向上攀爬，用手抬高中国女子攀岩的天花板。一双戴着可爱美甲的手，端起11斤重的气步枪，扛起中国女子射击的大旗。一双扎起哪吒头的手，撑在跑道上奋力向前，跑出中国女子田径的加速度。以女性运动员"刚柔并济"的故事，展现奥运竞技体育的魅力，为女性力量写下一个个更具象的注脚。这正如伊利牛奶一样，在浓郁醇厚的口感里，藏着强大的营养力量。而该短片呈现的"她力量"，又能反哺到现实生活中的女性，鼓励更多女性去探索生活的可能性。

为什么伊利要去讲这样的故事呢？

首先，伊利面对的大部分购买者与饮用者都是女性群体。随着女性话语权的提升，群体价值也会有所改变。借力此次巴黎奥运会，伊利可以作为乳业中第一个"女性力量"的先行者和推动者，快速抢占用户心智。

其次，是女性运动员与伊利牛奶的高度契合。女性运动员的手里，柔软并有着超越普通人的力量；而口感柔和的伊利牛奶，也有着不可撼动的营养力量，滋养与陪伴着许多女性。伊利的切入点与落脚点都聚焦到女性运动员身上，这既是一种产品上的隐喻，也是品牌使命感与责任感使然。伊利以实际行动滋养女性运动员的成长，也推动社会对女性力量的认可和尊重，为品牌打开了另一个叙事空间。

资料来源：微信公众号"文案与美术"，2024-08-04。

任务 4　营业推广

9.4.1　营业推广概述

营业推广，又称销售促进，是指食品企业在特定的目标市场中，为迅速刺激需求和鼓励购买而采取的各种短期性促销方式的统称。它与广告、公共关系、人员推销不同，后三者一般是常规的、连续的，而营业推广则是非常规性的，是一种辅助促销手段。营业推广的着眼点在于解决某些更为具体的促销问题，因此是非规则性、非周期性使用和出现的。营业推广最适用于完成短期的具体目标。全渠道市场营销中的营业推广即全渠道营业推广，包括线下营业推广、线上营业推广和线上线下一体化营业推广。

9.4.2　线下营业推广

1. 线下营业推广的概念

线下营业推广是与线上营业推广完全相反的一种方式，不依赖于互联网，而是利用传统的载体，直接通过视觉、语言等方式获取宣传内容，如地推、宣传单派发、展会等。

2. 线下营业推广的优势

首先，线下营业推广的转化效率更高。线下营业推广主要依靠人与人的交流来实现，面对面的沟通能够及时回答客户疑问，并且可以通过不同的话术及沟通方式应对不同的人群，从而使转化率更高。

其次，线下营业推广的主动性更强。线下营业推广可以根据产品的定位，选择合适的地点和人群进行推广，并且能够十分准确地将宣传信息传达给目标人群，宣传推广的主动性更强。

再次，线下营业推广的反馈更及时。在进行线下营业推广时，可以根据客户的反应以及不同地点的推广效果等反馈信息及时做出调整，根据不同的情况更换不同的推广方式。这种及时反馈、及时调整的方式能够让推广的效率更高，且转化为客户的概率更大。

3. 线下营业推广的主要策略

线下营业推广的策略可以从多个维度展开，其主要策略如表 9-6 所示。

表 9-6　线下营业推广的主要策略

策　略	说　明
举办活动或体验会	通过组织有趣的活动或体验会吸引目标群体的注意力，如产品试用、现场演示或互动游戏
参加行业展会	在食品行业的展会上设立展位，这是向专业人士和潜在合作伙伴展示产品或服务的良机
开展街头营销	在人流量大的地区进行产品宣传和分发样品，可以快速提高品牌能见度
合作推广	与其他非竞品牌合作，共同举办活动或交叉促销，共享客户资源
传统广告	利用报纸、杂志、电视、广播等传统媒体进行广告投放
直邮营销	发送定制化邮件（如优惠券、产品目录）给目标客户
会员或忠诚度计划	设计会员计划，提供积分、折扣和特别优惠，鼓励重复购买和口碑传播
社区参与	在当地社区活动中设立摊位或赞助活动，建立品牌形象，提升企业的社会责任感
点对点销售	通过面对面的销售方式，让销售人员直接与客户沟通，了解需求并提供解决方案
培训研讨会	提供免费的培训或研讨会，增加品牌知识价值并建立行业权威

使用这些策略时，重要的是要确保所有的线下营业推广活动都与总体营销战略保持一致，并且能够有效达到预订的市场和客户群体。同时，衡量各种推广活动的成效也至关重要，以便调整策略和预算，优化未来的推广计划。

> **中国式营销**
>
> **胖东来到底有多火**
>
> 　　成立近 30 年的胖东来商超，近年来凭借赶超景区的火爆人气频频出圈，被一些网友称为"没有淡季的 6A 级景区"。胖东来到底有多火？今年几组数据可见一斑：元旦假期，许昌胖东来 7 家店共计接待游客近 100 万人次；春节 8 天长假，许昌全市 11 家 4A 级景区共接待游客约 127.3 万人次，而胖东来的 3 家综合商超仅 3 天时间累计客流量就达 116.33 万人次；"五一"假期，同样 3 家商超单日接待约 31 万人次。即使在非节假日，胖东来门前的长龙也是常态，其中不少人从外地自驾或者乘高铁远道而来。受其流量带动，许昌这座古城也炙手可热，当地为此开通了网红旅游购物专列。
>
> 　　商超变"景点"，胖东来的流量密码是什么？记者带着问题现场探访，消费者的回答简短利落，却透出朴素的商业逻辑：好产品、好服务才能赢得好口碑。免费提供纸杯和热水，设有宠物暂存地，为看不清字的老年人提供老花镜；肉类熟食先称重再装汤汁，蔬菜的标签像生活百科，不仅注明产地、供应商，有的甚至标出做法；售出产品七日内正常调价，将主动退还差价……还有消费者说，曾经在购物时孩子突发不适，向商场求助后，胖东来员工开车把孩子送到医院，并全程帮忙陪护。记者体验发现，商场内外，贴心的细节随处可见。诚意满满的服务引发共情共鸣，一些消费者直言："在胖东来消费，购买的是产品，体验的是爽感。"
>
> 　　产品和服务之外，胖东来在尊重员工权益方面的做法也被广为称道。一方面，公司把每年所赚利润的绝大部分分给员工，让员工收入在当地保持较高水平；另一方面，还通过"周二闭店""委屈奖"等措施提高员工福利待遇，受到员工欢迎。
>
> 　　胖东来从地方走向全国，互联网口碑传播的推动力量不容忽视。在不少年轻人眼里，胖东来既是商超，也是文化新地标，"打卡"胖东来成了时尚风潮，人们边购物边直播，线下线上热度叠加，全国各地越来越多的客户纷至沓来，胖东来的流量进一步呈几何级数放大。
>
> 　　　　　　　　　　　　　　　　　　　　　　　资料来源：微信公众号"新华社"，2024-05-22。

9.4.3 线上营业推广

1. 线上营业推广的概念

线上营业推广是指在互联网上进行的推广活动，以互联网产品为载体，通过线上流量的转化来获取客户。其主要方式包括竞价排名、付费推广、社群推广、活动营销等。

2. 线上营业推广的优势

首先，线上营业推广具有全天候、全球覆盖的特点。通过互联网平台，企业可以随时随地向全球范围内的潜在客户进行推广，无论是国内市场还是国际市场，都能够精准触达目标客户。

其次，线上营业推广可以实现精准定位和数据分析。借助互联网平台，企业可以根据客户的兴趣、年龄、地理位置等信息进行精准定位，将广告投放给潜在客户群体。同时，线上营业推广还可以通过数据分析来了解客户的点击量、转化率等信息，为后续的营销策略提供数据支持。

再次，线上营业推广的成本相对较低。与线下营业推广需要支付场地租金、印刷费用等相比，线上营业推广只需要支付广告费用即可。而且线上营业推广可以根据实际效果进行调整和优化，降低不必要的成本。

3. 线上营业推广的主要策略

线上营业推广具有广阔的覆盖范围、高效的传播途径和精确的客户定位等优势，其主要策略如表 9-7 所示。

表 9-7　线上营业推广的主要策略

策　　略	说　　明
内容营销	制作有价值的内容（如博客文章、视频、播客等），以吸引和保留受众，提升品牌形象
社交媒体营销	在各大社交媒体平台（如 Facebook、微博、微信等）上活跃，与目标受众互动，发布有吸引力的内容
电子邮件营销	发送定期的电子邮件，提供优惠、新闻和相关内容，以保持客户的参与和忠诚度
搜索引擎优化	优化网站内容，以提高在搜索引擎结果中的排名，吸引更多自然流量
搜索引擎营销	利用 Google AdWords 等服务进行关键词广告投放，以快速增加网站的可见度
在线广告	在各种网络平台上进行付费广告投放，包括展示广告、视频广告和社交媒体广告
联盟营销	与网站、博客或社交媒体影响者合作，通过他们推荐产品来获取销售佣金
交易网站和优惠券网站	在团购网站或优惠券网站上提供特别交易，吸引客户购买
在线社区和论坛	在食品行业相关的社区和论坛上参与讨论，建立专业信誉，间接推广产品或服务
影响者营销	与有影响力的人物合作，利用他们在特定受众中的信任度和影响力来推广产品
直播和网络研讨会	利用直播平台或网络研讨会与受众实时互动，提供新内容的发布、产品演示或教育培训
移动营销	针对移动用户设计营销活动，考虑移动应用、位置基础服务和短信营销等策略

进行线上营业推广时，企业需要确保其网站和落地页是客户友好的，并针对转化进行优化。同时，数据分析工具的应用对于追踪推广活动的效果至关重要，它可以帮助企业理解哪些策略有效，从而调整和改进其线上营销计划。

9.4.4　线上线下一体化营业推广

1. 线上线下一体化营业推广的概念

线上线下一体化营业推广是指将线上和线下的推广手段相结合，按照"同产品、同款式、同价位、同活动、同权益、同服务"的模式，实现品牌、产品或服务的整体推广。这种推广方式充分利用了线上线下各自的优势，提高了推广效果和客户满意度。

2. 线上线下一体化营业推广的优势

（1）全渠道覆盖。线上线下一体化营业推广通过整合各种营销渠道，包括实体店、电商平台、社交媒体、广告等，实现全方位的品牌推广和客户触达。

（2）无缝互动联动。线上线下一体化营业推广强调线上与线下的深度融合、相互打通与相互配合，实现产品线上浏览、线下试穿、线上下单、线下取货等功能。此外，通过线上线下一体化，可实现相互传播、相互照应、相互促进销售，并共同为客户提供优质服务与品牌传播。让客户在不同场景下都能感受到品牌的关注与服务，从而提升客户体验。

（3）数据驱动。线上线下一体化营业推广充分利用大数据技术，收集和分析客户行为数据，以便更精准地制定营销策略和提供个性化服务。

（4）灵活多样。线上线下一体化营业推广采用多种手段和策略，如内容营销、社交营销、活动营销等，以满足不同客户的需求和喜好。

（5）互补优势。线上线下一体化营业推广充分发挥线上线下各自的优势，通过线下线上相互引流的方式，将线下实体店的流量引入到线上平台，实现线上线下的融合。也可以通过线上营业推广线下店铺进行扫码购物等方式，将线下的客户转化为留存客户，将线上流量转化为线下的流动流量，实现推广效果的最大化。

线上线下一体化营业推广可以帮助企业更好地推广品牌、产品或服务，提高市场竞争力。

3. 线上线下一体化营业推广的主要策略

线上线下一体化营业推广将线上和线下融为一个整体，实现互相支持、互相促进，提供更加综合、便捷和个性化的服务。其主要策略如表 9-8 所示。

表 9-8　线上线下一体化营业推广的主要策略

策　　略	说　　明
线上预约，线下体验	客户可以在网上预约服务或体验，然后在实体店享受这些服务
线上购买，线下取货	客户可以在线购买产品，然后选择在附近的店铺自行取货，这样可以结合线上购物的便利性和线下取货的及时性
线上互动，线下参与	通过社交媒体或其他线上平台举办活动，鼓励客户线下参与，如线上报名参与线下的研讨会或活动
跨渠道促销	在线上发布优惠券或促销代码，客户可以在线下消费时使用，或者反之，线下发放可在线上使用的优惠
数据集成	将线上收集的客户数据（如购物习惯、偏好）用于优化线下的个性化服务和营销活动
无缝库存管理	实现线上和线下商店的库存共享，客户可以在线查看附近店铺的库存情况并选择在线购买或到店购买
多渠道客户服务	提供无缝的客户服务体验，无论客户通过线上还是线下渠道提出问题或反馈，都能得到一致的服务
社交媒体连接	利用社交媒体平台宣传线下活动，同时在活动中鼓励客户在线上分享他们的体验
位置基础服务	利用 GPS 和地理定位技术为接近实体店的客户发送定制化的推送通知和优惠
QR 码和 AR 体验	在线下店铺使用快速响应（QR）码和增强现实（AR）技术，让客户扫描后可获得更多产品信息或互动体验，增加购物乐趣

为了有效实施线上线下一体化推广策略，企业需要确保所有渠道上的品牌信息、促销活动和客户体验保持一致性。此外，企业应使用客户关系管理系统和其他数据分析工具来跟踪客户行为，并根据收集到的数据不断调整其营销策略。

中国式营销

奥利奥线上线下全渠道联动促销

奥利奥通过在全链路整合营销、媒体投放、公私域拓展、线上线下销售渠道联动等多个维度的规模化聚合，成功打造了一套节日促销模式。

在众多品牌陷入千篇一律的春节情感营销套路时，奥利奥凭借一条极具反转看点且富有电影质感的微电影《没大没小》领衔春节营销档期。微电影中，奥利奥在各种细微之处均有呈现，清晰的产品角色塑造与巧妙的情绪渲染，成功开启了奥利奥春节营销的序幕。奥利奥精准洞察了"年纪相似却辈分隔代"这一具有中国本土特色的代际现象，并在春节这一特殊节点，引发家庭中每一辈人的共鸣。通过微电影《没大没小》，奥利奥传递了"一起奥利奥，玩出年味道"的价值主张，成功引发话题讨论，获得好评。最终，视频全网播放量达到 2.1 亿次以上，互动量超过 172 万人次。奥利奥针对不同平台的消费者属性，精细化选择播出视频内容：在抖音和快手平台播放微电影《没大没小》，在 B 站平台播放逐帧动画《庙会大片》，运用各平台高曝光、高完播率的媒体形式，最大化视频播放量及完播率。投放期间，快手单列信息流摇一摇曝光量达 1400 万人次以上，B 站曝光量达到 310 万人次以上。

在产品方面，红色虎年限定款奥利奥成为传递春节情绪的重要素材。品牌广告通过舞狮、绣球等中国传统元素营造出浓厚的新年氛围，将产品自然融入其中，打造出全家人过年的新仪式。生动且具张力的年俗美食海报全面调动观众的联想，以沉浸式的节日视觉效果启发对奥利奥的记忆联动。

线上线下协同发力，全平台激发活力。奥利奥在此次营销战役中展现了超强的多渠道统筹能力。线上，京东大牌风暴日、饿了么超级新品日、美团年货节全面铺开；线下，高铁站广告有效带动商超销量。私域商城小程序的做法也颇具亮点，运用新年特有的抽签创意互动，上线两周，吸引近20万人注册，增长环比超过12倍。新年抽签小游戏参与人数近30万，周杰伦虎年定制微信红包封面领取人数近20万，成功引流至微信私域，沉淀品牌粉丝，累积品牌资产。

资料来源：微信公众号"利多码"，2023-03-06。

9.4.5 营业推广促销的操作程序

营业推广促销的操作程序如图9-7所示。

确定营业推广的目标 → 选择营业推广的工具 → 制订营业推广方案 → 试验、实施和控制营业推广方案 → 评估营业推广的效果

图9-7 营业推广促销的操作程序

1. 确定营业推广的目标

营业推广的目标由食品企业的营销目标确定，一般包括以下三个方面：

（1）对食品消费者的营业推广促销目标，包括：鼓励现有产品使用者增加使用量；吸引未使用者尝试使用；争取其他品牌的使用者。

（2）对经销商的营业推广促销目标，包括：提高铺货率；增加库存；提高新旧产品更迭效率；处理库存；季节性调整（淡旺季）；打击竞争者；增强中间商的品牌忠诚度；开辟新销售渠道。

（3）对推销人员的营业推广促销目标，包括：鼓励推销人员努力推销产品；刺激其寻找更多潜在消费者；努力提高业绩。

二维码链接9-4 超市促销分析：几大畅销品类营销技巧

2. 选择营业推广的工具

营业推广的工具多种多样，各有其特点和使用范围。在选择营业推广工具时，需要考虑市场的类型、促销目标、竞争条件、促销预算分配，以及每种推广工具的预算。此外，同一推广目标可以采用多种推广工具来实现，这就需要对营业推广工具进行比较选择和优化组合，以实现最优的推广效益。

（1）面向食品消费者的促销工具，如表9-9所示。

表9-9 面向食品消费者的促销工具

工 具	运 用
样品	样品是指免费提供给消费者供其使用的产品。样品可以挨家挨户送上门、邮寄发送，在商店内提供，附在其他产品上赠送，或作为广告品。赠送样品是最有效也是最昂贵的介绍新产品的方式
扫码	扫码领红包、再来一瓶等
会员日	确定会员日，推出创意主题活动，抽奖领取奖品
节日活动促销	利用各种节日，将促销与节日结合，通过公众号、企业微信社群推送，密切与消费者的关系

续表

工　具	运　用
优惠券	证明持有者在购买某特定产品时可凭此优惠券按规定少付若干钱。优惠券可以邮寄、包进其他产品或附在其他产品上，也可以刊登在杂志和报纸上。其回收率随分送的方式不同而不同。优惠券可以有效地刺激成熟期产品的销售，诱导对新产品的早期使用。专家认为，优惠券必须提供15%～20%的价格减让才有效果
现金折扣	折扣是在购物完毕后提供减价，而不是在零售店购买之时。消费者在购物后将一张指定的"购物证明"寄给制造商，制造商用邮寄的方式"退还"部分购物款项
特价包	以低于正常价格向消费者提供一组产品的促销方法，其做法是在产品包装上或标签上加以附加标明。可以采取减价包的形式，即将产品单独包装起来减价销售（如原来买一件产品的钱现在可以买两件），或者可以采取组合包的形式，即两件相关的产品并在一起（如方便面和碗）。特价包在刺激短期销售方面甚至比优惠券更有效
赠品（礼品）	以较低的代价或免费向食品消费者提供赠品，以刺激其购买某一特定产品。一种是附包装赠品，即将赠品附在产品内（包装内附赠品）或附在包装上（包装上附赠品）；另一种是免费邮寄赠品，即消费者交上购物证据就可获得一份邮寄赠品；还有一种是自我清偿性赠品，即以低于一般零售价的价格向需要此种产品的消费者出售的产品。目前，食品企业给予消费者的赠品种类繁多，这些赠品上都印有公司的名字
奖品（竞赛、抽奖、游戏）	奖品是指食品消费者在购买某物品后，向他们提供赢得现金、旅游或物品的各种获奖机会。竞赛要求消费者提交一个参赛项目，然后由一个评判小组确定哪些人被选为最佳参赛者。抽奖则要求消费者将写有其名字的纸条放入一个抽签箱中进行抽签。游戏则在消费者每次购买产品时送给他们某样东西，如纸牌号码、字母填空等，这些有可能中奖，也可能一无所获。所有这些促销方式都将比优惠券或者几件小礼品赢得更多的注意
光顾奖	以现金或其他形式按比例用来奖励某一个消费者或消费集团的光顾。购买积分卡也是一种光顾奖励
免费试用	对于潜在食品消费者免费试用产品，以期他们购买此产品
联合促销（捆绑促销）	两个或两个以上的品牌或公司在优惠券、销售折扣和竞赛中进行合作，以扩大它们的影响力。相关企业的推销人员合力把这些联合促销活动介绍给零售商，使其参与这些促销活动，从而增加产品陈列和广告面积，使其产品在销售点能更好地显露出来
交叉促销	用一种品牌来为另一种非竞争品牌做广告
售点陈列和产品示范	售点陈列和产品示范通常出现在购买现场或销售现场。然而，许多零售商并不喜欢放置来自制造商的大量陈列品、广告牌和广告招贴。对此，制造商若能提供更优质的售点陈列资料，并将其与电视或印刷品宣传相结合，努力探索一种新的方式，或许可以改善这一现状
会议促销	举办各类展销会、博览会、业务洽谈会，会议期间现场进行相关产品的介绍、推广和销售活动
产品保证	销售者通过明示或暗示的方式向消费者保证产品在一定时期内达到规定要求，否则将承担修理产品或退款给消费者的义务

（2）面向中间商的交易促销工具，如表9-10所示。

表 9-10　面向中间商的交易促销工具

工具	运用
价格折扣（又称发票折扣或价目单折扣）	在某段指定的时期内，每次购货都给予低于价目单定价的直接折扣，这一优待鼓励经销商去购买一般情况下不愿购买的数量或新产品。中间商可将购货补贴用来作为直接利润、广告费用或零售价减价
补贴或津贴	制造商提供补贴，以此作为中间商同意以某种方式突出宣传制造商产品的报偿。广告补偿用于补偿为制造商的产品做广告宣传的零售商，陈列补贴用以补贴对产品进行特别陈列的零售商
免费产品	食品企业可针对购买具有某种质量特色的产品、能够为其产品增添特定风味的产品，或购买量达到一定标准的中间商，额外赠送若干箱产品。此外，企业也可向中间商提供促销资金，或免费提供广告礼品。例如，赠送印有公司名称的特别广告赠品，如制作招牌、年历、备忘录等
扶持零售商	制造商可对零售商专柜的装潢予以资助，并提供 POP 广告，以此强化零售网络，促进销售额的提升。此外，生产者还可派遣专业信息员或代为培训销售人员，从而提高中间商推销本企业产品的积极性和能力
销售竞赛	根据各个中间商销售本企业产品的业绩，分别给优胜者以不同的奖励，如现金奖、实物奖、免费旅游、度假奖等，以起到激励的作用
培训	采用集中培训、在线培训、上门培训、经验交流会、样板市场参观等方式对中间商进行培训，提升其凝聚力、销售力、竞争力

3. 制订营业推广方案

制订营业推广方案需做出以下决策：

（1）营业推广激励规模的决策。营业推广激励规模应根据费用与效果的最优比例确定。最佳激励规模应遵循费用最低、效率最高的原则。

（2）营业推广激励对象的决策。企业需要明确激励是面向目标市场的全体人员还是特定部分人群。激励对象的选择范围及其准确性将直接影响促销的最终效果。企业在选择激励对象时，应尽量排除那些不太可能成为长期消费者的人群，但限制范围不宜过宽，否则可能导致只有品牌忠诚者或偏好优惠的消费者参与，不利于目标消费群体的扩大。

（3）营业推广送达方式的决策。企业应根据激励对象的特点以及不同渠道的成本和效率来选择送达方式。从费用与效果的关系出发，仔细斟酌并反复权衡，以选择最佳的送达方式。

（4）营业推广活动期限的决策。任何促销活动都应规定一定的期限，不宜过长或过短。如果活动期限过短，可能导致部分潜在消费者错过参与机会，无法达到预期效果；如果持续时间过长，则可能增加开支并削弱购买刺激效果，甚至降低产品在消费者心目中的价值。具体活动期限应综合考虑产品特点、消费者购买习惯、促销目标、竞争者策略等因素，按实际需求确定。

（5）营业推广时机选择的决策。一般而言，促销时机的选择应根据消费需求的时间特点结合企业市场营销战略确定，并注意与生产、分销、促销的时机和日程协调一致。在不同地区推出促销活动时，应与当地营销管理者共同研究，根据地区营销战略做出决策。

（6）营业推广预算及其分配的决策。促销费用预算通常包括广告费用、销售促进费用、公共关系费用、人员推销费用等。在促销活动中，企业应根据具体活动情况及相关规定确定相应的促销费用。为使费用投入获得更大的促销效果，预算应尽可能细化、准确，以实现最优的经济效益。

4. 试验、实施和控制营业推广方案

促销方案制订后，通常需要经过试验阶段才正式实施。试验的目的是明确所选用的促销工具是否合适、刺激力度是否最佳以及实施方法的效率如何。一些大型企业常在选定的市场区域中采用不

同策略进行试验。面向消费者市场的营业推广较易开展试验，可以通过邀请消费者对几种不同的优惠方法进行评价和评分，或在有限地区范围内进行试用性试验。

企业应对每一项营业推广工作制订明确的实施和控制计划。实施计划必须包括前置时间和销售延续时间。前置时间是指从开始实施方案前所需的准备时间，主要包括：最初的计划和设计工作，包装修改的批准或材料的邮寄，配合广告宣传的准备工作，销售点材料的准备，通知现场销售人员，为个别分销店建立地区配额，购买或印刷特别赠品或包装材料，预期存货的生产和发放等。销售延续时间是指从开始实施优惠措施起，到大约 95%的产品已到达消费者手中的时间。这段时间可能是一个月至数月，主要取决于活动持续时间的长短。

在计划制订及执行过程中，应建立相应的监控机制，确保专人负责管控事态进展。一旦出现偏差或意外情况，应及时纠正和解决。

营销视角

超市促销活动前、中、后三个阶段工作重点

一、促销前
- 促销宣传单、海报、POP 是否已发放并准备妥当。
- 卖场全体人员是否已知晓促销活动即将实施。
- 促销产品是否已完成订货或进货。
- 是否已通知计算机部门对促销产品进行价格调整。

二、促销中
- 促销产品是否齐全且数量充足。
- 促销产品是否已完成价格调整。
- 促销产品陈列是否具有吸引力。
- 促销产品是否张贴了 POP 广告。
- 促销产品质量是否良好。
- 卖场全体人员是否均了解促销期限及方式。
- 卖场气氛是否活跃。
- 服务台人员是否定时广播促销方式。

三、促销后
- 过期海报、POP、宣传单是否均已拆除。
- 产品价格是否已恢复原价。
- 产品陈列是否已调整恢复原状。

资料来源：微信公众号"超市运营管理"，2023-10-17。

5. 评估营业推广的效果

营业推广活动结束后，应立即对其进行效果评估，以总结经验和教训。

（1）运用前后比较法评估。前后比较法是将开展营业推广活动之前、之中和之后三段时间的销售额（量）进行比较，以测评促销效果。这是常用的消费者促销评估方法。促销前、促销中和促销后产品的销售额（量）水平的变化会呈现出几种不同的情况，从而反映出不同的促销效果。

（2）运用市场调查法评估。市场调查法是寻找一组消费者样本，与他们面谈，了解有多少消费者还记得促销活动、他们对促销的印象如何、有多少人从中获利、对他们今后的品牌选择有何影响等。通过分析这些问题的答案，就可以了解到促销活动的效果。这种方法尤其适合于评估促销活动的长期效果。

（3）运用观察法评估。观察法是通过观察消费者对促销活动的反应，从而得出对促销效果的综合评价。主要是对消费者参加竞赛和抽奖的人数、优惠券回报率、赠品的兑现情况加以观察，从中得出结论。这种方法相对而言较为简单，且费用较低，但结论易受主观影响，不够精确。

> **营销视角**
>
> **开店做生意九大引流方法（见表 9-11）**
>
> 表 9-11 开店做生意九大引流方法
>
> | 方法 | 玩法/说明 | 具体描述 |
> | --- | --- | --- |
> | 新店开张随天数递减折扣 | 玩法 | 开张第一天全场五折；开张第二天全场六折；开张第三天全场七折；开张第四天全场八折；开张第八天恢复原价 |
> | | 说明 | 限于刚开张的店铺，随着折扣力度减小，引流效果逐渐减弱，这属于正常现象。如果产品品质好，复购率则无须担心 |
> | 第二份半价 | 玩法 | 购买第二份同样的产品时五折 |
> | | 说明 | 适用于低频高价的产品，如奶茶、冰淇淋。麦当劳以甜筒第二份半价将这套玩法运用得炉火纯青 |
> | 定时折扣 | 玩法 | 早上11点前消费全场八折，晚上11点后消费送水果拼盘 |
> | | 说明 | 缓解用餐高峰期的客流，同时可以额外引流到对价格敏感的用户 |
> | 前一百名到店送礼品 | 玩法 | 前一百名到店送礼品 |
> | | 说明 | 活动多见于商家重大节点，如国庆活动、周年庆等。通过送礼品锁定当日流量，避免当天因客流量少给商家造成尴尬 |
> | 三人行一人免单 | 玩法 | 三个人一起前往消费，一人获得免单资格（本质上相当于每人打了6.6折） |
> | | 说明 | 适用于理发、美容、购买门票等业务 |
> | 霸王餐券 | 玩法 | 凭券到店享受免费的霸王餐（如一份水煮鱼） |
> | | 说明 | 以发传单的形式进行引流，适用于新店开张。可设置门槛，如扫码送霸王餐券。越容易得到的东西用户不会那么珍惜，设置门槛能更大程度地发挥券的作用 |
> | 买三份送一份 | 玩法 | 活动期间内，买三份赠送一份 |
> | | 说明 | 适用于低客单价的店面，如奶茶店、鸡翅鸭脖店 |
> | 套餐组合 | 玩法 | 将店里主打的食物组合成套餐（如单买原价30元，套餐价格52元） |
> | | 说明 | 适用于高频低价的产品，借鉴美团点评各商家的套餐，优化升级做出差异 |
> | 折星星抵现金 | 玩法 | 提供一些彩带，让客户折星星，一个星星抵1元钱 |
> | | 说明 | 一般用于带小孩的客户，让小孩有事做，不吵不闹，还能获得成就感，同时也能获得减免，客户会感到开心。既动手又占了便宜 |
>
> 资料来源：微信公众号"实体店营销"，2024-04-20。

任务 5 公共关系

9.5.1 公共关系概述

1. 公共关系的概念

公共关系是指某一组织为改善与社会公众的关系，促进公众对组织的认识、理解及支持，以达到树立良好组织形象、促进产品销售目的的一系列促销活动。公共关系的主要任务是协调组织与公众的相互关系，使组织适应公众的要求，使公众有利于组织的成长与发展。

2. 公共关系的构成要素

公共关系的构成要素主要包括组织、公众、传播、目标、原则和活动等。公共关系是一种特定的传播管理行为和职能，旨在通过各种有计划的沟通联络，建立和维护组织与公众之间的互利互惠关系。作为一个多维度的概念，公共关系涵盖了多个要素，这些要素相互关联并共同构成了公共关系的基本框架。

公共关系促销并不是要推销某个具体的产品，而是食品企业利用公共关系将食品企业的经营目标、企业文化、企业形象等传递给社会公众，使公众对食品企业有充分的了解。公共关系促销的作用是对内协调各部门的关系，对外建立广泛的社会联系，密切食品企业与公众的关系，树立食品企业的良好形象，扩大食品企业的知名度、信誉度与美誉度。其目的是为食品企业的营销活动创造一个和谐、亲善、友好的营销环境，从而间接地促进产品的销售。

二维码链接 9-5
盒马开展春节蔬菜保价行动

9.5.2 公共关系促销的方式

1. 交际性公共关系促销方式

交际性公共关系促销方式是以人际交往为主的实用性方式，具有直接性、灵活性的特点。尤其是通过浓厚的人情味和人际交往与公众保持联系，成为不少食品企业和企业家的成功之道。

2. 服务性公共关系促销方式

服务性公共关系促销方式是食品企业在为消费者提供优质产品的同时，提供优质服务，树立自身的知名度和消费者的信任感，从而招徕更多的消费者。

3. 社会性公共关系促销方式

社会性公共关系促销方式是通过各种有组织的社会性、公益性、赞助性活动来体现企业对社会进步和发展的责任。同时，通过在公众中增加非经济因素的美誉度来展示良好形象，促进食品企业的营销。

4. 征询性公共关系促销方式

征询性公共关系促销方式主要通过采集信息、调查、民意测验等形式，既收集公众的意见、建议、愿望等，又借此向公众传播食品企业的营销信息，扩大食品企业的知名度，为食品企业的营销活动提供便利。

5. 同化性公共关系促销方式

同化性公共关系促销方式由于能超然于各种利益纠纷甚至冲突之上，因此在激烈的市场竞争中显得技高一筹。例如，有些超市的经理为在本店买不到合适产品的消费者介绍其他超市的产品，使消费者对该超市留下良好的印象。

6. 情感性公共关系促销方式

情感性公共关系促销方式由于直接从消费者的情感和心理需求出发，具有很大的感染力和渗透力。

守正创新

白象爆红的背后

1. 白象的爆点

（1）冬残奥会正当时。2022 年 3 月 6 日，白象登上微博热搜榜第四位。相关微博视频显示，白象独立运营，积极帮扶残疾人，在经营困难时依然肩负企业的责任与担当。

（2）土坑酸菜事件。针对"3·15"晚会曝光的康师傅酸菜事件，白象食品在微博发文称："白象食品与插旗菜业从未有过合作，感谢大家的关心。25年坚守品质，白象始终如一。"

2. 翻红的必然性

白象的爆红源于其良好的口碑、经得起考验的产品质量以及爱国担当的企业文化等。其中，尤为引人注意的是白象优秀的公关策略。

（1）利用共情效应。白象因帮扶残疾人以及在土坑酸菜事件中的表现，与公众产生了强烈的共情效应。

（2）利用首因效应。白象通过这两次公关事件，在公众心中留下了爱国企业、良心企业的深刻印象。这种印象甚至影响了大众对白象产品口味的评价。

（3）利用移情效应。大众对关爱残疾人和维护国家利益的情感不会随着时间而淡化，反而会越发深刻。这是因为残疾人的弱势群体地位始终存在，爱国更是中国人永恒的课题。白象在这两个方面的出色表现，使其在某种程度上成为了榜样和英雄。消费者购买白象产品，就好像是在帮助残疾人、爱护国家，从而获得自豪感与成就感。这种情感上的"爱屋及乌"，不仅是大众对白象的善意表达，也是社会对白象良知与善意的回馈。

（4）拥有公关意识。白象具有强烈的品牌形象意识，无论是在品牌火热还是低调时期，都积极塑造爱国企业、爱心企业的形象。白象具有公众意识，面对公众的问题能够及时回应，在品牌翻红后真诚感恩公众。白象还具有高度的责任意识，积极承担企业的社会责任。正因如此，不少网友表示，买鞋就买鸿星尔克，买方便面就买白象。

（5）特色广告设计。白象采用的文案及配图均为国风类型，一方面发挥了古韵之美，契合国货的性质，迎合了消费者对国潮的追求；另一方面进一步增强了企业的文化底蕴，提升了企业形象。

资料来源：微信公众号"公关播报"，2022-05-07。

7. 心理性公共关系促销方式

心理性公共关系促销方式通过打破固有思维定式和心理定式，使公众产生异乎寻常的感觉和印象，从而格外关注食品企业和产品，进而引发购买欲望。

8. 开拓性公共关系促销方式

开拓性公共关系促销方式是食品企业在初创时期采用的方式，是指借助大众媒体的异乎寻常的迅速传播，使企业形象和产品形象在公众中迅速定位，较快地打开营销局面。

9. 矫正性公共关系促销方式

当食品企业形象受到损害时，为了校正受到歪曲的企业形象、消除公众的误解，需要采用矫正性公共关系。矫正性公共关系促销方式是指及时发现问题，积极采取有效措施，纠正错误，改善不良形象，以真诚的解释和负责的态度赢得公众的理解，最终获得消费者的认可。运用矫正性公共关系促销方式的关键在于实事求是、以诚待人、不隐瞒、不欺骗，努力在组织和公众之间架起信任的桥梁。

中国式营销

巴奴火锅成就危机公关成典范

"巴奴子品牌超岛门店羊肉卷掺鸭肉"的问题，最初由网络博主曝光，随后市场监督局介入调查。在网络舆论的广泛关注中，巴奴子品牌被证实确实存在食品用料缺斤少两的问题。针对网络博主反馈的关于巴奴子品牌超岛门店羊肉卷成分的问题，巴奴火锅迅速了解事件真相，并发布声明称："如果最终结果属实，巴奴集团将绝对追查到底，绝不姑息。"不仅如此，巴奴火锅还邀请网络舆论领袖亲临一线调查，感受巴奴火锅的食品采购流程，并欢迎媒体对"网络大V探访巴奴供应链"活动进行全程监督报道。这一系列操作，即便最终结果证实确实存在掺假行为，其处理危机的真诚态度也已经预先赢得了部分消费者的心。

为了解决"羊肉卷掺鸭肉"的危机，巴奴火锅做出了如下努力：

第一，始终坚持舆论公开。危机爆发后，巴奴火锅主动要求超岛门店将羊肉卷送检。当检测报告结果显示"羊肉卷确实含有鸭肉成分"时，巴奴火锅第一时间在社交媒体上发布公告，不仅公布了真实结果，也承认了自身存在的不可推卸的责任和过错。

第二，迅速、果断地研究应对措施。巴奴火锅直接宣布拿出835.4万元赔偿消费者。凡在超岛门店消费的客户，可凭支付凭证，每人领取1 000元赔偿金。

对于任何一家食品企业而言，巴奴火锅的做法无疑是危机公关的"教科书"典范。巴奴火锅公关团队展现了"审时度势""与时俱进"的素质，他们精准把握新媒体传播形式的新变化，并巧妙利用网络舆论，将原本可能导致危机的舆论监督转化为机遇。

资料来源：微信公众号"夏日之阳新传考研"，2023-09-12。

9.5.3 公共关系促销的操作程序

公共关系促销的操作程序如图9-8所示。

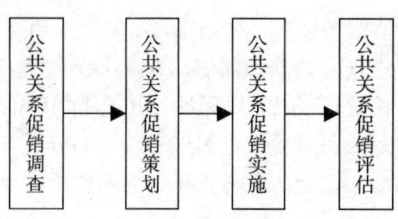

图9-8 公共关系促销的操作程序

1. 公共关系促销调查

公共关系促销调查是运用科学的方法，通过收集必要的资料，综合分析各种因素及其相互关系，以掌握实际信息、了解和考察组织的公共关系状态、解决组织面临问题的一种实践活动。

（1）调查内容：包括对公共关系的主体——组织情况的调查，对公共关系的客体——公众意见的调查，以及与公共关系主客体密切相关的社会环境的调查。

（2）调查方法：包括抽样调查法、问卷调查法、访谈调查法、实地观察法和文献调查法等。

（3）调查程序：包括确定调查课题、把握调查对象、制订调查方案、开展实地调查和调查结果处理。

（4）调查报告：以文字和图表的形式系统、集中、规范地反映整个调查工作的结果，其主要部分包括标题、导语、主体和结尾。

> **营销视角**
>
> **食品企业处理危机公关的四要诀**
>
> 第一，主动承认错误比解释更加有效，危机触发的时候，解释等于狡辩，事实会被理解为歪理。

第二，主动放低身段比高高在上更加有效。
第三，主动承担责任比推诿更加有效。
第四，主动透明流程比规避更加有效，看得越清楚，就会越少猜疑。
食品企业出现公关危机是不可避免的，要想将事情处理得更好，成立专门的危机公关团队建立应急预案，做到"有备"才能"无患"。

资料来源：微信公众号"餐饮管理培训联盟"，2023-03-04。

2. 公共关系促销策划

公共关系促销策划主要探讨如何在调查研究的基础上对公共关系促销活动进行谋划和策略制定，制订方案，为公共关系促销活动的实施和评估提供依据。

（1）策划过程：包括信息分析、确定目标、设计主题、分析公众、选择媒介、经费预算和评估方案。

（2）策划方法：可归结为如何运用"时""势""术"。"时"包括审时、借时；"势"包括度势、运势、造势；"术"包括择术。

3. 公共关系促销实施

公共关系促销实施是指在公共关系促销活动策划方案被采纳之后，将方案所确定的内容转化为公共关系促销实践的过程。公共关系促销实施的控制方法主要是反馈控制法，具体包括事前控制、事中控制和事后控制。

4. 公共关系促销评估

公共关系促销评估是指依据特定的标准，对公共关系促销策划方案、实施过程及效果进行检验、评价和估计。通过对公共关系促销效果的分析评估，肯定工作成绩，找出实施效果与目标之间的差距，适时调整公共关系促销目标和策划方案，以保证公共关系促销活动的持续、有效开展。

公共关系促销评估主要是对公共关系促销过程进行总结和分析，确定公共关系促销活动的最终结果，评估公共关系促销计划和活动实施的各种效果，为调整下一步公共关系促销目标和制订公共关系促销计划提供翔实的资料。

项目案例分析

思念食品公司多种促销策略互动

策略一：多渠道互动造势，用一道美味勾起万种思念

第一，节日热点。思念食品官方微博发起话题互动。例如在端午节，发起"端午鲜记忆"话题互动，掀起一波回忆热潮。

第二，联动大V为活动造势。联合@同程酒店、@白象食品、@你好植物、@舒达床垫等知名品牌发布思念食品的端午福利活动，为活动增添声势。

第三，联合知名KOL发布创意视频。在短视频平台，联合@生活Vista、@life一小口等视频博主发布创意广告视频，触达不同圈层的消费者。

策略二：聚焦家庭亲子关系，精准触达目标消费群体

思念食品推出的产品TVC（商业电视广告）凸显了品牌一直以来所关注的家庭亲子关系。短片以孩子对爸爸的发问为切入点，引出爸爸对好吃的粽子的讨论。在给出答案的过程中，思念食品通过一场对微观食材世界的探索，展示了好粽子的讲究。

策略三：通过冠名、植入、创意营销等多种方式屡次打造爆点

自2013年起，思念食品通过冠名和植入《爸爸去哪儿》《中国达人秀》《笑傲江湖》等热

门节目，提高品牌曝光率。2019年出品纪录式微综艺《思念物语》，2022年参与《打开生活的正确方式》，2023年参与《我的人间烟火》，打造产品与品牌的情感双向链接。

策略四：发布企业刊物，传达企业精神，宣传企业文化

通过发布企业刊物，向公众传达企业的事实、精神和文化，增强品牌认同感。

策略五：异业合作

通过与不同行业的品牌或企业合作，拓展市场渠道，提升品牌影响力。

策略六：积极参加各大展会及论坛

通过参加行业展会和论坛，展示产品，提升品牌知名度，与行业内外的专家和同行交流，获取最新市场信息。

策略七：节日折扣

在节日期间推出折扣优惠，吸引消费者购买，提升产品销量。

策略八：积极参与公益事业，塑造大爱的企业形象

通过参与公益活动，展现企业的社会责任感，塑造大爱的企业形象，增强公众对品牌的信任和好感。

资料来源：微信公众号"品牌泰斗小青青"，2024-01-29。

➡ 辩证性思考：

思念食品公司多种促销策略给你带来什么启发？

项目检测

营销知识培养规格检测

1. 什么是促销？促销主要有哪些类型？
2. 什么是促销组合？常用的四种促销策略各有什么特点及优缺点？
3. 影响食品市场营销促销组合选择的因素主要有哪些？
4. 什么是产品利益？简述推销产品利益的操作程序。
5. 简述人员推销促销的操作程序。
6. 简述食品广告促销的操作程序。
7. 线下营业推广的策略有哪些？
8. 线上营业推广的策略有哪些？
9. 线上线下一体化营业推广的策略有哪些？
10. 公共关系促销的方式主要有哪些？
11. 简述公共关系促销的操作程序。

营销能力培养规格检测和营销素养培育规格检测

实践项目9　制订××食品企业促销策略方案

项目实践目的：运用促销策略分析的理论和方法，对××食品企业促销现状进行分析，探讨食品企业线上线下一体化促销的途径和方法。培养学生运用促销策略的理论与方法分析问题的能力。撰写食品企业促销策略方案。同时强化培养学生促销活动中增进文化自信和遵守规范促销行为法律法规的观念。

项目检测考核：由班级学习委员组织分团队对××食品企业促销策略方案进行宣讲、讨论、答辩，指导教师进行评价。由各团队队长和指导教师对方案及团队文化自信，以及提高遵守规范促销行为法律法规的认知进行综合评判打分，考核成绩分为优秀、良好、及格。

第 4 模块

管生意（管理食品生意）
——管理食品消费需求

思维导图

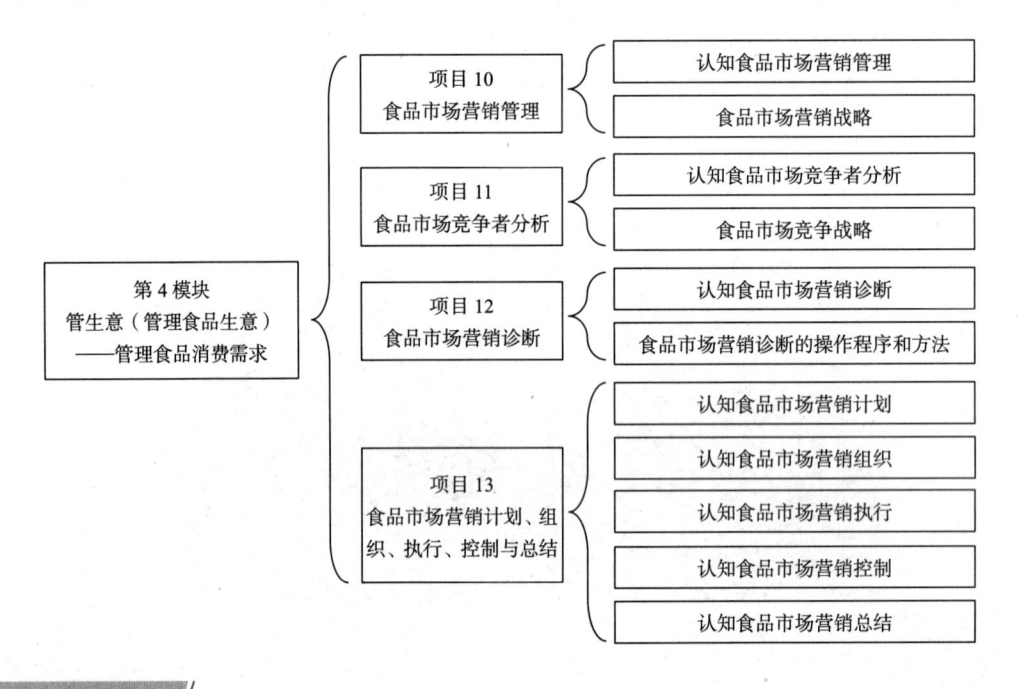

- 第4模块 管生意（管理食品生意）——管理食品消费需求
  - 项目10 食品市场营销管理
    - 认知食品市场营销管理
    - 食品市场营销战略
  - 项目11 食品市场竞争者分析
    - 认知食品市场竞争者分析
    - 食品市场竞争战略
  - 项目12 食品市场营销诊断
    - 认知食品市场营销诊断
    - 食品市场营销诊断的操作程序和方法
  - 项目13 食品市场营销计划、组织、执行、控制与总结
    - 认知食品市场营销计划
    - 认知食品市场营销组织
    - 认知食品市场营销执行
    - 认知食品市场营销控制
    - 认知食品市场营销总结

学习情境导入

食品企业解决了如何经营食品生意——满足食品消费需求之后，便进入了食品市场营销活动的第四个环节：如何管理食品生意——管理食品消费需求。食品市场营销管理是科学组织食品企业全部资源以满足食品消费需求的过程。在市场营销战略的指导下，食品企业需要对其市场营销活动进行诊断、计划、组织、执行、控制和总结，从而提高食品市场营销效率，实现企业的市场营销目标，推动食品企业从小到大、由弱到强地发展壮大。

那么，如何管生意（管理食品生意）——管理食品消费需求呢？

教师指导

食品市场营销管理的任务是调整市场需求水平、需求时间和需求特点，使供求相互协调，实现互利的交换，达成食品企业的市场营销目标。因此，现代市场营销管理实质上是对消费需求的管理，食品市场营销管理是科学组织食品企业全部资源以满足消费需求的过程。食品市场营销管理首先需要制定食品市场营销战略。食品市场营销战略的制定是一个动态过程，需要分析市场机会，把握市场需求，研究自身的优势与劣势，合理配置和利用资源，并从时间、整体和过程上对食品市场营销活动进行规划与管理，制定和实施食品企业的市场营销战略与竞争战略。食品企业确立市场营销战略后，通过市场营销诊断分析，制订食品市场营销计划，将其转化为一套具体行动，然后进入食品市场营销的组织、执行、控制与总结环节，以实现食品市场营销战略目标。食品市场营销管理的五个环节相互联系、相互制约。

重点掌握食品市场营销诊断、计划、组织、执行、控制和总结的内容、操作程序与方法，具备

第4模块　管生意（管理食品生意）——管理食品消费需求

综合运用诊断、计划、组织、执行、控制和总结进行食品市场营销管理的能力。

从事食品市场营销的职业者在学习满足食品消费需求理论的同时，应遵守公平竞争法律法规，维护消费者权益，自觉营造一个公平、透明、可预期的市场环境。需要强化诚信文化教育，以诚信打造质量、铸造品牌；强化"坚定文化自信，承担文化使命"的理念，用中国道理总结中国经验，将中国经验提升为中国理论；强化团队合作精神和奉献精神的培育，培养营销者的先进管理理念，提高数据分析、诊断、计划、组织、执行、控制和总结的能力。

在学习管理食品消费需求理论的过程中，应积极参与校企合作工学结合实践项目，主动完成"制订××食品企业全渠道市场营销方案"校企合作工学结合实践项目10、11、12、13、14。通过"理论学习场景课堂、企业实践场景课堂、市场实践场景课堂、线上拓展场景课堂和成果展示（竞赛）场景课堂"，加强学习力、分析力、解决力、执行力、控制力、创新力和总结力的培养，以及营销者职业素养的培育。

第4模块学习与实践任务完成后，食品市场营销进入最后的综合分析应用考核（竞赛）阶段。每个团队在完成13个实践项目后，运用食品市场营销的理论和方法，对13个单项营销方案进行综合、归纳、修订和完善，形成项目14"××食品企业全渠道市场营销方案"。在"××食品企业全渠道市场营销方案研讨（竞赛）会"上进行宣讲、交流、讨论和答辩，由指导教师进行评价。各团队队长和指导教师（评委）负责评判打分，考核成绩分为优秀、良好、及格。评选出优秀的"××食品企业全渠道市场营销方案"，参加省级、国家级技能竞赛，并推荐给校企合作的××食品企业参考，为优秀学生提供就业机会，密切产学关系。实践成绩考核由"个人平时成绩+团队中个人表现+团队合作成果"三个部分构成。

项目 10

食品市场营销管理

思维导图

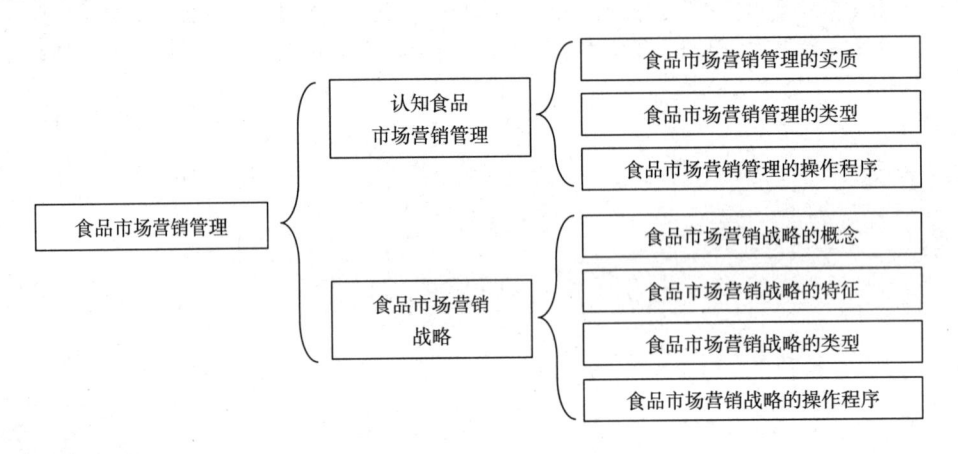

食品市场营销管理
- 认知食品市场营销管理
  - 食品市场营销管理的实质
  - 食品市场营销管理的类型
  - 食品市场营销管理的操作程序
- 食品市场营销战略
  - 食品市场营销战略的概念
  - 食品市场营销战略的特征
  - 食品市场营销战略的类型
  - 食品市场营销战略的操作程序

项目培养规格

营销素养培育规格

树立"树立大食物观,发展设施农业,构建多元化食物供给体系"的理念;践行新质销售生产力,提升企业的销售绩效和市场竞争力;强化营销者应具备的团队合作精神和奉献精神,培育其先进管理理念,提升营销管理能力。

营销知识培养规格

掌握食品市场营销管理的实质、类型及其操作程序;明确食品市场营销战略管理的概念、特征、类型及其操作程序。

营销能力培养规格

培养能够运用食品市场营销管理的理论与方法,正确分析食品企业市场营销管理的现状,发现其中存在的问题,提出针对性的调整建议,并制订食品企业市场营销管理分析方案的能力。

> **项目导入案例**
>
> **椰树"土欲"直播**
>
> 椰树品牌在其抖音官方账号上，以丰满女主播穿着紧身衣跳舞带货为主要营销方式，这种风格被称为"土欲风"直播。尽管该品牌面临着诸多争议与罚款，但椰树依然坚持保持"土味"品牌特色，并声称"坚持自身品牌审美"。今年3月，椰树直播间推出男主播，其穿着紧身背心或黑色透视装，并开设了两个账号。虽然这一行为被戏称为"椰树平等地物化每一种性别"，但越来越多的人开始接受椰树的"土欲直播"。
>
> 资料来源：CNAD广告网资讯，2023-12-12。
>
> ➡ **辩证性思考：**
>
> 谈谈你对椰树"土欲"风格直播营销的看法。

任务1　认知食品市场营销管理

10.1.1　食品市场营销管理的实质

食品市场营销管理是指在食品企业市场营销战略的指导下，通过分析、计划、执行、控制和总结，谋求创造、建立及保持食品企业与目标消费群之间互利的交换，以实现食品企业营销战略的目标。食品市场营销管理的过程实质上是"需求管理"的过程。其任务是调整市场的需求水平、需求时间和需求特点，使供求之间相互协调，实现互利的交换，从而达到企业的市场营销目标。营销管理者的职责不仅是刺激和扩大需求，还包括调整、缩减和抵制需求，具体取决于需求的实际情况。

> **营销者素养**
>
> **团队合作精神**
>
> 团队是指为了实现某一目标而相互协作的个体所组成的正式群体。团队合理利用每个成员的知识和技能协同工作，解决问题，以达到共同的目标。团队精神是大局意识、协作精神和服务精神的集中体现。
>
> 第一，团队合作的重要性。一个人若想成功，要么组建一个团队，要么加入一个团队。在这个瞬息万变的世界里，单打独斗者，路只会越走越窄。不要将自己困在一个小角落里。用梦想组建一个团队，用团队实现一个梦想。
>
> 第二，团队合作精神的构成要素。团队合作精神的基础——挥洒个性；团队合作精神的核心——协同合作；团队合作精神的最高境界——团结一致；团队合作精神的外在形式——奉献精神。
>
> 第三，团队合作精神的修炼。不做团队里的"烂苹果"；顾全大局，把团队利益放在第一位；改变、适应——融入团队的最佳方式；为团队注入激情；远离团队的"负能量"。
>
> 资料来源：刘厚钧，《职业素养特别修炼》，同济大学出版社，2019。

10.1.2　食品市场营销管理的类型

不同的食品需求状况决定了不同的食品市场营销任务。根据食品需求状况和食品市场营销任务的不同，食品市场营销管理可分为八种类型，如表10-1所示。

表10-1 食品市场营销管理的类型、需求状况和任务

类　　型	需求状况	营销任务
扭转性	负需求	扭转需求
刺激性	无需求	刺激需求
开发性	潜在需求	实现需求
恢复性	需求衰退	恢复需求
同步性	不规则需求	调节需求
维护性	饱和需求	维持需求
限制性	过剩需求	限制需求
抵制性	有害需求	抵制需求

1. 扭转性食品市场营销管理

扭转性食品市场营销是针对负需求实施的。负需求是指全部或大部分潜在消费者对某种产品或服务不仅没有需求，甚至厌恶。例如，素食主义者对所有肉类有负需求。针对这类情况，扭转性食品市场营销管理的任务是扭转人们的抵制态度，使负需求变为正需求。营销者必须首先了解这种负需求产生的原因，然后对症下药，采取适当的措施来扭转。

二维码链接10-1
红牛能量饮料的营销策略

2. 刺激性食品市场营销管理

刺激性食品市场营销是在无需求的情况下实施的。无需求是指市场对某种产品或服务既无负需求也无正需求，只是漠不关心，没有兴趣。无需求通常是因消费者对新产品或新的服务项目不了解而没有需求，或者是非生活必需品等，食品消费者在没有见到时也不会产生需求。因此，刺激性食品市场营销管理的任务是设法引起食品消费者的兴趣，刺激需求，使无需求逐步变成有需求。

3. 开发性食品市场营销管理

开发性食品市场营销是与潜在食品需求相联系的。潜在需求是指多数消费者对现实市场上还不存在的某产品或服务的强烈需求。因此，开发性食品市场营销管理的任务是努力开发新产品，设法提供能满足潜在食品需求的产品或服务，将潜在食品需求变成现实需求，以获得极大的市场占有率。近年来，国家减糖政策的助推以及消费者健康意识的觉醒，推动了我国无糖饮料的开发并使其迅速崛起。图10-1显示，2019—2023年中国无糖饮料市场规模从80.3亿元增长到173.4亿元，成为软饮料行业的新增长点。

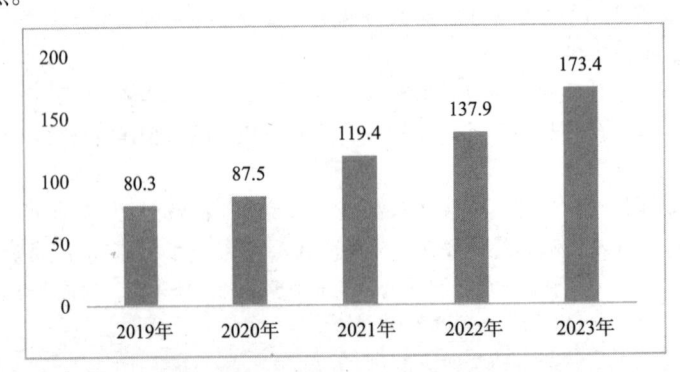

年份	市场规模（亿元）
2019年	80.3
2020年	87.5
2021年	119.4
2022年	137.9
2023年	173.4

图10-1　2019—2023年中国无糖饮料市场规模（单位：亿元）

资料来源：前瞻产业研究院《2024年中国中式养生水行业发展趋势洞察报告》。

中国式营销

白象食品：紧跟时代潮流持续创新，为消费者提供高品质产品

白象食品通过对市场的缜密研究和调查，精准发现当时消费者认为方便面缺乏营养这一"痛点"，决定以此为切入点，打造具有代表性的产品。2003年，白象食品洞察到消费者对骨汤的营养诉求，凭借对汤品的深刻理解和对健康、营养的不懈追求，率先开发出国内首款骨汤方便面产品，成为中国乃至全球营养型方便面成功开发和技术突破的重要里程碑。该产品一经推出，便在市场上供不应求。白象食品随即展开全国的生产、加工和销售布局，山东、湖南、河北、南京、吉林等地的分公司纷纷投产。

继"大骨面""珍骨汤"等多款经典汤系列产品成功上市之后，白象食品于2018年重磅推出"汤好喝"系列产品。该系列产品通过模仿"家庭炖煮工艺"，创新采用三段萃取和低温真空浓缩工艺，经过6道工序和6小时慢熬，使产品兼具营养美味与自然健康。

资料来源：微信公众号"美食·食材·搭配"，2021-02-03。

4. 恢复性食品市场营销管理

恢复性食品市场营销管理的任务是设法使已衰退的需求重新兴起，使人们对已经冷淡下去的兴趣得以恢复。实施恢复性食品市场营销的前提是处于衰退期的产品或服务存在进入新的生命周期的可能性，否则将徒劳无功。

5. 同步性食品市场营销管理

许多产品和服务的需求是不规则的，即在不同时间、不同季节其需求量不同，因而与供给量不协调。例如，茶饮和烧烤等食品均存在这种情况。对此，同步性食品市场营销管理的任务是设法调节需求与供给的矛盾，使二者达到协调同步。

6. 维护性食品市场营销管理

在需求饱和的情况下，应实施维护性食品市场营销。饱和需求是指当前的食品需求在数量和时间上与预期食品需求已达到一致。此时，维护性食品市场营销管理的任务是设法维护现有的销售水平，防止出现下降趋势。主要策略包括培养忠诚客户、保持合理的售价、稳定推销人员和代理商、严格控制成本费用等。

守正创新

五芳斋：坚守初心，永葆匠心

2019年起，五芳斋全面启动"糯+"战略，以守护和创新中华美食为使命，致力于打造以糯米食品为核心的中华节令食品领导品牌。立足端午、中秋、春节等传统节日，五芳斋推广了月饼、糕点、蛋品、米制品、卤味、休闲食品等产品体系，并整合国内优质传统食品供应商形成产业联盟，成功将原本的季节性销售转变为常态化销售。

五芳斋一方面启动品牌年轻化战略，另一方面用自己的方式延续国潮文化。例如，与钟薛高合作推出粽子味冰淇淋，与王者荣耀联名推出五款不同口味的"回血粽子"，联合天猫超级品牌日推出"外来物粽"等创新产品。如今，五芳斋粽子产品库内已储备超过400种不同品种规格的产品。同时，为了更好地传承中华节令文化，五芳斋以糯米为主线，围绕中华节令场景，打造高价值产品线，并开设节令直播间，为消费者带来新颖潮流的线上购物体验。

资料来源：中共浙江省委统战部，浙商之家，2023-09-27。

7. 限制性食品市场营销管理

当某产品或服务的需求过剩时，应实施限制性食品市场营销管理。例如，某些高档餐厅在节假日期间利用消费者心理，将某些菜品价格调高，以减少餐厅压力，这种营销方式即为限制性食品市场营销。限制性食品市场营销管理的任务是长期或暂时地限制市场对某种产品或服务的需求，通常可采取提高价格、减少服务项目和供应网点、劝导节约等措施。实施这些措施可能会遭到反对，营销者应有思想准备。

8. 抵制性食品市场营销管理

抵制性食品市场营销是针对有害食品需求实施的。有些产品或服务对食品消费者、社会公众或供应者有害无益，对这种产品或服务的需求就是有害需求。抵制性食品市场营销管理的任务是抵制和清除这种需求，实施抵制性食品市场营销或禁售。例如，对假冒伪劣食品、受污染的食品等，必须采取抵制措施。根据《2024年中国食品消费趋势白皮书》公布的结果，当前消费者更愿意考虑安全、健康、美味的食品，并理性抵制不健康食品（见图10-2）。

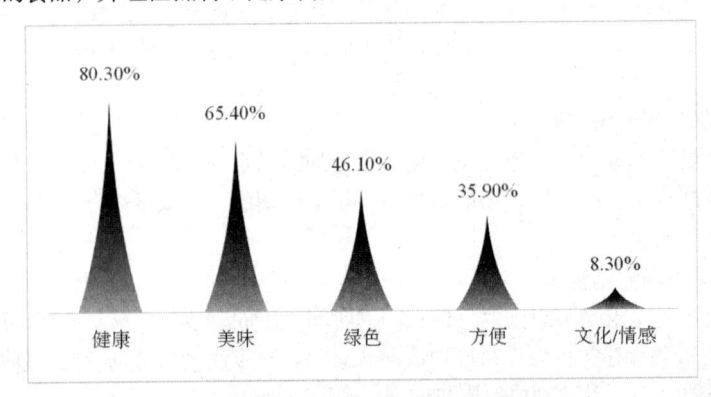

因素	比例
健康	80.30%
美味	65.40%
绿色	46.10%
方便	35.90%
文化/情感	8.30%

图 10-2　消费者购买食品时的主要考虑因素

资料来源：中粮营养健康研究院对32城3 500名消费者的调研。

思政教育

践行新质销售生产力

新质销售生产力是指通过优化销售流程、提升销售效率和质量，以及实现销售创新和客户体验的方式，来提高企业的销售绩效和市场竞争力。

随着移动网络技术、数字技术、AI技术的发展，新质销售生产力的特点如下：

- 更注重客户体验，强调以客户为中心，提升客户满意度和忠诚度。
- 强调数字化转型，借助数字技术和数据分析，优化销售流程和决策。
- 突出团队协作，强调销售团队之间的协作和合作，实现销售目标的共同达成。
- 注重销售创新，不断探索新的销售模式和策略，提升销售业绩和市场份额。

打造新质销售生产力的价值与意义在于：

- 提升企业销售绩效和市场竞争力，实现销售业绩的持续增长。
- 改善客户体验，提高客户满意度和忠诚度，促进业务增长和客户留存。
- 推动企业数字化转型，提高销售效率和质量，适应市场变化。
- 增强团队合作和协作能力，提升销售团队整体绩效和士气。

资料来源：老板管企业，2024-03-13。

10.1.3 食品市场营销管理的操作程序

食品市场营销管理的操作程序如图 10-3 所示。

分析市场营销机会 → 选择目标市场 → 设计食品市场营销组合 → 管理食品市场营销活动

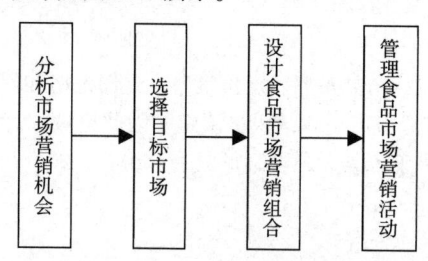

图 10-3　食品市场营销管理的操作程序

1. 分析市场营销机会

食品企业寻找新的市场机会，需要认真研究企业面临的宏观环境和竞争者状况，分析食品消费者市场。寻找新的市场机会的途径包括市场渗透、市场开发、产品开发和多种经营。从 2019—2023 年社会消费品零售总额及增速来看（见图 10-4），我国社会消费品零售总额虽呈现上下波动趋势，但总体呈上升趋势。目前，我国食品消费仍有较大发展空间，因此食品市场营销机会较大。

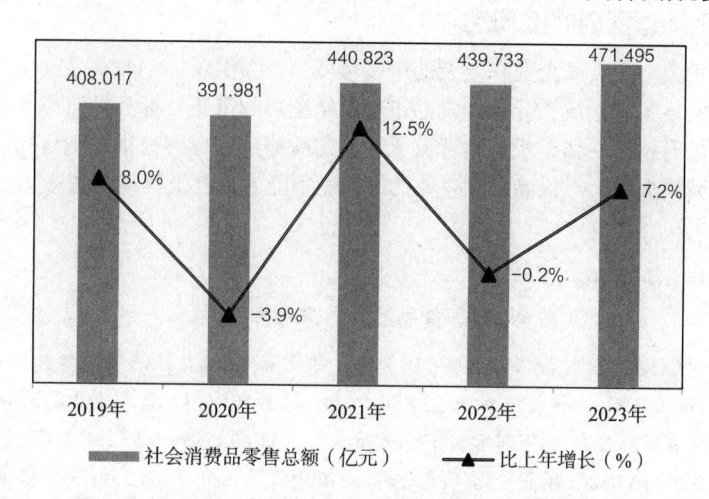

年份	社会消费品零售总额（亿元）	比上年增长（%）
2019年	408.017	8.0%
2020年	391.981	−3.9%
2021年	440.823	12.5%
2022年	439.733	−0.2%
2023年	471.495	7.2%

图 10-4　2019—2023 年社会消费品零售总额及增速

资料来源：《2024 年中国食品消费趋势白皮书》。

2. 选择目标市场

（1）需求测定和预测。需求测定是估测某一产品市场实际存在的需求量和所有经营者拥有的销售量，以确定现有市场的规模；或者根据影响某一产品市场的因素和发展趋势，对未来需求量进行预测。

（2）市场细分。若测量结果表明某产品具有较好的发展前景，食品企业需要考虑如何进入该产品市场。在每一个细分市场中，消费者对产品的性能、特色等具有类似需求，而在不同细分市场之间，消费者需求则存在较大差异。

（3）确定目标市场。市场细分是食品企业确定目标市场的前提。企业需要选择适合自身经营目标和资源条件的细分市场作为目标市场。许多食品企业通常先为一个或少数几个细分市场服务，取得成功后再逐步增加细分市场。

（4）市场定位。在确定目标市场的基础上，食品企业为满足目标市场消费者的需求，需要进行市场定位。所谓市场定位，是指食品企业通过市场调查和实际努力，为某一种产品在消费者心目中树立起一个明显区别于其他竞争者产品的、符合其需求和愿望的地位，进而为食品企业树立良好的市场形象。

3. 设计食品市场营销组合

食品市场营销组合的内容包括产品策略、定价策略、分销策略和促销策略，简称4P组合。这四个策略的组合通常由市场营销人员决定，因此也被称为可控变量。其中每一个策略都包含许多相关决策因素，各自又形成一个组合，如产品组合、定价组合、分销组合和促销组合。

4. 管理食品市场营销活动

管理食品市场营销活动包括制订食品市场营销计划、执行、控制和总结。这是整个食品市场营销管理过程的关键步骤。食品企业制订市场营销计划并非纸上谈兵，而是为了指导企业的市场营销活动，实现企业的战略任务和目标。

二维码链接10-2 以元气森林为例，来看市场营销组合4P怎么做

任务2　食品市场营销战略

10.2.1　食品市场营销战略的概念

食品市场营销战略是食品企业在复杂的市场环境中，为实现特定的食品市场营销目标而设计的长期、稳定的行动方案，形成指导企业食品市场营销全局的奋斗目标和经营方针。食品市场营销战略是目标和手段的有机统一体，没有目标就无从制定战略，没有战略措施则目标也不可能实现。正确制定食品市场营销战略，对提高食品企业的市场竞争能力具有极其重要的意义。

> **营销思考**
>
> **中国食品消费需求稳步回升**
>
> 2023年全年，居民消费价格指数（CPI）比上年上涨0.2%。按消费类型分，商品零售总额为418 605亿元，增长5.8%；餐饮收入为52 890亿元，增长20.4%。基本生活类商品销售稳定增长，其中粮油、食品类商品零售额分别增长12.9%和5.2%。食品烟酒价格上涨0.3%。在食品烟酒价格中，猪肉价格下降13.6%，鲜菜价格下降2.6%，粮食价格上涨1.0%，鲜果价格上涨4.9%。总体来看，2023年我国顶住外部压力、克服内部困难，国民经济回升向好，高质量发展扎实推进，主要预期目标圆满实现，全面建设社会主义现代化国家迈出坚实步伐。
>
> 资料来源：国家统计局，2024-01-17。

10.2.2　食品市场营销战略的特征

1. 全局性

食品市场营销战略以食品企业全局和营销活动的发展规律为研究对象，是为指导整个食品企业营销整体发展全过程而制定的。它规定的是营销总体活动，追求的是食品企业营销总体效果，着眼点是营销总体的发展。全局性体现了营销战略的地位、重要性及范围。

2. 长远性

食品市场营销战略是对食品企业未来较长时期（一般为5年以上）营销发展或营销活动的谋划。它着眼于未来，在分析外部环境的不确定性和内部条件的适应性的基础上，谋求食品企业的长远发

展，关注的主要是食品企业的长远利益。其实质是高瞻远瞩、深谋远虑、立足长远、兼顾当前。

3. 纲领性

食品市场营销战略中所规定的战略目标、战略重点、战略对策等都属于方向性、原则性的内容，是食品企业营销发展的纲领，对食品企业具体的营销活动具有权威性的指导作用。营销战略是食品企业领导者对重大营销问题的决策，是食品企业营销发展过程的指路明灯。纲领性体现了营销战略的统帅作用。

4. 竞争性

食品市场营销战略指导食品企业如何在激烈的市场竞争中与竞争者抗衡，如何迎接来自各方面的冲击、压力、威胁和困难带来的挑战。竞争性体现了营销战略实施过程中的激烈竞争。

5. 应变性

食品市场营销战略应根据食品企业外部环境和内部条件的变化，适时加以调整，以适应变化。应变性体现了营销战略的灵活性，即适时地对营销战略进行适当的调整。

6. 相对稳定性

食品市场营销战略必须在一定时期内保持稳定性，才能在食品企业营销实践中具有指导意义。由于食品企业营销实践活动是一个动态过程，指导食品企业营销活动的战略也应是动态的，以适应外部环境的多变性。因此，企业食品市场营销战略的稳定性是相对的。稳定性体现了营销战略必须保持相对稳定，不能朝令夕改。

守正创新

三全食品市场营销战略深度洞察

三全商标在业内最早被认定为"中国驰名商标"。三全食品率先被授予"新中国成立70周年70品牌"荣誉，连续十年入选"中国500最具价值品牌"，彰显了其高品牌价值。2016—2020年，三全食品速冻食品营收呈现持续增长的发展态势。2016年，公司速冻食品营收为47.7亿元，到2020年已增长至68.4亿元，速冻食品营收首次突破68亿元。2021年，公司与河南春晚《唐宫夜宴》合作推出联名款汤圆，实现了历史文化与国潮品牌的碰撞。2022年，公司实现营业收入74.34亿元，比2021年的69.43亿元同比增长7.07%；实现净利润8.01亿元，比2021年的6.41亿元同比增长24.98%。

公司始终把满足消费者需求、为消费者提供高质量的多样化产品、加大市场占有率、提高行业地位以及提升企业运营质量作为主要战略目标。下一步，公司将紧紧围绕这一发展方针和目标，不断完善和深化渠道网络，推进品牌战略，加大新产品研发力度，强化食品安全监控，优化内部管理，提升生产效率，降低成本费用，不断提升市场竞争力和市场占有率，继续保持行业龙头地位。

资料来源：微信公众号"品牌泰斗小青青"，2024-01-30。

10.2.3 食品市场营销战略的类型

1. 稳定战略

稳定战略，又称防御型战略，是以保持原有的业务经营水平为主要目标的一种战略。食品企业通过详细分析市场环境和内部条件，如果发现业务增长面临困难，即使投入大量资金并对企业的各项资源进行有效配置，仍然难以找到与之相匹配的市场机会，则可采用这种战略，维持现有的业务经营水平或求得较少的增长。稳定战略包括两种基本类型：积极防御战略和消极防御战略。前者以积极态度积蓄力量，对抗竞争者的攻击；后者则一味回避竞争，力图维护企业现状。

2. 发展战略

发展战略是指食品企业在现有市场基础上开发新的目标市场的一种战略。当食品企业自身具有优势和增长潜力的产品或业务，并有意将这些产品或业务沿其发展链进行纵向、横向的延伸，通过对自身资源的有效配置实现企业经营水平的快速发展时，则可采用此战略。该战略适用于食品企业经济增长状况良好、发展稳定，或食品企业内部有良好的资源优势和适应性的情况。食品企业可供选择的发展战略包括密集性发展战略、一体化发展战略和多元化发展战略，具体分类如图10-5所示。

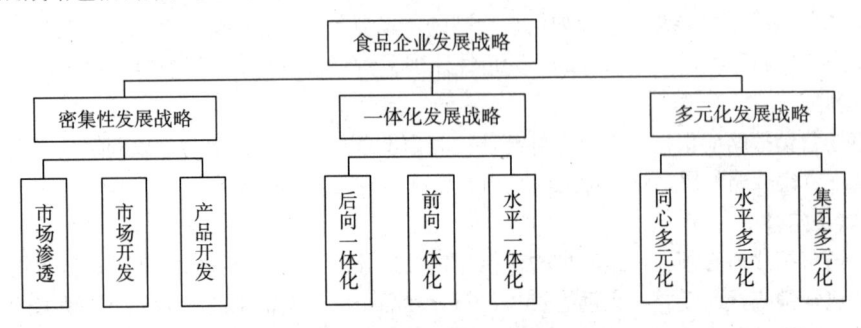

图10-5 食品企业发展战略的类型

（1）密集性发展战略。当食品企业现有的产品和市场还有发展潜力，且尚未完全开发出潜在产品和市场机会时，应采取密集性发展战略。这种战略包括以下三种类型：

① 市场渗透。即食品企业采取更积极的销售措施，在现有市场中增加现有产品的销售。具体形式包括：采取降价和增加销售网点等办法，促使现有消费者多购买本企业产品；加强促销活动或增加产品品种，吸引竞争者的消费者购买本企业产品；通过提供样品等活动，将产品卖给从未购买过本企业产品的消费者。

营销思考

史上最大规模降价，良品铺子背水一战

以高端化定位示人的良品铺子，宣布将实施17年来最大规模的降价，平均降幅22%，最高降幅45%。这一举措震惊了业界，也让外界窥见了零食行业的真实境遇。良品铺子围绕"降价不降质"这一原则，对300款产品进行降价，主要集中在成本优化但不影响品质以及复购率高的零食上。例如，坚果品类中的大开口夏威夷果（400g）降至29.9元/罐，香烤紫衣腰果（500g）会员价降至49.9元/罐，调价后的坚果产品降价幅度最高达40%。良品铺子甚至直接与山姆会员店进行对标，其经典猪肉脯价格为65元/斤，而山姆会员店同类产品售价为89元/斤。

管理人员表示："当前，消费人群和消费习惯都在发生变化。消费者认为我们'贵'的现实问题，也表明我们的产品价格需要更亲民。我们要和供应链伙伴一起，通过技术革新和数字化工具提升效率，降低成本，最终实现价格的亲民化。"

资料来源：腾讯新闻，2023-12-06。

---

② 市场开发。即食品企业采取各种措施，在新市场上扩大现有产品的销售。具体形式包括：扩大销售区域，从区域性销售扩大到全国性销售，或从国内销售扩大到国际市场销售；进入新的细分市场；根据消费者需求，增加产品的新设计、利用新的销售渠道和广告宣传，满足新市场未被满足的需求。

③ 产品开发。即食品企业在现有市场提供新产品或改进的产品，如增加食品品种、规格、口味等，以满足消费者需求，扩大销售。

（2）一体化发展战略。运用一体化发展战略的条件是食品企业所处的行业具有良好的发展前景，且企业在供、产、销等方面实行一体化能够提高发展效率，加强控制，扩大销售，增加利润，从而提升经济运行效率。具体包括以下三种类型：

① 后向一体化。即食品企业通过收买或合并原材料供应商，从向供应商购买原材料转变为自主生产原材料，实现供产联合。一些大型零售公司和连锁超市不仅设有中央采购配送中心，自行采购货物并集中供应其所属零售商店，实现批零一体化，还拥有许多工厂，自行生产所经营的商品，实现商工一体化。这种对供应系统的控制也是一种后向一体化。

② 前向一体化。即食品企业通过收购或合并批发商、零售商，实现产销联合，自产自销，完成产销一体化。一些经营原料或原材料的企业，通过向前延伸生产相应的产品，实现产业链的整合。

③ 水平一体化（也称横向一体化）。即食品企业通过收购、兼并同类型的竞争企业，或与其他同类型企业合资生产经营，扩大市场份额。例如，大型食品公司收购若干小型食品公司，实现规模经济。

食品企业实施一体化发展战略，需要符合一定条件，具体可参考表 10-2。

表 10-2　食品企业开展一体化战略的适用条件

类　　型	适用条件
后向一体化	• 食品企业所在行业处于快速发展阶段。 • 食品企业拥有强大的资金和人才团队。 • 食品企业能在较短时间内获得所需资源。 • 食品企业在原料方面具有优势，可通过自产原料保持价格稳定。 • 食品企业的竞争者多而供应商数量少、报价高，供应商无法满足企业的发展要求
前向一体化	• 中间商数量有限或报价过高，无法及时满足食品企业生产需求。前向一体化可帮助食品企业培养忠诚中间商，获得竞争优势。 • 食品企业拥有雄厚的人力和财力资源。 • 食品企业具有稳定的生产优势，前向一体化可帮助食品企业更好地预测产品未来需求，减少产量波动。 • 食品企业所在行业呈增长趋势，前向一体化可增强食品企业优势。 • 中间商通过销售企业产品可获得高额利润，企业产品在同行业具有竞争力
水平一体化	• 食品企业拥有雄厚的人力、财力资源。 • 食品企业处于增长态势的行业中，主动参与竞争。 • 食品企业的竞争者因缺乏专业管理人员或其他资源而陷入经营困境。 • 食品企业可在特定区域进行垄断行为，且不会被认定为影响其他竞争者。 • 水平一体化发展战略可为食品企业带来规模经济或经济效应，形成较大竞争优势

（3）多元化发展战略。多元化发展战略是指食品企业通过增加产品种类，实行跨行业生产经营多种产品和业务的一种战略。如果企业所在行业缺乏有利的市场机会，或存在其他更具吸引力的行业，企业可以考虑实施多元化发展战略。这种战略主要包括以下三种类型：

① 同心多元化。即以现有产品为中心向外扩展业务范围，利用现有的技术、特长和营销力量，逐渐开发与现有产品近似或同类的新产品，以吸引更多的新客户。这种多元化经营有利于发挥企业原有的技术优势，风险相对较小，较容易取得成功。

② 水平多元化。食品企业利用现有市场的优势，采用不同的技术开发新产品，增加产品的种类和品种，以满足不同客户的需求。

③ 集团多元化。食品企业通过收购、兼并其他行业的企业，或在其他行业进行投资，将业务扩展到其他行业中。新产品、新业务与企业现有的产品、技术、市场无直接联系，如食品企业经营金融业、旅馆、快餐等业务。

> **营销视角**
>
> **企业实施多元化发展战略的关键要素**
>
> 第一，严格的市场调研和分析。市场调研和分析是企业的"侦察员"，通过收集和分析各种信息，制定适合该市场的产品定位、定价策略、营销渠道和推广方式，从而增加市场份额，提高产品销量和盈利能力。
>
> 第二，强大的研发和创新能力。研发和创新是企业的"发明家和创造者"，负责开发新产品和改进现有产品，以满足不断变化的市场需求，实现推陈出新，引领市场潮流。
>
> 第三，优秀的人才队伍。优秀的人才是企业发展的核心资源。他们具备专业知识和技能，能够为企业创造价值，并在竞争中取得优势。因此，企业需要通过培养计划和培训机会来提升员工的能力和素质，使员工能够适应不同市场和业务领域的需求，更好地发挥自身作用。
>
> 第四，灵活的组织结构和管理体系。灵活的组织结构意味着企业可以根据不同的业务需求进行调整和优化。它不受传统层级和部门限制，而是以项目为导向，形成跨部门的协作机制，从而更好地集结各种资源，实现项目的高效执行。
>
> 第五，有效的风险管理和控制措施。多元化发展存在一定的风险，企业需要制定有效的风险管理和控制措施，确保风险可控，并降低不确定性对企业的影响。这包括制定明确的战略和目标、建立完善的内部控制体系、加强风险管理能力等。
>
> 资料来源：微信公众号"MBB 一点通"，2023-11-23。

3. 收割战略

收割战略，也称缩减战略，是一种以短期利润为目标的营销战略。该战略的决策者关注的不是某种产品或业务的长期发展，而是如何提高产品的短期投资收益率，以获取尽可能多的现金收入。企业采取这一战略的原因主要包括：现有产品或业务组合中某些部分的状况不佳，且已无发展潜力。企业通过大幅度减少投资，采用某些短期性的营销行为来获取短期利益，从而优化产品组合，促进企业的持续发展。

二维码链接 10-3 切割营销

4. 撤退战略

撤退战略是指企业将现有产品或业务从现有市场退出的一种战略。如果某项业务已经没有增长潜力，或者从事该业务会妨碍企业进一步增加利润，可以考虑采用这种战略。撤退战略通常有以下三种类型：

（1）临时性撤退。当产品销售不佳时，企业可暂时停止经营，待查明原因并对产品进行改进后，再重新生产并投放市场，争取赢得消费者的欢迎。

（2）转移性撤退。在某些情况下，产品在某一地区滞销，但在其他地区却十分畅销。此时，企业可从原市场退出，转向开发其他吸引力较强的新市场。此外，企业也可放弃原经营方向，转向生产经营其他范围的产品或业务，这也属于转移性撤退战略。

（3）彻底性撤退。针对处于衰退期的老产品，或刚上市但已表明"不对路"而过早夭折的新产品，企业可采取断然退出市场的战略。例如，雀巢公司因焦糖棒销量下降，停止在英国生产该产品，这一决定是基于生产不可行性而做出的艰难选择。

10.2.4 食品市场营销战略的操作程序

食品市场营销战略的操作程序如图 10-6 所示。

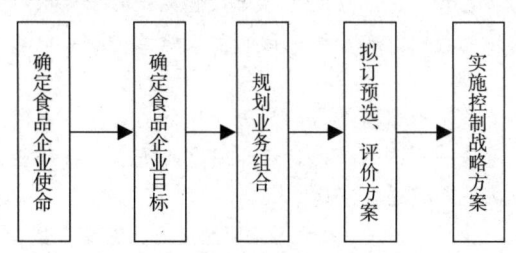

确定食品企业使命 → 确定食品企业目标 → 规划业务组合 → 拟订预选、评价方案 → 实施控制战略方案

图 10-6 食品市场营销战略的操作程序

1. 确定食品企业使命

食品企业使命反映的是企业的目的、特征和性质。企业需要对自身的核心问题进行深入思考和明确回答，例如，企业是做什么的、企业应成为怎样的组织、企业为客户创造的价值是什么、企业的业务范围是什么以及未来将如何发展等。这些问题的答案有助于明确食品企业的使命。

确定食品企业使命时，可参考以下因素：

（1）食品企业的历史与文化。每个食品企业都有其独特的历史和文化根基，包括企业过去的目的、政策、性质，以及公众形象和企业文化等。在确定食品企业使命时，需要充分考虑这些历史与文化因素，确保使命与企业的传统相契合，并注重历史与文化的延续性。

（2）食品企业出资者和上级主管的意图。食品企业的出资者和上级主管是实现企业战略目标的关键成员和相关利益方，他们的意图对企业的使命有重要影响。

（3）外部市场和环境的变化。市场环境是动态的，其变化会为食品企业带来新的机会或威胁。企业在考虑自身使命时，需要适应外部环境的变化。

（4）食品企业自身的禀赋资源条件。企业的禀赋资源条件，如资金、人才、技术等，约束了企业进入的业务领域。企业在确定使命时，需要充分考虑自身的资源条件，确保使命与资源相匹配，以实现可持续发展。

（5）食品企业自身的核心能力。核心能力是企业独有的竞争优势，是对手无法模仿的。企业在确定使命时，需要结合自身的核心能力，扬长避短，充分发挥优势。

（6）食品企业的活动领域。食品企业的活动领域需要明确说明企业在哪些方面有所作为，具体包括以下方面：

① 行业范围：企业已从事和将要从事的行业范围。一些企业专注于单一行业，而一些企业则涉足多个行业。

② 产品应用范围：企业产品可应用的领域或场合。

③ 能力范围：企业掌握和支配的技术及其他核心能力的领域。例如，中粮集团的使命是"为人类提供健康、安全、美味的食品"，体现了其在食品领域的全面布局。

> **守正创新**
>
> **半天妖烤鱼：不仅是一道美食，更是民俗文化的传承**
>
> 半天妖烤鱼的历史渊源可追溯至远古时期。当时，人类生活在自然环境中，烤鱼是一种最简单、最原始的烹饪方式。随着社会的进步，人们逐渐掌握了火的运用，开始尝试将鱼肉置于火上烤制。古代文献中也常有关于烤鱼的记载，如《诗经》中有"鼎火烹鲤"一诗，反映了古

人对烤鱼的烹饪方式。

随着烹饪技艺的不断提升，烤鱼逐渐成为一种独特的饮食文化，被视为美食中的珍馐。不同地区的烤鱼具有不同的特色和口味，反映了各地饮食文化的多样性。在中国，烤鱼既是一道家常菜，也是许多地方的特色美食，如川渝地区的重庆烤鱼、湘菜中的湖南烤鱼等，均享有盛名。

烤鱼的文化传承源远流长，承载着丰富的历史和民俗内涵。在中国传统文化中，鱼被视为吉祥的象征，烤鱼因而被看作一种能够带来好运和财富的美食。在一些传统节日和庆典中，人们常以烤鱼招待客人，祈求平安顺遂、家庭幸福。

资料来源：百度作者"半天妖"，2024-02-21。

④ 市场范围：食品企业所期望服务的市场及客户类型。一些食品企业专注于为上层社会提供服务，而一些则主要面向中下层消费者；一些食品企业专门为老年人提供产品与服务，而一些则专注于儿童市场。

⑤ 纵向范围（又称垂直范围）：食品企业自身生产所需产品在供应链中的覆盖程度。一些食品企业的纵向范围几乎贯穿整个供应链，如双汇集团，其拥有自建养殖场、肉制品厂、调味料生产厂、熟食制作及销售网点等；而一些食品企业则仅参与供应链中较短的一环。

⑥ 地理范围：食品企业所期望开拓的地理区域市场的范围。一些食品企业仅在区域性市场有所作为，而一些食品企业则致力于全球营销。

（7）食品企业的主要政策。食品企业的主要政策是指导企业员工对待消费者、供应商、经销商、市场竞争者以及一般公众的基本准则。食品企业的任务书中明确规定了企业的主要政策，这有助于使企业在重大问题或原则上保持步调一致，并为行动提供共同的参照标准。在制定食品企业主要政策时，应遵循的原则是，尽量减少个人随意发挥和随意解释的空间。

思政教育

树立大食物观

习近平总书记在党的二十大报告中指出："树立大食物观，发展设施农业，构建多元化食物供给体系。"习近平总书记关于大食物观的重要论述，对于我们深刻把握现代农业发展规律、深化农业供给侧结构性改革、科学有效破解人多地少国情下粮食安全问题，具有重要指导意义。

树立大食物观，就是从更好满足人民美好生活需要出发，顺应人民群众食物消费结构变化，在确保粮食供给的同时，保障肉类、蔬菜、水果、水产品等各类食物的有效供给，缺一不可。树立大食物观，是推进农业现代化的重要内容和客观要求。新时代树立并贯彻大食物观，关键在于推动我国农业发展方式实现"三个拓展"：实现从耕地资源向整个国土资源拓展；实现从传统农作物和畜禽资源向更丰富的生物资源拓展；实现食物安全政策由单一的供给侧管理向需求侧管理拓展。

资料来源：微信公众号"健康新海南"，2023-06-01。

（8）食品企业的远景和发展方向。食品企业任务书应明确企业若干年的远景和发展方向。食品企业的使命是全局性和长远性的，因此食品企业任务书也应具备一定的灵活性和前瞻性。为使食品企业任务书落到实处，其内容必须具体化，特点应当明晰化。一份好的食品企业任务书，在表达和陈述上应富有激励性。

2. 确定食品企业目标

（1）目标体系的内容和层次。

1）目标体系的内容。确定了食品企业的战略任务，只是对食品企业的业务范围和发展方向做了规定，而战略任务还必须分解成相应的目标，以便实施。在战略制定工作中，制定出的战略目标往往是一个目标体系，这一体系包括对不同活动环节所规定的目标，也包括对不同部门和人员所规定的目标。食品企业目标体系如表10-3 所示。

表 10-3　食品企业目标体系

目标体系（各分类目标）	目标内容
财务目标	食品企业在某一时期的利润额、销售净利率、净资产收益率等
销售目标	食品在销售额、销售量和市场占有率方面达到的预期估算
产品发展目标	对改进和发展的新产品，提供新型服务内容的认识及其措施
市场竞争目标	应表明本企业希望达到的市场覆盖率或在竞争中占据的地位
企业发展目标	食品企业的规模、知名度、资产总额、劳动生产率、产品结构调整等
员工发展目标	员工在工作中的作用，奖励和报酬等制度的实施
社会责任方目标	合理利用资源、保护生态环境、支持社会公益事业、推动社会进步等

2）目标体系的层次。目标体系的建立需要分层次。依据食品企业任务形成总目标，然后在总目标的指导下分解成众多子目标，不同层次的目标共同形成食品企业的目标体系。

中国式营销

汇源成功重组，官宣新战略，目标 3 年后实现百亿营收

2023 年 3 月 30 日，在北京密云召开的经销商大会上，汇源管理层分别分享了接下来的战略规划和市场品牌规划：以 2026 年 12 月 31 日作为 IPO 的目标节点，开启了上市倒计时。

第一，企业发展目标：汇源果汁董事长鞠新艳在会上透露，北京汇源计划在满足持续经营三个完整会计年度后，于 2026 年提交申请并选择在上海或深圳证券交易所主板挂牌上市。

第二，财务目标和销售目标：2023 年 1—2 月，北京汇源销售额同比增长 20%，利润同比增长 86%，两个月完成去年第一季度的总量。接下来，汇源希望在未来 3 年能够实现百亿营收的业绩目标。

第三，员工发展目标：重组崭新的团队架构，以"80 后""90 后"占比为主，其核心团队既有来自新锐快消，也有来自传统快消的人才，以打造"创新+资深"的人才队伍。

第四，产品发展目标：聚焦果汁赛道，夯实高果行业地位，并全方位覆盖高中低品类。以"100%系列"为代表的高果类打开品质市场，以"果肉多系列"为代表的中果类专攻大众市场，以"超级果汽儿系列"为代表的"加气系列"属于低果（果汁含量约 10%）类，被汇源视为潜力产品，锁定年轻市场。

第五，品牌发展目标：集中优势资源"高举高打"，短期内引爆品牌和产品，塑造全新的品牌形象，抓住新一代消费者。

第六，市场发展目标：汇源将线下线上产品做了区分，以确保在对应渠道取得高利润；汇源还在新渠道适配不同的产品规格，以确保指定规格能对应相应市场需求；通过不同规格和口味，迅速占领新渠道、新市场。

资料来源：食品饮料创新论坛，2023-03-31。

（2）目标的要求。食品企业所确立的战略目标应符合以下要求：

① 目标要具体。食品企业在每一个战略周期内都会设定自己的目标，规定其可能或期望达到的标准。然而，战略目标必须细化且具体，不能含糊不清。企业应明确列出在特定时间内实现目标的具体行动计划，通过计划的实施预期达到何种程度，最终取得何种结果。因此，战略目标必须清晰、具体。

② 目标要可衡量。目标必须是具体且唯一的，即能够被执行者准确理解，且此种理解应是唯一的（不应存在其他解释或理解）。为此，一般能够量化的目标应尽量定量化，使用具体的数字或时间进行客观描述；对于不能定量化的目标，也应清楚地说明衡量标准。否则，所制定的目标既无法真正得到贯彻执行，也无法进行检验。此外，如果执行者对所确定的目标按照自己的理解去执行，还可能造成企业内部的混乱。

③ 各目标之间要具有相关性。由于目标涉及食品企业战略活动的诸多方面，它们必须相互关联且相互协调。如果目标之间相互冲突或排斥，那么这种目标要么无法执行，要么执行后会给企业造成重大损失。具体目标应遵循以下顺序：食品企业战略目标→食品企业年度目标→食品企业部门目标→岗位目标→个人目标（见图10-7），方能做到有效衔接。

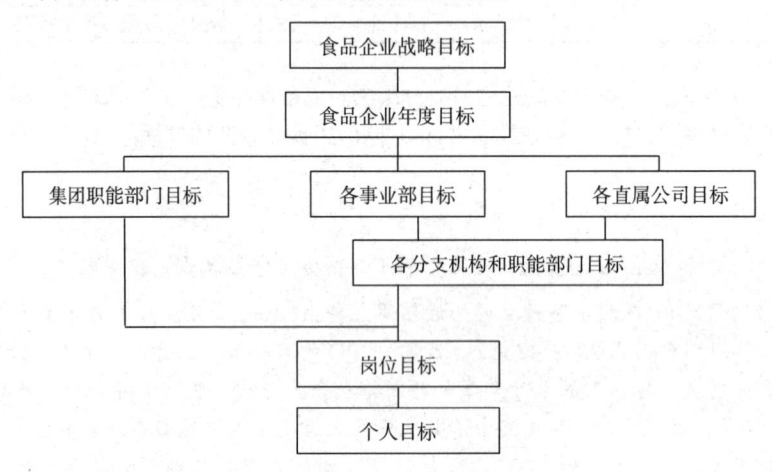

图 10-7　食品企业目标之间的关系

④ 目标要有实现的可能性。目标的可行性是指在企业现有资源条件下可以完成或实现，但又应是经过企业员工付出相应努力才能达成的。一方面，目标不应成为"精神口号"，可望而不可即，没有实现可能的目标是毫无意义的；另一方面，目标也应对其执行对象具有一定的挑战性，必须付出相应的努力才能完成。过于轻松就能完成的目标，对企业的发展是毫无益处的。

⑤ 目标的实现要有明确的时间规定。对于所确定的食品企业营销目标，均应规定明确的完成时间，以便进行检查和控制。例如，目标的实现需要一个月、半年还是一年。没有明确的完成时间，目标几乎是没有意义的。

3. 规划业务组合

在确定食品企业任务和目标的基础上，食品企业的最高管理层应着手对业务组合进行分析和规划，即确定哪些业务单位最能发挥竞争优势，从而最有效地利用市场机会。一个食品企业的资源是有限的，各个业务单位的增长机会和经营效益各不相同，因此食品企业如何将有限的资源在现有和未来的不同业务单位中进行合理配置，是营销战略中必须考虑的重要内容。完成这项工作需要从两个方面入手：一是分析现有的业务组合，确定哪些业务应当发展，哪些业务应当维持，哪些业务应当收缩，哪些业务应当淘汰；二是对食品企业未来的业务发展做出战略规划，即制定食品企业发展战略。运用波士顿矩阵进行业务组合分析是一种有效的方法。

> **守正创新**
>
> **用"搭子"探索美味体验的边界**
>
> 在食品企业看来，风味的极致混搭也是一种流行的创新范式。吸纳更多的风味元素、构建更复杂的风味结构，通过数种乃至数十种风味的混合，构造或迭代产品配方，成为食品企业满足消费者尝鲜诉求的重要手段。无论是麦片还是果汁，丰富的原料选择让消费者可以体验到极为丰富的产品搭配。例如，巧克力、坚果、冻干水果、冻干酸奶等原料与麦片进行搭配，便可形成不同风格的麦片；而不同蔬菜与不同水果混搭，也可以组合形成风格各异的果蔬汁。搭配的比例以及搭配出的口味和口感体验便成了产品的核心竞争力。其中，Socai 烘焙海盐巧克力麦片、王饱饱混合麦片都是典型例子。
>
> 资料来源：《2024 年中国食品消费趋势白皮书》。

（1）波士顿矩阵。波士顿矩阵，又称市场增长率-相对市场占有率矩阵，该方法于 20 世纪 60 年代初创建，用于分类和评价企业的现有战略业务单位，以进行战略投资分配。如图 10-8 所示，波士顿矩阵在规划食品企业业务组合中的应用，主要是解决如何使食品企业的产品品种及其结构适应市场需求的变化，并将食品企业有限的资源合理地分配到合适的产品中，以保证食品企业的收益。

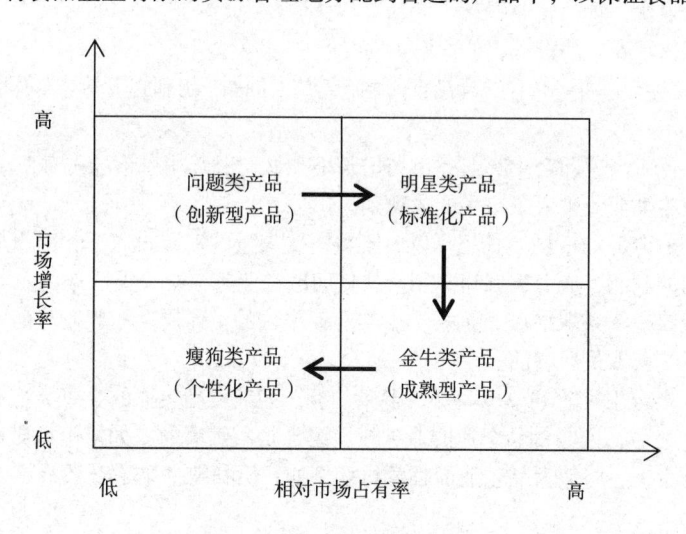

图 10-8 波士顿矩阵

市场增长率，即某项业务的年销售增长率。市场增长率是矩阵的纵坐标，通常以 10%的增长率作为高、低增长率的分界线。然而，在不同的国家、不同的行业以及面对不同的市场状况时，可以将 5%、20%、30%等作为高、低增长率的界限，具体数值应以能够准确反映本行业增长率的衡量水平为准。市场增长率反映了业务单位在市场上的成长机会和发展前途。

相对市场占有率，表示业务单位的市场占有率与最大竞争者市场占有率之比。相对市场占有率为矩阵的横坐标。相对市场占有率表明食品企业竞争实力的大小，其计算公式为：

$$相对市场占有率 = 食品企业的市场占有率 \div 最大竞争者的市场占有率 \times 100\%$$

业务单位，是指一个分公司、一个部门、一个产品线、一个产品项目等，以圆圈的形式绘于矩阵图中。圆圈的位置表明它的市场增长率和相对市场占有率，圆圈的大小代表该项业务的销售额的大小。

（2）战略业务单位的类型与分析运用。

1）问题类。

表现形式：一高一低，即问题类业务具有较高的市场增长率，但其相对市场占有率很低。

产生条件：市场需求发展较快，食品企业在这些业务项目上过去的投资较少，因而其市场占有率较低；食品企业经营的这些业务项目与竞争者经营的相同业务相比，可能缺少竞争优势，所以属于问题类业务。

特点：需要较多资源投入；前途未卜，难以确定远景。

决策：发展战略——增加投入，发展为明星类；维持战略——不增加投入，维持现状；收割战略——尽快获取利润；放弃战略——精简合并，甚至淘汰。

运用：此类业务单位以少为好。例如，伊利旗下的 JoyDay 芯趣多、伊刻活泉等产品。

2）明星类。

表现形式：双高，即明星类业务具有很高的市场增长率及很高的相对市场占有率。

产生条件：食品企业在当前经营比较成功，具有市场领先地位的业务。

特点：是食品企业的现金消耗者而不是现金生产者，需要大量投入来保持其高速增长。当明星类业务的地位稳固后可以发展为金牛类，是食品企业未来的财源；如果食品企业没有适量的明星类业务，其发展前景堪忧，食品企业缺乏"后劲"。

决策：加大对该项业务的投资，使之升为金牛类业务单位。

运用：有若干个明星类业务单位，食品企业才有希望。例如，伊利旗下的金典有机纯牛奶、鲜牛奶。

3）金牛类。

表现形式：一低一高，即金牛类业务市场增长率很低，但其相对市场占有率很高。

产生条件：金牛类业务进入了市场的成熟期。

特点：食品企业业务的市场增长率降低，不再需要大量的资源投入；相对市场占有率较高，业务单位能取得较高的利润，成为摇钱树，用于扶持问题类业务、明星类业务。

决策：维持战略——采取措施，延长金牛类业务单位的生命周期；收割战略——对弱小的金牛类业务单位，应尽快获取最后利润。

运用：有若干个金牛类业务单位为好，多多益善。如果食品企业的金牛类业务单位过少或者金牛类业务单位过"瘦"，说明食品企业的业务投资组合是不健康的。如果市场对这类业务的需求发生突然的变化（减少），将使食品企业面临危机。例如，伊利纯牛奶、安慕希原味酸牛奶。

4）瘦狗类。

表现形式：双低，即瘦狗类业务的市场增长率很低，其相对市场占有率也很低。

产生条件：瘦狗类业务进入了市场衰退期，或者食品企业经营的业务是不成功的业务，或者这类业务不具有和竞争者竞争的实力。瘦狗类业务的存在往往是食品企业过去成功地经营过这类业务，保留这些业务是食品企业主要管理决策人员的"感情因素"在起作用。

特点：瘦狗类业务或许能提供一些收益，但盈利甚少或亏损。

决策：收割战略——获取最后利润；放弃战略——亏损扭转无望，淘汰，俗称"杀狗"。

运用：由于瘦狗类业务占用了食品企业的资金而又没有发展前途，因此需要决策者下决心放弃这类业务，尤其是瘦狗类业务单位太多时，必须坚决地加以清理。此类业务单位越少越好。

（3）业务组合健康状态分析。将食品企业经营的各项业务在矩阵图上定位后，需要对食品企业的业务组合是否正常、合理，以及其状态是否健康进行分析。分析主要从以下两个方面进行：

① 静态分析。静态分析主要针对业务单位组合现状，包括以下几种情况：

第一，业务组合健康：明星类、金牛类业务单位较多，超过业务单位总数的50%，食品企业有利可图。

第二，业务组合不健康：问题类、瘦狗类业务单位较多，超过业务单位总数的50%，食品企业无利可图，甚至亏损。

第三，业务组合维持状态：明星类、金牛类与问题类、瘦狗类单位各占业务单位总数的50%，食品企业处于维持状态。

② 动态分析。食品企业应将当期的矩阵与上期的矩阵进行比较，同时对各项业务在未来的矩阵中的可能变化情况做出预计，以便做出正确的投资决策。例如，某项业务现在属于问题类，而在上期矩阵中属于明星类，食品企业对其进行了较大投资。这表明该业务未按食品企业预期发展为金牛类业务，反映出食品企业投资失误。因此，食品企业需要查找原因，纠正投资错误或避免在本战略周期内再出现类似错误。

（4）投资决策。食品企业应根据矩阵中所反映的经营业务的现有发展情况进行投资决策，以决定哪些业务需要在本战略期内增加投资，哪些业务不应再增加投资甚至需要收回投资，哪些业务需要采取维持战略，哪些业务需要采取放弃战略。一般采用以下调整战略：

① 发展战略：以提高业务单位的相对市场占有率为目标，对某项业务进行追加投资。例如，对问题类业务追加投资使其尽快成为明星类，对明星类业务追加投资使其成为金牛类业务。

② 维持战略：维持业务单位的相对市场占有率。例如，对金牛类业务单位，以此为目标可使其提供更多的收益。

③ 收割战略：以获取短期效益为目标，不顾长期效益。例如，较弱小的金牛类单位，因其很快要由成熟期进入衰退期，前景黯淡，食品企业又需要较多的收益，可采用收割战略。此外，该战略也可用于问题类及瘦狗类业务。

④ 放弃战略：以清理、撤销某些业务单位为目标，减轻食品企业负担，以便将有限的资源用于效益较高的业务。这种战略尤其适合没有前途或妨碍食品企业盈利的问题类及瘦狗类业务。

营销思考

10个月倒闭105.6万家餐饮门店！2024年餐饮到底怎么干

企查查数据显示，2024年1—10月全国餐饮累计新增注册量为350.1万家，较去年同期（2023年1—10月）增加了37.4万家。然而，同期全国餐饮累计吊销量也高达105.6万家。面对如此激烈的竞争，餐饮品牌该如何破局呢？

消费市场降级，餐饮拼的是综合能力。

第一，对内：深耕领域，死磕产品，做精做细。瑞幸联名茅台、邮政卖咖啡、老乡鸡开酒吧……过往餐饮赛道频繁出现的巨头跨界事件表明，餐饮行业的边界正在消失。与时俱进地推出符合当下消费者需求的产品，是竞争饱和时代中小餐企品牌的唯一出路。

第二，对外：做好数字化运营，增加获客路径。当下的餐饮已全面进入数字化时代，餐企只有紧抓短视频、美食直播等数字化营销方式，打造线上+线下双主场模式，才能最大化引流获客。

做餐饮，食品安全问题警钟长鸣，数字化必不可少，停止"激进式"发展，不做网红做长红，"单品+爆品"构建品牌护城河。在此基础上，通过餐品的极致化、服务体验的优化升级以及营销传播，共同构建起品类护城河，才能成为品类赛道的领导者。

资料来源：微信公众号"餐饮界"，2023-12-19。

4. 拟订预选、评价方案

在食品企业市场营销战略目标的制约下，根据对现有业务和企业实力的分析，需要拟订若干不同策略组合的市场营销战略方案，供企业领导决策。每个备选方案应包含详尽的信息分析，并进行优劣比较，对所实现的目标进行量化分析，对无法量化的部分也应清晰说明。拟订预选方案应提倡创新精神，避免因循守旧，发挥群众智慧，设计多种方案。

综合评价优选方案的具体方法是企业领导组织专家，对各种预选方案进行经济与技术的全面评价，分析论证其技术可行性与财务效果，从中择优选出一个既能满足目标市场需求，又能为企业带来较大经济效益的最优方案或满意方案。

5. 实施控制战略方案

食品企业市场营销战略方案选定后，需要确保其正确执行。在执行过程中，发现问题应及时反馈给决策机构，以便及时采取措施进行控制。对市场营销战略方案进行必要的补充或较大的变更，能够使企业整体战略在营销实践中不断发展、不断完善。

项目案例分析

伊利的国际化战略与实践

经过近30年的发展，伊利已于2020年跻身世界排名前五的知名乳企行列，并将目标设定为在下个十年内问鼎世界第一。推动伊利从中国走向世界的正是其具备前瞻性的国际化战略。在董事长潘刚的设想中，伊利有着一个宏伟的国际化愿景——成为"全球最值得信赖的健康食品提供者"，并在2030年登顶世界乳业第一。

第一，2010年，伊利升级品牌，推出了新的品牌标志，提出新品牌主张"滋养生命活力"，新愿景"成为世界一流的健康食品集团"，标志着其在国际化之路上迈出了第一步。

第二，2015年，伊利将"成为世界一流的健康食品集团"的愿景升级为"成为全球最值得信赖的健康食品提供者"，使其国际化之路的最终目标进一步明晰。

第三，伊利集团国际化的进展。首先，保障原料产地。伊利对于海外原料保障的努力可以分为两种：与海外企业合作、斥资在海外进行针对性收购。其次，获取研发资源。潘刚认为，伊利的全球化不仅需要整合全球的优质自然资源，还需要全球的技术、人才等智力资源。最后，布局新兴市场。

第四，国际化的初步战绩。截至2021年，国际业务部的业绩年复合增长率高达56%。2022年上半年，伊利进一步提升全球供应链管理水平，实现海内外生产基地间的高效联动，使当期国际化业务收入同比增长58%。

第五，国际化的方法论。首先，寻找务实的并购目标。其次，海外运营本地化。最后，开拓跨国市场的两阶段论。开拓海外市场是一个两阶段的选择。第一阶段是选择具体进入哪个国家的市场。在这个阶段，考察的主要指标包括宏观经济增速和产业规模——这些因素关系到进入之后的发展潜力和投资回报。第二阶段是在选定具体国家后，如何根据具体的市场需求制定相应的销售策略。

第六，汇聚全球力量，"拓圈强链"。首先，在科技创新领域，经过多年的努力，伊利已经在欧洲、大洋洲、东南亚等地打造了15个创新中心，汇聚全球智慧力量开展全产业链创新合作，持续为中国乳业国际影响力提升注入发展新动能。其次，在数智化领域，伊利始终认为，数字化为企业推动高质量发展带来了"加速器"，也为企业培育高质量增长点提供了"新引擎"。因此，伊利率行业之先开启全产业链数字化转型，将数字化升级融入全产业链"毛细血管"，持续提升产业链发展质量与效率。最后，在绿色发展领域，作为中国奶业绿色发展的先行者，伊利在行业内率先推动全链减碳，带动全产业链合作伙伴共赴零碳未来。伊利联合多家知名企业共同发起"可持续发展企业行动倡议"，与88家全球战略合作伙伴共建"零碳联盟"等，不断扩大全球"减碳朋友圈"，与合作伙伴共享减碳成果、共担绿色责任、共赴零碳未来。

资料来源：微信公众号"FBIF食品饮料创新"，2023-03-07。

➲ 辩证性思考：
根据案例，分析伊利股份的营销战略特点和类型。

项目检测

营销知识培养规格检测
1. 食品市场营销管理的类型有哪些？
2. 简述食品市场营销管理的操作程序。
3. 食品市场营销战略的特征有哪些？
4. 食品市场营销战略的类型有哪些？
5. 简述食品市场营销战略的操作程序。

营销能力培养规格检测和营销素养培育规格检测
实践项目10　制订××食品企业市场营销管理方案

项目实践目的：运用市场营销管理的理论和方法，对××食品企业市场营销管理现状进行分析，探讨食品企业市场营销管理的途径和方法。培养学生运用市场营销管理的理论与方法分析问题的能力。撰写食品企业市场营销管理方案。同时强化学生先进管理理念和团队奉献精神的培育。

项目检测考核：由班级学习委员组织分团队对××食品企业营销管理方案进行宣讲、讨论、答辩，指导教师进行评价。由各团队队长和指导教师对方案及团队提高管理理念和奉献精神的认知进行综合评判打分，考核成绩分为优秀、良好、及格。

项目 11

食品市场竞争者分析

思维导图

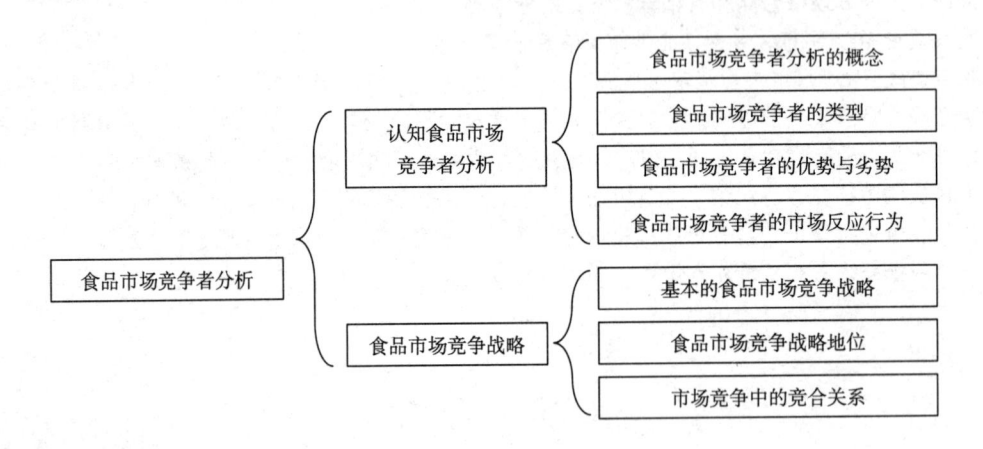

```
                                    ┌─ 食品市场竞争者分析的概念
                    ┌─ 认知食品市场 ─┤─ 食品市场竞争者的类型
                    │   竞争者分析   │─ 食品市场竞争者的优势与劣势
                    │                └─ 食品市场竞争者的市场反应行为
食品市场竞争者分析 ─┤
                    │                ┌─ 基本的食品市场竞争战略
                    └─ 食品市场竞争战略 ─┤─ 食品市场竞争战略地位
                                     └─ 市场竞争中的竞合关系
```

项目培养规格

营销素养培育规格

遵守公平竞争法律法规，维护消费者权益，自觉营造公平、透明、可预期的市场环境。强化诚信文化教育，以诚信打造质量、铸造品牌，塑造良好的企业社会形象。弘扬优秀企业家精神。

营销知识培养规格

熟悉食品市场竞争者分析的概念和目的；明确食品市场竞争者的类型；掌握分析食品市场竞争者优势和劣势的内容及操作程序；了解食品市场竞争者的市场反应行为；掌握基本的食品市场竞争战略；掌握食品市场竞争战略地位的内容。

营销能力培养规格

培养能够综合运用食品市场竞争分析的理论和方法，正确分析食品企业市场竞争现状，提出食品企业提高市场竞争力的策略，并能够撰写食品企业市场竞争分析方案的能力。

项目导入案例

三全、思念、安井、海欣……冻品龙头角逐火锅赛道，谁能出圈？

伴随餐饮行业的复苏，火锅赛道迎来消费"小高潮"，牛肉卷、羊肉卷等火锅食材的销量大幅增长。梳理产品线、扩充产品矩阵，也成为众多企业的同步动作。例如，三全、思念、安井、海欣等多家巨头企业，均新增了牛羊肉卷类产品，抢位火锅赛道的新机会。

在众多企业中，安井颇受关注。火锅一直是餐饮行业的流量赛道和冠军品类，占据餐饮行业较大市场份额。2023年9月，在火锅销售旺季来临前，安井上新了精选牛肉卷、精选羊肉卷等产品，全面发力火锅食材赛道。2023年7月，三全在郑州举行了牛羊肉调理产品品鉴会。公司积极响应市场发展趋势，从米面、半米面产品向蛋白质、优质蛋白质领域延伸，推出了多种品质与性价比兼具的牛羊肉系列产品。思念则推出火锅大师系列，选择适当时机入局。2023年，思念重磅推出火锅大师系列火锅料，角逐火锅料市场。同年，思念还推出"思小灶"和"饿魔食堂"，试水预制菜和调理小食。

牛羊肉市场存量规模已超三千亿元，容易孕育大单品。无论是火锅食材还是牛羊肉制品，安井、海欣、思念等头部冻品企业都具备入局的能力，但若想真正在这一领域占据一席之地，可能并不容易。

在火锅食材领域，竞争者不容小觑。例如，在终端零售领域，锅圈食汇也在销售肉卷产品，其目前在国内的门店数量已超万家；在肉类领域，A股及新三板已有福成股份、听牧肉牛等上市企业。这些企业能否成功占位肉卷赛道，仍有待观察。

资料来源：微信公众号"新食材"，2024-03-14。

➡ **辩证性思考：**
市场消费环境利好的情况下，头部企业入局，究竟谁能抓住肉卷赛道新机会？

任务1 认知食品市场竞争者分析

11.1.1 食品市场竞争者分析的概念

知己知彼，才能对市场竞争者施以更有效的进攻，同时能够防御较强市场竞争者的"攻击"。因此，对食品市场竞争者进行识别和分析是有的放矢地制定市场竞争战略的基础。

食品市场竞争者分析是指食品企业通过某种分析方法识别出市场竞争者，并对其目标、资源、市场力量和当前战略等要素进行评价。

食品市场竞争分析的目的是准确判断市场竞争者的战略定位和发展方向，并在此基础上预测市场竞争者未来的战略，准确评价市场竞争者对本企业战略行为的反应，估计市场竞争者在实现可持续市场竞争优势方面的能力。对食品企业竞争者分析是确定组织在行业中战略地位的重要方法。

思政教育

公平竞争，法治之光

第一，公平竞争——市场经济的核心准则。在市场经济的大潮中，公平竞争是每一位市场主体应遵循的核心准则。它不仅是市场活力与创造力的源泉，更是保障经济健康发展的重要基石。公平竞争意味着所有市场主体都享有平等的权利和机会，在相同的规则下展开竞争，通过自身努力和创新能力赢得市场份额。这种竞争机制能够激发市场主体的积极性，推动技术创新和产业升级，进而促进整个经济的繁荣发展。

第二，法律法规——公平竞争的坚实保障。为了确保公平竞争的顺利进行，我国制定了一系列法律法规，为市场主体提供了坚实的法治保障。这些法律法规不仅明确了市场主体的权利与义务，规范了竞争行为，还设立了相应的监管机制，确保公平竞争原则得到有效落实。同时，法律法规还对市场主体的违法行为进行了严格界定，并规定了相应的法律责任和处罚措施。这些举措有力地维护了市场的公平竞争秩序，保护了消费者的合法权益，为市场主体创造了一个公平、透明、可预期的市场环境。

第三，携手共进——共同营造公平竞争的市场生态。公平竞争的市场环境需要每一位市场主体的共同努力和积极参与。要增强法治意识，自觉遵守公平竞争法律法规，坚决抵制不正当竞争行为。同时，也要加强自律，诚信经营，以良好的企业形象和优质的产品服务赢得消费者的信任和支持。

资料来源：克东县市场监督管理局，2024-03-07。

11.1.2　食品市场竞争者的类型

1. 从市场角度识别食品市场竞争者

从市场角度识别食品市场竞争者可以分为四类，如图 11-1 所示。

二维码链接 11-1
市场竞争力的最强分析法：波特五力竞争分析法

```
          从市场角度识别市场竞争者
    ┌──────────┬──────────┬──────────┐
 品牌竞争者   行业竞争者   一般竞争者   愿望竞争者
```

图 11-1　从市场角度识别市场竞争者

（1）品牌竞争者。生产相同规格、型号、款式的产品，但品牌不同的竞争者。品牌竞争者之间的产品相互替代性较高，因此竞争非常激烈，各企业均以培养客户品牌忠诚度作为争夺客户的重要手段。以方便面为例，康师傅、统一、白象等众多品牌的产品之间就互为品牌竞争者。

> **营销视角**
>
> **零食店发展的四个阶段**
>
> 零食 1.0 时代：传统的炒货店，以炒瓜子、糖炒板栗为主，兼卖花生、核桃等坚果。代表品牌包括傻子瓜子、迁西板栗等。这一阶段店内品类少，购物环境差，几乎没有全国性的连锁店品牌。
>
> 零食 2.0 时代：以做休闲食品的经销商转型做连锁零食店为主。代表品牌包括戴永红、老婆大人。以坚果、果脯、肉类加工食品、烘焙等品类为主，以经销商供货为主，厂家直采为辅。零食 2.0 时代的零食店购物环境升级，品牌意识提升，以自营为主，加盟为辅。
>
> 零食 3.0 时代：OEM（原始设备制造商）自有品牌零食产品。代表品牌包括良品铺子、来伊份、三只松鼠。这种模式品牌方自己策划产品、定价、自建研发和品控团队，找管理规范的企业代工产品，直营店和加盟店同步发展。
>
> 零食 4.0 时代：以厂家直采为主，以极致低价折扣店为特点。代表品牌包括零食很忙、赵一

鸣、好想来等。零食 4.0 时代店内商品品类更丰富，涵盖休闲食品、饮料、乳制品、冰品等高频消费产品。门店形象更加统一和明亮，购物环境进一步升级，门店数量快速扩张。

资料来源：微信公众号"第一食品资讯"，2024-04-02。

（2）行业竞争者。生产同种产品，但提供不同规格、型号、款式的竞争者。这些产品在满足同一需求的具体方式上存在差异，消费者会根据自己的偏好和需求进行选择。例如，奶糖、甘草糖和水果糖都属于糖果，由于这些同种但形式不同的产品在满足同一种需求的具体方式上存在差异，购买者有所偏好和选择，因此这些产品的生产经营者之间便形成了竞争关系，也称产品形式竞争者。

中国式营销

钟睒睒第四次成为中国首富，农夫山泉与宗馥莉、娃哈哈的风波该结束了

2024 年 3 月 25 日，胡润研究院发布《2024 胡润全球富豪榜》，财富计算的截止日期为 2024 年 1 月 15 日。70 岁的钟睒睒财富比去年缩水 9%，以 4 500 亿元连续第四次成为中国首富，位居全球第 21 位，下降 6 位。除了钟睒睒，娃哈哈也引发行业关注。正式接手娃哈哈的宗馥莉给销售团队发出第二封信，宣布从 5 月份起，娃哈哈销售人员工资上调 150%。

娃哈哈新掌门人宗馥莉的"三板斧"：上新品、拓品类、战终端，循序渐进，步步为营。农夫山泉方面则是高管发言，创始人执笔，回应"我与宗总的二三事"，重点解释第一桶金和窜货事件。然而，消费者并不买账，网上争议升级，甚至导致网络暴力。最新消息显示，钟睒睒发文称其母亲因网暴去世，令人惋惜。农夫山泉股价也因此一落千丈，公司和股民都遭受了严重损失。

有人认为这是宗庆后给宗馥莉的"泼天富贵"，也有人认为这是农夫山泉"躺枪"的最佳例证。这次由娃哈哈掌门人宗庆后离世引发的"水门事件"，你怎么看？

资料来源：微信公众号"第一食品资讯"，2024-03-25。

（3）一般竞争者。也称属类竞争者或平行竞争者，指以不同的产品或服务满足消费者同一需求的竞争者。这些产品或服务虽然类别不同，但都能满足消费者某一具体需求。例如，可口可乐、冰红茶、特仑苏牛奶，它们都可以满足消费者购买饮品的同一需求，这些不同的产品之间会相互成为一般竞争者。

（4）愿望竞争者。提供不同产品以满足消费者不同需求的竞争者。消费者的愿望是多方面的，包括吃、穿、住、行以及社交、旅游、运动、娱乐等。当消费者的购买能力有限，无法同时满足所有愿望时，这些不同产品之间就存在竞争关系。假设某消费者目前需要一辆小汽车、一套公寓、出国度假等，但其购买能力只能满足其中之一，这时汽车、公寓、度假之间就存在着竞争关系，成为愿望竞争者。

不同的竞争者与企业形成了不同的竞争关系，都对食品企业有着直接的制约作用，如图 11-2 所示。

根据对市场竞争的这种分类方法，营销管理中，需要明确一个重要的竞争观念——愿望竞争观念。所谓愿望竞争观念，就是指食品企业通过促销和市场教育，引导消费者在选择满足其需要和欲望的方式上，优先选择本行业的产品或服务。这样可以扩大市场对本企业所在行业产品的需求，即通过满足消费者更广泛的需求，将潜在需求转化为实际需求，从而将"蛋糕"做大。

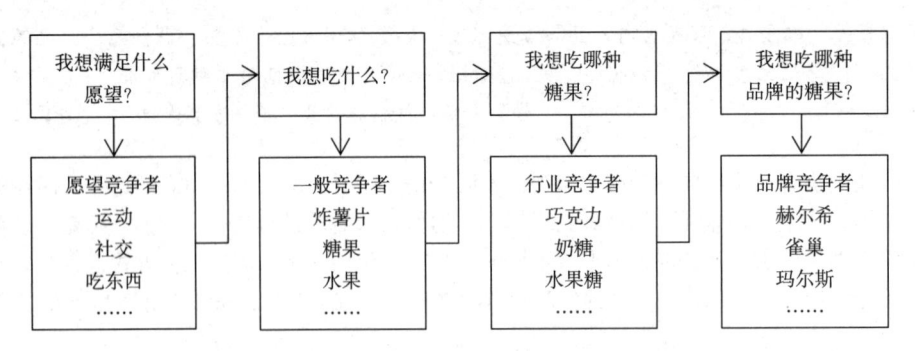

```
我想满足什么          我想吃什么?         我想吃哪种         我想吃哪种
愿望?                                    糖果?             品牌的糖果?
   ↓                    ↓                  ↓                  ↓
愿望竞争者           一般竞争者          行业竞争者          品牌竞争者
  运动                炸薯片              巧克力              赫尔希
  社交                 糖果                奶糖                雀巢
 吃东西                水果                水果糖              玛尔斯
  ……                  ……                  ……                  ……
```

图 11-2　竞争的四种类型

营销者素养

规范市场行为，共筑公平竞争

　　公平竞争不仅是一种商业行为，更是市场的金色名片。它代表了市场的成熟与规范，也彰显了企业的诚信与责任。公平竞争法律法规为企业提供了明确的行动指南。法律法规不仅是约束，更是保护，确保企业在公平竞争的环境中能够充分发挥自身优势，实现自身价值。企业作为市场主体，是公平竞争的实践者，也是市场秩序的维护者。要自觉遵守公平竞争法律法规，坚守商业道德，拒绝任何形式的不正当竞争。要以诚信为本，以质量为魂，不断提升自身竞争力。要通过创新驱动发展，通过优化服务赢得市场。同时，还要积极举报和抵制不正当竞争行为，共同维护一个公平、公正、开放的市场环境。

资料来源：龙沙区市场监督管理局，2024-04-23。

2. 从行业角度识别食品市场竞争者

从行业角度识别食品市场竞争者可以分为三类，如图 11-3 所示。

```
          从行业角度识别市场竞争者
         ┌─────────┼─────────┐
   现有同类产品生产企业  潜在加入者企业  替代品生产企业
```

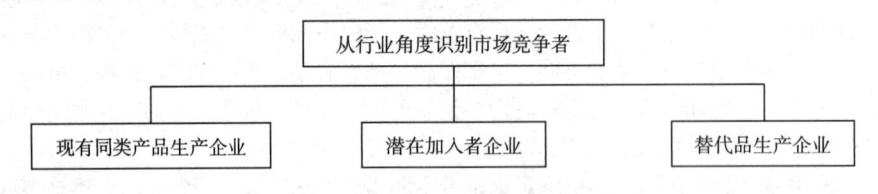

图 11-3　从行业角度识别市场竞争者

（1）现有同类产品生产企业。本行业内现有的与食品企业生产同类产品的其他厂家。这些厂家是企业的直接市场竞争者。

（2）潜在加入者企业。当某一行业前景乐观、有利可图时，会吸引新的市场竞争企业加入。新企业的加入将使该行业增加新的生产能力，并要求重新瓜分市场份额和主要资源。

（3）替代品生产企业。与某一产品具有相同功能、能满足同一需求的不同性质的其他产品属于替代品。随着科学技术的发展，替代品将越来越多，食品行业的所有企业都将面临与生产替代品的其他行业的企业进行市场竞争。

思政教育

加强新时代企业诚信文化建设

　　习近平总书记指出："企业无信，则难求发展；社会无信，则人人自危；政府无信，则权威不立。"总书记的这一重要指示一针见血、切中时弊、内涵丰富、要求明确，对于深入贯彻落实社会主义核心价值观，在新起点上推进全社会的诚信文化建设具有重要指导意义。企业是国民经济运行的主体，企业诚信是企业立业之基、社会和谐之本。企业诚信，就是企业在市场活动中诚实守信、履诺践约，由此形成企业之间相互信任、团结合作、共存共生的关系，是维系市场交往活动的须臾不可断裂的纽带。企业诚信是市场的"第一诚信"，是整个社会信用大厦的顶梁柱，也是社会诚信文化建设成效的"晴雨表"。在竞争激烈的市场环境中，企业若能保持诚信，不仅能够树立品牌形象，还能够获得更多的客户信任和支持，最终实现企业的可持续发展。

资料来源：中文协企业党建与企业文化委员会，2023-12-12。

3. 从竞争者的竞争地位角度识别食品市场竞争者

从竞争者的竞争地位角度识别食品企业的竞争者可以分为四类，如图 11-4 所示。

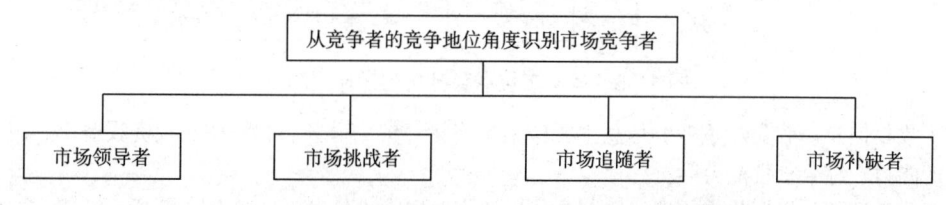

图 11-4 从竞争者的竞争地位角度识别市场竞争者

（1）市场领导者。市场领导者是指在某一行业的产品市场上占有最大市场份额的企业。例如，双汇集团是肉制品市场的领导者。市场领导者在产品开发、价格变动、分销渠道、促销力量等方面处于主宰地位。

（2）市场挑战者。市场挑战者是指在行业中处于次要地位（第二、第三甚至更低地位）的企业。例如，百事可乐是可乐市场的挑战者。

（3）市场追随者。市场追随者是指在行业中居于次要地位，并安于次要地位，在战略上追随市场领导者的企业。

（4）市场补缺者。市场补缺者是行业中相对较弱小的一些中小企业。市场补缺者通过生产和提供某种具有特色的产品和服务，赢得发展的空间，甚至可能发展成为"小市场中的巨人"。

二维码链接 11-2
农夫山泉快追上娃哈哈了

11.1.3 食品市场竞争者的优势与劣势

食品企业需要分析竞争者的优劣势，才能有针对性地制定市场竞争战略，以便避其锋芒、攻其弱点，实现企业竞争目标。

1. 竞争者的优劣势（见表 11-1）

表 11-1 竞争者的优劣势

竞争者优劣势	具体内容
产品	竞争企业产品在市场上的地位、产品的适销性及产品组合等
销售渠道	竞争企业销售渠道的广度与深度、销售渠道的效率与实力、销售渠道的服务能力等
市场营销	竞争企业市场营销组合的水平、市场调研与新产品开发的能力、销售队伍的培训与技能等
生产与经营	竞争企业的生产规模与生产成本水平、设施与设备的技术先进性与灵活性、专利与专有技术、生产能力的扩展、质量控制与成本控制、区位优势、员工状况、原材料的来源与成本、纵向整合程度等

续表

竞争者优劣势	具体内容
研发能力	竞争企业内部在产品、工艺、基础研究、仿制等方面所具有的研究与开发能力,以及研究与开发人员的创造性、可靠性、简化能力等方面的素质与技能等
资金实力	竞争企业的资金结构、筹资能力、现金流量、资信度、财务比率、财务管理能力等
组织	竞争企业组织成员价值观的一致性与目标的明确性、组织结构与企业策略的一致性、组织结构与信息传递的有效性、组织对环境因素变化的适应性与反应程度、组织成员的素质等
管理能力	竞争企业管理者的领导素质与激励能力、协调能力、管理者的专业知识,以及管理决策的灵活性、适应性、前瞻性等

2. 竞争者优劣势分析的操作程序

竞争者优劣势分析的操作程序如图 11-5 所示。

收集信息 → 分析评价 → 确定超越基准

图 11-5 竞争者优劣势分析的操作程序

（1）收集信息。收集竞争者的信息主要包括销售量、市场份额、利润率、投资收益率、现金流量、生产能力、综合管理能力等。

（2）分析评价。根据收集的信息,综合分析竞争者的优势与劣势,如表 11-2 所示。表中,根据"优、良、中、差"四个等级,对 A、B、C 三个竞争者进行综合评价。

表 11-2 竞争者优势与劣势分析

竞争者	消费者对竞争者的评价				
	消费者知晓度	产品质量	产品利用率	技术服务	企业形象
A	优	优	差	差	良
B	良	良	优	良	优
C	中	良	良	中	中

（3）确定超越基准。找出竞争者在管理和市场营销方面的较好做法作为标准,然后加以模仿、组合和改进,力争超过竞争者。在确定超越基准的过程中,食品企业必须明确超越的对象,即选择评价最好的企业作为目标。

11.1.4 食品市场竞争者的市场反应行为

竞争者反应行为的分析能够帮助食品企业明确在市场竞争中应集中优势进攻的领域、需要加强防守的环节以及主动退让的时机,同时确定进攻对象和回避对象,从而拟定适合食品企业的市场竞争战略,争取处于较为有利的市场竞争地位。食品市场竞争者的市场反应可以分为四类,如图 11-6 所示。

食品市场竞争者的市场反应
├── 迟钝型竞争者
├── 选择型竞争者
├── 强烈反应型竞争者
└── 随机型竞争者

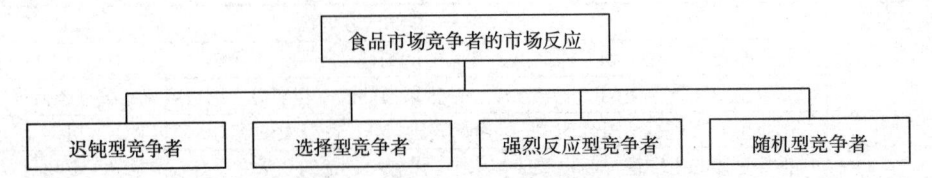

图 11-6 食品市场竞争者的市场反应

1. 迟钝型竞争者

某些竞争企业对市场竞争措施的反应不强烈且行动迟缓。这可能是因为竞争者受到自身资金、规模、技术等方面能力的限制，无法做出适当的反应；也可能是因为竞争者对自己的竞争力过于自信，不屑于采取反应行为。

2. 选择型竞争者

某些竞争企业对不同的市场竞争措施的反应是有区别的。

3. 强烈反应型竞争者

有些竞争企业对市场竞争因素的变化十分敏感，一旦受到竞争挑战就会迅速做出强烈的市场反应，进行激烈的报复和反击，试图将挑战自己的竞争者置于死地。

4. 随机型竞争者

这类竞争企业对市场竞争所做出的反应通常是随机的，往往不按规则出牌，使人难以捉摸。

二维码链接 11-3 "1+5" 品牌矩阵成型，多品类组合出击，安井食品持续领跑行业

任务 2 食品市场竞争战略

11.2.1 基本的食品市场竞争战略

企业的竞争优势有两个：一是成本优势，即在生产同一档次产品的经营活动中体现出成本领先的优势；二是产品优势，即在不断提高产品档次的经营活动中体现出产品差异化的竞争优势。根据企业的两个基本竞争优势，可以采用以下三种基本市场竞争战略，顺利地进行市场竞争，如图 11-7 所示。

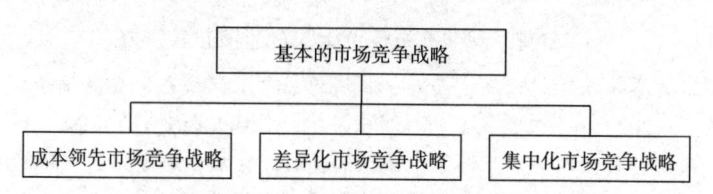

图 11-7 基本的市场竞争战略

1. 成本领先市场竞争战略

成本领先市场竞争战略是指食品企业通过规模经济、技术优势、成本控制等手段，使本企业的总成本低于竞争者的成本，成为行业内成本最低的生产者，从而能够提供相对较低的价格，吸引价格敏感的消费者，以构建市场竞争优势的战略。

（1）成本领先市场竞争战略的条件。

① 食品企业管理水平较高。企业在采购成本、生产成本、资金占用、人力成本等方面都能精打细算，厉行节约，从而实现低成本运作。

② 规模经营。一般来说，单位产品成本与经营规模的扩大呈按比例下降的趋势。

③ 提高市场占有率。市场容量大，销售增长率高，成本也随之降低。

④ 不断提高技术水平。对食品企业进行技术改造，在扩大生产的同时大大提高效率，以技术领先来降低成本，从而达到低价竞争的优势。

（2）成本领先市场竞争战略的措施。成本领先市场竞争战略可以给企业带来诸多优势，但要取得这种地位并不容易，需要采取一种或多种有效的措施，如表 11-3 所示。

表 11-3　实现成本领先市场竞争战略的措施

措　　施	具体内容
实现规模经济	通过规模经济生产和分销是实现成本领先战略最重要的措施。规模经济是指在技术水平不变时，单位产品成本随着累计产量的增加而下降。如果一个企业可以比其竞争者更快地扩大其产量，则其经验曲线将比其竞争者下降得更快，从而可以拉大它们之间的成本差距
产品再设计	要实现规模经济进而取得成本优势，食品企业还必须设计出易于制造的产品。可以说，能否利用新的制造技术和工艺来提高劳动生产率的关键在于产品的重新设计
降低输入成本	大多数行业，由于各种各样的原因，不同食品企业的输入成本有很大差异。食品企业要从多方面采取措施降低输入成本：减少由于地域原因造成的输入成本差异；选择低成本的供应来源；提高讨价还价的能力；稳定与供应商的关系
采用先进工艺技术	在多数产品的生产过程中，总有几种或更多种生产工艺技术可供选择。在产出相同的情况下，如果某种工艺技术少消耗某种输入要素，而同时又不多消耗其他输入要素，那么这种工艺技术就具有一定的优越性
紧缩间接费用和其他行政性费用的支出	保持适度的研究开发、广告、服务和分销费用

（3）成本领先市场竞争战略应注意的问题。选择成本领先市场竞争战略，一定要考虑技术革新和技术进步的影响，注意竞争者的战略反应和产品、市场的变化，降低或规避成本领先战略存在的风险。

中国式营销

自有品牌"高端性价比"塑造核心竞争力

近年来线下零食集合店风起云涌，而老一辈消费品牌三只松鼠、良品铺子、来伊份、百草味也纷纷做出反应。2022年底三只松鼠明确提出并践行"高端性价比"战略，近日良品铺子也官宣降价计划，来伊份则强调从产业链各环节优化成本，百草味则是提出"品价比"概念。

章燎原多次公开表示，通过强供应链能力给消费者提供尽可能低价的优质产品，这反映出零售业的底色是供应链与效率制胜。

在"高端性价比"的背后是在总成本领先的前提下实现高品质和差异化商品。以三只松鼠为例，中间环节的成本优化突出体现在商品原料和配方的优化，在供应链端依托"直采直卖"模式与国际大型农场建立直接合作，或优化自有工厂效率等方式，把控原料价格，同时极致压缩中间环节、降低产品成本。

资料来源：微信公众号"食品板"，2023-12-13。

2. 差异化市场竞争战略

差异化市场竞争战略是指食品企业提供具有独特属性的产品或服务，这些独特属性被消费者认为是有价值的，因此愿意支付更高的价格，从而形成与众不同的特点而采取的战略。差异化可以通过品牌形象、产品设计、技术特性、客户服务等多种方式实现。

（1）差异化市场竞争战略的条件。

① 食品企业比竞争者拥有独特的、明显的有利条件。无论是产品特色、市场营销战略、服务水平、技术水平都是竞争者暂时不具备的。保持这种有利地位，可以使食品企业在市场竞争中暂时独占鳌头，但当竞争者奋起直追，也拥有某方面的独特性后，差异化就会减弱。

② 食品企业在硬技术和软技术开发上具有很强的创新能力。硬技术的创新使企业产品不断推陈出新，以技术领先，保证企业的差异化；软技术的开发和运用，保证企业高效运作，也是竞争者难以模仿和比拟的。

③ 食品企业具有很强的市场营销能力。即企业的市场营销战略、策略和方法手段别具一格。与竞争者相比，有独特的市场营销创意，对市场的适应能力和应变能力都很强，也是保持食品企业差别化的重要方面。

（2）差异化市场竞争战略的内容。差异化市场竞争战略可分为三种，如图11-8所示。

```
          差异化市场竞争战略的内容
         ┌────────┼────────┐
      产品差异化  形象差异化  市场差异化
```

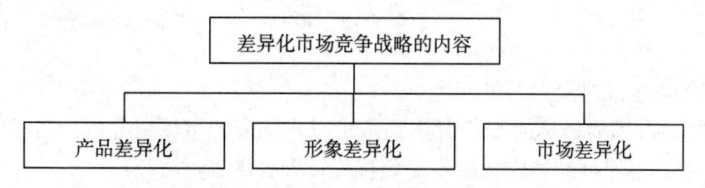

图11-8　差异化市场竞争战略的内容

① 产品差异化。某一食品企业生产的产品，在质量、性能上明显优于同类产品的生产厂家，从而形成独自的市场。对同一行业的竞争者来说，产品的核心价值是基本相同的，不同的是性能和质量。在满足食品消费者基本需求的情况下，为食品消费者提供独特的产品是差异化战略追求的目标，而实现这一目标的根本在于不断创新。

② 形象差异化。由食品企业的品牌战略和企业识别战略而产生的差异。食品企业通过强烈的品牌意识和成功的企业识别战略，借助媒体的宣传，使食品企业在消费者心目中树立起优异的形象，从而对该企业的产品产生偏好，一旦需要，就会毫不犹豫地选择这一企业生产的产品。

③ 市场差异化。由产品的销售条件、销售环境等具体的市场操作因素而生成的差异。它包括销售价格差异、分销差异、售后服务差异。

3. 集中化市场竞争战略

集中化市场竞争战略是指食品企业将目标市场锁定在某一个或某几个较小的细分市场，实行专业化经营，走小而精、小而专的道路。集中化市场竞争战略的基本思想是一个规模和资源有限的食品企业很难在其产品市场上展开全面的市场竞争，因此需要集中力量于某一特定的细分市场，为特定的消费群提供特定的产品和服务，实现有限的目标市场上的竞争优势。

（1）集中化市场竞争战略的条件。食品企业所拥有的产品或技术是某一特定目标市场必备的要求，食品企业在这一特定细分市场上有能力占领极大的市场占有率，成为小行业中的小巨人，并在充分挖掘特定目标市场需求之后有拓展能力。

> **守正创新**
>
> **四大卤味品牌开新店、拓新品、新营销探索增长新路径**
>
> 周黑鸭在交通枢纽渠道上进行了重点布局，积极抢占优质点位，截至2023年底，交通枢纽门店数量净增141家，总数达319家，创下近三年新高。同时，在产品培育方面，周黑鸭推出了多款价格亲民的新品，如甜辣小鸡腿和干煸辣子鸡，这些产品深受消费者喜爱，合计月均销量近100万盒。
>
> 煌上煌旗下的"独椒戏"品牌则专注于小吃产品的研发与销售，成功推出了猪蹄、卤烤、串串、风味小吃等四大系列产品，丰富了产品线，为年轻消费者提供了更多选择，成为公司新的增长点。
>
> 绝味食品在营销方面下足了功夫，推出了以红宝石虾球、虎皮凤爪、柠檬脱骨凤爪、爆一

脖及发财桶等爆品为代表的系列主题营销活动，构建了多维度的运营矩阵，有效提升了加盟商的市场竞争力，为营业收入的持续增长提供了有力保障。

紫燕食品则在新品开发和品牌联动方面表现抢眼。公司推出了乐山钵钵鸡、爽口蹄花、手撕鸡等多款新品，并与元气森林等品牌合作推出外卖套餐。此外，紫燕食品还积极开展异业合作，与蜂花等品牌进行直播联动，推出联名产品，引发抢购热潮。同时，公司还携手青少年篮球节目《灌篮少年》，助力青少年篮球梦想的实现。

这些举措不仅提升了各品牌的知名度和影响力，也为卤味市场的健康发展注入了新的活力。

资料来源：微信公众号"第一食品资讯"，2024-04-09。

（2）集中化市场竞争战略应注意的问题。

① 原来以较宽的市场为目标的竞争者找到了可以再细分的市场，并以此目标来实施集中化战略，从而使食品企业一直保持的集中化战略受到挑战，失去优势。

② 由于技术进步、替代品的出现、价值观念的更新、消费者偏好改变等各种原因，细分市场和总体市场之间的产品和服务需求的差异逐步缩小，食品企业原先赖以生存的目标集中战略的基础将逐渐失掉。

③ 食品企业采用集中化市场竞争战略与竞争者拉开差距，保持自己的特色，有时需要增加一定的成本费用。

思政教育

弘扬优秀企业家精神

十四届全国人大二次会议政府工作报告中提到："弘扬优秀企业家精神，积极支持企业家专注创新发展、敢干敢闯敢投、踏踏实实把企业办好。"既有推动经济发展方面的要求，也有履行社会责任方面的要求。优秀企业家精神的内涵包括爱国敬业、遵纪守法、艰苦奋斗、专注品质、追求卓越、诚信守约、履行责任、勇于担当、服务社会、拓展国际视野、敢闯敢干，不断激发创新活力等。

资料来源：一见财经，2024-03-05。

11.2.2 食品市场竞争战略地位

随着食品企业在行业中所占市场份额逐渐拉开并维持一个相对稳定的局面，不同市场份额者之间会进行比较长久的市场竞争。因此，食品企业要明确自己在同行业市场竞争中的地位，制定和实施不同的市场竞争策略。

1. 市场领先者竞争战略地位

市场领先者是在食品行业中处于领先地位的企业，占有最大的市场份额，一般是该行业的领导者。一般来说，大多数行业都有一家企业被认为是市场领先者，它在价格变动、新产品开发、分销渠道的宽度和促销力量等方面处于主宰地位，为同行业所公认。市场领先者要保持自己的市场占有额和在行业中的经营优势，有三种策略可供选择，如图11-9所示。

（1）扩大市场需求策略。

① 寻找新的使用者。一些潜在的消费者可能因为不知道食品企业的产品，或者因为对食品企业的产品不感兴趣，或者因为他们认为食品企业产品的价格不合理或存在缺陷等因素，从而没有购买企业的产品。食品企业可以从这些群体中发掘新的使用者。

项目 11　食品市场竞争者分析

```
         市场领先者竞争战略地位
    ┌──────────┼──────────┐
扩大市场需求策略  保持市场占有率策略  提高市场占有率策略
```

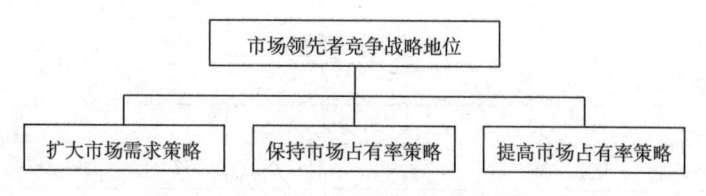

图 11-9　市场领先者竞争战略地位策略

② 发现和推广产品的新用途。如果食品企业能够发现和推广产品的新用途，也能扩大市场总需求。

③ 促使使用者增加使用。食品企业可以通过适当的方式，说服消费者更多地使用企业的产品，这也能有效地增加产品的销售量。例如，日本铃木公司曾将盛有味精的小瓶打了许多小孔，不仅方便了消费者使用，又使人们在不知不觉中增加了消费量。

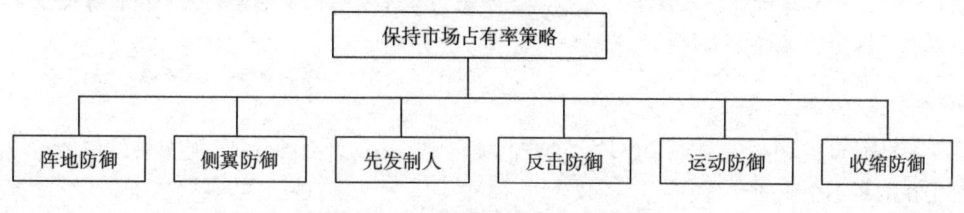

（2）保持市场占有率策略。保持市场占有率策略共有六种，如图 11-10 所示。

```
              保持市场占有率策略
  ┌──────┬──────┬──────┬──────┬──────┐
阵地防御 侧翼防御 先发制人 反击防御 运动防御 收缩防御
```

图 11-10　保持市场占有率策略

① 阵地防御。采取阵地防御，是在现有市场四周构筑起相应的"防御工事"。典型的做法是企业向市场提供较多的产品品种和采用较大的分销覆盖面，并尽可能地在同行业中采用低定价策略。这是一种最为保守的竞争做法，因缺少主动进攻，长期实行，会使企业滋生不思进取的思想和习惯。

② 侧翼防御。侧翼防御是指市场领先者对在市场上最易受攻击处，设法建立较大的业务经营实力或是显示出更大的进取意向，借以向竞争者表明，在这一方面或领域内，本企业是有所防备的。企业不但要保护自己的主要阵地，还应建立一些侧翼阵地以保护企业的薄弱部分或作为今后出击的前哨阵地。

③ 先发制人。这是一种以进攻的姿态进行积极防御的做法。即在竞争者欲发动进攻的领域内，或在其可能的进攻方向上，首先挫伤它，使其无法进攻或不敢再轻举妄动。

④ 反击防御。当市场领先者受到竞争者攻击时，采取主动的甚至是大规模的进攻，而不是仅仅采取单纯防御做法，就是反击式防御。这种反击可能是正面反击，也可能是进攻竞争者的侧翼，或采取锥形攻势切断进攻者的退路。

⑤ 运动防御。运动防御是指市场领先者将其业务活动范围扩大到其他领域中，一般是扩大到和现有业务相关的领域中，而这些新领域又可能成为食品企业未来的防御或进攻的中心。

⑥ 收缩防御。当市场领先者的市场地位受到来自多个方面的竞争者的攻击时，食品企业可能受到短期资源不足与竞争能力限制，只好采取放弃较弱业务领域或业务范围，收缩到食品企业应该主要保持的市场范围或业务领域内，就是收缩防御。收缩防御并不放弃企业现有细分市场，只是在特定时期，集中企业优势，应对来自各方面竞争的威胁和压力。

（3）提高市场占有率策略。提高市场占有率策略如图 11-11 所示。

① 产品创新策略。产品创新是市场领先者主要应该采取的能有效保持现有市场地位的竞争策略。

② 质量策略。质量策略也是市场领先企业采用较多的市场竞争策略，即不断向市场提供超出平均质量水平的产品。

241

```
                    提高市场占有率策略
        ┌───────────┬──────────┼──────────┬──────────┐
   产品创新策略   质量策略   多品牌策略  大量广告策略  有效或较强力度促销
```

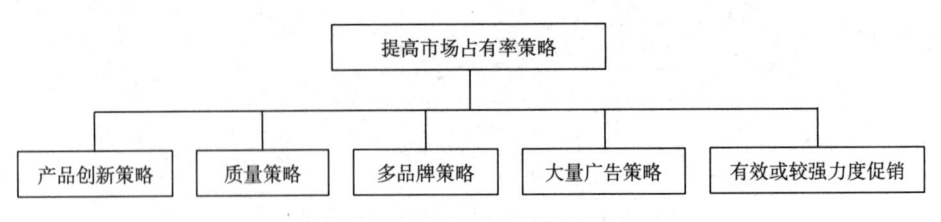

图 11-11　提高市场占有率策略

> **营销思考**
>
> **消费者权益保护法关于细化和补充经营者义务相关规定**
>
> 　　《中华人民共和国消费者权益保护法实施条例》自 2024 年 7 月 1 日起施行，对消费者权益保护法规定的保障消费者人身财产安全、缺陷产品处理、禁止虚假宣传、明码标价、使用格式条款、履行质量担保责任、消费者个人信息保护等义务作了细化规定。补充了经营者关于老年人、未成年人消费者权益保护相关义务规定。
>
> 资料来源：央广网，2014-02-01。

　　③ 多品牌策略。在食品企业销路较大的产品项目中，采用多品牌营销，使品牌转换者在转换品牌时都是在购买本企业的产品。

　　④ 大量广告策略。市场领先企业往往可以在一定的时期，采用高强度多频度的广告来促使消费者经常保持对自己的品牌印象，使其增加对品牌熟悉的程度或产生较强的品牌偏好。

　　⑤ 有效或较强力度促销。通过更多销售改进工作来维持市场份额。例如，不断加强售后服务，提供更多质量保证，建立更多的销售和消费者服务网点。

2. 市场挑战者竞争战略地位

　　市场挑战者是市场占有率位居市场领先者之后而在其他市场竞争者之上的企业，采取向市场领先者或其他竞争者发起攻击的方式来争取更多市场份额的食品企业。然而，并不能完全将其视为竞争实力一定次于市场领先者的企业，因为它们有时可能是很有实力的食品企业，只是暂时对某项业务还没有投入更多精力，或者还没有将其作为主要业务来发展。

　　（1）市场挑战者成功进攻市场领先者的条件。

　　① 市场挑战者拥有一种持久的竞争优势，如成本优势或创新优势。以前者之优创造价格之优，继而扩大市场份额；或以后者之优创造高额利润。

　　② 市场挑战者必须有某种办法部分或全部地抵消领先者的其他固有优势。

　　③ 具备某些阻挡市场领先者报复的办法，必须使市场领先者不愿或不能对市场挑战者实施旷日持久的报复。如果没有一些阻挡报复的办法，拥有资源和稳固地位的市场领先者一旦卷入战斗，就能用进攻性的报复，迫使市场挑战者付出无法承受的经济和组织代价。

　　（2）市场进攻对象。

　　① 攻击市场领先者。市场挑战者需仔细调查研究市场领先者的弱点和失误，如有哪些未满足的需要、有哪些使客户不满意的地方，然后确定自己进攻的目标。

　　② 攻击与自己实力相当者，设计夺取它们的市场阵地。

　　③ 攻击小企业。对一些地方性小企业中经营不善、财务困难者，可夺取它们的消费者，甚至这些企业本身。

　　④ 连横伐纵。与同行业的竞争企业结成战略伙伴或者整体合并。

　　（3）市场挑战者的战略目标。

① 进攻目标。市场挑战者在市场上发起进攻，或是攻击市场领先者较弱的细分市场，或是攻击比自己更小的食品企业。

② 固守目标。市场挑战者在下列条件下，可以采取固守目标：当食品行业市场需求处于总体性缩小或衰退时；当估计市场竞争者会对所遭受的进攻做出激烈反应，而本企业缺乏后继财力予以支撑可能出现的长期竞争消耗战时。

（4）市场挑战者的进攻战略。市场挑战者在食品行业中要寻求进一步的发展，一般要靠采取进攻战略。因此，进攻战略是市场挑战者主要奉行的市场竞争战略。市场挑战者的进攻战略如图 11-12 所示。

```
          市场挑战者的进攻战略
   ┌──────┬──────┬──────┬──────┐
 正面进攻  侧翼进攻  包围进攻  绕道进攻  游击进攻
```

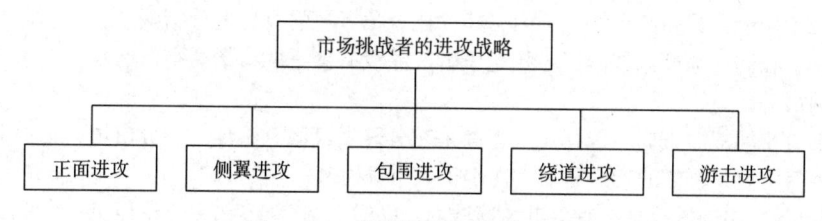

图 11-12　市场挑战者的进攻战略

① 正面进攻。正面进攻是直接向对手发起攻击，目标是对手的真正实力所在而非其弱点。即使不能一举击败对手，也能极大消耗其实力。进攻结果取决于谁的实力更强或更有持久力，遵循实力原则。正面进攻的常用方式如下：

第一，产品对比。以合法形式将自身产品与市场竞争者的产品进行特点对比，促使竞争者的用户重新考虑是否更换品牌。

第二，采用攻击性广告。使用与市场竞争者相同的广告媒介，拟定有对比性的广告文稿，针对市场竞争者的广告或其广告中体现的其他市场营销定位因素进行攻击。

第三，价格战。价格战是传统市场竞争手法，也是市场挑战者在极端情况下仍会考虑采用的战略。其后果难以预料，可能使参战各方都受到损失。因此，在现代市场营销活动中，价格战并非市场挑战者的首选战略。价格战有两种方法：一是直接降价，将产品价格定得低于市场竞争者，或调整到低于竞争者的价格。二是相对降低价格。通过改进产品质量或提供更多服务，提高产品可觉察价值，但保持原销售价格。企业需要满足以下条件：在提高质量的同时，采取降低成本的方法以保持原盈利水平；能让消费者相信并有相应价值感觉，使其认为本企业产品质量高于竞争者；符合"反倾销"立法的要求，即在法律许可范围内。

> **营销视角**
>
> **10 亿补贴，零食很忙要抢万辰"地盘"**
>
> 2023 年底，零食很忙与赵一鸣合并后，作为零食界龙头，又传出大动作：投入 10 亿元补贴加盟商，重点开拓北方区域。零食很忙拥有超过 7 500 家门店，成为行业绝对老大，形成了"南很忙、北万辰"的二分格局。然而，这种竞争格局不到半年，零食很忙在 2024 年开年推出最新加盟政策，似乎要彻底打垮"万辰系"。
>
> 最新加盟政策突出了两个重点：
>
> 第一，巨额补贴。2024 年 1 月 22 日至 4 月 30 日期间，获批准开店的加盟商享受零加盟费、零管理费、零培训费、零服务费、装修费零利润，同时一次性获得 10 万元开店补贴。对于面积超过 20m² 的门店，超出部分按 300 元/m² 补贴。
>
> 第二，补贴重点。补贴重点放在北方地区，明确针对竞争者"万辰系"。新加盟政策中明确表示，凡门店遭遇竞品（万辰系）门店恶意打折促销，公司全力支持门店竞争，补贴毛利率

至15%；凡在竞品（万辰系）高销门店100米范围内开店，额外补贴该门店店铺年租金的50%或该门店转让费的50%。这种方法在去年的咖啡大战中曾收效甚好，零食很忙也参考了这一竞争案例，通过大额补贴将对手推向"生死一线"。

资料来源：微信公众号"见智研究"，2024-01-20。

② 侧翼进攻。侧翼进攻遵循"集中优势兵力攻击对方弱点"的战略原则。当市场挑战者难以采取正面进攻，或正面进攻风险太大时，往往会考虑采用侧翼进攻。侧翼进攻包括两个战略方向：

第一，地理市场战略方向。向同一地理区域市场范围内的竞争者发起进攻。常用做法有两种：一是，在竞争者所经营的相同市场范围内，建立比竞争者更强有力的分销网点，以"拦截"竞争者的用户。二是，在同一地理区域内，寻找竞争者产品没有覆盖的市场"空白区"，占领这些区域并组织市场营销活动。

第二，细分市场战略方向。选择竞争者尚未充分开发或服务不佳的细分市场，集中资源进行突破，通过满足特定客户群体的特殊需求，逐步扩大市场份额。

③ 包围进攻。包围进攻是在对手市场领域内，同时在两个或两个以上的方面发动进攻的做法。这主要用来对付如果只在单一方面进攻，会迅速反应的市场竞争者，使被攻击者首尾难顾。例如，市场挑战者可以在多个地理区域同时推出新产品、开展促销活动或建立销售渠道，分散对手的注意力和资源，从而在整体上取得竞争优势。

④ 绕道进攻。绕道进攻如同采用军事上的"迂回进攻"的方法，即尽量避免正面冲突，在对方所没有防备的地方或是不可能防备的地方发动进攻。例如，市场挑战者可以开发全新的产品或服务，进入与对手现有业务不直接竞争但又具有潜在关联的领域，从而绕开对手的核心防御，从侧面拓展市场空间。这种方式需要企业具备较强的创新能力和市场洞察力，以发现并利用对手的盲点。

⑤ 游击进攻。游击进攻是采用"骚扰对方""拖垮对方"的策略方法进攻对手。市场挑战者往往是在准备发动较大的进攻时，先依靠游击进攻作为全面进攻的战略准备，迷惑对手，干扰对手的战略决心，或者进行"火力侦察"。

3. 市场追随者竞争战略地位

市场追随者是在市场中居于次要地位，参与市场竞争，但不准备向市场领先者或其他市场竞争者发起进攻，而是跟随在领先者之后自觉地维持共处局面的食品企业。市场追随者选择的追随策略如图11-13所示。

```
            市场追随者选择的追随策略
           ┌──────────┼──────────┐
        紧紧追随    距离追随   有选择地追随
```

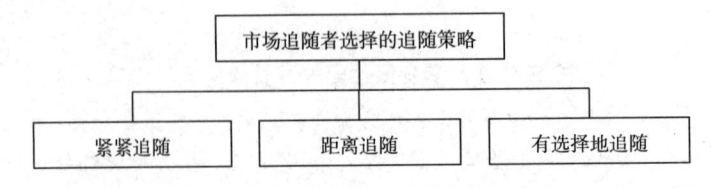

图11-13　市场追随者选择的追随策略

（1）紧紧追随。在尽可能多的细分市场和市场营销组合中模仿市场领先者的做法。这种情况下，市场追随者很像是一个市场挑战者。但是，市场追随者采取避免直接发生冲突的做法，使市场领先者的既有利益不受妨碍或威胁。

（2）距离追随。市场追随者总是和市场领先者保持一定的距离。例如，在产品质量水平、功能、定价的性能价格比、促销力度、广告密度及分销网点的密度等方面，都不使市场领先者和挑战者觉得市场追随者有侵入的态势或表示。

（3）有选择地追随。采取在某些方面紧跟市场领先者，而在另一些方面又走自己的路的做法。这类食品企业具有创新能力，但在整体实力不如对方时，需要采用完全避免直接冲突的做法，以便企业有时间悉心培养自己的市场和市场竞争实力，有望在日后成长为市场挑战者。

4. 市场补缺者竞争战略地位

市场补缺者是指那些致力于在一个或很少几个细分市场上开展市场营销活动和建立相对的市场竞争优势，而避免与大食品企业竞争的企业。作为市场补缺者，在市场竞争中重要的是应该寻找到一个或多个安全的和有利可图的补缺基点。市场补缺者选择的专业化策略如表11-4所示。

表11-4　市场补缺者选择的专业化策略

策　略	具体内容
最终用户专业化	食品企业专门为最终使用用户提供服务或配套产品
纵向专业化	食品企业专门在市场营销链的某个环节上提供产品或服务
消费者类型专业化	市场补缺者可以集中力量专为某类消费者服务
地理区域专业化	食品企业将市场营销范围集中在比较小的地理区域，这些地理区域往往具有交通不便的特点，为大企业所不愿经营
产品或产品线专业化	食品企业专门生产一种产品或是一条产品线。而所涉及的这些产品，是被大食品企业看作市场需求不够、达不到经济生产批量要求而放弃的。这就为市场补缺者留下很好的发展空缺
定制专业化	当市场领先者或市场挑战者比较追求规模经济效益时，市场补缺者往往可以碰到许多希望接受定制业务的用户。专门为这类用户提供服务，可以构成一个很有希望的市场
服务专业化	专门为市场提供一项或有限的几项服务。例如，农村中的"农技服务公司""种子服务公司"等，都为市场提供专业化服务

11.2.3　市场竞争中的竞合关系

1. 竞争关系

市场的本质就是竞争。然而，竞争是一把双刃剑。

理智的竞争是良性竞争，指的是在理性范围内的有序竞争，能够实现生产效率、产品质量、创新能力等方面的提升，推动企业效益和消费者福利的增长，服务于经济转型大局。

恶性竞争是不良竞争，指的是无序的、低价的、盲目的竞争。这种竞争短期内会带来价格的大幅下滑，消费者似乎可以从中受益，但从长期来看会导致假冒伪劣产品泛滥，扰乱市场秩序，破坏行业发展的生态环境，使行业陷入发展困境，最终损害消费者利益。

2. 竞合关系

竞合认为市场竞争者不仅是竞争者，更应是竞合伙伴，它们的共同利益应大于分歧。竞争，体现在技术创新、精细管理、环境保护、品牌塑造、社会责任等方面；合作，体现在产业政策的执行、市场健康的维护、管理技术的交流学习等方面。

3. 竞合的本质

竞合意味着既竞争又合作，是竞争的高层次状态。在竞合时代，竞争者在诸多要素上优势互补，从而利益共享。在当今全球经济舞台上，竞合模式为世界上各行业巨头所接受，纷纷以合作为基础，放眼全球去充分竞争，这就是竞合时代的本质。

> **营销视角**
>
> 新版"龟兔赛跑"的故事
>
> 　　乌龟的特点是专注、持久，兔子的特点是速度、热情。当某一天龟兔赛跑要经过一条小河时，兔子跑得非常快，很快就到了河边，但无法过河，因为不会游泳，只能站在河边干着急。而乌龟因为速度很慢，爬呀爬，花了很长时间才爬到河边，天已经黑了，它们也已筋疲力尽，再也无力游过河去。比赛的结果自然是两败俱伤。
>
> 　　假设这一对龟兔能调整思路，刚开始时由跑得快的兔子背着会游泳的乌龟跑，它们就会很快到达河边；这时会游泳的乌龟发挥自己的长处，驮着兔子游到对岸。这样，它们既跑得快，又能过河。这种合作对于这一对龟兔来说显然是双赢的，这就是竞合。
>
> 　　在竞合时代，资源整合成为企业发展的关键策略。竞合时代的特点是竞争与合作并存，企业需要在竞争中寻找合作机会，通过资源整合实现共同发展。
>
> 资料来源：微信公众号"易桃文化"，2024-07-03。

4. 竞合时代的资源整合

（1）资源整合利用彼此的资源创造共同利益。在竞合时代，营销者需要了解资源整合的概念，并善于利用彼此的资源进行更多的整合与合作。

（2）资源整合的技巧和方法。

① 弱化攻击性。创业者在发展过程中应弱化攻击性，避免与竞争者产生冲突。这样既能避免消耗自身资源，也能防止引发竞争者的反击。

② 激发他人内心的善。创业者应修养自身德行，避免过强的攻击性，从而不引发他人内心的恶，对方自然也不会猛烈反击。若想让公司发展良好，应懂得激发他人内心的善，以和气生财。

③ 合作共赢。创业者面对对手时，不应争强斗狠，而应思考如何实现合作共赢，避免两败俱伤。

④ 格局要大。营销者在整合资源时，应具备更大的格局，摒弃占便宜的思维。这样可以吸引更多投资者或合作伙伴，从而推动企业的发展。

（3）构建共赢系统。构建共赢系统是指在合作中让参与各方都能获得利益。资源整合应遵循合作双赢、互利互惠的原则，以促进双方的长期发展。

要实现共赢，需具备利他精神。老子在《道德经》中指出："天地之所以能长久，是因为它不为自己谋取私利。"企业应效仿天之道，不单纯为自己谋利，而是为他人创造价值。

在追求财富的过程中，应更加注重思考如何为他人创造价值。只有通过为他人提供有价值的产品或服务，才能获得成功和回报。这种利他的思维方式不仅能够帮助实现个人目标，还能促进社会的共同发展。

> **项目案例分析**
>
> 开在社区的"麦当劳"：万店品牌锅圈食汇成功的底层逻辑是什么
>
> 　　民以食为天，在中国这样的美食大国里，餐饮行业有着说不完的故事。其他行业或许会随着经济环境的周期性变动而沉浮，但餐饮这一刚需性市场却能够超越周期，始终长青。两相结合之下，一个又一个餐饮巨头成长起来。
>
> 　　七年前，锅圈食汇第一家门店在郑州福元路开业。如今，锅圈食汇门店数已经破万，今年计划还要开三千到五千家店。从 0 到门店 10 000+，锅圈食汇出圈的逻辑是什么？
>
> 　　冻品食材的生意早已有之，并不是一个什么新鲜的模式。锅圈食汇的成功，很大程度上得

益于其创始人在创业之初就找准了定位。

杨明超也表示，"锅圈食汇走的路是一条农村包围城市的路，先从县城做起，再逐渐布局到北京、上海、深圳、成都、重庆等一、二线城市"。凭借万家门店，锅圈食汇超越了传统的火锅食材冷冻冰柜形态，而是将锅圈食汇打造成专注于火锅食材这一垂直类目的超市连锁业态。

以上这些优势的取得，秘诀在于强大的供应链、快速响应市场的产品研发和接地气的营销。众所周知，餐饮是重资产模式，而这"重中之重"在于供应链。锅圈食汇的成功，离不开其强大的供应链实力。锅圈食汇与包括安井、三全等上游品牌建立了稳定且互补的关系。同时，锅圈食汇旗下拥有三个食材生产厂，即生产牛肉产品的"和一肉业"、生产肉丸的"丸来丸去"以及生产火锅底料产品的"澄明食品"。为了保证优质虾滑供应，锅圈食汇还投资了其中一名供应商"逮虾记"。

供应链可以说是餐饮业态的心脏。锅圈食汇在供应链方面不吝投入，不仅通过规模化更好地降低成本，也保证了食材供给的质量和安全性。锅圈食汇围绕"在家吃饭"基本盘，不断挖掘用户的深层次需求，定义新场景，持续提供新的用户价值。

一方面，锅圈食汇通过不断扩大门店规模，可以让每家门店服务2 000到3 000户家庭的客群半径，使得门店终端如同毛细血管深入家家户户，稳固存量市场；另一方面，通过持续渗透下沉市场，以及以"社区中央厨房"的模式不断地与用户进行交互，锅圈食汇有能力围绕当地社区居民，不断做出菜单微创新。

这是锅圈食汇作为餐饮场景品牌的独特能力溢出：围绕"好吃方便还不贵"的核心价值，不断细化消费者生活新场景，从"在家吃饭"，迭代为更丰富的"生活提案"，快速跟进产品。

锅圈食汇在营销方面也是开足了马力，联动公益纪实综艺《加油！小店》、火锅美食情感真人秀《暖暖的火锅》两档卫视综艺，精准切入火锅场景，合力推动"在家吃饭，就找锅圈"的消费心智占领，进一步夯实品牌营销力。

资料来源：微信公众号"逸马连锁圈"，2023-10-04。

➔ 辨证性思考：
1. 结合案例，分析锅圈食汇在竞争战略的实施上有什么可取之处。
2. 鉴于火锅食材市场竞争有愈演愈烈之势，你认为锅圈食汇应该如何应对未来的市场竞争。

项目检测

营销知识培养规格检测
1. 如何识别市场竞争者？
2. 市场领先者应如何确定自己的市场营销策略？
3. 市场领先者如何防御市场竞争者的攻击？
4. 食品企业处于挑战者地位时应如何选择市场营销策略？
5. 市场挑战者的攻击策略主要有哪几种形式？
6. 市场追随者的追随策略主要有哪些？
7. 简述市场补缺性企业的市场营销策略选择。

营销能力培养规格检测和营销素养培育规格检测
实践项目11　制订××食品企业市场竞争分析方案
项目实践目的：运用食品企业市场竞争分析的理论和方法，对××食品企业市场竞争现状进行分析，探讨食品企业提高市场竞争力的途径和方法。培养学生运用市场竞争分析的理论和方法分析问题的能力。撰写食品企业市场竞争分析方案。同时强化学生诚信文化教育和遵守公平竞争法律法规的意识。

项目检测考核： 由班级学习委员组织分团队对××食品企业市场竞争分析方案进行宣讲、讨论、答辩，指导教师进行评价。由各团队队长和指导教师对方案及提高遵守公平竞争法律法规的认知进行综合评判打分，考核成绩分为优秀、良好、及格。

项目 12

食品市场营销诊断

思维导图

```
                                    ┌── 食品市场营销诊断的概念
                    ┌── 认知食品市场营销 ──┼── 食品市场营销诊断的意义
                    │   诊断              └── 食品市场营销诊断的内容
食品市场营销诊断 ──┤
                    │                      ┌── 食品市场营销诊断的操作程序
                    └── 食品市场营销诊断 ──┤
                        的操作程序和方法    └── 食品市场营销诊断的方法
```

项目培养规格

营销素养培育规格

强化"坚定文化自信，承担文化使命"的理念，用中国道理总结好中国经验，将中国经验提升为中国理论。培养营销者的市场洞察能力，增强其数据意识和数据分析能力。

营销知识培养规格

明确食品市场营销诊断的概念、重要性及内容；掌握食品市场营销诊断的操作程序；掌握食品市场营销诊断的方法。

营销能力培养规格

培养能够运用食品市场营销诊断的内容和方法，分析食品企业市场营销现状，发现存在的市场营销问题，找到解决市场营销问题的方法和措施，并制订食品企业市场营销诊断方案的能力。

项目导入案例

品牌营销诊断

品牌营销诊断的要素包括"有声""有形""有情""有别"，这些要素是评估品牌健康度和市场竞争力的重要维度，如图 12-1 所示。

249

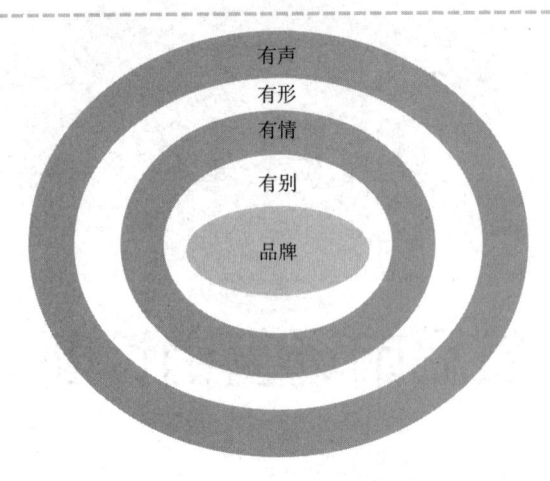

图 12-1　品牌营销诊断要素

1. 诊断"品牌有声"的关键点

看得见吗？品牌是否具有较高的市场曝光度和可见度，能否在消费者视野中频繁出现。

叫得出吗？品牌名称是否容易被消费者记住并脱口而出，即品牌知名度。

想得到吗？品牌是否能在消费者心中留下深刻印象，成为其在相关品类中的首选或备选之一。

除了评估绝对数据，还需要与竞争品牌进行对比，分析品牌的相对市场位置。

2. 诊断"品牌有形"的关键点

认得出吗？品牌是否具有独特的视觉识别要素，如标志、包装、广告语等，这些要素是否能让消费者在众多品牌中迅速识别。

记得住吗？品牌的关键识别要素是否具有足够的记忆点，如独特的形状、颜色、名字、IP形象、创始人故事、配料表或品牌精神文化等。

例如，三只松鼠的名字和 logo 标识、红牛的金罐标识等都是典型的品牌识别要素。

3. 诊断"品牌有情"的关键点

品牌有情绪点吗？品牌是否传递了某种情感或价值观，能否与消费者建立情感共鸣。

消费者能感知到吗？消费者是否能够感受到品牌所传达的情感内涵，并因此对品牌产生认同感和忠诚度。

在产品同质化严重的市场环境下，通过情感与消费者建立长久的连接是品牌成功的关键。

4. 诊断"品牌有别"的关键点

品牌的差异化是什么？品牌在调性、视觉、定位等方面是否具有独特的差异。

消费者能感知到差异吗？消费者是否能够清晰地感知到品牌与竞争对手之间的差异，并因此选择该品牌。

例如，金六福以"福文化"为切入点，王老吉以"怕上火"为切入点，都成功地形成了品牌的差异化优势。

一次高效的品牌营销诊断不仅需要企业自身的参与，还需要经销商、营销中介和消费者的共同参与。多角度的调研能够提供更全面、更准确的信息，从而提高诊断的深度和准确性。

资料来源：益派数据，2023-07-21。

◐ 辩证性思考：

选择一个食品品牌，结合品牌营销诊断的要素谈一下自己的认识。

任务 1　认知食品市场营销诊断

12.1.1　食品市场营销诊断的概念

如果将市场营销比作一个水桶，那么这个水桶是由许多块木板组成的，正如市场营销由众多环节构成一样。而这个水桶能装多少水，取决于最短的那块木板。营销诊断实际上是将水桶拆开，逐一检查，找出到底有多少块"短木板"。

食品市场营销诊断是指在食品企业现有的条件和竞争环境下，通过全面的营销检查，发现当前存在的营销问题，并找到解决方案的过程。市场营销诊断借鉴了医学领域的术语，形象地诠释了企业的市场营销活动。市场营销诊断就如同给企业"看病"，需要找出症结所在，对症下药，才能使企业恢复健康和正常运营。

> **营销者素养**
>
> 营销者的数据分析能力
>
> 随着信息技术的高速发展，大数据、云计算、物联网、人工智能等信息技术在政治、经济、文化等社会各个领域不断渗透并深度融合。数据已经成为经济社会发展的关键生产要素，数字资源成为国家发展的重要战略资源，数字治理成为国家治理现代化的重要驱动力。因此，《促进大数据发展行动纲要》明确要求建立"用数据说话、用数据决策、用数据管理、用数据创新"的管理机制，健全大数据辅助科学决策的机制，逐步实现政府治理体系与治理能力的现代化。不断提升领导干部用数据科学决策的能力是一项长期、系统的复杂工程。其中，提升决策者的数字素养是前提，优化决策的数字化环境是基础，重视数据决策的价值追求是关键。
>
> 资料来源：微信公众号"中国领导科学"，2024-01-03。

12.1.2　食品市场营销诊断的意义

食品企业市场营销过程中遇到的问题多种多样，但归根结底可以归纳为两个核心问题：一是企业的市场营销为什么会"生病"？二是企业的市场营销到底"病"在哪里？通过市场营销诊断，能够将企业已知和未知的市场营销问题，以及这些问题的根源逐一找出来。在此基础上，企业可以及时调整市场营销策略，制订出科学合理的市场营销策划方案。

> **思政教育**
>
> 习近平文化思想
>
> 文化是一个国家、一个民族的灵魂。文化兴国运兴，文化强民族强。没有高度的文化自信，没有文化的繁荣兴盛，就没有中华民族伟大复兴。要坚持中国特色社会主义文化发展道路，激发全民族文化创新创造活力，建设社会主义文化强国。
>
> 资料来源：2017 年 10 月 18 日，习近平在中国共产党第十九次全国代表大会上的报告。

12.1.3　食品市场营销诊断的内容

1. 品牌策略诊断

品牌策略诊断是以科学的调研与分析方法，了解品牌现状，深刻洞察并描述品牌存在的优势（Strengths）、劣势（Weaknesses）、机会（Opportunities）和威胁（Threats），为品牌定位提供决策依据的过程。

品牌策略诊断的内容包括：

（1）品牌价值传递：品牌定位是否满足基本要求；是否具有最优性价比；是否实现了卓有成效的价值沟通。

（2）品牌市场表现：品牌知名度、品牌知晓度、品牌美誉度、品牌市场占有率、品牌成长率。

（3）品牌竞争前景：品牌忠诚度、品牌差异度、品牌价值与生活方式的关联度。

2. 市场策略诊断

市场策略诊断是通过全面的品牌调研与分析的结论指导，对品牌进行战略规划，找准品牌在市场中的定位，为后续的品牌策略和营销策略提供基础工作。市场策略诊断重点是对食品企业市场策略全过程进行诊断。

市场策略诊断的内容包括：

（1）市场调研分析：行业现状、市场需求状况、客户数据、目标市场状况等。

（2）竞争者分析：产品分析、视觉分析、销售渠道分析、市场占有率分析。

3. 产品策略诊断

产品是品牌资产的核心。产品策略诊断主要是对产品的口感、包装、容量、色泽等涉及产品本身是否符合消费需求进行诊断，检测消费者对产品以上各方面的满意度，确定是否需要进行调整或创新。

产品策略诊断的内容包括：

（1）明确产品的定位：产品的附加功能、高品质、创新性、价格竞争力等。

（2）设定产品目标：具体的产品性质、公司类型及整体营销目标，产品的目标应与企业的业务紧密相连。

4. 全渠道营销策略诊断

全渠道是以数字化为基础，通过商店、移动设备和在线等所有渠道为消费者提供无缝的消费体验。消费者分布在不同渠道和平台上，如自营App、第三方电商平台、公众号、小程序和线下门店。全渠道营销策略诊断是指产品的销售渠道是否与目标消费者的购买渠道一致、销售渠道是否顺畅、销售终端的展示是否能直接触动购买。

全渠道营销策略诊断的内容包括：

（1）是否采取线上线下渠道、线下线上一体化渠道或社交渠道。

（2）是否对各渠道数据进行集成和打通，是否能获取客户的全链路行为，是否能提供个性化的客户体验。

5. 市场营销数据分析诊断

市场营销数据集成后，对数据的多维度分析也是重要的诊断环节。平台上的数据可以分为两种类型：一类是统计汇总维度的报表数据，另一类是自定义规则条件的探索分析型数据。

市场营销数据分析诊断的内容包括：

（1）报表数据：是否可查看各渠道的用户数据，如小程序的订单量、订单金额、订单地域分布，企业微信的客户量、群数量、活跃群数量，抖音的粉丝量和新增粉丝等。

（2）探索分析型数据：能否根据属性+标签或属性+行为去分析人群覆盖、人群分布特征，或基于特定的行为分析模型（如事件分析、留存分析、漏斗分析等）去分析用户的行为特征。

6. 市场营销自动化工具诊断

市场营销自动化工具是一种跨多个渠道自动管理营销流程和多功能活动的技术工具，通过营销自动化工具可以帮助食品企业自动执行各种个性化的营销策略。

市场营销自动化工具诊断的内容包括：

（1）是否能深度嵌入从公域获客、私域运营、客户管理、成交转化、推荐裂变的客户运营全流程。

（2）是否能 7×24 小时不间断自动执行客户唤醒动作，提高人效，缩短全链路营销动作执行周期，满足高效高频的营销动作执行需求。

> **营销者素养**
>
> **培养市场洞察能力**
>
> 洞察力是营销者需要具备的高级能力，也是很多人所说的"透过现象看本质的能力"。最基本的洞察是从数据和信息中提炼出观点。以下是培养市场洞察能力的要点：
>
> 第一，判断数据和信息的真实性和有效性：如果方向错了，就不可能得出正确的结论。
>
> 第二，保持客观立场：尽量站在第三方的角度客观思考，不要对自己有利的数据盲目相信，而对不利的数据视而不见。
>
> 第三，广泛收集信息：先对信息进行分类，再按类别阅读。当前的信息不是不够，而是过多。通过对比类似信息，可以逐渐形成自己的看法。例如，关于 Z 世代的消费习惯，各家有不同观点，可以将这些观点放在一起对比分析。
>
> 第四，不断追问"为什么"：不要急于接受观点，而是连环追问"为什么"，层层分解，直到找到最初的假设，并判断其是否合理。
>
> 第五，提高总结能力：在看完一个调查的数据后，先不看结论，写下自己的看法，然后对比报告的结论，找出差距和差异，再重新审视报告，继续思考总结。
>
> 资料来源：京浩传媒，2022-03-09。

任务 2　食品市场营销诊断的操作程序和方法

12.2.1　食品市场营销诊断的操作程序

食品市场营销诊断的操作程序如图 12-2 所示。

预备诊断阶段：查找问题 → 正式诊断阶段：探察问题根源 → 发布结论阶段：撰写诊断报告

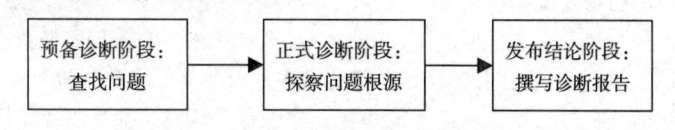

图 12-2　食品市场营销诊断的操作程序

1. 预备诊断阶段：查找问题

此阶段主要任务是收集汇总市场营销诊断所需的企业信息，迅速了解企业的整体市场营销环境，厘清诊断思路，明确食品企业的市场营销现状。

- 收集详细的企业市场营销运行情况，整理并分析相关数据资料；
- 深入企业经营现场，按照既定流程，进行有目的、有针对性的现场考察；
- 调查并了解员工以及经销商的想法和意见；
- 制订市场营销诊断计划。

在预备诊断阶段与各级员工以及经销商访谈时，可采用 SWOT 分析法。通过直接提问以下问题，快速梳理企业现状：
- 企业的优势有哪些？
- 企业的劣势有哪些？
- 企业的机会点有哪些？
- 企业的问题点有哪些？

2. 正式诊断阶段：探察问题根源

通过预备阶段的 SWOT 分析，企业的大致情况或表面问题已基本呈现。然而，这些问题的成因及其根源仍需深入探究。正式诊断阶段是整个市场营销诊断中最为关键的环节，不仅因其工作范围广、工作量大，更在于此阶段需精准定位问题根源。营销诊断者必须具备敏锐的思维和善于发现问题的眼光，随时捕捉并聚焦关键问题，开展深度访谈。深度访谈需要提前拟定访谈提纲，针对不同访谈对象（企业决策层、营销各级主管、一二级批发商、终端销售员等），提出针对性问题：

（1）市场营销战略诊断。市场营销战略诊断主要围绕以下方面展开：
- 项目选择、行业市场分析、整合市场营销观念、企业核心价值、营销战略规划（方向、目标、步骤及相关决策）、营销目标、目标市场、品牌战略、网络建设等。
- 营销战略规划访谈：各级主管是否了解企业营销总体目标、步骤及相关决策。
- 营销目标访谈：目标是否明确、实际，是否以合理的营销组合目标为手段来规范。
- 目标市场访谈：是否了解地域及目标消费者的定位、认知、把握。
- 品牌形象访谈：如何看待本企业的品牌形象定位、规划与推广。

（2）内部市场营销环境诊断。内部市场营销环境诊断涵盖以下内容：
- 市场营销组织架构访谈：目前是否站在客户立场考虑问题，是否了解直接上司和直线下级的职责与权力范围。
- 效果评估系统访谈：对现有评估制度是否了解或认可。
- 流程管控系统访谈：职工是否了解流程，主管是否定期检查销售队伍的效率与效果。
- 专业销售队伍访谈：是否了解销售队伍情况，是否对销售队伍进行培训。
- 市场信息系统访谈：做决策参考哪些依据，信息如何收集，信息反馈后处理效率如何。

思政教育

深入推进数字经济创新发展

深入推进数字经济创新发展，制定支持数字经济高质量发展的政策，积极推进数字产业化、产业数字化，促进数字技术与实体经济深度融合。深化大数据、人工智能等技术的研发应用，开展"人工智能+"行动，打造具有国际竞争力的数字产业集群。实施制造业数字化转型行动，加快工业互联网规模化应用，推进服务业数字化，建设智慧城市、数字乡村。深入开展中小企业数字化赋能专项行动。支持平台企业在促进创新、增加就业、国际竞争中大显身手。健全数据基础制度，大力推动数据开发开放和流通使用。适度超前建设数字基础设施，加快形成全国一体化算力体系。通过广泛而深刻的数字变革，赋能经济发展、丰富人民生活、提升社会治理现代化水平。

资料来源：中评网，2024-03-05。

（3）市场营销组合与管理诊断。

第一，产品（包括生产主管）。

产品品质：如何看待产品品质与包装在同行中的水平，消费者是如何评价的（需拜访客户）。

产品定位：如何进行产品定位，是否有独特概念，能为客户带来什么利益。

产品线及其延伸：产品体系如何构建，其中强势产品的地位如何，是否有延伸的设想。

第二，价格（包括财务主管）。

定价：定价基于什么因素，是否了解各环节价格差，消费者的心理接受价位预计是多少。

管理与控制：是否有价格政策，是否认同，如何进行控制与管理，价格异议程度多大，是否有抬价与压价现象，如何处理。

第三，渠道。

渠道建设与控制：是否有渠道政策，效果如何（需拜访经销商），渠道是如何设定的，是基于经验、习惯还是战略考虑，经销商对下级经销商有哪些具体支持。

渠道促销：请访谈对象以案例说明渠道促销政策及效果（需拜访经销商），未来一两年的渠道促销计划是如何制订的。

中国式营销

娃哈哈——得渠道者得天下

娃哈哈销售模式的最大特点是"联销体"，"先款后货"是"联销体"模式的核心特点。娃哈哈用了一年多时间完成了该模式的推广，一级经销商需将款项预付给娃哈哈，二级批发商需将款项预付给一级批发商，从而确保了娃哈哈货款的及时回收。娃哈哈为此支付高于或相当于银行存款的利息。这一举措为公司发展提供了重要的资金来源，使其能够集中精力做产品、做渠道、做品牌；同时将厂家与经销商深度捆绑，提高了经销商帮助拓展市场的积极性和决心。渠道对企业而言是制胜市场的关键，它不仅帮助企业创造持续的竞争优势，还能通过渠道协作效益促进市场份额的增长，并实现价值形态的转换。

娃哈哈的渠道铺货速度被众多专家和媒体人津津乐道："联销体模式让娃哈哈每推出一个新品，能在三天内铺满全国所有渠道终端。"

资料来源：微信公众号"橄榄树品牌营销"，2024-03-01。

第四，广告。广告策略如何制定，是否有投放（含资金）计划和媒体组合，是否有效果测定与跟踪。

第五，促销。如何制订年度促销计划，针对不同消费者和通路的不同层面，采用何种促销方法，效果如何测定，是否有专门的促销活动督导人员，促销活动的预算是如何计算的。

第六，公关。是否有公关活动计划，如何提升和把握知名度与美誉度的关系。

第七，销售管理。各级销售目标是如何制定与落实的，如何进行预算和控制（需拜访财务主管），对销售员如何进行日常管理，销售员是否认为他在上级监控之下（需拜访本人）。

3. 发布结论阶段：撰写诊断报告

市场营销诊断是一个系统工程。经过正式诊断阶段的综合分析，这是整个市场营销诊断过程中的核心部分，其质量直接决定了市场营销诊断的水平。在找到市场营销的问题及其根源后，根据实际诊断结果，提出改进措施，并撰写诊断报告。

二维码链接 12-1
农夫山泉的营销诊断报告

12.2.2 食品市场营销诊断的方法

食品市场营销诊断可以借鉴中医的诊断手法，即"望、闻、问、切"，再结合"思"进行综合分析，如图 12-3 所示。

```
                    食品市场营销诊断的方法
                            │
        ┌───────────┬───────┴───────┬───────────┐
        ▼           ▼               ▼           ▼
     望：利润 ───► 闻：产销 ───► 问：一把手 ───► 切：现金流
                            │
                            ▼
                    思：综合分析+思辨
```

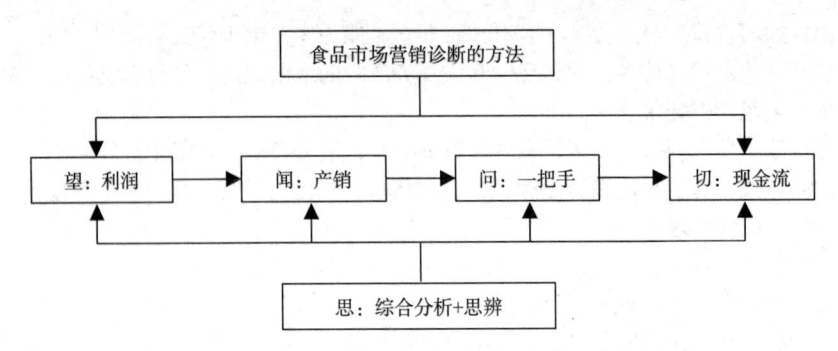

图12-3　食品企业市场营销诊断的方法

1. 望：利润

（1）看利润规模和利润率：如果利润低，说明产品的可替代性高、附加值低，企业盈利困难；如果净利率不高或销售费用和市场费用过高，说明商业模式存在问题。

（2）看收入：对照过去36个月的收入曲线图，如果收入规模大、收入来源稳定且利润高速增长，则说明企业优质。

（3）看用户：好的产品一定是用户增速快的。如果用户不是几何级数裂变式增长，说明产品不够"爆品"；如果用户黏性低，则说明产品不是用户的刚需。

> **营销思考**
>
> **稳中求进再出发——从全国两会看中国经济**
>
> 　　国内生产总值超过126万亿元，增速居世界主要经济体前列……过去一年，我国经济波浪式发展、曲折式前进，成绩来之不易。
>
> 　　当前，经济回升向好基础仍需进一步稳固，必须坚持高质量发展这一新时代的硬道理，脚踏实地向前进。
>
> 　　坚持稳中求进、以进促稳、先立后破——报告将今年国内生产总值增长预期目标定在5%左右。
>
> 　　中国社科院工业经济研究所党委书记曲永义委员表示，这一目标考虑了促进就业增收和防范化解风险，并与"十四五"规划和基本实现现代化的目标相衔接，适应发展需求、符合社会预期。
>
> 　　城镇新增就业1 200万人以上，城镇调查失业率5.5%左右；居民消费价格涨幅3%左右；居民收入增长和经济增长同步……
>
> 资料来源：共青团中央，2024-03-07。

2. 闻：产销

"望"是对食品企业的一个整体评估。如果企业利润情况良好，或者没有利润但收入情况良好，或者既没有利润也没有收入但用户情况良好，说明企业"健康"，剩下的"闻、问、切"就是"常规体检"，寻找"隐患"；如果企业的利润、收入和用户情况都不理想，说明企业"病了"，剩下的"闻、问、切"就是寻找"病根儿"。"闻产销"即通过敏锐的洞察力，观察企业与市场的异象与异动。

（1）闻产品，成交难度和用户体验。

成交难度：抓住用户刚需的产品，用户一定愿意付费。好的产品，成交难度低，目标用户看到产品后有购买冲动。而那些需要反复推销甚至讨价还价才能成交的产品，说明产品需要完善。

用户体验：用户体验是产品的关键。用户体验不好，轻则导致投入和努力大打折扣，事倍功半；重则直接导致企业失败。好的用户体验应该是用户不假思索就能流畅使用。

（2）闻销售，持续销售、销售加速度、可复制的销售方法。

如果产品没有问题但收入和利润不理想，一定是销售出了问题，需分析销售环节。现实中，最畅销的产品往往不是最好的产品，而是最会营销的产品。

持续销售：正确的销售方法应让用户"应买尽买"，不依赖某个具体销售人员，形成常态化的持续销售。

销售加速度：正确的销售方法应有销售加速度，因为老用户会带来新用户，用户规模的扩大也会吸引更多潜在用户。

可复制的销售方法：这是企业成功的关键。企业首先需要设计一个有人愿意买的产品，然后找到一个可复制的销售方法。

3. 问：一把手

诊断企业，最关键的是审视一把手是否堪当大任。只有具备"成功范儿"的一把手，才能打造一家成功企业。一把手必须是德才兼备的"三好人才"和"三有人才"：

（1）三好：好品德、好才华、好心态。

（2）三有：有态度、有能力、有素质。

4. 切：现金流

现金流是企业的生命线，现金流紧张甚至面临断裂的企业是重症病人。企业的经营者必须时刻关注企业的现金流，根据企业每个月要消耗的成本和费用，测算现有现金能够支撑的时间。在测算时，对于收入要按照最低可能预测，对于成本和费用要按照最大可能预测。原则上，如果在没有一分钱收入的情况下，企业的现金不足以支撑 18 个月的最低成本和费用，则企业的风险较高。

以上是企业诊断四步法，层层递进，由表及里抽丝剥茧，分析企业就如同中医的望闻问切一样，诊断清楚才能对症下药。

5. 思：综合分析+思辨

对"望、闻、问、切"得来的信息进行综合分析与思辨，得出结论，并给出方向性的建议。分析企业就如同中医的望闻问切一样，只有诊断清楚才能对症下药。

> **营销视角**
>
> **三点营销诊断法**
>
> 1. 三点营销模型
>
> 企业的产品必须同时具备"奇异点""利益点""欲求点"，只有这样，企业的产品才会有强有力的"卖点"，否则，企业的产品就难以达到预期目标，如图 12-4 所示。
>
> 图 12-4　三点营销模型

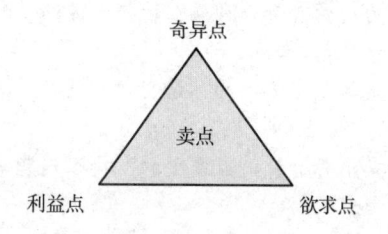

三点营销模型的第一个点：产品的"奇异点"。缺乏独特之处的产品往往缺乏市场吸引力。

三点营销模型的第二个点：产品的"利益点"。不能为消费者提供实际利益的产品往往缺乏市场吸引力。

三点营销模型的第三个点：产品的"欲求点"。不能满足消费者核心需求的产品往往缺乏市场吸引力。

2. 三点营销诊断法的公式

$$奇异点 = 利益点 = 欲求点 = 卖点$$

$$奇异点 \times 利益点 \times 欲求点 = 卖点$$

公式的解析：
- 在产品中找出与众不同的"奇异点"。
- 产品的"奇异点"必须转化为"利益点"。
- 产品的"利益点"必须与消费者的"欲求点"相匹配。
- 公式中的"三点"用乘号而非加号连接，表示任何一个点为零，则"卖点"为零。
- 只有"三点"一致，产品才会有出色的"卖点"。

3. 三点营销中卖点的误区

在实际销售过程中，许多企业在发掘产品"卖点"时存在偏颇和失误。主要误区包括：

（1）将"奇异点"当作"卖点"：许多企业犯了这种低级错误。企业可能是某种产品的首创者，或拥有某项专利，于是在广告宣传中不断强调"第一""专利""金奖"等，却忽视了消费者是否真正喜欢这些说辞。这是一种典型的自我陶醉症。企业错误地认为，只要产品有独特之处，消费者就会购买。

（2）将"利益点"当作"卖点"：这是企业常犯的一种错误。企业因为产品具有某种使用价值，便将其作为广告宣传的核心，却忽视了消费者是否需要和喜欢这种利益。这是一种突出的利益钟情症。企业天真地认为，只要产品能够提供利益，消费者就会接受。

（3）将消费者的低"欲求点"当作"卖点"：这是企业因不了解消费者或自作主张而常犯的错误。消费者的心理通常处于"黑箱"状态，企业很难准确把握消费者的主欲求和次欲求。因此，企业可能将所有欲求一并列出，或将一些无关紧要的"欲求"作为主要宣传点。这种做法虽然方向正确，但方法不当。企业对低欲求大加宣传，却忽视了消费者当前最迫切的需求。这是一种浅层次的需求盲动症。企业简单地认为，只要产品能满足消费者的需求，无论是否是最强烈的需求，消费者最终都会购买。

4. 三点营销诊断的过程

当企业开发新产品或开拓新市场时，至少应进行一次三点营销诊断分析。诊断者需要对产品进行"四问"：

（1）这个产品的"奇异点"是什么？请将产品的奇异点一一列举。

（2）这个"奇异点"能否为消费者带来利益？请将产品的"利益点"一一列举，并排除那些不能为消费者带来利益的"奇异点"。

（3）这个"利益点"是否是消费者需要的？请将产品的"欲求点"一一列举，并排除那些消费者不需要的"利益点"。

（4）这个"欲求点"是否是消费者目前最需要的？排除消费者的"低欲求点"，将消费者当前最大的"欲求点"作为"卖点"。

资料来源：成林思语，2022-10-14。

项目 12　食品市场营销诊断

项目案例分析

年轻人给卫龙辣条"判定的""三宗罪"

2024 年 3 月 22 日,"辣条一哥"卫龙的 2023 年报"出炉",人们却发现曾经炙手可热的辣条"凉了"。

这份成绩单显示,2023 年卫龙的调味面制品销量为 12.44 万吨,每千克售价 20.5 元。不过,与 2022 年同期相比,这一品类销量下滑 17.4%,收入也同比下滑 6.2%,降至 25.49 亿元。对此,卫龙称,主要由于线下传统渠道流量下滑带来的影响。

销量下滑近 20%,是年轻人的口味变了,还是卫龙辣条"老了"?

在"卫龙辣条销量下滑近 20%"的微博热搜下,一项关于"为什么辣条抓不住年轻人了"的问卷调查显示,大家投票的前三名答案分别是:不够健康,追求低盐、低糖(33%);口感不佳,没有以前好吃(29%);价格上涨,分量却没有变(28%)。

在口味偏好上,卫龙这个曾凭借甜辣口味成功打开低龄消费市场的品牌,如今也遭遇了不小的挑战。在各大社交平台的讨论中,卫龙旗下的众多产品被网友戏称为"甜条",因其甜味过重而辣度不足。正是基于这样的市场反馈,南派辣条中的佼佼者麻辣王子抓住了这一机遇,迅速崭露头角,实现了品牌的快速成长。

与此同时,消费者对于卫龙辣条的热情也随着其价格的持续上涨而逐渐减退。从公司公开的财报数据中,我们可以清晰地看到,卫龙主营的调味面制品(辣条)、蔬菜制品及豆制品等在过去几年里均经历了显著的价格上调。与 2019 年相比,这些产品的平均单价分别上涨了 45%、24% 和 84%。

特别值得注意的是,在 2023 年上半年,调味面制品(辣条)的单价涨幅更是高达 27%,这一速度甚至超过了每年涨幅在 10% 至 20% 之间的 LV 热门爆款。这样的价格增长,使得卫龙辣条被一些消费者戏称为"奢侈品",从而影响了其销量。

资料来源:微信公众号"第一食品资讯",2024-03-25。

➡ **辨证性思考:**
结合年轻人给卫龙的"三宗罪",利用营销诊断的方法对卫龙进行营销诊断。

项目检测

营销知识培养规格检测
1. 简述食品市场营销诊断的概念。
2. 简述食品市场营销诊断的内容。
3. 简述食品市场营销诊断的意义。
4. 食品市场营销诊断的操作程序。
5. 简述食品市场营销诊断的方法。

营销能力培养规格检测和营销素养培育规格检测
实践项目 12　制订××食品企业市场营销诊断方案

项目实践目的:运用食品市场营销诊断的理论和方法,对××食品企业市场营销现状进行诊断分析,探讨提高食品企业市场营销效率的途径和方法。培养学生运用市场营销诊断的理论和方法分析问题和解决问题的能力。撰写食品企业市场营销诊断方案。同时强化学生运用数据分析问题、解决问题的能力的培养。

项目检测考核：由班级学习委员组织分团队对××食品企业市场营销诊断方案进行宣讲、讨论、答辩，指导教师进行评价。由各团队队长和指导教师对方案及团队运用数据分析的能力和团队合作状态进行综合评判打分，考核成绩分为优秀、良好、及格。

项目 13

食品市场营销计划、组织、执行、控制与总结

思维导图

```
食品市场营销         ┌── 认知食品市场营销计划 ──┬── 食品市场营销计划
计划、组织、执行、   │                          └── 食品市场营销计划的操作程序
控制与总结           │
                     ├── 认知食品市场营销组织 ──┬── 食品市场营销组织
                     │                          ├── 影响食品市场营销组织设计的因素
                     │                          └── 食品市场营销组织设计的操作程序
                     │
                     ├── 认知食品市场营销执行 ──┬── 食品市场营销执行
                     │                          ├── 食品市场营销执行的操作程序
                     │                          └── 食品市场营销执行中应注意的问题
                     │
                     ├── 认知食品市场营销控制 ──┬── 食品市场营销控制
                     │                          ├── 食品市场营销控制的操作程序
                     │                          ├── 食品市场营销控制的方法
                     │                          └── 食品市场营销控制中应注意的问题
                     │
                     └── 认知食品市场营销总结 ──┬── 食品市场营销总结
                                                ├── 食品市场营销总结的操作程序
                                                ├── 食品市场营销总结的方法
                                                └── 食品市场营销总结中应注意的问题
```

项目培养规格

营销素养培育规格

培养营销者应具备的计划力、组织力、执行力、控制力与总结力，以提升其营销管理能力；强化营销文化的教育，提高营销者的修养。

营销知识培养规格

掌握食品市场营销计划的类型及其操作程序；掌握食品市场营销组织结构的类型及设计食品市场营销组织的操作程序；掌握食品市场营销执行的内容及其操作程序；掌握食品市场营销控制的方法及其操作程序；掌握食品市场营销总结的方法及其操作程序。

营销能力培养规格

培养能够根据食品企业市场营销管理现状，制订食品企业计划，提出构建营销组织的建议，能够发现执行和控制过程中存在的问题，并能够在阶段性的总结中提出改进性意见的能力。

项目导入案例

霸王茶姬和《宇宙探索编辑部》联动写诗了！

近几年，茶饮市场火爆，茶饮行业不断变化与内卷。来自云南的新中式茶饮品牌霸王茶姬却迅速蹿红，蛰伏六年一路高歌猛进，杀入奶茶新消费头部品牌。尽管霸王茶姬的名字念起来有点"烫嘴"，尽管它的联名也曾屡屡翻车，但依然掩盖不了它超高的人气。

在营销方面，霸王茶姬通过不断创新和互动圈粉用户，例如与《盗墓笔记》联名，赞助王嘉尔演唱会等。最近，霸王茶姬又与电影《宇宙探索编辑部》展开梦幻联动，邀请用户一边喝茶一边读诗。此次联动以春日小诗为主题，以茶会友。在豆瓣上，电影《宇宙探索编辑部》共有33.6万人参与评分，打出8.1的高分。片中主角孙一通凭借头顶铁锅、出口成诗的有趣特点火遍网络，其诗作被网友评价为"荒诞但浪漫"，圈粉无数。

霸王茶姬邀请青年诗人为产品写诗，为消费者送上一场春日浪漫。如今，年轻人对写诗与读诗的热情高涨，小红书、B站、快手等社交平台上涌动着诗歌潮。霸王茶姬通过这种方式，以传统文化赋能品牌，强化品牌文化资产。作为国风茶饮的代表，霸王茶姬一直坚持以文化赋能品牌，贯彻"以茶会友"的品牌内核，并围绕此展开品牌运作。通过挖掘中国传统文化，霸王茶姬将产品打造成艺术品，找到底层的文化认同，使其成为一个具有更高价值的品牌，不断拓宽年轻人的"茶式新生活"。

资料来源：CNAD广告网资讯，2024-04-24。

➡ **辩证性思考：**

请你谈谈霸王茶姬文化赋能品牌的看法。

13.1 认知食品市场营销计划

13.1.1 食品市场营销计划

1. 食品市场营销计划的概念

食品市场营销计划是在对食品企业营销环境进行调研分析的基础上，食品企业及各业务单位对营销目标以及实现这一目标所应采取的策略、措施和步骤的明确规定和详细说明。

我国人口规模增长停滞，经济发展出现短暂回落，消费者信心也呈现出下降趋势（见图13-1）。面对当前经济发展形势，食品企业需要有计划地为消费者提供更加丰富化、品质化的食品，以提高食品消费的信心，应对人口变化带来的冲击。然而，应当注意的是，食品企业营销计划也不是一成不变的。随着我国少子化、老龄化的发展，食品企业已制订的生产计划应根据人口变化和消费者需求特征进行适当调整，以确保食品市场营销战略的长效性。

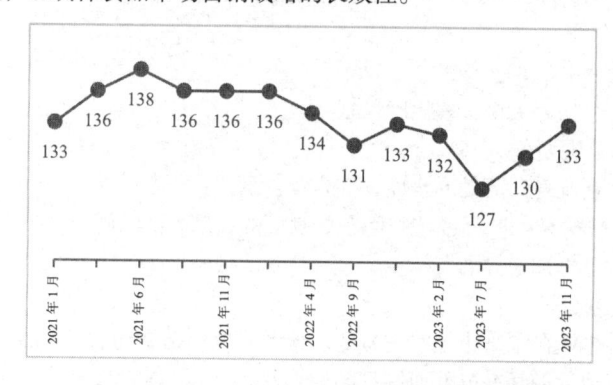

图 13-1 2021—2023 年消费者信心指数变化

资料来源：国家统计局。

营销者素养

营销者具备的计划力

计划力的重要性在于它是一个备战的过程，是推演未来的过程，为未来可能发生的事情事先进行准备。营销者的计划力是为了在工作中实现营销目标而必须具备的要素，包括时间表、路径以及具体的方法，使组织资源与营销目标更匹配、更有保障。营销者的计划力需具备以下六点：

第一，重视计划过程：好的计划过程会对基本目标、达成路径、组织资源、竞争者等基本要素进行系统梳理，达到资源与目标的匹配。

第二，不要害怕不准：任何一项计划都不可能非常精准，计划肯定与现实存在差距，但计划是实现目标的路线图，有计划永远比没计划好。

第三，抓住两个关键：一是计划的逻辑性，二是计划中的关键动作。

第四，越靠近越具体：做计划原则上是从远到近，从粗到细。

第五，不要过于激进：一味强调"人有多大胆，地有多大产"，这种激进的做法，大多数是赌运气。

第六，要有应变预案：任何计划都有其局限性，如果组织内的资源和外部环境发生了重大变化，或者原计划中的行动被证明没有效果，就需要应变预案做出调整。

资料来源：微信公众号"珍谋钧略"，2023-11-20。

2. 食品市场营销计划与食品市场营销战略的关系

食品市场营销计划是食品企业的战术计划，而食品市场营销战略对企业而言是"做正确的事"，食品市场营销计划则是"正确地做事"。在食品企业的实际经营过程中，营销计划往往碰到无法有效执行的情况。一种情况是食品市场营销战略不正确，食品市场营销计划只能是"雪上加霜"，加速食品企业的衰败；另一种情况是食品市场营销计划无法贯彻落实，不能将食品市场营销战略转化为有效的战术。例如，2020—2023年初，中国经济给社会消费品零售带来巨大影响，这是食品市场营销战略无法预测的结果。因此,中国商务部2024年积极计划,在稳定和扩大传统消费的同时进一步发展新质生产力,优化整体消费环境,弥补国家食品消费战略的不足。

3. 食品市场营销计划的类型

(1) 按计划时期的长短划分。
- 长期计划:期限一般为5年以上,主要是确定未来发展方向和奋斗目标的纲领性计划。
- 中期计划:期限为1~5年。
- 短期计划:期限通常为1年,如年度计划。

(2) 按计划涉及的范围划分。
- 总体营销计划:企业营销活动的全面、综合性计划。
- 专项营销计划:针对某一产品或特殊问题而制订的计划,如品牌计划、渠道计划、促销计划、定价计划等。

(3) 按计划的程度划分。
- 战略性计划:对企业在未来市场将占有的地位及采取的措施而制订的计划。
- 策略计划:对营销活动某一方面而制订的计划。
- 作业计划:各项营销活动的具体执行性计划,如一项促销活动,需要对活动的目的、时间、地点、活动方式、费用预算等进行策划。

二维码链接13-1 制订营销计划的七个关键步骤及解析

> **思政教育**
>
> **深刻把握大食物观的内涵和要求**
>
> 践行大食物观,需要保障粮食安全、生态安全和食品安全。粮食安全是基础,必须始终绷紧粮食安全这根弦,把中国人的饭碗牢牢端在自己手中。生态安全是底线,面向整个国土资源多途径开发食物资源,需要牢固树立和践行绿水青山就是金山银山的理念,更加注重保护资源和环境,实现食物资源开发和生产绿色高质量可持续发展。食品安全是红线,食物来源更加多元,对食品安全提出了新要求和新挑战。要坚持用最严谨的标准、最严格的监管、最严厉的处罚、最严肃的问责,强化食品安全管理,确保人民群众吃得安全、吃得健康。要加强战略布局、突出重点环节,加快构建以粮食安全为基础、以确保食物有效供给为目标的粮食安全综合保障体系。
>
> 资料来源:人民网,2022-10-28。

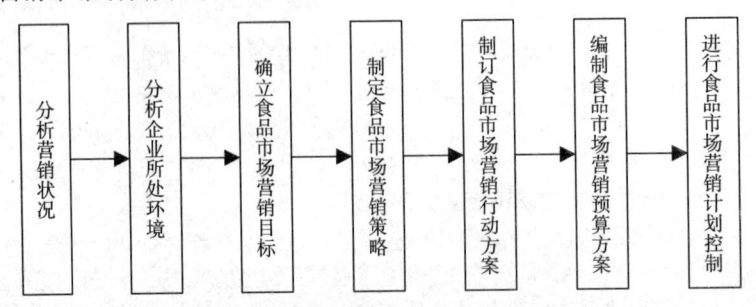

13.1.2 食品市场营销计划的操作程序

食品市场营销计划的操作程序如图13-2所示。

分析营销状况 → 分析企业所处环境 → 确立食品市场营销目标 → 制定食品市场营销策略 → 制订食品市场营销行动方案 → 编制食品市场营销预算方案 → 进行食品市场营销计划控制

图13-2 食品市场营销计划的操作程序

1. 分析营销状况

（1）分析市场状况。"场"是环境，市场是人与食品的连接者，也直接影响着生产者的供应链布局和消费者的产品体验。对市场状况的分析，一方面，市场孕育了生活服务平台和电商平台的发展机会；另一方面，长期人口迁移和短期旅行催生了文旅食品行业的巨大下沉市场。因此，市场状况的分析主要是对食品企业的市场规模、市场占有率等方面的分析。

（2）分析产品状况。国内产业的不断创新和升级，为消费者提供了多样化的食品。食品企业发现消费者对食品需求的转变，在食品的口感、健康和标准化方面进行探索和研究，以期为食品产业未来发展提供动力支持。产品状况的分析主要包括产品的销售价格、成本、费用、利润等数据的分析。

中国式营销

爆改饭盒，天润酸奶的听劝式营销火了

最近，某品牌因独特的包装设计而走红，其包装解决了带饭人的痛点，具有耐高温、容量大等特点，堪称新一代带饭容器。该品牌正是新疆天润酸奶。

也正是因为这一特点，众多消费者的关注焦点从酸奶本身转移到了其包装上。毕竟，如此大容量的盒子若被丢弃，未免有些可惜。将其清洗干净后，不仅可以用于收纳，甚至还能当作饭盒使用。总之，网友们的创意用法多种多样。

然而，出于安全性和实用性的考虑，不少网友针对饭盒这一用途向品牌提出了改进建议。对此，天润酸奶迅速响应，将包装材质升级为PP5食品级材质，使其可以直接放入微波炉加热，并加厚了桶壁，从而让消费者使用起来更加安心。随后，又有消费者反馈密封性问题，天润酸奶立即将封桶形式改为反扣式。此外，为解决消费者在使用过程中遇到的标签难以清理的问题，天润酸奶还将商标改为易撕不干胶款式。

天润酸奶或许未曾料到，自己能够脱颖而出竟不是凭借产品的性价比，而是凭借其独特的包装设计。实际上，天润酸奶的酸奶桶早在几年前便已崭露头角，甚至有消费者戏言，希望企业单独开设一条"桶子业务线"。这种"听劝式"沟通已然成为当下一种较为流行的内容创作与互动方式。

资料来源：广告网，2024-05-23。

（3）分析竞争状况。食品企业之间的竞争不仅体现在市场份额、价格和营销策略上，还涉及能否满足消费者对健康食品的需求。竞争状况的分析主要包括竞争者的市场规模、目标、产品质量和发展潜力、价格、营销战略及其他相关特征，以了解竞争者的意图和行为，判断其变化趋势。

（4）分析分销状况。随着新零售的崛起，食品企业呈现出数字化、个性化、融合化、智能化、社交化和供应链化等特点。新零售时代，食品分销状况的分析主要是企业所选择的分销渠道类型及其在各种分销渠道上的库存、物流、距离等实力。

（5）分析宏观环境状况。主要对宏观环境的状况及其主要发展趋势进行简要介绍，包括人口环境、经济环境、技术环境、政治法律环境、社会文化环境，从中判断某种产品的发展路径。

守正创新

老字号王老吉如何历久弥新

时尚、科技感、新产品、新消费场景……这些关键词与王老吉产生了奇妙的"化学反应"。"尽管王老吉已经196岁，但身处饮料行业的我们决定走一条兼具时尚与科技感的发展道路。"广州王老吉大健康产业有限公司副总经理叶继曾表示。

叶继曾介绍，王老吉首创"中草药 DNA 条形码物种鉴定体系"，将世界先进的 DNA 条形码技术应用于原材料鉴定。此外，王老吉还发布了多项研究成果，主导或参与了多项国家、行业标准的制定。其中，2019 年发布的《凉茶饮料国际标准》填补了行业空白。

"饮料行业的特点是消费群体较为年轻。我们要与年轻消费者建立更深层次的情感连接，将品牌文化、中国传统医药文化与数字技术相结合，直接触达消费者。"叶继曾表示，王老吉利用数字技术打造了王老吉元宇宙展示厅、荔小吉数字藏品等创新项目。同时，王老吉不断打造"吉文化"概念，推出"姓氏罐+吉言罐+吉庆罐"系列产品，将饮料消费行为向民俗、宴席等市场延伸，促进新的消费场景的生成。

资料来源：中国经济网，2024-03-26。

2. 分析企业所处环境

分析企业所处环境可用 SWOT 分析法对计划期内企业食品市场营销所面临的主要机会和风险进行分析，再对企业食品市场营销资源的优势和劣势进行系统分析。在机会与威胁、优势与劣势分析基础上，选择机会较大、威胁较小的细分市场，企业可以确定在该计划中所必须注意的主要问题。

3. 确立食品市场营销目标

对机会、威胁、优势、劣势分析的结果是确定食品市场营销要解决的主要问题，即拟定食品市场营销目标。目标是食品市场营销计划的核心，也是制订下一步具体食品市场营销策略和行动方案的基础。食品市场营销目标包括：财务目标，包括即期利润指标、长期的投资收益率等；营销目标，主要是销售额、市场占有率、目标利润率及有关广告效果、分销网点、定价等方面的具体目标。所有目标都应以定量的形式表达，并具有可行性、一致性，能够分层次地加以说明。

4. 制定食品市场营销策略

食品市场营销策略是以消费者的需求为基础，有计划、有目的地制定有关市场经营的活动，包括目标市场、产品市场定位、食品市场营销组合策略等。

5. 制订食品市场营销行动方案

对各种食品市场营销策略的实施制订详细的行动方案，即阐述以下问题：将做什么？何时开始？何时完成？谁来做？成本是多少？整个行动计划可以列表加以说明，即未来实际行动的计划。表中具体说明每一时期应执行和完成的活动时间安排、任务要求和费用开支等，使整个食品市场营销战略落实于行动，并能循序渐进地贯彻执行。

6. 编制食品市场营销预算方案

根据食品市场营销行动方案编制相应的预算方案，表现为预计损益表。在收益的一方要说明预计的销售量及平均实现价格，预计出销售收入总额；在支出的一方要说明生产成本、实体分销成本和营销费用，以及再细分的明细支出，预计支出总额；最后得出预计利润，即收入和支出的差额。企业的业务单位编制出食品市场营销预算后，送上层主管审批。经批准后，该预算就是材料采购、生产调度、劳动人事及各项营销活动的依据。

7. 进行食品市场营销计划控制

这是指对食品市场营销计划执行进行检查和控制，用以监督计划的进程。为便于监督检查，具体做法是将计划规定的食品市场营销目标和预算按月或季分别制定，食品市场营销主管每期都要审查食品市场营销各部门的业务实绩，检查是否完成实现了预期的食品市场营销目标。凡未完成计划的部门，应分析问题原因，并提出改进措施，以争取实现预期目标，使企业食品市场营销计划的目标任务都能落实。

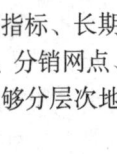

13.2 认知食品市场营销组织

13.2.1 食品市场营销组织

1. 食品市场营销组织的概念

食品市场营销组织是指食品企业内部涉及食品市场营销活动的各个职位及其结构。它是执行食品市场营销计划、服务市场购买者的职能部门。食品市场营销组织是保证食品市场营销计划执行的一种手段，同时也是食品企业实现食品市场营销战略目标的核心职能部分。

> **营销者素养**
>
> **营销者的组织力**
>
> 组织力是指一个组织以"为客户创造价值并超越竞争者"为目的而创造的一套能力要素组合。这项组织能力，如果经受住了竞争的检验，就可能沉淀为"一项战略性组织能力"。"能力要素组合"中的"能力要素"包括正式组织、人才、文化、工具/设备/AI、流程/机制/系统、X等。其中，X指其他一些特别要素（如公司性质等）。如果用公式来表达，组织力=f（正式组织、人才、文化、工具/设备/AI、流程/机制/系统、X）。这些组织能力要素，就是一个个组织在打造组织能力时可以用力的点。
>
> 能力要素中相对容易被理解和感知的是正式组织和人才。例如，这个公司只有总部、城市两层结构而没有大区层，那个公司有几个技术大拿等。能力要素中可以被感知但很难被准确描述的是文化，即普遍的行为及共同理念。例如，这个公司的员工都很职业，那个公司的员工很有奋斗精神等。能力要素中可以被感知但一般不会被理解为能力要素的是工具/设备/AI。例如，那个军队一个连就有10挺机枪（而这个军队只有步枪）。能力要素中相对不容易被理解、感知和描述的是流程/机制/系统。例如，导致那个公司员工很有奋斗精神的背后的一系列制度、资源安排。
>
> 资料来源：微信公众号"首席组织官"，2023-06-20。

2. 食品市场营销组织的特征

（1）系统性。食品市场营销组织本身就是完整的系统，它包含很多要素，即企业的各个部门包括食品市场营销、研究与开发、制造、财务、人事及食品市场营销所属部门（如市场调研、广告宣传、人员推销、实体分销等）。这些部门相互配合，具有整体协调性，为一个共同的满足消费者需要的目标协同工作，获得"1+1>2"的效果。

（2）适应性。随着食品市场营销人、货、场联系的加深，为了适应外界环境的变化，对食品市场营销组织也提出更高的要求。但是，由于大型企业营销组织比较成熟，会因为以往的经验和习惯失去灵活性。为此，管理学家也设计了种种管理组织模式，试图使营销组织成为具有适应调节功能的系统。

3. 食品市场营销组织的形式

现代企业的食品市场营销部门有各种组织形式，但不论采用何种形式，都必须体现"以消费者为中心"的指导思想，才能使其发挥应有的作用。

（1）职能型营销组织。职能型营销组织是最常见的食品市场营销组织形式。在食品市场营销副总经理的领导下，集合各种食品市场营销专业人员，如营销、新产品、销售、广告、市场调研等，组成职能型组织。食品市场营销副总经理负责协调各个食品市场营销职能科室、人员之间的关系，如图13-3所示。

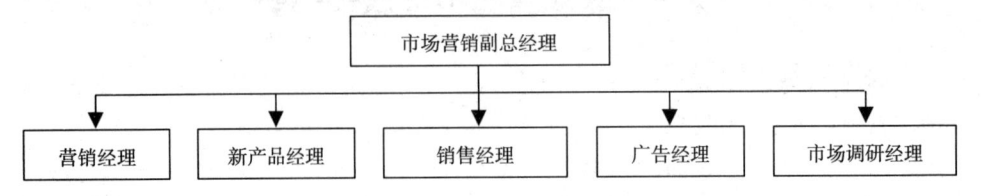

```
              市场营销副总经理
    ┌──────┬──────┼──────┬──────┐
  营销经理 新产品经理 销售经理 广告经理 市场调研经理
```

图13-3　职能型营销组织

当企业只有一种或少数几种产品，或者企业产品的食品市场营销方式大体相同时，职能型组织形式才比较有效。随着产品的增多和市场的扩大，这种组织形式会逐渐失去其有效性。在这种组织形式中，没有一个人对一种产品或者一个市场全盘负责，因而可能缺少按产品或市场制订的完整计划，使得有些产品或市场被忽略。

二维码链接13-4　企业组织长盛不衰的七个选项

（2）区域型营销组织。业务涉及全国甚至更大范围的食品企业，可以按照地理区域设立营销组织。例如，在营销部门设有全国销售经理，下设华东、华南、华北、西北、西南、东北等大区销售经理；每个大区销售经理下，按省、自治区、直辖市设置区域销售经理；再往下，还可以设置若干个地区销售经理和营销代表。从全国销售经理依次到地区销售经理，所管辖下属人员的数目即"管理幅度"逐级增加，形成一个"金字塔"结构，如图13-4所示。

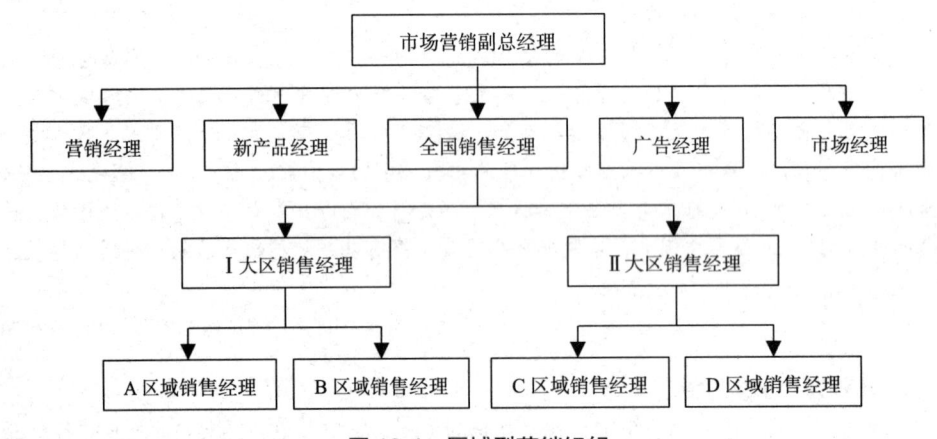

```
                市场营销副总经理
      ┌──────┬──────┼──────┬──────┐
   营销经理 新产品经理 全国销售经理 广告经理 市场经理
                  ┌────┴────┐
              Ⅰ大区销售经理  Ⅱ大区销售经理
               ┌──┴──┐      ┌──┴──┐
           A区域   B区域   C区域   D区域
           销售经理 销售经理 销售经理 销售经理
```

图13-4　区域型营销组织

地区型营销组织的优点是构成一个分布全国的销售网络，而且销售网络自上而下的控制幅度逐步扩大，使较高层次的主管人员有更多的时间管理其直接下属，使形成的网络在管理上较为严密和有效。为了使整个食品市场营销活动更为有效，区域型营销组织通常都是与其他类型的组织形式结合起来使用的。

数字经济时代，消费者的购买已经突破了地理区域的限制，越来越多的食品企业采用线上线下一体化的全渠道营销的分销渠道模式。所以，食品企业需要设计全渠道营销分销渠道模式下的营销组织，适应新形势，提高营销管理的效率，更好地服务消费者以及全渠道营销。

项目13 食品市场营销计划、组织、执行、控制与总结

> **中国式营销**
>
> **华润啤酒架构调整背后：多元发展做好传承**
>
> 组织架构调整后，华润雪花和华润酒业两个事业部将进行专业化运营和管理，随着公司治理架构的不断完善，侯孝海将有更充裕的时间对公司未来的整体战略、业务多元化、国际化战略等进行深入思考。这看似是在"减负"，背后却是侯孝海的"用心良苦"——他要为华润啤酒做百年企业培养人才、储备人才。这是他作为优秀企业家的使命与情怀。
>
> 正如他自己所说，"头部企业家要有几个非常重要的情怀，第一就是要有产业振兴的情怀，第二是产业健康发展的责任。对国家有义务、对社会有责任、对产业有贡献、对企业有抱负。人和企业都一样，永远要看比自己强的地方，永远要看更远方。"
>
> 中国不缺乏优秀的企业家，但把传承做好的企业家却少之又少。而做百年企业，企业家的传承至关重要。作为央企的华润啤酒，正在为中国优秀企业"打样"。期待未来有更多的企业家站得高且看得远，做好传承这一课。
>
> 资料来源：证券日报，2023-02-16。

（3）产品/品牌型营销组织。生产多种产品或拥有多个品牌的食品企业，往往按产品或品牌建立食品市场营销组织，如图13-5所示。通常是在一名产品（品牌）经理的领导下，按每类产品（品牌）分设一名经理，再按每种具体品种设一名经理，分层管理。在一个企业，如果经营的各种产品差别很大，产品的数量又很多，超过了职能型组织所能控制的范围，就适合建立产品/品牌型营销组织。

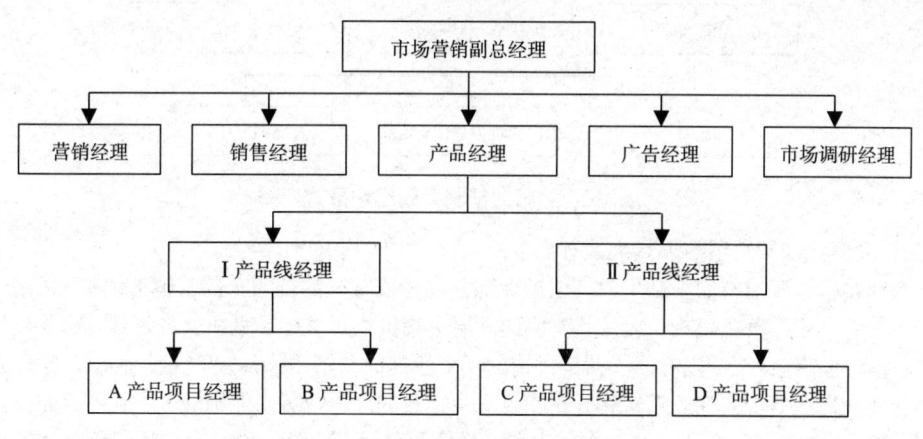

图13-5 产品/品牌型营销组织

（4）市场管理型营销组织。当市场范围不断扩大，市场细分日益繁杂时，产品经理的机构设置就不合适了，一种新的机构形式即市场管理型组织应运而生。市场管理型营销组织同产品/品牌型营销组织相似，由一个市场经理管辖若干细分市场经理，各个市场经理负责自己所辖市场的年度销售利润计划和长期销售利润计划，如图13-6所示。这种组织形式的主要优点是企业可以围绕特定消费者的需要，开展一体化的食品市场营销活动，而不是把重点放在彼此隔离的产品或地区上。在市场经济发达国家，许多企业都是按照市场管理型结构建立食品市场营销组织的。

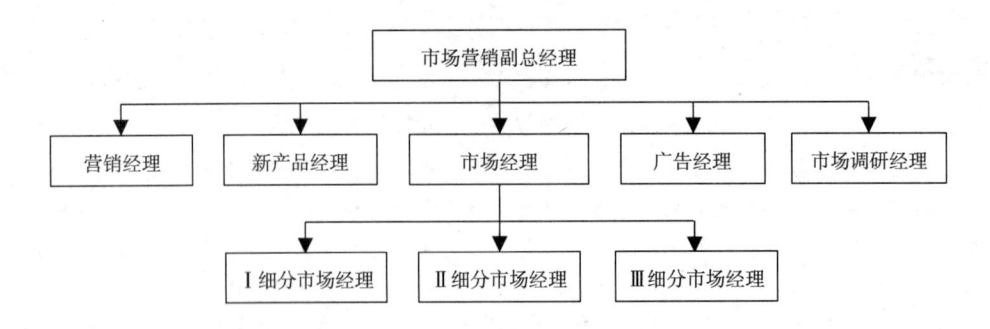

图 13-6　市场管理型营销组织

（5）事业部营销组织。当食品企业达到一定的规模时，食品企业大都根据产品群实行事业部管理，将营销职能下放到事业部，如图 13-7 所示。

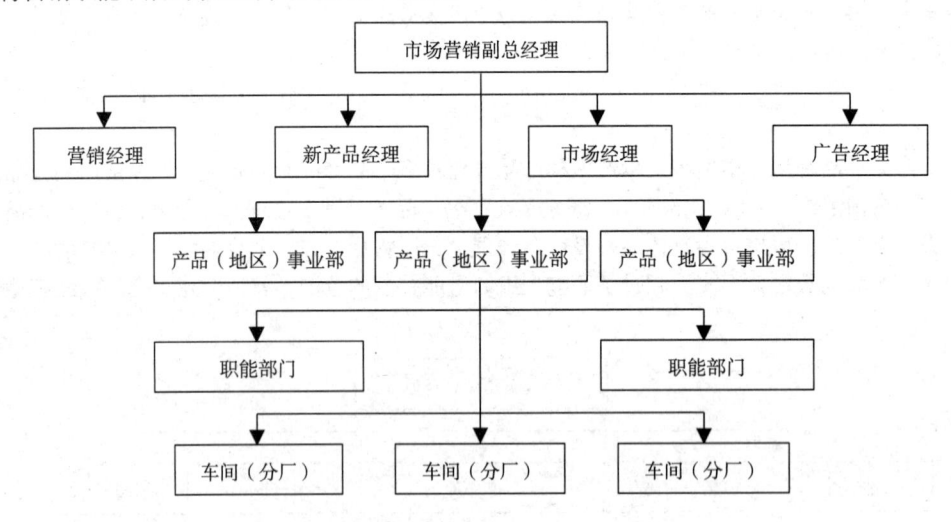

图 13-7　事业部制营销组织形式

食品企业事业部营销组织形式大致有如下四种：

① 企业将营销职能权力全部下放，由事业部独立完成某产品群的全部营销工作。

② 企业有小规模营销机构，它只负责协调高层决策机构对整体市场机会的评估，给下属事业部提供参谋性咨询，代行那些没有成立营销机构的小事业部的营销职能，建立全企业的营销观念。

③ 企业设立中等规模的营销机构，它除负责一定量的广告业务、促销服务、营销研究以及营销管理工作外，主要负责跨事业部的工作，这一工作并不只对某一事业部，有的还担负对销售计划提供指导和对培训推销人员提供帮助的任务。

④ 企业设立强大的营销部门，它参与事业部的计划制订和控制活动，对事业部的营销方案行使审批权。

事业部是一种分权组织模式，一般都是按产品或服务领域使每一事业部成为利润中心。其优点是把每类产品或服务作为一个利润中心进行管理，每个事业部经理都经历广泛的职能活动，为培养高层管理者提供了机会。其缺点是各事业部之间可能出现竞争，处理不好会损害企业的整体利益；由于各事业部经理相当于一家单一产品或服务的经理，因而可能加大总公司的控制难度。

> **中国式营销**
>
> **伊利股份公司营销组织**
>
> 伊利股份公司按照产品系列及服务划分，以事业部的形式，构建了液态奶、奶粉、酸奶、奶酪、冷饮五大产品业务群。在公司的战略统筹和专业管理下，事业部于领域内开展产、供、销运营活动，如图13-8所示。
>
> 图13-8 伊利股份公司营销组织
>
> 资料来源：儒渊·方星阁，2023-04-13。

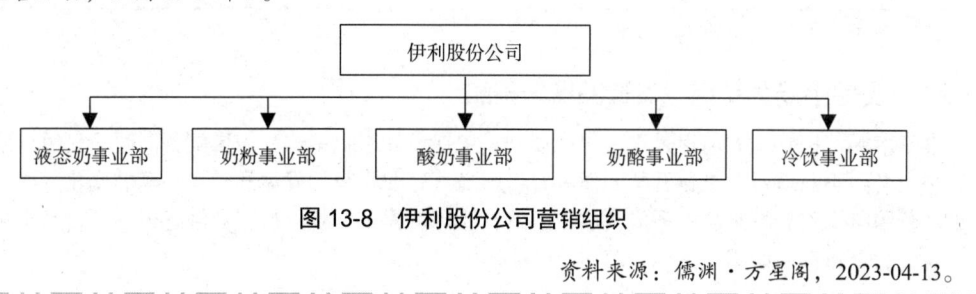

13.2.2 影响食品市场营销组织设计的因素

1. 市场环境对食品市场营销组织的影响

这里的环境是指企业生存的外部环境和既定环境，其对食品企业营销组织设计的影响是直接或间接的，主要通过政治、经济、文化等相关政策以及消费者、竞争者的选择来体现。新零售环境的到来打破了食品市场营销组织传统职能部门的刻板化和分离化，尤其是近场电商的快速成长，为食品消费者提供了更快捷的购物体验。因此，食品市场营销组织也变得更加灵活化和协调化，以适应消费者"即刻拥有""少等待"的需求。

2. 组织结构对食品市场营销组织设计的影响

传统食品市场营销组织结构层级较多，信息从管理层到基层需要经过层层传递，导致信息传递效果不佳。在数字经济时代，食品企业组织结构设计呈现出扁平化结构，各部门、各岗位人员能够更快速地协调工作，以适应快速变化的市场需求。数字经济也对企业的组织结构提出了人才要求，需要拥有数据分析、人工智能和网站开发维护等专业领域的人才来应对数字经济带来的挑战。

3. 企业管理模式对食品市场营销组织设计的影响

受传统集权思想的影响，我国之前的食品企业管理模式大多为集权模式，管理权和决策权牢牢掌握在高层管理者手中。在数字经济时代，信息的分散化和流动性使得管理层决策下放至职能部门，权力的下放提高了食品企业的效率，决策更加准确，管理模式向分权化发展。

4. 产品对食品市场营销组织设计的影响

产品的性质和类型影响食品市场营销组织设计和组织模式的选择。X世代、Y世代、Z世代以及α世代的年龄和收入不同（见表13-1），对食品市场销售组织设计的影响也有所不同。产品的健康、美味、便捷等特点成为各年龄段消费者选择的关键指标。因此，需要食品企业在组织结构中设置不同的岗位和人员，以满足消费者对产品多元化、健康化的需求。对于传统产品的食品企业，其组织结构设计可以按照产品型组织结构进行设计。

表13-1 世代人口分布与收入占比

世代人口	人口占比	收入占比
1949年及以前	8%	—

续表

世代人口	人口占比	收入占比
1950—1964年（婴儿潮）	18%	22%
1965—1979年（X世代）	23%	34%
1980—1994年（Y世代）	22%	28%
1995—2009年（Z世代）	17%	16%
2010年以后	12%	—

资料来源：中粮营养健康研究院。

13.2.3 食品市场营销组织设计的操作程序

食品市场营销管理的前提是进行组织规划，包括设计组织结构和人员配备。而一旦组织结构建立起来，又要不断地对此进行调整和发展，否则随着企业自身的发展和外界环境的变化，原先的食品市场营销组织将会越来越不适应食品市场营销管理的需要，变得僵化和缺乏效率。食品市场营销组织设计的操作程序如图13-9所示。

分析组织环境 → 确定组织内部活动 → 建立组织职位 → 设计组织结构 → 配备组织人员 → 组织评价与调整

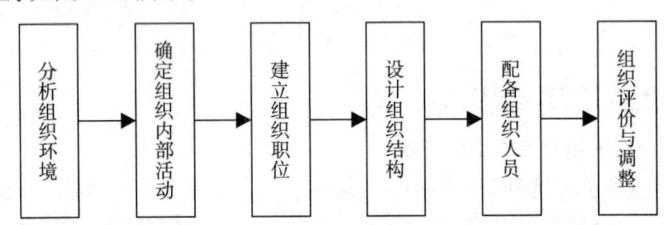

图13-9 食品市场营销组织设计的操作程序

1. 分析组织环境

任何一个食品市场营销组织都是在不断变化的社会经济环境中运行的，必然受到这些环境因素的制约。由于外部环境是企业的不可控因素，因此食品市场营销组织必须随着外部环境的变化而不断调整和适应。外部环境对食品市场营销组织影响最为明显的主要是市场和竞争者状况。此外，作为企业的一部分，食品市场营销组织也受整个企业特征的影响。

2. 确定组织内部活动

食品市场营销组织内部活动主要有两种类型：

（1）职能性活动。它涉及食品市场营销组织的各个部门，范围相当广泛。企业在制定战略时要确立各个职能在食品市场营销组织中的地位，以便开展有效的竞争。

（2）管理性活动。它涉及管理任务中的计划、协调和控制等方面。企业通常是在分析市场机会的基础上，制定食品市场营销战略，然后再确定相应的食品市场营销活动和组织的专业化类型。例如，假定一个企业满足下述条件：企业处于成长初期，易于控制成本；企业的几种产品都在相对稳定的市场上销售；竞争战略依赖于广告或人员推销等技巧性活动，那么该企业就可能设计职能型组织。同样，如果企业产品销售区域很广，并且每个区域的购买者行为与需求存在很大差异，那么它就会建立地区型组织。

3. 建立组织职位

食品企业在确定了食品市场营销组织活动之后，还要建立组织职位，使这些组织活动明确归属。为此，企业需要考虑职位类型、职位层次和职位数量，以明确各个职位的权力、责任及其在组织中的相互关系。

（1）职位类型。每个职位的设立都必须与食品市场营销组织的需求及其内部条件相吻合。对职位类型的划分有三种方法：

① 直线型和参谋型。处于直线职位的人员行使指挥权，能领导、监督、指挥和管理下属人员；而处于参谋职位的人员拥有辅助性职权，包括提供咨询和建议等。

② 专业型和协调型。显然，一个职位越是专业化，其协调作用就越弱。但是各个专业化职位又需要从整体上进行协调和平衡，于是协调型职位就产生了，例如项目经理或小组长等都是类似的例子。

③ 临时型和永久型。严格地说，没有任何一个职位是绝对永久的，它只是相对于组织发展而言较为稳定而已。临时型职位的产生主要是由于在短时期内企业为完成某项特殊任务（如组织进行大规模调整时），就需要设立临时职位。因此，食品企业的组织职位要跟随社会环境的变化而进行临时型职位的设置。

（2）职位层次。职位层次是指每个职位在组织中地位的高低。例如，公共关系经理和销售经理的地位孰高孰低，对于不同的企业情况就大不一样。这主要取决于职位所体现的食品市场营销活动与职能在企业整个食品市场营销战略中的重要程度。

（3）职位数量。职位数量是指企业建立组织职位的合理数量，它与职位层次密切相关。一般来说，职位层次越高，辅助性职位数量也就越多。企业可以把食品市场营销活动分为核心活动、重要活动和附属性活动三种。核心活动是企业食品市场营销战略的重点，所以首先要根据核心活动来确定相应的职位，其他的职位则要围绕这一职位依其重要程度逐次排定。

4. 设计组织结构

组织结构的设计与职位类型密切相关。如果企业采用矩阵型组织，就需要建立大量的协调性职位；如果采用金字塔型组织，则需要设置相应的职能性职位。因此，设计组织结构的首要问题是使各个职位与所要建立的组织结构相适应。此外，食品市场营销组织总是随着市场和企业目标的变化而变化，因此设计组织结构时应立足于未来，为未来组织结构的调整留下更多余地。

> **营销视角**
>
> **娃哈哈：公司发展正处于转型升级的紧要关口**
>
> 娃哈哈集团副董事长兼总经理宗馥莉在总结和分析2023年集团生产经营情况时指出，过去一年公司始终坚持稳中求进的战略方针，以"降本增效、以质促效"为抓手，在公司效益提升方面取得了实效。通过精细化管理、优化运营流程与引入创新技术，公司实现了冗余成本的降低和效能提升。
>
> 宗馥莉强调，公司发展正处于转型升级的关键时期，面临不少挑战和问题。公司只有不断改进和创新，在市场大局中找准定位和优势，才能在高质量发展上开辟一条新路。她提出，要优化组织架构，提高组织效率，组织架构要有效承接公司战略业务目标的发展。特别是公司级的重大项目，要探索建立跨中心、跨部门的项目团队，共享信息资源，彻底解决部门之间的壁垒。
>
> 资料来源：财经网，2024-02-20。

5. 配备组织人员

在分析食品市场营销组织人员配备时，必须考虑两种组织情况：新组织和再造组织（在原组织的基础上进行革新和调整）。相比之下，再造组织的人员配备比新组织更为复杂和困难。这是因为人们往往不愿意看到原组织发生变化，通常将再造组织所提供的职位和工作视为一种威胁。

事实上，组织调整后，许多人在新的岗位上从事原有的工作，这会大大削弱再造组织的功效。同时，企业解雇原有员工或招聘新员工也并非易事，考虑到社会安定和员工个人生活等因素，许多企业不敢轻易裁员。然而，无论哪种情况，企业在配备组织人员时，必须为每个职位制定详细的工作说明书，从受教育程度、工作经验、个性特征及身体状况等方面进行全面考察。

此外，在食品市场营销组织中，小组的人员配备也应引起重视。小组通常是企业为完成某项特殊任务而成立的临时单位，其成员多从组织现有人员中抽调。要使小组有效发挥作用，食品市场营销组织必须确保小组成员与其他成员之间保持协调关系。

6. 组织评价与调整

没有尽善尽美的组织，任何组织都不同程度地存在摩擦和冲突。因此，从食品市场营销组织建立之时起，食品市场营销管理者就需要经常检查、监督组织的运行状况，并及时加以调整，使其不断发展。食品市场营销组织需要调整的原因主要有以下几点：

（1）外部环境的变化，包括商业循环的变化、竞争加剧、新的生产技术出现、工会政策、政府法规和财政政策变化，以及产品系列或销售方法的改变。

（2）组织主管人员的变动，因为新的主管人员试图通过该组织来体现其管理思想和管理方法。

（3）改组是为了证明现存组织结构的缺陷。有些缺陷是由组织本身的弱点所造成的，如管理宽度过大、层次过多、信息沟通困难、部门协调不足、决策缓慢等。

（4）组织内部主管人员之间的矛盾，也可以通过改组来解决。因此，为了不使组织结构变得僵化、缺乏效率，企业必须适当地、经常地对组织结构进行重新调整。

13.3　认知食品市场营销执行

13.3.1　食品市场营销执行

1. 食品市场营销执行的概念

食品市场营销执行是指食品企业调动全部资源进行优化配置并投入营销活动中，将食品市场营销计划转化为具体行动，并保证这一行动的完成，以实现食品市场营销计划的目标。

2. 食品市场营销执行具备的技能

食品企业营销人员必须具备食品市场营销执行的技能。

（1）分配技能。分配技能是指营销经理为各种职能、政策和计划分配时间、费用和人力资源的能力。

（2）调控技能。调控技能包括建立和管理对食品市场营销活动实施效果进行追踪的控制系统的能力，以便对食品市场营销活动的实施进行有效监控。

（3）组织技能。组织技能涉及确定食品市场营销人员之间的关系结构，以利于实现企业的各项目标。制定有效的实施程序的重要前提是将企业的集中化和正规化程度掌握在与控制系统相适应的限度内，以及理解非正式组织的地位和作用。非正式组织和正式组织相互配合，才能对实施活动的效果产生积极影响。

二维码链接 13-5
营销执行时应该
注意什么

（4）相互配合技能。相互配合技能是指营销经理借助其他力量影响企业内部人员来完成自己工作的能力。

> **营销者素养**
>
> 营销者，最大的能力，就是执行力
>
> 一位老板曾经说过这样三句话：
> 第一句，我请你来，不是为了证明我的决策是错误的。
> 第二句，我请你来，是为了将我的决策落实执行到位。

第三句，如果有困难，你也要想方设法完成。

这三句话具有非常清晰的指向性，也道出了员工的核心关键素质——执行力。它的深层意义在于：一位优秀的员工，他最大的能力就是执行力。因为，执行力不仅是一种能力，更是一种态度。执行力是一种行动的力量，是一种不经过长时间思考、直接将命令转化为行动的能力。有了执行力，意味着具备了将想法转化为行动的能力，而这种能力正是每一位员工成为公司中不可或缺的一部分的基石。

资料来源：微信公众号"管理必学"，2023-09-24。

13.3.2 食品市场营销执行的操作程序

食品市场营销执行的操作程序如图13-10所示。

制订行动方案 → 建立组织结构 → 设计决策和报酬制度 → 开发人力资源 → 建设企业文化和管理风格

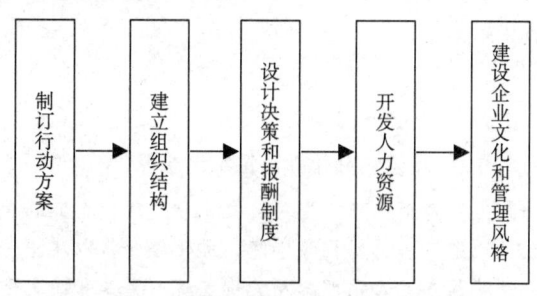

图13-10 食品市场营销执行的操作程序

1. 制订行动方案

为有效执行食品市场营销战略和食品市场营销计划，必须制订详细的行动方案。该方案应当明确以下具体问题：

（1）食品市场营销执行的任务有哪些？其中哪些是关键性任务？
（2）采取什么样的措施来完成这些任务？
（3）本企业拥有什么样的资源和实力？

2. 建立组织结构

企业的正式组织在食品市场营销战略和食品市场营销计划的执行过程中起着决定性作用。建立组织结构应当明确以下具体问题：

（1）本企业的组织结构是什么样的？
（2）各部门的职权是如何划分的？信息是如何沟通的？
（3）临时性组织，如专题工作组和委员会的作用是什么？

3. 设计决策和报酬制度

决策和报酬制度直接关系到执行食品市场营销战略和食品市场营销计划的成败。设计决策和报酬制度应当明确以下具体问题：

（1）重要的制度有哪些？
（2）主要的控制因素是什么？
（3）产品和信息是如何在组织内部进行沟通的？

4. 开发人力资源

食品市场营销执行最终是由企业内部人员来完成的，因此人力资源的开发至关重要。这涉及人员的考核、选拔、安置、培训和激励等问题。开发人力资源应当明确以下具体问题：

（1）本企业人员的技能、知识和经验各是什么？
（2）本企业人员的期望是什么？
（3）本企业人员对企业和工作持什么样的态度？

5. 建设企业文化和管理风格

企业文化是一个企业内部全体人员共同持有和遵循的价值标准、基本信念和行为准则。企业文化对企业经营思想和领导风格，以及员工的工作态度和作风均起着决定性作用。管理风格是指企业中管理人员不成文的习惯约定和共同工作的方式，是一种人际关系和组织环境的体现。建设企业文化和管理风格应当明确以下具体问题：

（1）企业内部是否具有共同的价值观？
（2）共同价值观是什么？它们是如何传播和践行的？
（3）企业经理的管理风格是什么？
（4）如何解决内部矛盾和冲突？

营销者素养

用营销文化提高营销者修养

中国特色的现代营销文化，是用中华优秀传统文化塑造现代企业的营销文化。营销文化是贯穿于企业整个营销活动过程中的一系列指导思想、文化理念，以及与营销理念相适应的规范和制度的总称。营销文化的精髓在于营销理念及其价值观。企业营销文化的形成是企业营销走向成熟的重要标志。营销文化对增强企业的凝聚力和竞争力，树立企业品牌形象，提升产品和服务价值，更好地适应未来市场的发展变化，都具有不可替代的重要作用。

营销文化作为一种营销理念和观念，只有落实到营销者的行动中，成为其自觉的行为习惯，才能真正实现其价值。因此，塑造中国特色的现代营销文化，应从营销者自身的修养提升开始。中华优秀传统文化始终贯穿着一种精神、灵魂、气质、准则、修养、品德、智慧、潜能、真理、理想、先知、远见、觉悟和境界。按照"格物致知，诚意正心，修身齐家治国平天下"的传统文化理念，通过改过自新、断恶行善、积德消业、感恩惜福、谦虚觉悟，逐步深入领会其中的大智大慧。将"道、德、仁、义、礼、信、慧、定、戒"等精华逐层吸收，并融入个人的人生和工作中。通过个人修养的逐步提升，循序渐进，最终达到理想的境界。

资料来源：红色文化力量，2014-11-13。

13.3.3 食品市场营销执行中应注意的问题

1. 计划脱离实际

由于企业的食品市场营销战略和食品市场营销计划的制订过于专业化，而食品市场营销的执行则依赖于食品市场营销管理者。制定者与执行者之间常常缺乏必要的沟通与协调，导致以下问题的出现：

（1）制定者只考虑总体战略，而忽视实施中的细节，结果使食品市场营销计划过于笼统且流于形式。
（2）制定者往往不了解实施过程中的具体问题，因此常常脱离实际。
（3）制定者与实施者之间缺乏必要的沟通与协调，致使实施者在实施过程中经常遇到困难，因为实施者不能完全理解需要他们去实施的营销战略和营销计划。
（4）脱离实际的战略导致制定者与实施者相互对立和不信任。

2. 长期目标和短期目标的不一致

食品市场营销战略通常着眼于企业的长期目标，涉及未来 3～5 年的食品市场营销活动。而具体执行这些食品市场营销战略的食品市场营销组织人员，其奖惩依据往往是短期工作绩效（如销售量、市场占有率或利润率等指标），因而食品市场营销组织人员常常选择短期行为。为克服企业长期目标与短期目标之间的矛盾，企业必须采取适当措施，设法实现两者的协调。

3. 因循守旧的惰性

企业的食品市场营销活动往往是为了实现既定的食品市场营销战略目标。如果新的食品市场营销战略不符合企业的传统和习惯，就会遭到抵制。新旧战略之间的差异越大，实施新战略可能遇到的阻力也就越大。要想实施与旧战略截然不同的新战略，常常需要打破企业传统的组织结构。

4. 缺乏具体明确的执行方案

有些食品市场营销战略和食品市场营销计划之所以失败，是因为制定者没有进一步制订具体明确的执行方案。企业的决策者和营销管理者必须制订详尽的实施方案，规定和协调各部门的活动，编制详细周密的实施时间表，明确各部门经理的职责。只有这样，企业的食品市场营销战略和食品市场营销计划的实施才能有保障。

13.4 认知食品市场营销控制

13.4.1 食品市场营销控制

食品市场营销控制是指企业的管理者对食品市场营销计划的实施情况和效果进行检查与评估，了解计划与实际是否一致，找出两者之间的偏离及造成偏离的原因，并采取修正措施以确保食品市场营销计划的有效执行。例如，一个公司为了达到一定的市场份额，规定客户渗透率必须在 60%以上。在检查过程中，如果公司发现客户渗透率为 55%，就应进一步调查为什么会失去一些客户，并采取相应的措施。在这个例子中，达到预期的市场计划要求是组织的食品市场营销目标；对市场渗透率进行控制检查的目的是实现食品市场营销目标；而为实现食品市场营销目标所采取的各种调整措施则是控制活动。

> **营销者素养**
>
> **营销者的控制力**
>
> 如果没有控制，企业的规划无法转化为实际绩效，营销管理过程以及组织职能的发挥也无法与绩效相关联。控制之所以有意义，是因为控制本身是一个过程，营销管理者在运用控制职能时，需要保持控制活动与目标和计划的一致性。要做到这一点，需要理解控制力的五点作用：第一，预防危机的出现；第二，使生产标准化；第三，考核员工的绩效；第四，修订或更新计划；第五，保卫组织财产。
>
> 控制要取得成效，还需要营销者在四个方面改变习惯：
>
> （1）思维习惯的改变。要做有效的控制，首先需要改变思维习惯，不要把预设的目标和计划仅仅看作财务工作的一部分。
>
> （2）行为习惯的改变。在行为上，不要仅仅与自己的过去进行比较，而应与市场中的竞争力以及行业平均水平进行比较。
>
> （3）评价习惯的改变。在控制管理中，要改变评价习惯。在营销活动中，营销者不应仅仅用财务指标进行评价，而应综合考虑计划与目标所设立的其他标准。

（4）对话习惯的改变。控制管理过程的核心是组织上下要养成统一的对话体系，即用共同的标准进行沟通。

资料来源：微信公众号"春暖花开"，2023-09-05。

13.4.2 食品市场营销控制的操作程序

食品市场营销控制的操作程序如图 13-11 所示。

确定控制对象 → 确定衡量标准 → 确定控制标准 → 确定检查方法 → 分析偏差原因 → 采取改正措施

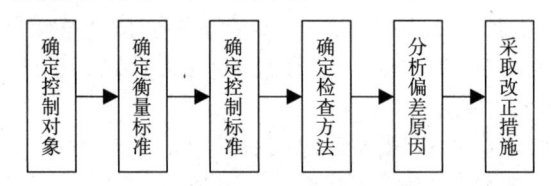

图 13-11 食品市场营销控制的操作程序

1. 确定控制对象

确定控制对象即确定对哪些食品市场营销活动进行控制。如果企业施行控制的范围广，可获得更多的信息，有利于食品市场营销管理。但任何控制活动都需要一些费用，所以在决定控制对象时，应当权衡利弊，使控制成本小于控制活动所带来的效益。

食品市场营销控制的对象包括销售收入、销售成本和销售利润三个方面。其他如市场调查的效果、新产品开发、销售人员的工作效率、广告效果等营销活动也应该通过控制加以评价。企业可以根据实际情况对控制对象加以选择，同时还应确定控制的量，即控制频率。因为不同的控制对象对企业营销成功的重要性不同，应该有不同的控制频率。一般来说，对于影响重大的、容易脱离控制或容易出现问题的对象应加大控制频率。

2. 确定衡量标准

一般情况下，企业的食品市场营销目标就可以作为食品市场营销控制的衡量标准，如销售额指标、销售增长率、利润率、市场占有率等。进行食品市场营销过程控制时，问题则比较复杂，需要建立一套相关的标准。由于各企业的具体情况不同、食品市场营销目标不同，食品市场营销控制的衡量标准也各不相同。

3. 确定控制标准

控制标准是对衡量标准的定量化，即以某种衡量尺度表示控制对象的预期活动范围或可接受的活动范围。企业制定的控制标准一般应该允许有一定的浮动范围，不可绝对化。以建立营销者的绩效标准为例，要充分考虑到个人之间的差别。为了激发营销者的工作热情，可实行两个标准：一个是基本标准，是必须完成的；另一个是奖励标准，达到这个标准必须付出较大的努力，因此能获得相应的奖励。应该指出的是，任何标准都不是一成不变的。随着食品市场营销环境及企业内部条件的变化，各类标准也应不断修正，以适应新的情况。

4. 确定检查方法

确立了控制标准后，就要把控制标准与实际结果进行比较。检查的方法有很多种，如直接观察法、统计法、访问法和问卷调查法等，可根据实际需要进行选择。此外，企业营销信息系统提供的各种信息也可以用来作为检查对照的依据。任何检查都是在一定的频率和范围前提下进行的。频率是指检查的时间间隔有多长，这主要取决于控制对象是否经常变动。范围则取决于是将全面情况同计划进行对照比较，还是进行局部的、单项的检查，这要根据需要进行抉择。

5. 分析偏差原因

执行结果与计划发生偏差的情况是经常出现的，原因不外乎有两种：一种是实际过程中的问题，这种偏差较容易分析；另一种是计划本身的问题。而这两种原因经常是交织在一起的，加大了问题的复杂性，致使分析偏差原因成为营销控制的一个难点。要确定产生偏差的原因，就必须深入了解情况，占有尽可能多的相关资料，从中找出问题的症结。

6. 采取改正措施

针对存在的问题，应提出相应的改进措施，提高工作效率。这是食品市场营销控制的最后一个程序。采取改正措施宜抓紧时间。有的企业在制订计划的同时还提出应急措施，在实施过程中一旦发生偏差则可以及时补救。很多企业事先没有制定措施，这就必须根据实际情况迅速制定补救措施并加以改进，以保证计划目标的顺利实现。

> **营销思考**
>
> **营收目标或连续四年落空，"塞外茅台"伊力特怎么了**
>
> 伊力特是一家集白酒的生产、研发和销售为一体的农业产业化、新型工业化白酒酿造与销售新疆企业。
>
> 2023年年度业绩预告显示，伊力特预计去年实现营收约22.23亿元，同比增长36.97%；预计去年实现归属净利润约3.24亿元，同比增长95.83%。但对比业绩预告目标，伊力特营收增幅较大，仍距离完成营收目标还差2.77亿元。
>
> 2020年和2021年，伊力特定下业绩目标：计划营收23亿元，利润总额5.5亿元。但2020年和2021年，伊力特营收分别为18.02亿元和19.38亿元，利润总额分别为4.637亿元和4.590亿元，两年目标落空。2022年，伊力特将业绩目标调高至营收23.5亿元，目标利润总额维持在5.5亿元，实际营收16.23亿元，实现利润总额2.407亿元，业绩目标连续四年落空。
>
> 公开数据显示，2020年、2021年、2022年，疆外市场占伊力特的收入比例分别为32.90%、26.11%、29.17%。2023年前三季度，疆外市场占伊力特的收入比例低于20%。
>
> 为了加速全国化布局，伊力特开始求变。2024年1月18日，伊力特在微信公众号上发文提到，为了进一步做好营销工作，伊力特品牌运营公司总部搬迁至成都，并引进一批营销管理高端人才，直面疆外白酒市场占有率低的短板。
>
> 资料来源：新浪财经，2024-03-29。

13.4.3 食品市场营销控制的方法

1. 年度计划控制的方法

年度计划控制是指企业在本年度内采取控制步骤，检查实际绩效与计划之间是否有偏差，并采取改进措施，以确保食品市场营销计划的实现与完成。许多企业每年都制订相当周密的计划，但执行的结果往往与计划有一定的差距。事实上，计划的结果不仅取决于计划制订得是否正确，还依赖于计划执行与控制的效率。

（1）年度计划控制系统的内容。

① 制定标准。即确定本年度各个季度（或月）的目标，如销售目标、利润目标等。

② 绩效测量。即将实际成果与预期成果相比较。

③ 因果分析。即研究发生偏差的原因。

④ 改正行动。即采取最佳的改正措施，努力使成果与计划相一致。

（2）绩效工具控制的方法。

① 销售分析方法。衡量并评估实际销售额与计划销售额之间的差距，具体有两种分析方法。

第一，销售差距分析方法，主要用于衡量造成销售差距的不同因素的影响程度。例如，一家企业在年度计划中规定，某种产品第一季度计划销售量为5 000件，单价为1元，总销售额为5 000元。季末实际售出4 000件，售价降为0.80元，总销售额为3 200元，比计划销售额少40%，差距为1 800元。显然，引起差距既有售价下降的原因，也有销量减少的原因。然而，二者各自对总销售额的影响程度分别是多少呢？计算如下：

$$因售价下降导致的销售额差距 = (P_s-P_a) \times Q_a = (1-0.80) \times 4\ 000 = 800（元）$$
$$因售价下降导致的影响 = (800 \div 1\ 800) \times 100\% = 44.4\%$$
$$因销量减少导致的销售额差距 = (Q_s-Q_a) \times P_s = (5\ 000-4\ 000) \times 1 = 1\ 000（元）$$
$$因销量减少导致的影响 = (1\ 000 \div 1\ 800) \times 100\% = 55.6\%$$

式中，P_s——计划售价；P_a——实际售价；Q_s——计划销售量；Q_a——实际销售量。

由此可见，未完成计划销售量是造成差距的主要原因。因此，企业需要进一步深入分析销售量减少的原因。

第二，地区销售量分析方法，用来衡量导致销售差距的具体产品和地区。例如，某食品企业在A、B、C三个地区的计划销售量分别为1 500件、1 500件和2 000件，共5 000件。但实际完成的销售量分别为1 400件、1 525件和1 075件，与计划的差距分别为-6.67%、+1.67%和-46.25%。显然，C地区销售量大幅度减少是引起差距的主要原因。因此，有必要进一步查明原因，加强该地区的食品市场营销管理。

② 市场占有率分析方法。企业的销售绩效并没有反映出相对于其竞争者来讲企业的经营状况如何。市场占有率正是剔除了一般环境影响来考察企业本身经营状况的。

第一，全部市场占有率。以企业的销售额占全行业销售额的百分比来表示。使用这种测量方法必须做两项决策：一是要以单位销售量或以销售额来表示市场占有率；二是正确认定行业范围，即明确本行业所应包括的产品和市场等。

第二，可达市场占有率。以其销售额占企业所服务市场的百分比来表示。所谓可达市场，一是指企业产品最适合的市场，二是指企业食品市场营销努力所及的市场。企业可能有近100%的可达市场占有率，却只有相对较小百分比的全部市场占有率。

第三，相对市场占有率（相对于三个最大竞争者）。以企业销售对最大的三个竞争者的销售额总和的百分比来表示。例如，我国休闲食品行业规模2021年达到8 251亿元，预计2026年行业规模将达到11 472亿元，预计2021—2026年复合增长率为6.8%。其中种子坚果炒货、调味面制品、休闲蔬菜制品以及肉质、水产制品几个细分品类预计2021—2026年保持7.5%以上的较高复合增长。休闲鱼制品的市场规模预计2030年将达到600亿元，其间复合增长率预计将达11.6%，休闲鱼制品市场存在广阔的市场空间。

第四，相对市场占有率（相对于市场领导竞争者）。以企业销售额相对于市场领先竞争者的销售额的百分比来表示。如果相对市场占有率超过100%，表明该企业是市场领先者；相对市场占有率等于100%，表明企业与市场领先竞争者同为市场领导者；相对市场占有率的增加表明企业正接近市场领先竞争者。

（3）食品市场营销费用率分析的方法。年度计划控制要确保企业在达到销售计划指标时，食品市场营销费用没有超支。因此，企业需要对各项费用率加以分析，并控制在一定的限度。如果费用率的变化不大，在安全范围内，可以不采取任何措施；如果变化幅度过大，上升速度过快，接近或超出上限，就必须采取有效的措施。

通过上述分析，发现食品市场营销实绩与年度计划指标差距太大，就要采取相应的措施：调整食品市场营销计划指标，使之更切合实际；调整食品市场营销战略、策略和战术，以利于计划指标的实现；如果指标和战略、策略、战术都没有问题，就要在计划的实施过程中查找原因。

> **中国式营销**
>
> "零食很忙"获 10.5 亿元投资
>
> 2023 年 12 月 18 日，好想你、盐津铺子控股、零食很忙、赵一鸣零食共同在湖南长沙签署战略合作投资协议。根据协议，好想你和盐津铺子控股分别向零食很忙投资 7 亿元和 3.5 亿元，零食很忙新获得 10.5 亿元投资。盐津铺子控股是上市公司盐津铺子的控股股东。
>
> 该公告同时披露，2023 年上半年，零食很忙营业收入约 37.81 亿元，净利润 1.21 亿元；2022 年，收入约 43.02 亿元，净利润 6 153 万元。赵一鸣食品 2023 年上半年收入约 27.86 亿元，净利润 7 631 万元；2022 年，收入约 12.15 亿元，净利润 3 844 万元。
>
> 2023 年上半年，零食很忙新增门店超过 1 000 家，反映出零食很忙在零食市场上的强劲发展势头。2023 年 11 月，零食很忙（含赵一鸣食品）在全国的合计门店数量已超过 6 500 家。
>
> 资料来源：广州日报，2023-12-20。

（4）财务分析的方法。食品市场营销管理者应就不同的费用对销售额的比率和其他比率进行全面的财务分析，以决定企业如何及在何处展开活动，以获得利润，尤其是要利用财务分析来判别影响企业资本净值收益率的各种因素。

（5）消费者态度追踪的方法。

① 抱怨和建议系统。企业对消费者书面的或口头抱怨应该进行记录和分析，并做出适当的反应。企业应该鼓励消费者提出批评和建议，使消费者有经常的机会发表意见，这样才有可能收集到消费者对其产品和服务反映的完整资料。

② 固定消费者样本。有些企业建立由一定代表性的消费者组成的固定消费者样本，定期地由企业通过电话访问或邮寄问卷了解其态度。这种做法有时比抱怨和建议系统更能代表消费者态度的变化及其分布范围。

③ 消费者调查。企业定期让一组随机消费者回答一组标准化的调查问卷，其中问题包括职员态度、服务质量等。通过对这些问卷的分析，企业可及时发现问题，并及时予以纠正。

通过上述分析，企业在发现实际绩效与年度计划发生较大偏差时，可考虑采取如下措施：削减产量；降低价格；对销售队伍施加更大的压力等。

2. 盈利能力控制的方法

除了年度计划控制，企业还需要运用盈利能力控制来测定不同产品、不同销售区域、不同消费者群体、不同渠道及不同订货规模的盈利能力。

（1）食品市场营销成本控制的方法。食品市场营销成本直接影响企业利润，它由以下项目构成：

① 直接推销费用。包括促销人员的工资、奖金、差旅费、培训费、交际费等。

② 促销费用。包括广告媒体成本、产品说明书印刷费用、赠奖费用、展览会费用、促销人员工资等。

③ 仓储费用。包括租金、维护费、折旧、保险、包装费、存货成本等。

④ 运输费用。包括托运费用等。如果是自有运输工具，则要计算折旧、维护费、燃料费、牌照税、保险费、司机工资等。

⑤ 其他食品市场营销费用。包括食品市场营销管理者工资、办公费用等。

上述成本连同企业的生产成本构成了企业总成本，直接影响企业的经济效益。其中，有些与销售额直接相关，称为直接费用；有些与销售额并无直接关系，称为间接费用。有时二者也很难划分。

> **营销思考**
>
> **饮料告别 3 元时代？消费升级是主因**
>
> 近日，一封由杭州顶津食品有限公司发布的告知函在网上流传。告知函显示，自 2023 年 11 月 1 日起，康师傅中包装茶/果汁系列建议零售价从 3 元/瓶起调整为不低于 3.5 元/瓶，1L 装茶/果汁系列建议零售价从 4 元/瓶起调整为不低于 5 元/瓶。
>
> 今年 5 月，有报道称，多个终端的可口可乐都进行了不同程度的提价。百事、元气森林、李子园、均瑶健康等旗下产品也被传价格上调。除了存量产品价格上涨，农夫山泉、元气森林等品牌的新品定价也多在 5 元以上。如今，随着康师傅的提价，3 元以下的饮料可能真的要消失了。
>
> 提价并非原材料成本变动引起的。食品产业分析师朱丹蓬表示："虽然饮料中一些原材料价格有所下降，但管理费、人员费用、渠道费用等逐年上升。"
>
> 资料来源：羊城晚报，2023-11-07。

（2）盈利能力考察指标控制的方法。盈利能力考察指标有以下几种：

① 销售利润率。一般来说，食品企业将销售利润率作为评估企业获利能力的主要指标之一。销售利润率是指利润与销售额之间的比率，表示每销售 100 元使企业获得的利润。其公式是：

$$销售利润率 = 本期利润 \div 销售额 \times 100\%$$

但是，同一行业各个企业间的负债比率往往大不相同，而对销售利润率的评价又常需通过与同行业平均水平进行对比，所以在评估企业获利能力时最好能将利息支出加上税后利润，这样将能大体消除由于举债经营而支付的利息对利润水平产生的不同影响。因此，销售利润率的计算公式应该是：

$$销售利润率 = 税后息前利润 \div 产品销售收入净额 \times 100\%$$

这样的计算方法，在同行业间衡量经营水平时才有可比性，才能比较正确地评价食品市场营销效率。例如，2023 年，劲仔食品实现销售收入约 20.65 亿元，同比增长 41.26%。归属于上市公司股东的净利润约 2.1 亿元，同比增长 68.17%，归属于上市公司股东的扣除非经常性损益的净利润约 1.86 亿元，同比增长 64.49%。

② 资产收益率。资产收益率是指企业所创造的总利润与企业全部资产的比率。其公式是：

$$资产收益率 = 本期利润 \div 资产平均总额 \times 100\%$$

与销售利润率的理由一样，为了在同行业间有可比性，资产收益率可以用如下公式计算：

$$资产收益率 = 税后息前利润 \div 资产平均总额 \times 100\%$$

其分母之所以用资产平均总额，是因为年初和年末余额相差很大，仅用年末余额作为总额显然不合理。

③ 净资产收益率。净资产收益率是指税后利润与净资产所得的比率。净资产是指总资产减去负债总额后的净值。这是衡量企业偿债后的剩余资产的收益率。其计算公式是：

$$净资产收益率 = 税后利润 \div 净资产平均余额 \times 100\%$$

其分子之所以不包含利息支出，是因为净资产不包括负债在内。

④ 资产管理效率。这可以通过以下两个比率来分析：

第一，资产周转率。该指标是指一个食品企业以资产平均总额去除产品销售收入净额而得出的全部资产周转率。其计算公式如下：

$$资产周转率 = 产品销售收入净额 \div 资产平均占用额 \times 100\%$$

该指标可以衡量食品企业全部投资的利用效率，资产周转率高说明投资的利用效率高。

第二，存货周转率。该指标是指产品销售成本与存货（指产品）平均余额之比。其计算公式如下：

$$存货周转率 = 产品销售成本 \div 存货平均余额 \times 100\%$$

这项指标说明某一时期内存货周转的次数，从而考核存货的流动性。存货平均余额一般取年初和年末余额的平均数。一般来说，存货周转率次数越高越好，说明存货水准较低，周转快，资金使用效率较高。

资产管理效率与获利能力密切相关。资产管理效率高，获利能力相应也较高。这可以从资产收益率与资产周转率及销售利润率的关系中表现出来。资产收益率实际上是资产周转率和销售利润率的乘积。

3. 效率控制的方法

效率控制是食品市场营销管理中的重要环节，旨在通过优化各项营销活动的效率，提高整体营销效果和经济效益。以下是几种主要的效率控制方法。

（1）运用销售人员效率。食品企业的各地区销售经理需要记录本地区内销售人员效率的几项主要指标，这些指标包括：

① 每个销售人员每天平均的销售访问次数。
② 每次会晤的平均访问时间。
③ 每次销售访问的平均收益。
④ 每次销售访问的平均成本。
⑤ 每次访问的招待成本。
⑥ 每百次销售访问而订购的百分比。
⑦ 每个期间新增加的消费者数。
⑧ 每个期间流失的消费者数。
⑨ 销售成本对总销售额的百分比。

通过以上分析，食品企业可以发现一些非常重要的问题，例如，销售代表每天访问的次数是否太少，每次访问的时间花费是否太多，是否在招待费上花费过大，每百次访问中是否签订了足够的订单，是否增加了足够的新消费者并且留住了原有的消费者，等等。当企业开始重视销售人员效率的改善后，通常会取得很多实质性的改进。

（2）广告效率。广告效率的高低可以通过以下几项指标来衡量：

① 每一媒体类型、每一媒体工具接触每千名消费者所花费的广告成本。
② 消费者对每一媒体工具注意、联想和阅读的百分比。
③ 消费者对广告内容和效果的意见。
④ 广告前后消费者对产品态度的衡量。
⑤ 受广告刺激而引起的询问次数。

食品企业高层管理可以采取若干步骤来改进广告效率，包括进行更加有效的产品定位、确定广告目标、利用计算机来指导广告媒体的选择、寻找较佳的媒体、进行广告后效果的测定等。

（3）促销效率。为了改善销售促进的效率，企业管理阶层应该对每一销售促进的成本和对销售影响做记录，具体应注意做好如下统计：
① 由于优惠而销售的百分比。
② 每一销售额的陈列成本。
③ 赠券收回的百分比。
④ 因示范而引起询问的次数。
企业还应观察不同销售促进手段的效果，并使用最有效果的促销手段。

（4）分销效率。提高分销效率是探索节约流通时间、降低流通费用、更好地满足用户和食品消费者需要的问题。分销效率主要是对企业存货水准、仓库位置及运输方式进行分析和改进，以达到最佳配置并寻找最佳运输方式和途径。具体包括：
① 分销网点的市场覆盖面。
② 销售渠道中的各级各类成员（经销商、制造商代表、经纪人和代理商）发挥的作用和潜力。
③ 分销系统的结构、布局及改进方案。
④ 存货控制、仓库位置和运输方式的效果。
这些因素都是提高分销效率需要考虑的问题。

效率控制的目的在于提高销售人员、广告、促销和分销等食品市场营销活动的效率。食品市场营销管理者必须重视若干关键比率，这些比率表明上述食品市场营销组合因素的有效性及应该如何引进某些资料以改进执行情况。通过这些方法，企业可以更好地优化资源配置，提高营销效率，从而实现更高的经济效益和市场竞争力。

4. 战略控制的方法

战略控制的目的是确保食品企业的目标、政策、战略和措施与食品市场营销环境相适应。由于市场环境复杂多变，原有的目标和战略往往会因过时而失效，因此食品企业有必要通过营销审计这一工具，定期、批判性地重新评估企业的战略、计划及其执行情况。营销审计不仅在出现问题时才有用，其范围覆盖了整个食品市场营销环境、食品市场营销系统及具体的食品市场营销活动的所有方面。营销审计通常由企业内部相对独立且富有经验的营销审计机构客观地进行。营销审计需要定期开展，而不能仅在出现问题时才采取行动。营销审计不仅能为陷入困境的食品企业带来效益，同样也可以帮助经营卓有成效的企业提升效益。

二维码链接 13-6 娃哈哈的"营销控制论"

13.4.4 食品市场营销控制中应注意的问题

1. 偏离计划的控制

计划和控制都是为了实现组织的目标，二者相互依存。食品市场营销计划是确保食品企业营销活动顺利进行的重要保障，对整个企业的营销活动起着指导作用。在实施食品市场营销控制过程中，应注意低层级控制标准从属并服务于高层级标准，以确保战略目标的实现。如果食品企业在控制过程中偏离计划，会导致企业现实状况与战略目标产生偏差，无法按时完成既定的营销进度，还会造成企业资源的浪费，增加营销活动的风险。

2. 控制缺乏弹性，未强调例外

弹性化的控制有利于食品企业在营销活动中对出现的偏差进行小范围调整和修正，确保企业的营销活动沿着既定的营销目标和计划推进。然而，如果控制缺乏弹性，会导致食品市场营销控制的执行变得僵化。过度的控制还会导致营销者上下级之间沟通不畅，无法实现信息共享；各项活动若仅严格按照标准执行，缺乏创新性，营销者在应对风险时也会错过最佳时机。因此，食品企业在控制过程中应建立信息反馈控制系统，实行例外控制，充分考虑客观实际，并关注关键问题上的例外

项目 13　食品市场营销计划、组织、执行、控制与总结

情况，以提高企业管理系统的弹性，灵敏地适应环境变化。

3. 缺乏有效的监督、反馈机制

食品企业控制系统能够使各项营销活动处于营销者的掌控之中，避免意外风险，保障企业活动的顺利开展。虽然完善的控制系统至关重要，但如果缺乏有效的监督和反馈机制，内部员工可能无法及时发现执行过程中出现的问题，也无法调整和反思自身的工作方法，从而无法达到事前设定的衡量标准和个人目标。个人目标无法实现，企业战略目标也将难以达成。从外部来看，若无法及时了解产品的营销情况和消费者反馈，企业可能无法及时调整营销策略，进而影响营销效果。因此，食品企业必须建立完善、有效的监督反馈机制。

13.5　认知食品市场营销总结

13.5.1　食品市场营销总结

1. 食品市场营销总结的概念

食品市场营销总结是指食品企业对营销活动的最后阶段工作或整个营销活动过程的完成情况进行回顾与分析，涵盖食品市场营销计划、组织、执行和控制等环节所取得的成绩、存在的问题、积累的经验和教训。其目的是为食品企业今后的营销工作提供借鉴。食品市场营销总结不仅是对前一阶段工作是否达到目标的回顾，也是对未来工作的规划。

> **营销者素养**
>
> **如何在不断的总结中提升自己**
>
> 会总结的人，总能在工作与生活中把握事物发展规律，实现自我提升。
>
> 第一，总结的前提是计划。凡事预则立，不预则废。营销者若想更好地总结工作得失，必须先有计划。计划不仅要将销售目标分解到每天、每人、每地，还包括每日工作计划。
>
> 第二，总结一定要量化、细化。这样做的目的是总结出规律性的东西。例如，通过分析每天每个客户的销售数据，判断客户销售趋势是上升还是下降，并据此分析原因、提出对策。
>
> 第三，总结自己的经验，也要总结他人的经验。善于总结的营销者，不仅会总结自己的工作，还会学习他人的经验。
>
> 第四，总结切忌"总而不结"。许多营销者有写日志、日记的习惯，但往往只停留在记录层面，未能总结出规律和特点。营销者应通过总结把握规律与趋势。
>
> 第五，甘于分享。营销者要让自己的价值最大化，就要学会分享自己的总结，与下属和同人交流。
>
> 资料来源：微信公众号"崔自三营销视界"，2023-02-21。

2. 食品市场营销总结的重要性

（1）深入反思，查找营销中的不足。食品市场营销总结不仅是对结果的总结，更是对营销活动的反思。通过总结发现问题、找到解决方案，才能更好地解决问题。例如，在营销数据收集和分析过程中，通过对转化率、客户获取成本、客户生命周期等数据的对比分析，企业可以了解某一阶段的成本和收益，判断这些数据是上升还是下降，并据此调整产品价格、改进服务质量、改善营销策略，为后续营销活动提供指导。

（2）回顾营销目标，评估营销效果。进行食品市场营销总结需要归纳和评估：

第一，当初的营销目标是什么。食品企业的营销目标是在计划期内要达到的预期结果，包括财务目标和营销目标。营销总结要评估企业在既定时间内是否完成营销目标，目标完成的程度如何，是否达到预期效果。同时，还需要分析营销目标、营销策略、销售渠道、资源配置对企业发展的适应程度，判断是否需要改进，以确定下一步营销活动。

第二，要达成的营销结果，其关键节点是什么。营销目标应是一个可衡量的标准。回顾营销目标，将其与当前营销活动对比分析，检查实际营销项目增长情况，分析结果与目标的差距。如果实际结果未达预期，需找出原因，调整营销策略，使营销活动与预期结果一致。

（3）总结营销规律，成为营销型专家。营销者只有不断学习和实践，总结营销规律，掌握关键技能，才能成为营销型专家。在职业成长过程中，通过不断试错、修正、积累经验，掌握市场规律，了解消费者偏好，制定符合产品、企业需求和消费者需求的营销策略，定期分析和评估营销活动，探索新的营销趋势和技术，不断提升专业水平，为企业创造更大价值。

二维码链接 13-7
洞悉市场营销规律的总结

13.5.2　食品市场营销总结的操作程序

食品市场营销总结的操作程序如图 13-12 所示。

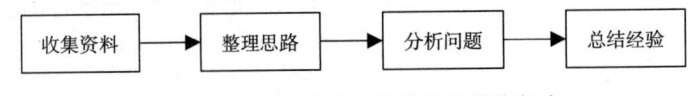

收集资料 → 整理思路 → 分析问题 → 总结经验

图 13-12　食品市场营销总结的操作程序

1. 收集资料

食品企业营销总结的第一步是收集相关信息和资料。这些资料包括市场环境调查资料、消费者对品牌和产品的购买偏好、竞争者的营销策略资料、前期的营销计划和营销方案等。食品企业可以通过内部渠道收集资料，如各部门保存的前期营销活动资料，也可以从外部获取资料，如专业市场调查机构、广告公司、咨询公司、高校和科研单位等。

2. 整理思路

通过第一阶段的信息资料收集和整理，营销者可以了解企业在当前市场上的状况、消费者对企业的看法以及竞争者的优劣势等，从而为整理思路奠定基础。食品企业在整理思路时，可以依据企业建立的消费者信息库、同行信息库、市场环境信息库等进行信息对比、分析和评价。如有必要，可邀请企业高层管理者共同分析营销信息，发现消费者潜在需求和竞争者发展方向，梳理企业未来的发展思路。

3. 分析问题

整理思路是为了更好地分析信息、了解现状。当发现消费者对食品有更高要求时，营销者应立即查明原因，并根据消费者需求、企业自身情况和市场供需状况进行进一步研究和分析。总结分析主要包括市场分析、营销渠道分析、消费者分析和营销策略分析等。如果在分析中发现潜在问题，企业需及时调整策略并提出解决方案；如果发现市场机会，企业也应抓住机遇，迎接挑战。

4. 总结经验

食品企业进行营销总结的最终阶段是总结经验，其目的是将发现的问题、获得的教训和经验应用于下一阶段的工作，提高工作效率。通过总结，找到更好的工作方法，挖掘其中的规律，更清晰地认识营销活动。做好经验总结和归纳，使营销方法更具全局观念、更全面、更规范。

> **营销思考**
>
> **Z世代裹挟下国潮美食会走向何方**
>
> Z世代作为原生互联网时代的新兴消费群体，其消费习惯和理念将决定国潮美食的未来发展方向。国潮美食市场的新趋势主要体现在以下四个方面：
>
> 第一，传承与创新并重。未来国潮美食将更加注重传统文化的深层次挖掘与创新，结合现代时尚元素，推陈出新，使传统文化更加生动、活泼。
>
> 第二，多元化的产品。随着消费者对美食需求的提升，国潮美食市场将呈现多元化和个性化的产品趋势。在保留传统美食的基础上，结合现代科技，创新推出更多元化的产品供消费者选择。
>
> 第三，智能化、数字化。未来国潮美食将借助数字化和智能化手段，为消费者提供更便捷的消费体验。例如，在餐厅服务中应用语音识别、人脸识别、服务机器人等技术。
>
> 第四，强调消费体验。随着人们对文化自信的增强，国潮美食将更加强调消费体验，以个性化、情感化、文化化的方式为消费者提供全面的美食体验。例如，推出主题餐厅、美食体验馆等。
>
> 资料来源：数英网，2023-06-27。

13.5.3 食品市场营销总结的方法

1. 摘要式总结的方法

摘要式总结是指在分析和研究过程中，将食品市场营销活动的大量资料整理成简洁、准确、易懂的文字，以便读者更好地理解总结内容。食品企业的每一环节的营销活动都会留下大量零散的资料，营销管理者通过摘要式总结，可以标记关键营销信息，进行信息的整合、归纳和概括。

2. 提纲式总结的方法

提纲式总结是一种结构化的总结方法，通过一系列的食品市场营销要点和步骤来梳理营销内容。这种总结方式包括以下几个部分：

（1）前言。主要介绍营销活动的主题、背景和目的，包括营销活动的情况简介。

（2）主体内容。这部分详细阐述营销活动项目的核心内容，包括营销活动的执行情况、存在的问题、取得的成绩以及提出的改进措施。

（3）活动概况。介绍食品市场营销活动的关键财务指标或销售指标，活动的详细内容及实施结果等。

（4）营销管理。对食品企业在营销活动中的计划、组织、执行、控制等方面进行详细介绍和说明。

（5）经验、问题及对策。总结营销活动结束后取得的成功经验和失败教训，分析活动中出现的问题及相应的解决对策。

3. 图解式总结的方法

图解式总结是以营销活动事件或项目为节点，通过关系图的方式揭示营销活动的内在关系。这种方法有利于抓住营销活动的重点和规律，表达形象、具体、直观，方便营销者弄清食品市场营销活动的来龙去脉。运用图解式总结的主要步骤如下：

（1）筛选关键信息。从营销总结中筛选出关键信息，这是进行图解式总结的基础。

（2）分类整理。将筛选出的食品市场营销关键信息按照内在逻辑关系进行分类整理，使其条理化、系统化。

（3）图形化表达。使用图形和符号等视觉元素，将分类整理后的食品市场营销信息呈现出来，形成图解式总结。

（4）标注说明。在图解中加入必要的文字标注和说明，帮助读者更好地理解图解内容。

4. 表解式总结的方法

表解式总结是将食品市场营销活动的重点内容按照一定的标准进行资料归类，以填充表格的形式呈现食品市场营销内容的一种总结方法。以下是表解式总结的几个主要方面：

（1）资料梳理。在表解式总结中，首先需要对食品市场营销信息进行梳理，将所有相关的营销资料和数据整理出来，为内容总结做好基础。

（2）总结提炼。在梳理食品市场营销资料的基础上，对营销内容进行总结和提炼，形成营销者的个人见解，使营销总结更有深度和价值。

（3）逻辑关联。在表解式总结中，需要注重信息的逻辑关联。通过对信息的分类、排序和组织，使信息更加有条理、有层次，便于读者理解和记忆。

（4）提取信息。对营销活动保存的资料进行信息提取，筛选出有用的资料，使提取的信息更加简洁易懂。

（5）分类归纳。最后需要列出表格对信息进行分类和归纳。通过对食品市场营销信息的分类整理，方便营销者随时分析和借鉴。

表解式总结是一种对食品市场营销信息整理和表达的重要方法，通过梳理、提炼、关联、提取和归纳等过程，使食品市场营销信息清晰、简洁，易于理解。

13.5.4 食品市场营销总结中应注意的问题

1. 只总结不反思

在食品市场营销总结中，营销者不能仅停留在"总结"层面而不进行"反思"。首先，如果缺乏深度思考，食品市场营销总结只能浮于表面，无法挖掘深层次的消费者信息和市场信息。其次，只总结不反思会导致在营销问题出现后，无法发现营销问题的根源。最后，不懂得反思的食品企业无法真正发展壮大，遇到问题时无法分辨哪些是核心信息，哪些是次要信息，这必然会给食品企业带来重大灾难。

2. 脱离客观实际的总结

食品企业在结束某一阶段的营销活动后，通常会对实际发生的活动进行回顾和总结，并为下一阶段的营销活动做准备。如果食品企业在总结中脱离实际情况，缺乏事实依据而仅凭主观臆断组织营销活动，不仅会导致企业在市场上的定位不准确，产品与消费者实际需求不相符，还会影响企业的营销策略和消费者关系管理。

3. 缺乏专业知识和能力

如果营销者在带领食品企业发展过程中缺乏专业知识和能力，营销总结将带有盲目性和滞后性。例如，对食品市场营销研究不充分，对消费者的消费偏好和习惯了解不清晰，产品和服务需求不匹配，会导致消费者不认可食品品牌，难以建立企业在消费者心目中的信任度和忠诚度。在大数据时代，营销者若缺乏专业的数据统计分析能力，就无法对食品企业内部和外部信息进行有效整合，也无法利用数据驱动决策分析，从而错失企业发展机会。此外，缺乏专业食品市场营销知识和能力还会在激烈的市场竞争中缺乏创新能力，导致企业生产的产品无法迎合新消费群体的需求。

项目13 食品市场营销计划、组织、执行、控制与总结

项目案例分析

让46万人抢着买会员，老乡鸡凭啥

老乡鸡最近举办了"超级会员节"，为了感谢会员们的长期陪伴，老乡鸡给999名持有超级会员身份最久的超级老乡邮寄了专属大礼包——"超会包"。"超会包"里不仅有定制的扇子、钥匙扣、大鸡腿抱枕等常规周边，还有定制的88元会员卡、刮刮乐和超级会员定制手提袋，就连手提袋上的字"我超会的"，其中"超会"两个字都是超级会员的缩写，象征着老乡鸡超级会员身份的专属手提袋，可以说相当有心。不仅如此，袋中还有一封由创始人和董事长带头、全体员工手写的感谢信，内容也是相当真诚无套路：在信的第一段就提到了超级会员的开通时长，以及省下多少钱，有的会员竟然开通了1 600多天，省下了1万多元；有的员工还在信里直接"撒钱"，让会员凭信@平台账号，领取100元卡。情绪价值和实用价值双双拉满，难怪不少会员感动之余纷纷发文为老乡鸡打call，表示老乡鸡都快成自家食堂了。可以说，这种和会员双向奔赴的"情感连接"也是老乡鸡成功的关键。

其实从活动到日常，从拉新到运营，老乡鸡的会员和私域都有非常值得借鉴的地方。超级会员节，销售100万张付费会员卡。想要成功举办一场活动，既需要好的活动机制，也离不开实际的落地保障，而这次超级会员节，老乡鸡恰恰踩中了这两点：

第一，活动机制实在，老乡鸡主打的就是"朴实地省钱"——直接打折，直接送菜，直接惊喜。活动门槛直接放低，超级会员享受半价吃饭，最高能够满减20元。所有会员顿顿8.8折，会员节期间充值五个月还送两个月。品牌对新会员发起了"凭暗号领1万份免费招牌菜活动"，在群里对当天暗号成功的会员就可以免费领菜，这样既能宣传品牌的招牌菜，还提高了社群的拉新率和活跃度。活动惊喜还够有趣有料，有趣的是年轻人喜欢的刮刮卡，有料的是全年免单和千元大卡。

第二，活动期间多方配合到位，公私域联动拉新、促活，保障活动落地。老乡鸡总共经营着三个场域——线上公域、线上私域和线下门店，这三个场域不是对立关系，而是它们的互相协作、共同发力，才促成了活动的成功举办。目前官方数据显示，在超级会员节的成功加持下，整个5月，合计超50万人开通、续费超级会员，持卡（超级会员卡）人数达到70.8万，可见活动效果惊人。

当然，对于餐饮行业来说，线上线下拉新固然重要，但想要实现长久经营，离不开"回头客"——会员们。而老乡鸡在运营私域会员这方面，可以说是行业标杆了。早在2019年，老乡鸡就开启了"数字会员"战略，通过数字化的方式积累全域会员2 300万人，全年会员消费额达到22亿元。其中连续付费的超级会员有60多万人，仅占会员比例的2.6%，却创造了堂食中25%的营收。

老乡鸡是如何运营如此庞大的会员体系呢？其超级会员又为什么如此"买账"？这就不得不详细聊聊老乡鸡的私域会员机制与运营了……

1. 会员梯度：简单直接

一键注册即可成为会员；更核心的"超级会员"也只需要付费8元/月即可获得。这么做的优势在于抓住品牌增量，瞄准低频客户。简单的会员梯度设计能够降低普通会员的晋升难度，提高其消费频率。

2. 会员权益：真诚实在

老乡鸡公开数据显示，超级会员开卡前后，人均月消费频次从3次提升到了6次，直接翻倍；同时超级会员的堂食创造了堂食中25%的营收。原因如下：

（1）少花钱了：权益设计简单。第一，将77卡的四个权益合并成一个超级权益，即吃饭直接88折，直接抓住广谱客户需求点，普通会员的开卡意愿更强；第二，完全固定住权益，简化门店的执行过程，门店热情更高。

（2）更实惠了：提供额外特权。为了避免会员用户陷入"权益疲软"，老乡鸡在会员权益之外推出了各种"限时活动"，例如周一的免费鸡蛋，周四的免费鸡腿，以及在炎热的夏天推出免费喝果茶降暑活动。

3. 会员运营：更年轻化

为了尽快培育成熟用户，很多品牌将重心放在了会员门槛、会员等级和会员权益上，从而忽略了日常的会员运营，导致会员和品牌黏性不高，甚至毫无"情感连接"。为了避免这种情况，老乡鸡组建了年轻化的运营团队，为会员带来了不少"小惊喜"。例如，强化社交属性，形成老乡鸡的"会员圈"，提高干饭归属感；在社群发起猜暗号领福利活动，通过有共鸣的暗号，提高用户活跃度；推送各种日常惊喜，提高用户的黏性和好感度。

资料来源：网易新闻，2024-06-03。

▶ 辨证性思考：
根据案例，分析老乡鸡营销成功的原因。

项目检测

营销知识培养规格检测
1. 简述食品市场营销计划的类型和操作程序。
2. 简述食品市场营销组织的类型和影响因素。
3. 简述设计食品市场营销组织的操作程序。
4. 简述食品市场营销执行的内容和操作程序。
5. 食品市场营销执行中应注意的问题是什么？
6. 简述食品市场营销控制的方法和操作程序。
7. 简述食品市场营销总结的方法和操作程序。
8. 食品市场营销总结应注意的问题是什么？

营销能力培养规格检测和营销素养培育规格检测

实践项目13　制订××食品企业市场营销管理方法分析方案

项目实践目的：运用食品市场营销管理的计划、组织、执行、控制和总结的理论和方法，对××食品企业市场营销管理工作的现状进行诊断分析，探讨优化食品企业市场营销管理计划、组织、实施、控制和总结的方法。培养学生运用市场营销管理过程的理论和方法分析问题和解决问题的能力。撰写食品企业市场营销管理过程分析方案。同时强化学生计划力、组织力、执行力、控制力和总结力的培养。

项目检测考核：由班级学习委员组织分团队对××食品企业市场营销管理方案进行宣讲、讨论、答辩，指导教师进行评价。由各团队队长和指导教师对方案及学生计划力、组织力、执行力、控制力和总结力的提高以及团队合作状态进行综合评判打分，考核成绩分为优秀、良好、及格。

实践项目14　制订××食品企业全渠道市场营销方案

项目实践目的：每个团队在完成13个实践项目后，运用全渠道市场营销的理论和方法，对13个单项市场营销方案进行综合、归纳、修订与完善，形成××食品企业全渠道市场营销方案。通过此过程，培养学生综合运用全渠道市场营销理论和方法对食品企业进行全渠道市场营销综合分析、

项目 13 食品市场营销计划、组织、执行、控制与总结

诊断、策划的能力，培养学生撰写食品企业全渠道市场营销方案的能力，培养学生制作 PPT、宣讲答辩方案的语言表达能力。同时，培育学生弘扬社会主义核心价值观、中华优秀传统文化、优秀企业家精神、营销职业道德等，塑造正确的世界观、人生观、价值观，培育团队合作精神、爱岗敬业、忠于职守的营销者素养。

项目检测考核：每个团队完成××食品企业全渠道市场营销方案实践项目后，参加校级"××食品企业全渠道市场营销方案竞赛"，进行宣讲、讨论、答辩。校级评委进行评判，一等奖获得者参加市级、省级、国家级技能竞赛。评选出优秀的"××食品企业全渠道市场营销方案"，推荐给××食品企业参考，同时食品企业接收优秀学生就业，纳入企业后备管理干部培养计划，密切产学关系。每个学生实践成绩考核由"个人平时成绩+团队中个人表现+团队合作成果"三个部分构成。

（1）个人平时成绩。主要考核平时的课堂考勤、学习态度、学习的积极性和主动性、个人课业以及实践项目任务完成质量、服从意识及课堂表现。

（2）团队中个人表现。主要考核团队活动参与态度、为团队贡献的多少、负责实践项目的考核成绩、积极进行答辩、敢于发表自己的意见。

（3）团队合作成果。主要考核制订的企业市场营销方案是否具有一定的创新性、方案是否具有可行性，并能取得一定的效果，是否符合一份食品企业全渠道市场营销方案的内容要求和格式要求，封面、目录等是否齐全，PPT 的制作是否美观大方。

附录

"制订××食品企业全渠道市场营销方案"校企合作工学结合实践项目"理实赛一体"团队化培养模式

1. 创立"制订××食品企业全渠道市场营销方案"校企合作工学结合实践项目"理实赛一体"团队化培养模式的特色

为了突出职业本科教育校企合作工学紧密结合的特点,在 2002 年实施"制订××食品企业市场营销方案"校企合作工学结合实践项目"理实赛一体"团队化教学改革的基础上,按照"动脚、动脑、动手和动嘴四动联练"的原则,强化职业本科紧密校企合作工学结合的特点。"动脚"让学生走出校门,走进食品企业、市场和食品消费者,体验食品市场营销、感悟食品市场营销和实践食品市场营销;"动脑"让学生在工学结合中,通过思考、消化、理解和掌握食品市场营销理论,培养分析市场营销问题、解决市场营销问题和创新思维的能力;"动手"让学生通过企业营销活动的分析、诊断和策划,撰写食品企业调研和营销方案,并制作 PPT,提高学生的应用写作能力和技能竞赛能力;"动嘴"让学生在企业和市场中锤炼与企业家、经销商和消费者的沟通能力,以及营销方案的宣讲和答辩能力。同时,进一步强化了校企合作工学结合,完善了"制订××食品企业全渠道市场营销方案"校企合作工学结合实践项目"理实赛一体"团队化培养模式,构建了"课前、课中、课后"联动的协同育人途径。课前准备"组建校企合作工学结合实践项目团队及食品企业市场营销调研";课中实施、控制、完成校企合作工学结合"理实赛一体"13 个单项营销方案;课后完成、展示、考核(竞赛)校企合作工学结合"理实赛一体"团队实践项目"××食品企业全渠道市场营销方案",将"教书育人、思政引导、传播主流价值观、营销职业素养、中华优秀传统文化"融入培养过程。其模式的特色是:

选择 1~2 个食品企业进行校企合作工学结合"食品市场营销"的教学实践,根据"食品市场营销"课程的培养目标和培养规格,设计 14 个"××食品企业全渠道市场营销方案"校企合作工学结合团队实践项目,让学生针对选择的食品企业运用学习的食品市场营销理论和方法同步进行分析、诊断、策划,解决食品企业市场营销的问题。把方案宣讲考核与竞赛结合起来,每一次方案宣讲作为班级营销竞赛,最后综合方案宣讲作为系部或学院级的竞赛,优胜者推荐参加市级、省级、国家

附录 "制订××食品企业全渠道市场营销方案"校企合作工学结合实践项目"理实赛一体"团队化培养模式

级竞赛,形成实践培养模式的特色。

克服了传统市场营销课程过分倚重案例分析等"纸上谈兵"、实训不"实"的弊端,改变了传统的由教师依据每章内容主观设计实训内容和方式的做法,突出了工学结合的实战性;改变了课后主观设计实训内容和方式,采取课前按照管理岗位工作内容和工作任务整体设计实训内容和方式,与学习内容同步进行;改变了传统实训方式"空对空"(虚)缺乏针对性和实践性的做法。学生针对食品企业客观存在的、活生生的市场营销问题进行分析、诊断和解决,变"虚"为"实";采用团队化运作和项目管理的方式,培养学生的团队意识。设立了理论学习场景化课堂、企业实践场景化课堂、市场实践场景化课堂、线上拓展场景化课堂和成果展示(竞赛)场景化课堂。因此,该培养模式突出了实战性,体现了职业性、实践性和技能性,使学生在真实的食品市场营销环境中认知、体验和实践食品市场营销活动,有利于学生学习力、分析力、解决力、控制力、总结力和创新力的培养,以及营销者职业素养的培育。

2. "制订××食品企业全渠道市场营销方案"校企合作工学结合实践项目"理实赛一体"团队化培养特色的内容

学前准备

(1)组建"制订××食品企业全渠道市场营销方案"校企合作工学结合实践项目"理实赛一体"团队。在教师指导和学生自愿选择的基础上,学生按4~6人分组,组成"制订××食品企业全渠道市场营销方案"校企合作工学结合实践项目"理实赛一体"团队。每个团队通过民主选举产生队长,由队长组织队员进行企业识别系统设计,确立团队理念。根据团队理念,设计队名、队旗、队歌及团队管理制度,并将设计的队旗张贴在教室墙上。每次上课时,由队长带领队员展示团队形象,朗诵队名和团队理念,合唱队歌,以激励团队成员增强团队意识,培养团队合作能力。

校企合作工学结合实践项目"理实赛一体"团队任务分配表

实践项目任务	项目1	项目2	项目3	项目4	项目5	项目6	项目7	项目8	项目9	项目10	项目11	项目12	项目13	项目14
负责人														

(2)食品企业调查研究。选择一家中小型食品企业作为"食品市场营销"校企合作工学结合实践项目"理实赛一体"的教学实践对象。通过与食品企业领导的沟通,获取企业的相关资料,并确定到企业调研的时间。在学习了食品企业的相关资料后,结合食品市场营销的培养目标,每个团队制订针对该食品企业的全渠道市场营销调研计划。团队带着问题到食品企业进行参观、访问、座谈,了解企业的概况,并到市场与分销商、消费者进行调研。重点是了解食品企业的市场营销现状,为运用食品市场营销理论和方法解决企业的市场营销管理问题打下基础。

调研计划内容:

① 了解食品企业的基本概况。

② 了解食品企业的市场消费需求现状,分析市场消费需求的结构及目标市场的现状,了解企业的供应链现状。

③ 了解食品企业的市场营销模式及其特点。

④ 了解食品企业的分销渠道现状。

⑤ 分析食品企业在市场营销方面存在的问题。

实践项目1　制订××食品企业市场营销现状分析方案

项目实践目的:通过对××食品企业市场营销现状的调查研究,每个团队组织全员进行分析,总结食品企业市场营销的特色，查找食品企业市场营销存在的问题，明确食品企业目前急需解决的问题。制订××食品企业市场营销现状分析方案，为以后边学习、边分析、边解决食品企业营销问题打好基础。同时，强化对食品市场营销道德重要性的认识。

项目检测考核： 由班级学习委员组织分团队对××食品企业市场营销现状分析方案进行宣讲、讨论、答辩，指导教师进行评价。由各团队队长和指导教师对方案及团队学习营销者素养、市场营销道德以及团队合作状态进行综合评判打分，考核成绩分为优秀、良好、及格。

实践项目2　制订××食品企业市场营销环境分析方案

项目实践目的： 运用食品市场营销环境分析的内容，对××食品企业市场营销环境进行分析，寻找环境机会和避免环境威胁的途径与方法。培养学生运用食品市场营销环境分析的理论分析问题的能力，撰写食品企业市场营销环境分析方案。同时强化学生职业道德的培育。

项目检测考核： 由班级学习委员组织分团队对××食品企业市场营销环境分析方案进行宣讲、讨论、答辩，指导教师进行评价。由各团队队长和指导教师对方案及团队学习职业道德和团队合作状态进行综合评判打分，考核成绩分为优秀、良好、及格。

实践项目3　制订××食品企业食品消费需求分析方案

项目实践目的： 运用食品消费需求分析的理论和方法，对××食品企业食品消费需求进行分析，明确食品企业消费者购买的行为规律。培养学生运用食品消费需求分析理论分析问题的能力，撰写食品企业食品消费需求分析方案。同时强化培养学生积极的职业心态和食品消费需求洞察力。

项目检测考核： 由班级学习委员组织分团队对××食品企业消费需求分析方案进行宣讲、讨论、答辩，指导教师进行评价。由各团队队长和指导教师对方案及团队提高积极的职业心态和洞察力的认知进行综合评判打分，考核成绩分为优秀、良好、及格。

实践项目4　制订××食品企业目标市场选择方案

项目实践目的： 运用食品市场细分、目标市场选择与市场定位的理论和方法，对××食品企业的市场细分、目标市场选择与市场定位进行分析，培养学生运用食品市场细分、目标市场选择与市场定位理论与方法分析问题的能力。撰写食品企业目标市场选择的方案。同时强化学生构筑中国精神、中国价值、中国力量和责任心的培育。

项目检测考核： 由班级学习委员组织分团队对××食品企业目标市场选择方案进行宣讲、讨论、答辩，指导教师进行评价。由各团队队长和指导教师对方案及提高构筑中国精神、中国价值、中国力量和责任心的认知进行综合评判打分，考核成绩分为优秀、良好、及格。

实践项目5　制订××食品企业创造食品消费需求方案

项目实践目的： 运用创造食品消费需求分析的理论和方法，对××食品企业创造消费需求现状进行分析，探讨食品企业创造食品消费需求的途径和方法。培养学生运用创造食品消费需求的理论与方法分析问题和解决问题的能力。撰写食品企业创造食品消费需求方案。同时强化学生创新思维能力、爱岗敬业、尽职尽责职业精神的培养，以及团队合作意识的培养。

项目检测考核： 由班级学习委员组织分团队对××食品企业创造食品消费需求方案进行宣讲、讨论、答辩，指导教师进行评价。由各团队队长和指导教师对方案及团队创新思维能力、爱岗敬业、尽职尽责职业精神培养的状况进行综合评判打分，考核成绩分为优秀、良好、及格。

实践项目6　制订××食品企业产品策略方案

项目实践目的： 运用产品策略分析的理论和方法，对××食品企业产品组合现状进行分析，探讨食品企业改进产品组合的途径和方法。培养学生运用产品策略的理论与方法分析问题的能力。撰写食品企业产品策略方案。同时强化学生价值信仰观和传播好中国食品品牌故事的培养。

项目检测考核： 由班级学习委员组织分团队对××食品企业产品策略方案进行宣讲、讨论、答辩，指导教师进行评价。由各团队队长和指导教师对方案及团队价值信仰的学习和团队合作状态进

附录 "制订××食品企业全渠道市场营销方案"校企合作工学结合实践项目"理实赛一体"团队化培养模式

行综合评判打分，考核成绩分为优秀、良好、及格。

实践项目7 制订××食品企业定价策略方案

项目实践目的： 运用定价策略分析的理论和方法，对××食品企业定价策略现状进行分析，探讨食品企业改进定价策略的途径和方法。培养学生运用定价策略的理论与方法分析问题的能力。撰写食品企业定价策略方案。同时强化学生遵守价格法律法规的意识。

项目检测考核： 由班级学习委员组织分团队对××食品企业定价策略方案进行宣讲、讨论、答辩，指导教师进行评价。由各团队队长和指导教师对方案及提高"义利相兼、以义为先"价值观的认知进行综合评判打分，考核成绩分为优秀、良好、及格。

实践项目8 制订××食品企业分销策略方案

项目实践目的： 运用分销策略分析的理论和方法，对××食品企业分销现状进行分析，探讨食品企业线上线下一体化分销的途径和方法。培养学生运用分销策略的理论与方法分析的能力。撰写食品企业分销策略方案。同时强化学生渠道管理理念和全渠道管理的综合素养的培养。

项目检测考核： 由班级学习委员组织分团队对××食品企业分销策略方案进行宣讲、讨论、答辩，指导教师进行评价。由各团队队长和指导教师对方案及团队提高渠道管理理念的认知进行综合评判打分，考核成绩分为优秀、良好、及格。

实践项目9 制订××食品企业促销策略方案

项目实践目的： 运用促销策略分析的理论和方法，对××食品企业促销现状进行分析，探讨食品企业线上线下一体化促销的途径和方法。培养学生运用促销策略的理论与方法分析问题的能力。撰写食品企业促销策略方案。同时强化学生促销活动中增进文化自信和遵守规范促销行为的法律法规的培养。

项目检测考核： 由班级学习委员组织分团队对××食品企业促销策略方案进行宣讲、讨论、答辩，指导教师进行评价。由各团队队长和指导教师对方案及团队文化自信，以及提高遵守规范促销行为法律法规的认知进行综合评判打分，考核成绩分为优秀、良好、及格。

实践项目10 制订××食品企业市场营销管理方案

项目实践目的： 运用市场营销管理的理论和方法，对××食品企业市场营销管理现状进行分析，探讨食品企业市场营销管理的途径和方法。培养学生运用市场营销管理的理论与方法分析问题的能力。撰写食品企业市场营销管理方案。同时强化学生先进管理理念和团队奉献精神的培育。

项目检测考核： 由班级学习委员组织分团队对××食品企业营销管理方案进行宣讲、讨论、答辩，指导教师进行评价。由各团队队长和指导教师对方案及团队提高管理理念和奉献精神的认知进行综合评判打分，考核成绩分为优秀、良好、及格。

实践项目11 制订××食品企业市场竞争分析方案

项目实践目的： 运用市场竞争分析的理论和方法，对××食品企业市场竞争现状进行分析，探讨食品企业提高市场竞争力的途径和方法。培养学生运用市场竞争分析的理论和方法分析问题的能力。撰写食品企业市场竞争分析方案。同时强化学生诚信文化教育和遵守公平竞争法律法规的意识。

项目检测考核： 由班级学习委员组织分团队对××食品企业市场竞争分析方案进行宣讲、讨论、答辩，指导教师进行评价。由各团队队长和指导教师对方案及提高遵守公平竞争法律法规的认知进行综合评判打分，考核成绩分为优秀、良好、及格。

实践项目12 制订××食品企业市场营销诊断方案

项目实践目的： 运用食品市场营销诊断的理论和方法，对××食品企业市场营销现状进行诊断分析，探讨提高食品企业市场营销效率的途径和方法。培养学生运用市场营销诊断的理论和方法分析问题和解决问题的能力。撰写食品企业市场营销诊断方案。同时强化学生运用数据分析问题、解决问题的能力的培养。

项目检测考核：由班级学习委员组织分团队对××食品企业市场营销诊断方案进行宣讲、讨论、答辩，指导教师进行评价。由各团队队长和指导教师对方案及团队运用数据分析的能力和团队合作状态进行综合评判打分，考核成绩分为优秀、良好、及格。

　　实践项目 13　制订××食品企业市场营销管理方法分析方案

　　项目实践目的：运用食品市场营销管理的计划、组织、执行、控制和总结的理论和方法，对××食品企业市场营销管理工作的现状进行诊断分析，探讨优化食品企业市场营销管理计划、组织、实施、控制和总结的方法。培养学生运用市场营销管理过程的理论和方法分析问题和解决问题的能力。撰写食品企业市场营销管理过程分析方案。同时强化学生计划力、组织力、执行力、控制力和总结力的培养。

　　项目检测考核：由班级学习委员组织分团队对××食品企业市场营销管理方案进行宣讲、讨论、答辩，指导教师进行评价。由各团队队长和指导教师对方案及学生计划力、组织力、执行力、控制力和总结力的提高以及团队合作状态进行综合评判打分，考核成绩分为优秀、良好、及格。

　　实践项目 14　制订××食品企业全渠道市场营销方案

　　项目实践目的：每个团队在完成 13 个实践项目后，运用全渠道市场营销的理论和方法，对 13 个单项市场营销方案进行综合、归纳、修订与完善，形成××食品企业全渠道市场营销方案。通过此过程，培养学生综合运用全渠道市场营销理论和方法对食品企业进行全渠道市场营销综合分析、诊断、策划的能力，培养学生撰写食品企业全渠道市场营销方案的能力，培养学生制作 PPT、宣讲答辩方案的语言表达能力。同时，培育学生弘扬社会主义核心价值观、中华优秀传统文化、优秀企业家精神、营销职业道德等，塑造正确的世界观、人生观、价值观，培育团队合作精神、爱岗敬业、忠于职守的营销者素养。

　　项目检测考核：每个团队完成××食品企业全渠道市场营销方案实践项目后，参加校级"××食品企业全渠道市场营销方案竞赛"，进行宣讲、讨论、答辩。校级评委进行评判，一等奖获得者参加市级、省级、国家级技能竞赛。评选出优秀的"××食品企业全渠道市场营销方案"，推荐给××食品企业参考，同时食品企业接收优秀学生就业，纳入企业后备管理干部培养计划，密切产学关系。每个学生实践成绩考核由"个人平时成绩+团队中个人表现+团队合作成果"三个部分构成。

　　（1）个人平时成绩。主要考核平时的课堂考勤、学习态度、学习的积极性和主动性、个人课业以及实践项目任务完成质量、服从意识及课堂表现。

　　（2）团队中个人表现。主要考核团队活动参与态度、为团队贡献的多少、负责实践项目的考核成绩、积极进行答辩、敢于发表自己的意见。

　　（3）团队合作成果。主要考核制订的企业市场营销方案是否具有一定的创新性、方案是否具有可行性，并能取得一定的效果，是否符合一份食品企业全渠道市场营销方案的内容要求和格式要求，封面、目录等是否齐全，PPT 的制作是否美观大方。

参考文献

[1] 刘厚钧. 食品企业管理（第2版）[M]. 北京：电子工业出版社，2024.
[2] 刘厚钧. 职业素养特别修炼[M]. 上海：同济大学出版社，2019.
[3] 刘厚钧. 食品营销[M]. 北京：电子工业出版社，2017.
[4] 韩超. 市场营销理论与实务[M]. 昆明：云南大学出版社，2023.
[5] 张丽. 市场营销基础与实务[M]. 北京：人民邮电出版社，2023.
[6] 杨剑英. 市场营销学[M]. 南京：南京大学出版社，2022.
[7] 洪长青. 市场营销策划[M]. 南京：南京大学出版社，2017.
[8] 赵公民. 现代营销学[M]. 北京：人民邮电出版社，2015.
[9] 吴澎. 食品营销学[M]. 北京：化学工业出版社，2024.
[10] 徐惠坚. 促销管理实务[M]. 北京：科学出版社，2018.
[11] 解鹏程. 新媒体营销[M]. 北京：人民邮电出版社，2022.
[12] 由建勋. 现代企业管理（第4版）[M]. 北京：高等教育出版社，2021.
[13] 范征. 人力资源管理[M]. 北京：人民邮电出版社，2021.
[14] 王玉苓. 商务礼仪案例与实践[M]. 北京：人民邮电出版社，2021.

反侵权盗版声明

　　电子工业出版社依法对本作品享有专有出版权。任何未经权利人书面许可，复制、销售或通过信息网络传播本作品的行为；歪曲、篡改、剽窃本作品的行为，均违反《中华人民共和国著作权法》，其行为人应承担相应的民事责任和行政责任，构成犯罪的，将被依法追究刑事责任。

　　为了维护市场秩序，保护权利人的合法权益，我社将依法查处和打击侵权盗版的单位和个人。欢迎社会各界人士积极举报侵权盗版行为，本社将奖励举报有功人员，并保证举报人的信息不被泄露。

举报电话：（010）88254396；（010）88258888

传　　真：（010）88254397

E-mail：　dbqq@phei.com.cn

通信地址：北京市万寿路173信箱
　　　　　电子工业出版社总编办公室

邮　　编：100036